久留米城とその城下町

古賀正美

海鳥社

はじめに

久留米藩の研究は、福岡藩、佐賀藩、熊本藩などの研究に比べて、研究蓄積が少なく研究論文も多くない状況である。旧久留米藩域では、市史の近世編としては『八女市史』（平成四年）、『筑後市史』（平成九年）、『小郡市史』（平成十五年）、町史としては『三潴町史』（昭和六十年）、『田主丸町誌』（平成九年）、『城島町誌』（平成十年）、『広川町史』（平成十七年）などが刊行されており、久留米藩全域の研究は進んでいるが、本書で取り上げた久留米城とその城下町の研究を挙げれば、昭和五十七（一九八二）年刊行の『久留米市史』第二巻近世編で明らかにされた内容を越えるものは発表されていないようだ。

研究を支える史料としては平成二（一九九〇）年に『福岡県史』近世史料編久留米藩初期（上）で『古代御直書写』、平成九年には『福岡県史』近世史料編久留米藩初期（下）で『古代日記書抜』が刊行された。これは「久留米古文書を読む会」会員を中心に原稿作成を行ったものである。また、平成五年には長らく待たれていた基本的な史料である『御旧制調書』や『米府紀事略』が『久留米市史』資料編として刊行された。これらの仕事は筑後地方、とりわけ久留米地方の近世史研究を牽引し、常にその中心であった古賀幸雄先生の指導に負うものである。

しかし、平成十八年に古賀先生が亡くなって以降、久留米藩の研究は停滞したといってよい。もちろん、この事態は筆者をはじめとする地元の研究者といわれる者の怠慢及び非力によるものであることは否定できない。古賀先生に公私にわたりお世話になった者として、久留米藩の研究を前に進めなくては、と常に思うことであった。

本書の端緒は、読売新聞西部本社の「読売新聞かわらばん」に「しっとんね久留米城」の執筆を依頼されたことにある。平成二十六年一月から同十二月まで城郭編として二十七回、城下町編として六回を掲載した。字数制限もあり中途半端な内容に終始し、連載自体も城下町編の中途で終了したため、不完全な形で終わる結果となった。

せっかく書いたものであり、また連載を読んでいただいた方からのすべてを公開してほしいとの要望もあり、何らかの形で残せないかと考え、出版社に相談したところ、原稿をさらに拡充すれば一冊の本にまとめることが可能ということで、原稿作成を行ったものである。現在の久留米城、久留米城下町について筆者の理解を示しておくことは、拙いものであれ、次世代が研究を進める上で幾ばくかの助けにもなろうと考えた次第である。

＊

本書は大きく二編に分かれる。

第一編は五章からなる。第一章「久留米城前史」は「しっとんね久留米城」で発表した内容を拡充したものである。これらの文章を書く際、依拠したものは『三本松町遺跡』（久留米市文化財調査報告書第七十四集、一九九二年）、『両替町遺跡』（久留米市文化財調査報告書第一一六集、一九九六年）である。「久留米はどこか」から「高良山座主麟圭の謀殺」までは『両替町遺跡』で筆者が執筆した「第四章　まとめ」の「二　久留米と高良荘」「三　中世の久留米――西久留米をめぐって」「四　毛利秀包と久留米――キリシタン教会をめぐって」を基礎に作成している。「田中吉政・忠政代の久留米城」は『三本松町遺跡』の「Ⅳ　近世前期の久留米城下町について」を基礎にして、最近の中野等氏の業績を参考にしながら原稿を作成した。第二章以降は『久留米市史』などの文献や『石原家記』『米府年表』『米府紀事略』『古代日記書抜』などの史料を読みながら、書き上げたものである。「しっとんね久留米城」で発表したものに大幅な追加や訂正を行っている。

第二編は九章からなる。以前に発表したものは以下の三点である。第一章の「明治初年の通町六丁目の復元」は『久留米郷土研究会誌』第二十号（一九九一年）で発表したもので、基本的な構成・論旨は変わらないが、新たに追加したところがある。第七章「城下町の祭礼」については、『久留米市史』第二巻第七章第一節でその概要に触れたが、今回、全面的に書き直し拡充している。第九章「城下町の空間」の「時鐘」は『三本松町遺跡』で述べたことを前提に執筆したものである。また、「しっとんね久留米城」で城下町編として六編を掲載したが、今回、全面的に改編しており、これらも含めてすべて新稿といってよいと思う。

本書の目的について触れておきたい。

第一編「久留米城の成立と構造」では、有馬代の久留米城の前史としての部分と、後半は有馬家が建設した本丸、二の丸、三の丸、外郭、侍小路の概要を述べ、それぞれの郭に暮らす藩主をはじめとする家臣団の生活を浮かび上がらせることを目指した。

第二編の「城下町に住む人々」では、久留米城下町の生活の場の具体的な解明と、そこに生きる人々の姿を描くことに力点を置いている。

第一章は、試論として、町人たちが生活する城下町の成立過程を再検討したものである。さらに町人たちが生活した町の内部の具体的な検討を試みている。

第二章の町奉行と町別当の検討は、町人がいかなる支配のもとに置かれていたのかを探るものである。

第三章の「町」についての検討の目的は、「町」が持つ法や慣例の中で、それに依拠しつつ、また制約されながら生きていた人々の姿を捉えることにある。

第四章の町人の様々な負担の検討は、町人たちが生きていた社会の構造を明らかにすることにあった。

第五章では城下町で働く奉公人を取り上げた。彼らの存在は城下町の生活を検討する場合に避けては通れないものであり、武家奉公人を中心にその存在形態などの解明に努めた。井筒屋掛の宗門御改人別帳の検討では、出身地と婚姻関係から、城下町が農村部に依拠することにより成立していたことを明らかにした。また、「城下町の馬」では、交通運輸の担い手となった馬の姿と、その業務に携わった馬士や川で働く仲仕《なかし》・水主《かこ》などの存在を取り上げた。この章の目的は、城下町に様々な身分を持つ者が居住していたことを指摘することにある。

第六章で久留米城下町の火事を取り上げた目的は、火事で露呈する城下町の生活の様相を明らかにするとともに、町に住む人々の、火災から生活を守る努力を指摘することにある。章末の火事関連年表は今後も拡充を図っていきたいと考えている。

第七章では久留米町を代表する二つの祭礼「祇園会」と「御繁昌《ごはんじょう》」を取り上げ、祭りの性格の違いを明確にした。また、この祭礼が町人たちの芸能への深い造詣があって生み出されたこと、あわせて、からくり興行が町人内部の技術文化の蓄積から成立したことを述べた。祭礼は町人たちの自己具現の場であったのである。

第八章の真木和泉守の『むかしは物語』の検討は、真木が捉えた幕末の久留米城下町の一側面を紹介し、明治維新を迎えようとする時代が町人にとっていかなるものであったかを考えたものである。

最後の第九章「城下町の空間」では、札の辻が領内の道路起点であったことについて触れた。また「時鐘」では、城下町に住む人々の時の管理が目的であった時鐘について述べた。「町人、城内に入る」では、城下町という空間と城郭という空間をつなぐ御門出入札の具体的な姿を明らかにするとともに、その通行証としての機能が予想もしない形に変質していったことを述べた。

以上のように本書は城郭、城下町に生きた人々の姿を明らかにすることを目的としている。

*

本書の来歴や目的などをこまごま述べてきたが、コラム風に書いたところもあり、また、変に力を入れて書いた部分もあるが、どこから読んでいただいても構わないと思う。久留米城とその城下町について関心が広がり、発見があれば、著者としては大変喜ばしいことである。なお、史料については、読みやすさを考え、読み下して提示している。

久留米城とその城下町◉目次

第二編　城下町に住む人々

第一編

久留米城の成立と構造

第一章　久留米城前史

久留米はどこか

「久留米はどこ」と質問することがある。平成十七（二〇〇五）年に全国で行われた大合併の動きの中で、久留米市は浮羽郡田主丸町、三井郡北野町、三潴《みずま》郡三潴町、同城島町と合併し、人口三十万六千人余りの筑後地方最大の自治体となった。では、これだけ広くなった久留米で、もともと久留米と呼ばれていた地区はどこなのか、というのが先の質問の趣旨である。

明治二十二（一八八九）年四月に市制・町村制が施行され、久留米市は全国の三十の都市とともに市となった。当時の市域は、おおむね久留米城と城下町をその範囲としていた。面積は二・六六㎢、人口は二万四七五〇人。現在の市域は二二九・八四㎢で、約八十六倍に広がり、人口は約十五倍となっている。

久留米城下町は旧三潴郡と旧御井郡にまたがっていた。久留米城本丸一帯（篠山町）、京隈小路《きょうのくまこうじ》（京町）、庄島小路（庄島町）は旧三潴郡で、それより東の櫛原小路（櫛原町）や寺町は旧御井郡であった。

久留米が古文書などで最初に確認できるのは、建武三（一三三六）年である。みやま市瀬高地区にあった瀬

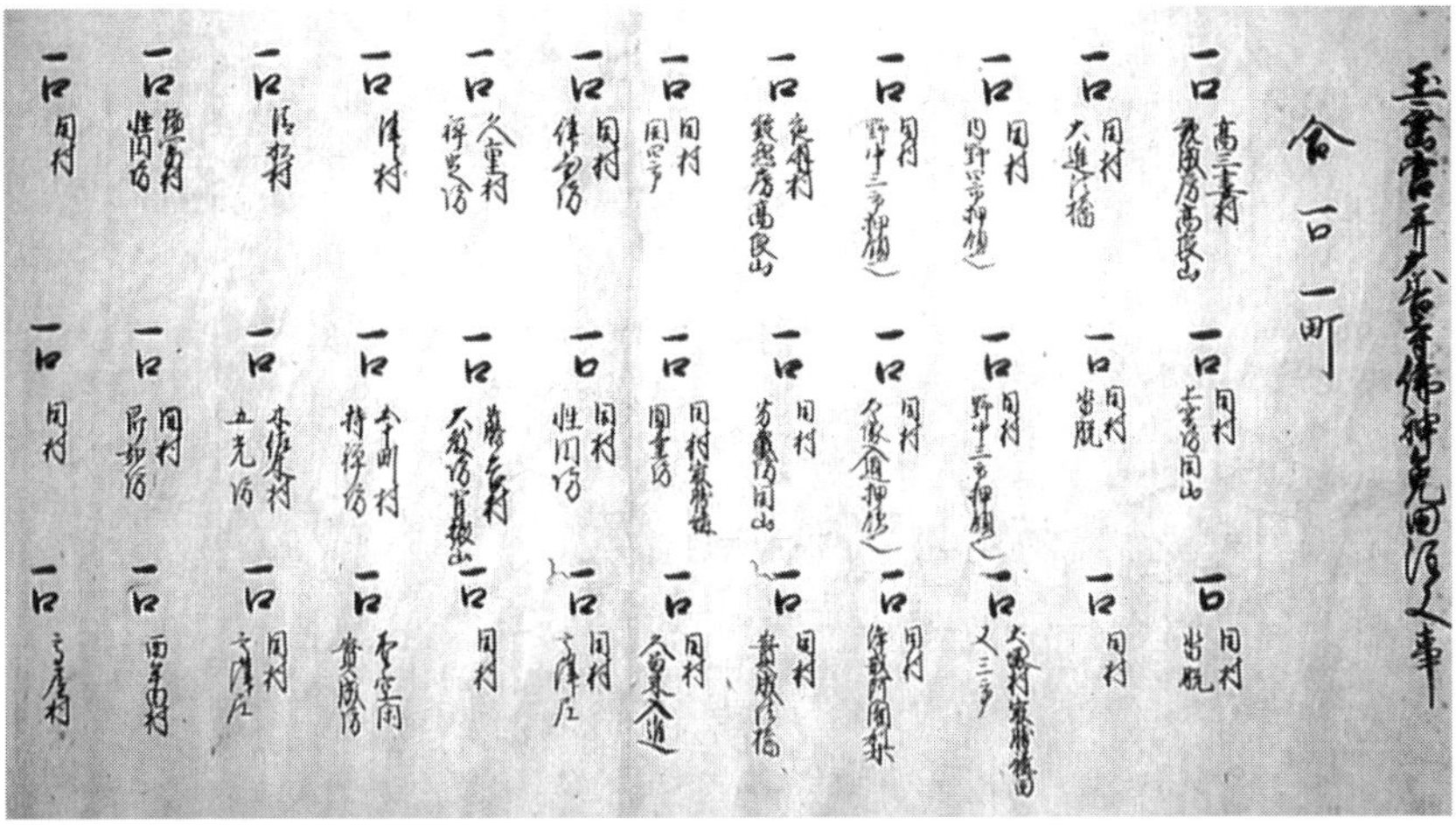

「玉垂宮并大善寺仏神免田注文事」（御船文書、個人蔵）。下段の６行目に「久留米入道」と見える

高下庄の庄官たちが作成した「瀬高下庄々官等連署去渡状写」（鷹尾文書）に四か所出てくる。最初の部分は以下の通りである。

二丁四反　かくそ十二人くるめかたやまさきはた分
　　　　八女七人之分くるめかた

ひらがなで「くるめかた」とあり、まだ「久留米」とは表記されていない。この「くるめかた」は久留米方としてよければ、集団名といえるかもしれない。

次に出てくるのは貞和三（一三四七）年九月の「玉垂宮《たまたれぐう》并大善寺仏神免田注文事」（御船文書）である。これは玉垂宮と大善寺の祭祀に必要な費用を出す免田の書き上げである。一口一町の免田が四十六口あり、その一つに「一口同村（夜明村）　久留米入道」（原本二行書き）とある。夜明村の一町の免田が久留米入道に与えられたということだが、これは久留米に属する僧侶と考えていいだろう。ここで初めて、現在の表記である「久留米」が登場する。

応永二十五（一四一八）年の「報恩寺寺領坪付」（隈文書）には「久留米屋敷そい」「くるめ屋敷之前くまの分」「久留目

屋敷」などが出てくる。報恩寺は実態が不明だが、大善寺玉垂宮と密接な関係にあった寺院である。「久留米」が「久留目」となっているところもあり、この段階ではまだ表記は確定していないようだ。

文明年間（一四六九－八六）と推定される「田原親宗社領安堵状」（高良山座主坊文書）は、津江山城守が横領した鯵坂《あじさか》のうち武清名《たけきよみよう》を高良山久留米坊（久留米殿）に返還するという内容である。久留米坊が高良山と密接な関係があることを示している。

戦国末に筆録された『高良玉垂宮神秘書』には高良山の宮座を構成する「十二人ノオトナ（乙名）」が記録されており、その一つが久留米となっている。

十二人ノヲトナハ、ヲノ《（小野カ）》、クリハイシ《（栗林カ）》、リヤウフクナリ《（両福成カ）》、イナカス《（稲員カ）》、クリヤ《（厨カ）》、ユケ《（弓削カ）》、ノナカ《（野中カ）》、エタミチ《（枝光カ）》、タカノ《（高野カ）》、クルメ《（久留米カ）》、ホンシ《（本司カ）》、ヲヽクマ《（大隈カ）》、コクフ《（国府カ）》、カウタラキ《（上津荒木カ）》

この史料に出てくる地名は、小野、本司以外はほぼその位置を確定できる。栗林は久留米市山川町、両福成は筑後川右岸の宮ノ陣、稲員は同北野町、厨は御井町か、弓削は東合川、野中・枝光は野中町と合川町、高野は筑後川右岸の高野町、大隈は旧三潴郡の梅満町《うめみつ》大隈、国府は国分町、上津荒木は上津町に当たる。所在地は高良山の眼下に広がる北麓の旧御井郡である栗林・厨・野中・枝光・国府、西方に当たる旧三潴郡の久留米・大隈、それと筑後川を越えて旧御井郡の高野・福成などとなり、高良山から見渡せる地域である。

十二人の乙名は高良山の祭祀に際して、その司《つかさ》を受け持つ役であり、「クルメハ、コ、クサカキノヤク」を担う村として現れる。「五穀と榊」で祭礼に奉仕する村落と考えられることから、久留米は高良山領の一部をなすと考えられるのである。

十四世紀前半から十五世紀後半にかけて確認できる「久留米入道」「くるめかた（久留米方）」「久留米坊」

などの集団・人物は久留米に居住した高良社の社僧であり、久留米はその屋敷地であった地域と考えてよいのだろう。

この地を拠点として活動した集団名が「久留米方」、また代表する僧侶が「久留米入道」、その拠点施設（僧坊）が「久留米坊」と呼ばれたのだろう。瀬高地区や大善寺地区に残る久留米に関する史料は、「久留米方」が筑後国一宮である高良社の権威と勢力を背景に持ち、筑後一円で積極的に活動したことを示す痕跡である。

江戸時代になると、西久留米村が現れる。田中忠政の治世中である元和年間（一六一五―二四）の「三潴郡諸村御物成石高帳」（『久留米郷土研究会誌』二十三号、一九九五年）に西久留米村の物成石高が記されている。この時期に近世村落としての西久留米村が成立しているのである。注目すべきものとして「城開」の記事がある。元和元年の一国一城令で廃城となった久留米城を開いて田畑とした記録である。この記事から西久留米村は久留米城を含む地区であることが明らかになる。

明治四十一年の亀山清次郎著『洗町小史』（久留米史料叢書四、一九七七年）に、この西久留米についての記録がある。

西久留米といへば現今では三井郡国分村の一大字で、洗町より大分隔った土地だが、有馬氏入国当時頃までは城地の処より京隈・洗切等凡て西久留米と称へ、即前記篠山城の来歴中にも西久留米篠山小阜の上云々とあり、山王宮上棟の銘にも筑後国三潴郡西久留米荘惣社京隈洗切産神日吉山王宮殿云々とある由。又二丁目の南と一丁目横丁の間にある少許の畑地が旧藩の頃西久留米分と称へて、他屋敷地は免租地で有ったに関らず独り上納地であった。而して右西久留米は今日でも洗町日吉神社の氏子である。

明治四十一年段階では西久留米は三井郡国分村となっているが、江戸時代初期には京隈・洗切《あらいきり》までも西久留米と言っていたという。国分村西久留米とは現在の久留米市西町一帯のことである。

この西久留米を貫いて高良山の豊かな湧水を源流とする池町川（苧扱川《おこん》）が西に流れ、筑後川沿いの久留米城周辺もその村域に含まれていた。現在の西鉄花畑駅周辺から池町川沿いに細長く久留米城まで伸びた地区が、もともと久留米と呼ばれていたのである。

久留米の都市としての出発は狭い範囲であったが、永正年間（一五〇四－二一）、その久留米の北端の独立した丘陵に久留米城が松田某によって築かれたと伝える。しかし、すでに触れてきたように久留米地区は高良山勢力の拠点であることから、ここに重要拠点として久留米城（出城）が築城されており、松田某の伝承も高良山勢力との密接な関係の中で説明できると考えている。

洗切山王宮は西久留米惣社であり、元は有馬時代の久留米城の二の丸に鎮座していた。また、貞観十七（八七五）年に創建された祇園社、さらに京隈山王宮があった山は山王山と呼ばれ、その麓には尼御前社《あまごぜ》（水天宮）が鎮座、同じく京隈には禅宗寺院日輪寺があるなど、この久留米城周辺は高良山勢力である久留米坊をはじめ神社・寺院が集中する地区であったようだ。さらに、最近の篠山町の発掘調査でも鎌倉から戦国時代の遺構・遺物が確認されつつあり、この地区は都市的な側面が強いことを暗示している。

戦国末期の久留米城主は高良山座主麟圭

永正年間（一五〇四－二一）、久留米城は松田某によって築城され、小笹が生える山の城であったので篠原城と呼ばれた。それから約三十年過ぎた天文年間（一五三二－五五）に御井郡の郡司がこの地区に館を構えたという（『筑後将士軍談』巻四十五）。ただ、前節で触れたように久留米は高良山勢力と深い関係があった地区であるため、この築城もそうした関係の中で行われたことを想定させる。天正年間（一五七三－九二）になると、久留米城主として高良山の座主《ざす》麟圭《りんけい》の名が挙がってくる。天正初年、高良山座主良寛《りょうかん》は弟麟圭を久留米城主としたという（同前）。

天正六年十一月には高良山座主良寛は豊後の大友宗麟方として参戦した日向国耳川の合戦に敗れて薩摩の捕虜となり、弟麟圭は座主職を奪う。しかし日向から帰った良寛は黒木氏と謀って再度高良山に復帰し、麟圭は龍造寺に属することになる。

この豊後大友氏の大敗北によって、筑後の諸氏は大友氏から離反していく（『筑後将士軍談』・『家勤記得集』）が、その隙をついて肥前の龍造寺隆信は筑後に侵入している。翌七年一月、隆信は麟圭に高良山座主職を安堵した（高良山座主坊文書）。この年、高良山衆徒、筑後の諸氏は龍造寺氏に謁を請う者が多く、高良社大祝《おおはふり》は龍造寺家に起請文を送っている（龍造寺文書）。天正九年には高良山宝生院鎮興（良寛の父）・座主良寛が龍造寺家に対して服従の起請文を出し、高良山は良寛と麟圭の二人の座主となった（同前）。両者とも肥前方となっている。

天正十一年には大友方の戸次道雪《べつきどうせつ》・高橋紹運《じょううん》らが筑後攻略を進め、肥前の龍造寺方の久留米城・城島城を幾度も攻めている（『豊前覚書』）。また、この年、座主良寛は再び大友方に戻っており、久留米城の麟圭と良寛は敵対関係となった（同前）。麟圭が籠る久留米城には大友方が度々攻めてきて、三か年籠城したと家臣であった神代弥左衛門は述べている（『神代弥左衛門遺誡書』）。

久留米は豊後大友方と肥前龍造寺方の対立の最前線となった。天正十二年三月二十四日、龍造寺隆信が島原で戦死して大友・島津・龍造寺による九州争奪戦はその一角が崩れ、同年十月には戸次道雪・高橋紹運らが高良山に大友方の本陣を置いた（『北肥戦記』）。同十三年四月、戸次・高橋らは草野発心《ほっしん》城の攻略を始め、救援に赴いた久留米城主麟圭や龍造寺軍と久留米筒川・祇園原などで戦い、これを破った（『家勤記得集』）。この戦いには高良山座主良寛・大祝保真らも大友方として参戦している。

今度久留米祇園原に於いて龍造寺出騒ぎの刻、父子とも比類無き手柄粉骨の働き、誠感悦の至りに候、弥忠節励まらるべき事肝要なり、追ってこれを賀し候、猶丹後入道申すべく候恐々謹言

五月廿五日　　義統御判

稲員式部丞殿

（『家勤記得集』）

この文書は大友方として戦った稲員式部丞《いなかずしきぶのじょう》に対する大友義統《よしむね》からの感状である。筒川は久留米市野中町の石橋文化センター西側付近を流れる川であり、祇園原はその筒川西側に広がる台地を示す。この原の名は貞観十七（八七五）年に創建され、久留米郷氏神となった祇園寺（『寛文十年久留米藩寺院開基』）に因むものかもしれない。

天正十三年九月、島津氏は筑後への侵入を開始するが、久留米城主麟圭は星野鎮胤《しげたね》らと島津氏に通じている（『上井覚兼日記』）。同年十月に筑後の大友方の中心であった戸次道雪が北野陣中で没すると、高橋紹運らは高良山を引き払い筑前岩屋城に退いている（『北肥戦記』）。座主良寛は居館と高良山麓の門前町府中を焼いて高良山を去り、久留米城の麟圭が入山し、龍造寺方の内野信堅《のぶかた》らが久留米城番となっている（『神代弥左衛門遺誡書』・『九州治乱記』）。十一月、高良山を去った良寛は大友方の五条鎮定《しげさだ》・問註所統景《もんぢゅうじょむねかげ》、統康《むねやす》らと互いに誓詞を交換しており、大友方として筑後国にいたことが確認できる（五条文書）。翌十四年六月には島津忠長の軍が高良山に陣を敷き、座主麟圭は島津方となって大友方の攻略に参加しており、激変する政治状況の中で生き残るために、その立ち位置を変えていることがわかる（『家勤記得集』・『神代弥左衛門遺誡書』）。

天正十五年四月十日、豊臣秀吉は高良山吉見岳城に入り、翌十一日に肥後・筑後の諸将と謁見し、高良山座主良寛・大祝保真らは所領を没収されている（『九州御動座記』）。この時、麟圭はその対象となっておらず、

高良山の座主の地位を認められているようだ。同年六月、博多の箱崎で九州国割を行い、筑後国に小早川隆景（竹野・生葉《いくは》二郡）、小早川（毛利）秀包《ひでかね》・立花宗茂・高橋直次・筑紫広門が封じられ、久留米城に小早川秀包が入城した。秀包は同年七月には山本郡全域・三潴郡・御井郡の一部を領有し、うち千石を高良山に寄進している。この山には座主麟圭が支配を維持していたのである（『筑後封植録』）。

秀吉に愛された毛利秀包

毛利秀包は永禄十（一五六七）年に中国地方の雄、毛利元就の九男として生まれ、天正七（一五七九）年に兄小早川隆景の養子になった。同十一年には羽柴秀吉のもとに人質として送られ、「秀」と「藤」の字を賜り、藤四郎秀包と名乗る。秀吉に愛され、同十三年には河内国に一万石が与えられ、同年六月の長宗我部元親《ちょうそかべもとちか》征伐に従軍し、後に伊予国宇和郡に三五〇〇石を与えられた。同十四年から始まる九州平定では小早川隆景に従い、豊前香春嶽城の攻略などに活躍している（『寛政重修諸家譜』）。

天正十五年六月、島津氏を降伏させた豊臣秀吉は九州に大名の配置を行う。筑後国には立花宗茂・筑紫広門などの地元の大名とともに豊臣旗下の武将が置かれた。筑前国と筑後国二郡が小早川隆景に与えられ、久留米城には毛利秀包が入った。秀包の領地は御井郡の一部（具体的には筑後川の南側）、山本郡全域、三潴郡の一部で三五〇〇石余である。この時期の三潴郡の秀包領は久留米城周辺の長門石・京隈・庄島・西久留米・掛赤《かけじゃく》などであった。

文禄四（一五九五）年の検地によって大幅な打ち出しがなされ、朝鮮の役の功績により、秀包は立花領であった三潴郡九か村一万七百石、筑紫広門領であった上妻《こうづま》郡上下広川庄九千石、合わせて一万九七〇〇石を加増された（中野等『豊臣政権の対外侵略と太閤検地』校倉書房、一九九六年）。

秀包は天正十五年七月には久留米城に入城しているが、この時期の城の様子は不明である。これ以前の久留米城は高良山座主良寛の弟である麟圭の居城であった。麟圭は大友方の良寛と不和で、龍造寺方として動いていた。天正十一年から三年間にわたり、高良山を本拠とした大友方の戸次道雪・高橋紹運・朽網《くたみ》宗歴《そうれき》らの攻撃を受け、守り抜いたという（『神代弥左衛門遺誡書』）が、具体的な城の縄張りなどは不明である。この時期については『久留米市史』第二巻第一章第一節「毛利秀包と久留米」にまとまった記述があり、大筋はそれに従いつつ、いくらかの新たな知見を加えていくことにする。

秀包は入城とともに久留米城の改修を行ったと思われるが、矢野一貞の『筑後将士軍談』巻四十五の「久留米城」の記述に、

> 天正十五年秀吉公九州平均ノ時、此ノ城ヲ小早川秀包ニ賜ウ。此ノ時ハ今ノ蜜柑丸ノ地ニテ東面ナリ。本丸狭ニヨリ、今ノ御厩ノ地ニ新城改築アリ。又、秀吉公ヨリ大坂城ノ一室ヲ拝受シテ是ヲ移シ、大阪書院ト号ス。四壁皆、長谷川等伯ノ画図ナリ

とある。この時期の城は大手門が東向きで、本丸は後の有馬時代の本丸の東側一帯、現在の久留米大学医学部のグラウンド付近に当たる。この本丸が狭かったので、有馬代の二の丸東部の御厩《おうまや》付近に新城を築いたという。秀包は秀吉から拝領した大坂城の一室をここに移した。その部屋は大阪書院と呼ばれ、長谷川等伯が描いた障壁画があったという。この時期の城は小笹山を背にし、柳原（現久留米大学医学部付近）に面していた（『久留米城物語』）。また、この山は山王宮が鎮座する山であったが、秀包代に後の二の丸に移されたとある（『筑後志』）ので、この時期に背後の山に関連施設が築造された可能性がある。

城郭建設の様相は不明なことばかりであるが、城下町についてもわかることは少ない。

先に戦国末に久留米城主であった麟圭はこの城に三年ほど籠城して豊後方と戦ったと述べたが、それを支えたのは城の背後を流れる筑後川であったろう。筑後川の舟運は物資を運ぶ役割を果たすとともに、肥前との連絡も可能にした。城の下流に古くから存在する川港洗切の存在は、久留米地区におけるこの川の役割を示すものであろう。

さらに城の東にも城下町が広がっていたようだ。江戸中期に書かれた『筑後誌略』には、柳原は城下町の一部であり、その当時は肥前への往還は三本松より柳原に至り、小森野の船渡しで筑後川を越えていたとある。柳原とは久留米大学医学部付近のことで、この町を「内町」と呼んでいたようだ。さらに文禄三年には念誉上人が久留米内町に西方寺を建立したとあり、この町には寺院もあったことがわかる（『寛文十年久留米藩寺院開基』）。

内町のほかに元（本）町と呼ばれる町があったことが知られている。この町の位置は「今ノ祇園丁ナリ」（『筑後将士軍談』）とあるので、祇園社（現在の篠山町須佐能袁《すさのお》神社）付近である。この地には慶長元（一五九六）年に浄土真宗妙蓮寺が開かれている。次いで田中代の慶長八年に真教寺・浄顕寺・誓行寺などの寺院が郡部から元町に移ってきており、この場所は祇園社周辺であったようだ。

三本松―柳原への道路が南北に走っていたことはすでに述べたが、この道沿いに三本松町・元町・内町などの町があり、これが毛利代の城下町であったということができよう。さらに「呉服町魚屋町紺屋町御入部前祇園小路ノ農家ヲ移シタル者ト云」（『筑後国社寺記録』塚本又六郎家文書）とあり、元町の一角に当たる祇園小路周辺には有馬氏の久留米入城前から呉服町・紺屋町・魚屋町などの町があったことを示しているのだろう。また、これらの町と筑後川沿いの川港である洗切とをつなぐ道も想定しておくべきだろう。この地区も城下町の一角として役割を持つと考えている。

慶長五年の『イエズス会年報』には「秀包夫妻が材木を薩摩国から運んで、新しく宣教師のための住院と聖

教会建物の復元模型（久留米市蔵）

堂を城近くに建てた。更に町のキリシタンたちが建てた別の聖堂もある」と記録されている。秀包は大友宗麟の娘（引地《ひきち》、マセンシア）を妻としており、彼女は熱心なキリシタンで、秀包もキリシタンとなっている。この夫婦が城近くに教会を建設したのである。

この教会跡と思われる遺構が両替町遺跡（現久留米市庁舎敷地）で発見されている。この遺構は東西一七・六m、南北八・六mの規模を持つ東西棟の掘立柱建物である。柱列は概ね四列が東西に並ぶもので、特に側柱となる北側や南から二列目は連続する柱列が一・一mの等間隔で並び、西端では回廊状の柱穴が南北に並ぶなど、特異な構造を持つ建物跡である。有馬代の両替町は南北の短冊形の敷地割りで土地の利用形態が違うこと、十字架を持つ軒先瓦がこの遺構の南側に隣接する池状の遺構から出土していることなどから、この遺構は教会建物の跡であると判断したものである。さらに建物の規模が大きいこと、総瓦葺とは考えづらいが一部が瓦葺であったことと、毛利家の家紋である沢瀉《おもだか》紋鬼板瓦も出土していることなどから、秀包夫妻が建設した教会（聖堂）と考えられている（『久留米市史』第十二巻資料編考古）。

さらに町人たちが建設した教会もあったことから、この城下町では教会を拠点にした熱心なキリスト教信仰が隆盛したことがうかがえる。また、この地区付近から南に谷筋（池町川が開析）が入ることから、この地区が城下町の南端付近に当たると考えている。

二十歳の青年武将であった秀包が久留米城に入城した天正十五年七月の後半に肥後国人一揆が起きた。領主の佐々成政の政策に反対して起きた一揆で、約半年間にわたって続いた。中心となったのは肥後北東部の国人隈部《くまべ》親永《ちかなが》（菊池郡隈府《わいふ》城主）とその子親安《ちかやす》（山鹿郡城村城主）で、その後北部地区の国人和仁《わに》親実《ちかざね》（玉名郡田中城主）、辺春《へばる》親行《ちかゆき》（玉名郡十町城主）ら、さらに旧阿蘇家臣らの城主層が加担している。小一揆は肥後北部だけではなく、肥後国全域に拡大し、さらに黒田領の豊前国一揆、肥前諫早一揆、あるいは筑後国草野氏の動揺など、九州の国人衆に波及するものであった（森山恒雄「肥後の国人一揆」、『歴史公論』三）。

小早川神社（篠山神社境内）。毛利秀包を祀る

これらを討伐するために、九月八日に豊臣秀吉は肥前・筑後二国勢を動員した。秀包を大将とし、安国寺恵瓊《えけい》をこれにつけ、肥後に派遣している。そして久留米城には小早川隆景を在城させた。さらに、筑後・肥前勢で抑え切れない場合は、黒田孝高《よしたか》、森可成《よしなり》らを肥後に送り、それでも不足すれば中国勢を率いて小早川隆景が肥後に向かい、その際には久留米城に慥《たしか》なる者を置くよう命じている（小早川文書）。この記事から、久留米城は重要な後方の戦略拠点としての役割を果たしていたことがわかる。

同月十九日の秀吉の書状によると隆景は久留米城に入り、秀包らの先勢は肥後南関に着陣している。さらに肥後国人一揆の原因は領主佐々成政が国人に御朱印通りに所領を渡さなかったこと、検地は来年施行するように命じたが、即時に施行して百姓に迷惑をかけたことなどによると非難している。また、秀吉は同日に秀包らの南関着陣の報を受け、秀包にこれからは安国寺恵瓊と相談してことを進めるように指示している（同前）。

十月十三日付の立花左近将監（宗茂）宛ての豊臣秀吉朱印状では、肥後だけではなく、肥前国でも一揆が起きていると書かれ、小早川隆景、黒田孝高、森可成の久留米城在城が確認される。また、この朱印状では唐国をも侵攻の予定であり、九州は五畿内同前（畿内と同様）の地域であることが表明されている（『福岡県史』所収「立花文書」）。これが文禄・慶長の役につながっていくのである。

十二月五日に和仁城（城主和仁親実）が陥落したことで一揆の直接的抵抗が終わり、秀吉は十二月二十七日付で肥後国人一揆の和仁・辺春氏の誅伐と残党の糾明を秀包、立花左近将監（宗茂）、筑紫左馬頭（広門）、高橋弥七郎（直次）に命じている（同前）。天正十五年六月の九州国割以降も秀包は休むことなく、肥後国人一揆の討伐の最先頭にあったのである。

さらに、秀包領であった山本郡の草野氏は肥後国人一揆に呼応して一揆を企てたとみなされ、天正十六年に肥後国南関で蜂須賀阿波守によって討ち果たされている。領内に鎌倉時代からの名族であった草野氏が存在することは領域支配の支障となるということもあり、放置できなかったのであろう。

高良山座主麟圭の謀殺

中世の高良山は京都の比叡山と同じような一大宗教勢力であった。また宗教センターとしての役割ばかりではなく、学問・文化・商業の中心でもあった。高良山は座主・大祝・大宮司の三職によって運営されており、座主がその中心として穏然たる勢力を筑後地方に有していた。

天正十五（一五八七）年、豊臣秀吉は島津攻めで薩摩に下る途中、高良山の麓にある吉見岳城に一夜陣を張り、その際に高良山良寛の不実を責め領地を奪い、あとに弟麟圭を座主とし、その願いを入れて府中・高良内・宗崎・阿志岐《あしき》村の四か村の所領を与えた。約一万石（八七〇町）から千石への減少である。しかし、高良山が培ってきた地域への宗教的な権威に基づく在地土豪としての力は侮れないものであった。

久留米城に入った毛利秀包が領内支配を行う上で妨げになったのは高良山勢力、とりわけ座主麟圭であり、これを除くことが秀包の課題であった。これは天正十六年の南関での草野氏の謀殺とも相通じるものだった。秀包は麟圭を除くために麟圭の妻の妹を家臣の妻に迎えるなど様々な融和策を行った。そして麟圭と子良巴《りょうは》を城中の酒宴に招き、機を見て謀殺することを計画する。天正十九年五月十三日のことである。『秀包記』（山口県文書館蔵）によれば、酒宴を終えた麟圭父子は城から高良山へ帰る途中、柳原周辺で秀包の家臣に襲われ、殺害された。逃げ惑って殺された麟圭父子を含む主従八人を祀ったところが「八ツ墓」といわれている。この八ツ墓の位置と柳原の地は離れているので、麟圭家臣がここで亡くなったのを祀ったものとするのが真相に近いのだろう。

八ツ墓。昭和55年に東町から寺町の医王寺に移された

その地は久留米の道頓堀商店街の片隅に当たる。現在の西鉄久留米駅北方の日本生命ビルの裏付近である。昭和五十五（一九八〇）年八月、八ツ墓の墓碑はビル建設に伴い寺町医王寺に移され、境内に祀られている。この地を東西に走る道は中世にさかのぼる古道で、東は五穀神社前を通過して、げずの木橋を渡り、石橋文化センター方面へ延び、高良山方面につながっている。西は六つ門方面に延びている。

秀包は朝鮮の役で悪霊に悩まされ、それを払うため脊振山に隠れていた麟圭の末子秀虎丸を座主にした。彼が江戸時代初期に高良山の復興に尽力した第五十五世座主尊能《そんのう》である。この尊能と毛利元鎮《もとしげ》（秀包の子）はのちに親しい関係性がうかがえる手紙を交換している。これは高良山勢力と毛利秀包の間の融和策として秀虎丸が久留米城に人質に送られ、元鎮と共に暮らした時期があったという説を裏づけるものといわれている。

田中吉政・忠政代の久留米城

田中吉政は近江国浅井郡の出自である（大善寺玉垂宮の鐘名より）。浅井長政の家臣であった宮部善祥坊（継潤《けいじゅん》）に仕え、天正十三（一五八五）年に豊臣秀次付きの宿老になるまでの吉政の履歴は不明な点が多い。同年閏八月に近江国において秀次は四十三万石の所領を得て、近江八幡城主となっており、秀吉から秀次に宛てた知行宛行状《あてがい》には蔵入地（直轄領）二十万石、宿老分が二十三万石となっている。秀次の宿老は田中吉政・中村一氏・堀尾吉晴・山内一豊・一柳直末《ひとつやなぎなおすえ》らで、中村は水口城主、堀尾は佐和山城主、山内は長浜城主であったが、吉政は居城を持たず近江八幡城におり、「関白殿一老」として秀次を輔佐したとされている。

天正十八年に豊臣秀吉が関東の北条氏を制圧すると、七月に大名の配置換えを行っている。この移動で特筆すべきものは三河・遠江・駿河・信濃・甲斐五国を領有した徳川家康の関東転封である。秀次には織田旧領であった尾張国が与えられ、三河・遠江・駿河国などに山内一豊・堀尾吉晴・中村一氏ら秀次の宿老が配置された。この時、吉政には三河国岡崎城主として五万七千石が与えられている。さらに秀次が失脚して高野山で自刃すると、それに伴って処罰されることもなく、文禄四（一五九五）年七月には二万八千石余が与えられた。翌年にはさらに加増され、岡崎十万石の大名となっている。

慶長五（一六〇〇）年の関ヶ原の戦いでは吉政は東軍に属し、石田三成を捕らえた功により筑後三十二万石の大名として入部するのである。小身から大名となった彼が柳川に入った時、「一石取った兵部が一国取った」

と歌い舞ったという（『田中興廃記』）。吉政は柳川城を居城とし、久留米城・城島城・福島城・赤司城・黒木城・榎津城・江浦城に一族・重臣を配置している（『慶長七年台所入之掟』）。

久留米城に二男主膳正吉信を、福島城には三男吉興（康政）、城島城に宮川讃岐、赤司城に田中左馬がいたことは確かめられるが、『田中興廃記』では黒木城に辻勘兵衛、榎津城に榎津加賀右衛門となっているのに対し、『筑後将士軍談』では榎津加賀右衛門は津村城に入っていることになっており、松野主馬が松延城に在城とあり、記載に相違がある。久留米城、赤司城、福島城、城島城には異動がなく、一部の城で城主の交代があったことを反映しているのだろう。

これらの城と本城柳川城との間に、軍事的かつ経済的役割を持って道路が整備されている。その例として柳川から久留米までの新道がある。

一、やな川よりくるめまての新道の両わきのミソ、よこ四尺にほらせ、その土は道の上、中高にをき、入念作り候様に、その郡代〱より奉行を相つけられ申し付けられるべく候事　（『慶長七年台所入之掟』）

吉政は、のちに柳川往還と呼ばれる柳川−久留米間の道路を慶長七年に造成し（同前）、慶長八年には津福町・上野町・土古呂《ところ》などの諸公事を免除した新町を立てており（『歴世古文書』）、領内交通網の整備や新町の建設を行っている。

久留米城には二男主膳正吉信が入るが、慶長十一年一月に刀傷が原因で没し、城代として坂本和泉守を置いていたようだ（『田中興廃記』）。ところが、中野等氏が紹介された「筑後之国やなかわにて世間とりさた申事」には主膳正没後、三男久兵衛尉が移ったとあり、城主について検討が必要とされている（中野等『筑後国主田中吉政・忠政』）。慶長七年には久留米城に上五郡の生葉・竹野・山本・御原・御井郡の蔵入米が納められ、久留米城に米蔵が建設されている。これは筑後川の水運を利用して廻送したものだろう。久留米城は北筑後の支配の拠点としての役割を担っていた（『慶長七年台所入之掟』）。

この廻送の拠点は筑後川の川港であった洗切だろう。この洗切は有馬代の正保二（一六四五）年に瀬下町に移転させられるまで、久留米城下町の物資の移出入の役割を果たした町である。下筑後五郡の三潴・上妻・下妻・山門《やまと》・三池郡の年貢米は矢部川や筑後川下流を利用して柳川城に収納されたものと考えられる。

また、慶長七年には柳川城の築城が行われた。天守の建設などの築城の様子は『慶長七年台所入之掟』に詳しいが、久留米城についても関連記事がある。

一、やな川のいしかき、あなうは善助、橋本亀右衛門両人に申し付け候事

一、くるめは、そかの理右衛門・橋本源兵衛、此の両人に候事

あなう（穴太）とは戦国末から近世初期に活躍した石垣積みの技術集団である。久留米ではそがの理右衛門・橋本源兵衛がそれを務めることになっており、石垣を持った城郭の建設が進められている。この慶長七年段階で柳川城と並行して久留米城の改造も行われたと考えられるが、この石垣工事が具体的にどの部分かは不明である。

当時の久留米城の構造は不明だが、柳川城や支城の福島城・城島城の絵図に共通する要素として次の点が挙げられる。田中代の城郭の特徴は本丸・二の丸が堀（内堀）で囲まれ、その外側に侍屋敷町（殿町）を配置し、それをまた堀（中堀）で囲み、その外側に城下町を建設し、それをまた堀（外堀）で囲む惣構えの構造にある。吉政の弟である左馬丞《さまのじょう》が城番を務めた赤司城でも同様な縄張り・構造が想定されており、城料が付けられ、周辺村落に家臣団の知行宛行がなされていることから、久留米城の縄張りも本丸周辺に家臣団が集住し、その外

側に堀、町人居住区が配置されたものが想定される。

ただ、田中代の区画の溝と思われる遺構が両替町で確認されている程度で、明確な縄張りを示す遺構は発見されておらず、毛利代の城郭とどのような関係があるのかは今後の課題である。ただ、城郭は東を正面とした縄張りであったようだ。

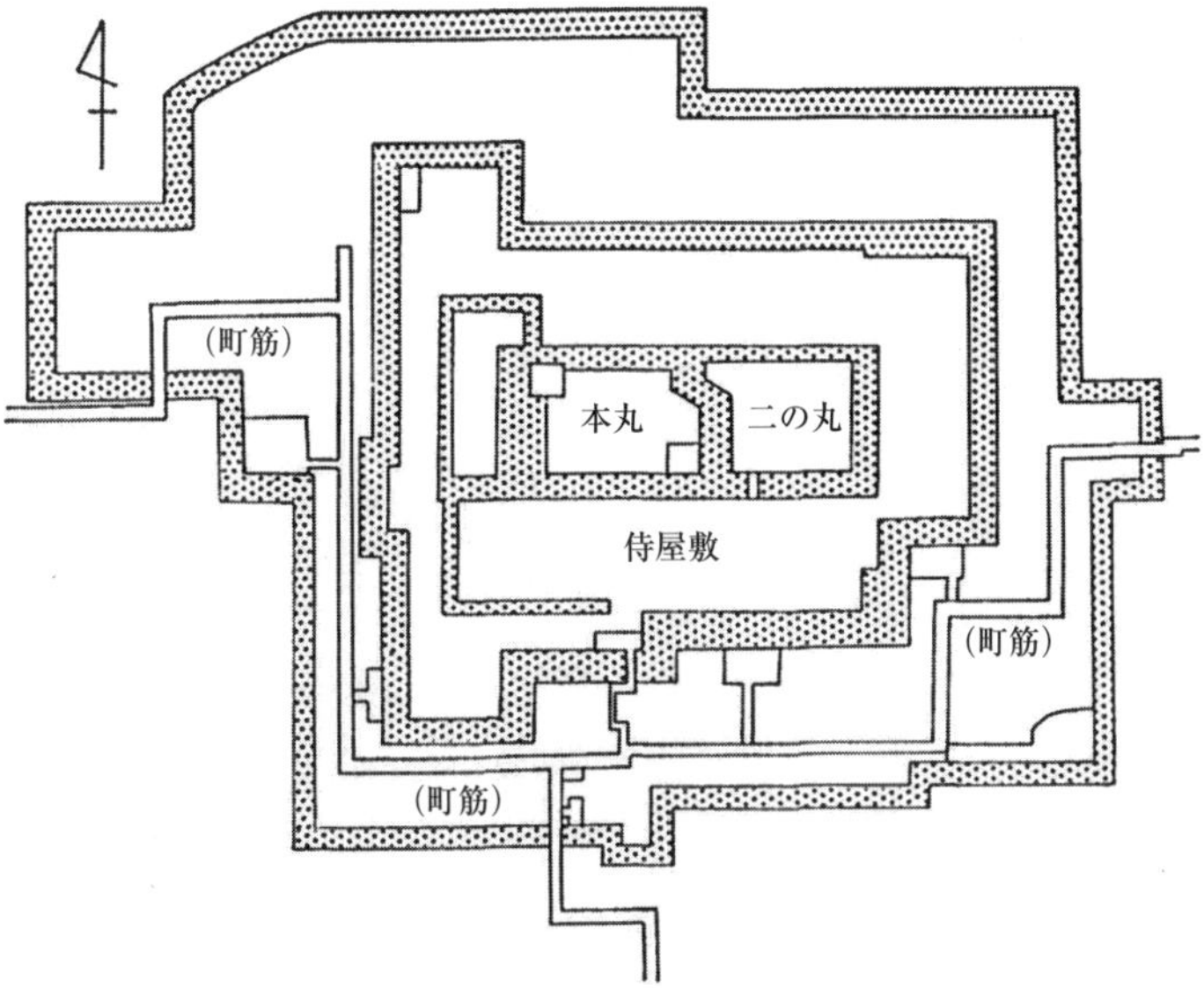

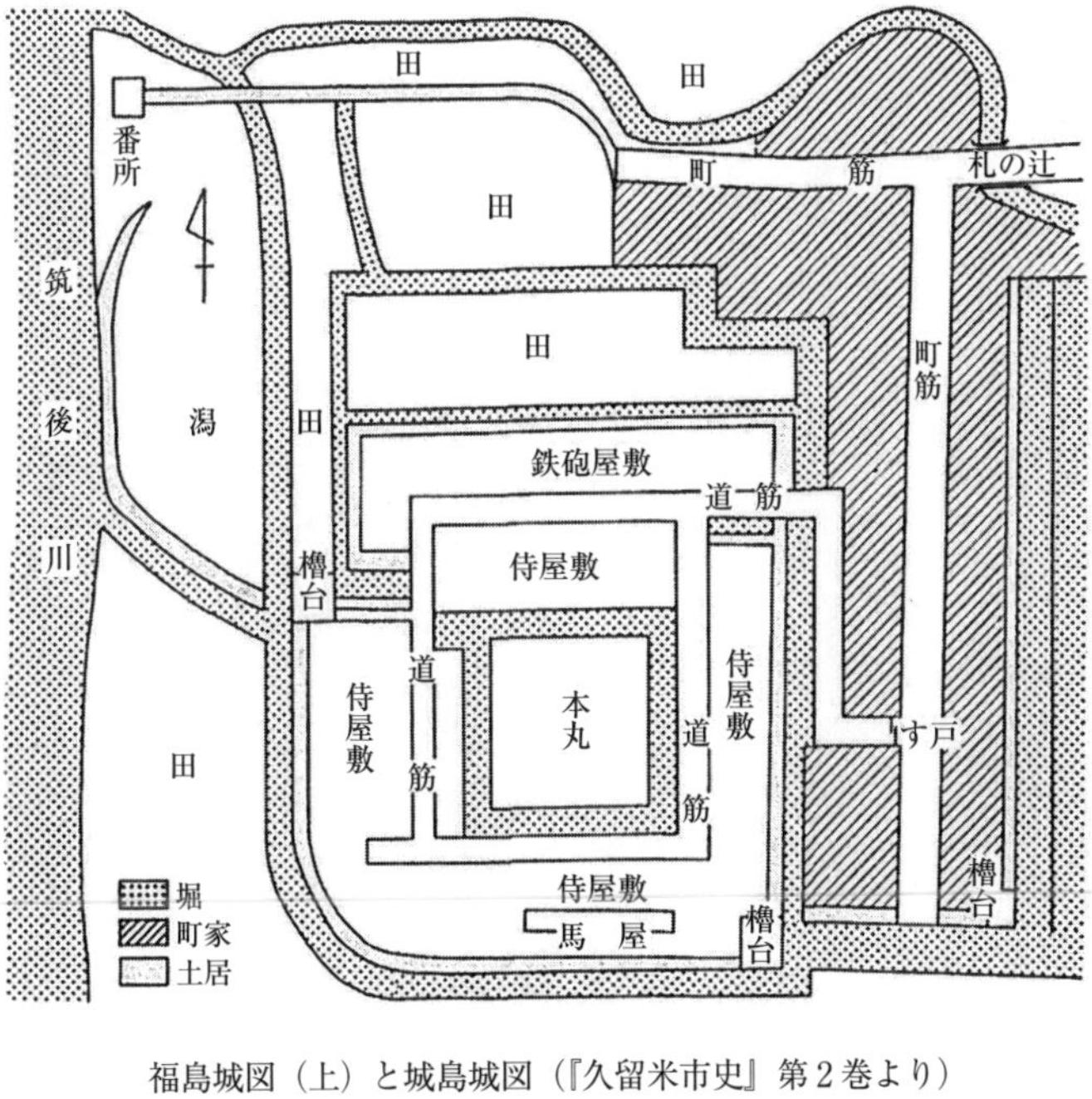

福島城図（上）と城島城図（『久留米市史』第２巻より）

町人居住区である柳原、元町、内町、三本松町、長町（通町）などの城下町が田中代になって、どのように再編成されたかは明らかになっていない。ただ、慶長六年に城島の近隣にあった江上市を城島に引き、市を立てたとある（『寛文十年久留米藩社方開基』）。これは城島城を中心とする支城の市場圏を作り上げたものである。さらに「岩橋家記録」（『歴世古文書』）にも、田中兵部太夫吉正（政か）の時、御井郡宮ノ陣八丁島にあった市恵比寿《いちえびす》を赤司村と三原郡山隈に移し新町を立てたとある。これも赤司城の支城市場圏と領内の交通網の整備を図ったものであろう。これらの事例から、久留米城は北筑後の政治・経済・交通の拠点であり、最も有力な市場圏が久留米城を拠点に作られたであろうことは推測されるが、それを確かめる史料に恵まれていない。ただ、江上・八丁島に開かれた市は中世以来の歴史を持つ五日市だが、これらの市の城下町への移転は、筑後の市を管轄していた高良社大祝鏡山家の筑後国の市場支配（『高良玉垂宮神秘書』）を最終的に解体し、田中家の領域支配に対応させ、再編成するものであった。

元町に含まれる祇園社付近には、慶長八年に真教寺・浄顕寺・誓行寺などの浄土真宗の三寺院が集められ、寺町の様相を呈していた（『寛文十年久留米藩寺院開基』）。慶長十四年二月に吉政が没すると、藤吉村に建てられた墓の上に伽藍が作られて菩提寺であった真教寺を移し、墓石の上に本尊を安置したと伝え、この時期に寺号が真勝寺に改められたという。吉政が真宗に帰依しており、真宗寺院を保護していたことは他の史料でもうかがえる。

また、祇園社は貞観十七（八七五）年に山城国八坂郷祇園神社から勧請されたもので、中世久留米の有力な寺院であった。この寺院の祭礼である祇園会は有馬代の正保四年に久留米町の氏子によって再興される（同前）が、この祭礼に茶接待を出す呉服町、御傘を出す魚屋町、獅子頭を出す紺屋町は「御入部前祇園小路ノ農家ヲ移シタル者ト云」（『筑後国社寺記録』塚本又六郎家文書）という由緒を持つ。この伝承は元和七（一六二一）年の有馬家の入部以前に、祇園小路でのこれらの業種の商人たちの存在を示すものとして注目される。また土地の区画についても嘉永四（一八五一）年の由緒書（『久留米藩旧家由緒書』）に興味深い記事がある。

片原町
紙屋　太郎左衛門

右の者先祖工藤帯刀と申す者、元和元年日向国より御当地え引き越し、片原町え居住仕り、夫より嫡子工藤太郎左衛門迄浪人を立罷り在り候処、三代目弥左衛門と申す者代より造酒商売存じ立て、屋号紙屋と相改め代々相続仕り居り申し候。家居の儀は片原町より呉服町入り北角表口六間ノ入十五間半、裏東西七間・南北拾壱間の処、久留米市中町割御座なき以前より所持仕り居り申し候申し伝え候（後略）

この記事から、有馬氏による「久留米市中町割」以前の、町屋敷特有の間口が狭く奥行が長い町割の区画が浮かび上がる。この一例だけで判断するのは難しいが、これは田中代に町割が行われていたことを示す徴証かもしれない。また、城下町の支配機構についても同じ由緒書に次の内容がある。

魚屋町　目付格
丹波屋　次郎右衛門

右の者先祖藤井太郎右衛門と申者、慶長十七子年御領主田中筑後守忠政公、久留米町肝煎役仰せ付けられ、猿の御印頂戴仕り、銀四百目宛毎年所務仕り候様仰せ付けらる、元和二辰年二月迄相勤め申し候、同人倅太郎右衛門儀、同年三月久留米町肝煎役相続仕り、猿の御印譲り受け申し候

慶長十七年に丹波屋次郎右衛門が「久留米町肝煎役」に命じられている。猿の御印とは猿の像が彫られた印

判で、先代の吉政が同様のものを印判状に使用している。同一の印かの判断は保留するが、忠政段階でも使用されたようだ。この役職は元和二年に同人倅《せがれ》に引き継がれており、久留米町の支配機構の存在がうかがえる。

慶長二十年卯月晦日に肥前鍋島家と筑後田中家の間で、「人返し」の協定が結ばれている。筑後と肥前の領民の相互の越境など、農民たちの移動を防ぐための協定である。この協定に関係する次の史料がある。

以上

御状拝見いたし候、仍て当町のもの御国にて徒仕り候につき、搦下され候、御念を入れられ畏み存じ候、年寄ども柳川にこれ在る事候条、申し越し替わる儀これ在るにおいては、是より申し入るべく候、委曲の段は御使者へ申しいれ候間、多筆にあたわず候、恐惶謹言

三月廿八日　坂本和泉守（花押）

鍋島生三様

御報

（坊所鍋島家文書）

この史料は元和元年以降のものであろう。肥前領で犯罪を起こした「当町のもの」を捕らえたことにお礼を申し上げ、さらに柳川にいる年寄どもと協議するなどという内容である。この「当町」は久留米町と考えていいだろう。さらにこの文書は、坂本が久留米城代であったことを裏づける徴証になろう。

久留米城は元和元年閏六月の一国一城令で廃城となっているが、城下町は維持されていたと考えている。元和六年、二代忠政が改易され、翌七年三月、有馬豊氏《とようじ》が筑後に入国する。久留米城に城郭はなかったが、城下町は維持されていたことから、しばらく久留米町の町人の屋敷に仮寓し、筑後国北半二十一万石の支配が開始される。

第二章

久留米城の建設

築城・土木に精通していた有馬豊氏

有馬豊氏は永禄十二（一五六九）年に摂津有馬氏の一族である有馬則頼《のりより》の二男として播磨国三木の満田城に生まれた。幼名は万助、母は別所忠治《ただはる》の娘である。豊氏を名乗る前は氏長とも名乗ったようだ。兄四郎次郎則《のり》氏《うじ》は豊臣秀吉に仕え、天正十二（一五八四）年、豊臣秀吉と徳川家康の合戦である小牧・長久手陣で討ち死にした。そのため豊氏が嗣子となったのである（『徳川実記』）。

豊氏は父に従い各地を転戦し、のちに姉婿である渡瀬繁詮《わたらせしげあき》に家老として仕えて三千石を与えられ、天正二十年の朝鮮出兵にも参戦した。文禄元（一五九二）年の肥前名護屋の出陣の際の記録では「万助様御人数」とある（『米府年表』）。文禄三年六月には従五位下玄蕃頭《げんばのかみ》に叙された。文禄四年に渡瀬繁詮が豊臣秀次事件に連座して改易されると、秀吉から遠江国横須賀三万石を与えられ、その家臣を引き継ぎ、大名として秀吉に仕えた。渡瀬家から抱えた家臣は三十三名という（『米府年表』）。

父則頼は兵部卿法印と称し、金森長近《ながちか》・徳永寿昌《ながまさ》の両入道とともに秀吉に近侍し、世に三法印と呼ばれた。

慶長三（一五九八）年八月八日に秀吉が死去すると、豊氏は父則頼と共に徳川家康に接近した。翌四年正月十九日に家康が則頼邸を訪れると、徳川方の旗幟を鮮明にし、また家康の命で淀城の守護に当たり、同年六月には豊氏は家康の御養孫連姫を娶っている。同年九月の関ヶ原の戦いでは東軍に属し、美濃岐阜城攻めや関ヶ原での後備などの功績によって、同年十二月、父則頼は摂津国有馬郡三田二万石、豊氏には三万石が加えられ、丹波国福知山六万石を領する大名となった。慶長七年に則頼が死去すると豊氏はその遺領を継ぎ八万石の大名となり、元和六（一六二〇）年十二月、筑後一国の大名であった田中忠政の改易によって同月十三日に十三万石が加えられ、筑後国北半二十一万石の大名として筑後に入部する。

ちなみに久留米藩の二十一万石は城下町の久留米町と在方八郡の五二五村で構成されていた。生葉郡五十四村、竹野郡八十九村、山本郡三十村、上妻郡九十三村（一〇九村のうち）、下妻郡二十五村（三十三村のうち）、御井郡七十一村、御原郡三十五村、三潴郡一二八村（一四〇村のうち）である（『御旧制調書』四）。久留米領と柳川領の境はほぼ矢部川を境にしており、久留米領は上妻・下妻・三潴郡の一部と筑後北半を領域とするかなり広い地域で、矢部川の南側の領域と山門郡・三池郡が柳川領であった。久留米藩の領内人口は十三万六百人と伝えられている（『米府年表』）。

久留米藩は九州の中で薩摩島津七十七万石、肥後細川五十四万石、筑前黒田五十二万、肥前鍋島三十二万七千石に次ぐ五番目の石高を有した。さらに小倉小笠原十五万、柳川立花十万九六〇〇石と続く。

豊氏は寛永三（一六二六）年八月に従四位下に上り、同十一年七月には侍従に任じられた。また同十五年の天草・島原の乱の際には江戸から急ぎ下向し、島原に在陣して一揆軍と戦っている。同十九年九月、七十四歳で久留米で死去した。豊氏は徳川家の御伽衆《おとぎしゅう》も務めるなど徳川家の信頼を得て、激動期を見事に乗り切り大名となった。そして有馬家は幕末までこの地を支配することになる。久留米藩では初代を豊氏とし、父則頼を藩祖（曩祖《のうそ》）としていたが、これは則頼の功績を評価したものである。

有馬家の歴代藩主墓地は臨済宗妙心寺派梅林寺にあり、丘陵上の上下二段に分かれて設けられている。梅林寺とは藩祖則頼の法号「梅林殿前刑部法印剣甫宗智」からとられたものだ。また豊氏の法号は「春林院前拾遺補闕如夢道長大居士」で、墓塔は下段にある納塔廟に納められている。則頼墓塔を納めた廟は寛永七年、豊氏墓塔を納めた廟は寛永二十年の建築とされている。また、豊氏の位牌は宮殿厨子《ずし》に納められ、上段に建築された位牌廟に納められている（『久留米藩主有馬家墓所』Ⅰ・Ⅱ、久留米市教育委員会、二〇一五・一七年）。この納塔廟と位牌廟の在り方は類例が少なく、その機能などの検討は今後の課題である。これらの歴代廟は江戸時代初期の貴重な建造物として国指定の文化財となっている。

有馬豊氏肖像（篠山神社蔵）

豊氏は政治・軍事・経済・文化の諸分野に優れた能力を持った人物であった。彼は地元にいる家老に対して次のような書状を送っている。年は不明だが、正月二十二日付の家老二名宛ての書状で、領主財政を支える米の払い出しに関するものである。

（前略）大坂へ廻し候八木払い候ね段の儀、事の外相違、是非に及ばず候、存じ候ても一高直成る時分払い申し、算用に仕り尤もに候（後略）

（『古代御直書写』五十号）

大坂に送った米（八木）が想定外に安かったのは仕方ないことだと述べ、高値の時にまた大坂市場で米を払い出すように指示したものである。

また、寛永十六年十二月二十九日付と考えられる豊氏書状（同前三十四号）では次の指示を与えている。

（前略）

一、其元ね談次第蔵米少しつゝも払い、銀子差上せ大坂にて小判に両替仕り、此方へ下し申すべく候、其地銀蔵へ千七百貫め程入れ置き候様に承り候、定めに於いては其外蔵に詰め候義無用にて候、銀子調い次第此方へ差し越すべく候、此儀主水油断あるべからず候事

（後略）

久留米での米の値段次第で、蔵米を少しずつ払い出し、その銀子を大坂で小判に両替して江戸へ送ること、あわせて、久留米の銀蔵には一七〇〇貫ほど入れておき、それ以上の銀子は無用であるので、これも江戸へ送るように家老の有馬主水正《もんどのしょう》に命じたものである。これらの書状によって、上方（京・大坂）の米相場に関心を持ち、江戸、久留米での財政に深く関わり、藩を運営している姿が浮かび上がる。

また、長崎での買い物を指示する書状が四点（『古代御直書写』二十七・一〇二・一一四・一五二号）ほど確認できる。染付の皿鉢、珍しい道具、巻物（美術品か）、織物である羅紗《らしゃ》、びろうど、猩々緋《しょうじょうひ》、緞子《どんす》、しゅちん（繻珍）などの購入を命じている。これらの「珍敷物《めずらしきもの》」や「面白」きものは「余所への音信にも成る」（一〇二号）とあり、幕府や他大名とのやり取りに使われたようだ。贈答用の品物の確保にも目配りをしている豊氏の姿が浮かび上がる。

反面、少し気が短いところがあったらしく、丹波福知山時代に、今後は短気な行いをしないとの起請文を氏

長名で家老宛てに出している（『米府紀事略』七）。

一、春林公御政務に毛頭依怙贔屓《えこひいき》遊ばされず、御簾直に御計い遊ばさるべき旨、御誓詞を御家老中へ御渡しありけるに、御家老中御断り申し上げられ、右の御誓詞返上申されけるゆへ、御納戸役松岡某松岡弥六先祖に御預け置かれ、今に松岡の家に在る也

この起請文は慶長五年の遠州横須賀時代に、家老の山川氏（のちの有馬伯耆《ほうき》重頼）らに宛てたものである。この起請文は家老中から受け取りを拒否されたため、近臣の松岡某にそれを預け、起請文を出したように取り繕ったということだろう。

「世上へ聞かざる儀を機にかけ腹立すべからざる事」「当座のはらたちまでに申さず」「腹を立てその上にて他言べからず事」など、七条の起請文の中に三条も腹を立てることを戒める文言があり、感情の起伏が大きい人物でもあったようだ。『重頼譜録』には、豊氏は生来短慮であったため、このような誓詞を書き、後の慶長十二年にも同じような誓詞を書いたとある。この時期の豊氏と家臣団の微妙な緊張関係が浮かび上がる史料といえる。この起請文は松岡家に伝来していたが、現在は久留米市教育委員会所蔵となっている。

文化面では茶道にも造詣が深く、利休七哲の一人に数えられ、久留米藩の茶道の基礎を作った。陶磁器の生産にも関心を持ち、黒木（八女市黒木町）で焼物を焼かせたが、出来が悪いので中断し、自分が帰国した際に再度焼かせる（『古代御直書写』八十三号）とあり、さらに唐津で茶碗・皿などを焼いている者一人を雇い、久留米領内で焼かせたいので準備するようにと命じる（同前九十七号）など、焼物にも関心を払っている。これは茶道具としての陶磁器の生産に関心があったとすべきかもしれない。

久留米城築造の詳細は別に触れるが、領内の農民の動向にも注意しながらの造営であった。豊氏は築城・土木に詳しく、慶長十一年江戸城本丸、同十二年には駿府城普請、同十六年には禁裏の造営、元和四年には大坂城の修繕を担当している（『徳川実記』・『米府年表』など）。このように城の造営の経験が深い大名が、元和元年の一国一城令によって破却されていた久留米城の修築と城下町の建設を行ったのである。

隠密の報告に見る久留米城の建設

有馬豊氏の筑後入部は華々しいものではなかった。立花宗茂は田中氏の居城であった柳川城に入ることができたが、久留米城は廃城状態だった。豊氏は城下町人竹屋伝左衛門宅に滞在し、北筑後二十一万石の領内の統治を開始したが、領内支配の拠点となる城郭の建設は緊急の課題となっていた。

豊氏の城下町建設についてはその史料が少なく、推測を重ねなければならない。豊氏は入国早々領内視察を行ったが、城地についても検討していたようだ。拠った史料を提示できないが、矢野一貞『筑後将士軍談』（巻四十五）には祇園小路付近か三潴郡大善寺周辺に検討したと記され、最終的には久留米城の大規模な改修を選択したようである。

久留米城の建設は入国した元和七（一六二一）年に開始された。これは、田中代の城下町、本（元）町にあった三か寺が寺町に寺地を拝領しているためである（『寛文十年久留米藩寺院開基』）。城下町の東端に寺院群を配置し、東方面からの攻撃を防ぐ防衛拠点とした。この段階で、久留米城を防衛するための基本骨格が構想されており、久留米城と城下町の建設構想が作られたようだ。

翌八年のこととして、『石原家記』と『米府年表』に城郭と町屋の建設について以下の記事がある。ちなみに、『石原家記』は瀬下町の豪商石原為平が家蔵の諸記録から、元和七年の入国から安永二（一七七三）年までの内外の見聞や逸事・事件などを記したものである。『米府年表』は戸田熊次郎（信一）が初代豊氏から十代頼永までの事績を編年体でまとめたものであり、弘化三（一八四六）年以降の成立。どちらも久留米藩研究の基本文献である。『石原家記』の内容は次の通り。

去春御入国已後、御城内御堀等段々御普請、新町其外出来、元町は御城内に相成る、祇園小路・経隈村居り申し候町人・百性段々引き移り、新町裏通筋町四丁当年迄建つ

また、『米府年表』にもほぼ同様の記事がある。

御城内御堀広、新町出来、長町四丁目迄建つ、長町は今の通町なり、新町は中町の事なり

久留米城本丸跡に残る庭園遺構

これらの記事は久留米城と久留米城下町の建設についての史料であるが、『米府年表』の記事は戸田が『石原家記』のそれを引用し、解釈を加えている。『米府年表』には他にも『石原家記』を引用した箇所が見られ、編纂に当たって重要な参考文献として活用したようだ。

記事によると、元和八年段階で、本丸・二の丸周辺の堀の整備がなされたようだ。あわせて、郭内となる地区にあった祇園小路

・経隈《きようのくま》村の町人・農民が移動させられ、新町の建設も行われている。

元和九年には「御城幷御堀士邸等追々御普請、追手口改まる、是迄東大手口の南追手に改まる。其外所々御建て替え御広め」（『米府年表』）とある。『石原家記』には同様の内容を述べながら、「御本丸外建て替え広まり、公儀役人中其の外在町人夫出来、東大手口」と記す。御城・御堀・侍屋敷などが追々建設され、田中代の城郭の東大手口が南大手口と改変され、本丸・二の丸の南に三の丸・外郭（四の丸）を南北に並べる連郭式構造を持つ城郭縄張りがこの時期に決定された。また、公儀役人中や在町の人夫によってそれらの建設が行われたと記録されている。

寛永元（一六二四）年には『石原家記』に次の記事がある。

新町え裏通筋町家建つ、家中御家老中初め其の外御普請段々出来、五丁目より東町段々建つ

『米府年表』にもほぼ同じ記事があり、新町の裏通り筋に町屋が建ち始めたこと、長町は五丁目まで町屋が建ち始めたことが明らかになる。なお、これらの史料にある新町について、従来と違う視点による城下町の建設過程の試論を第二編第一章に提示しているので参照いただきたい。

家老屋敷は二の丸、三の丸に建築されており、前年に決定された連郭式構造を持つ城郭縄張りに基づく城造りが進行していたことを示している。郭ごとの機能や性格が明確になり、それに基づく建設が行われたのである。

この久留米城の建設の様子について、寛永四年二月に幕府の隠密によって詳細な報告が行われている（『筑前筑後肥前肥後探索書』九州史料叢書十六）。本丸、二の丸、三の丸、四の丸のそれぞれの規模や堀の幅、土手の高さなど、どのように調査したのか不明だが、かなり詳細なものとなっている。一部を引用してみよう。

一、本丸北の方四十三間山岸なり、高さ八間斗、北西木しげりて石垣もなく、二重屋ねの多門なり
一、東の方八十三間、石垣高さ八間斗、二重屋ねの多門なり、中程に三重の矢倉有り、門□矢倉あり、不明の門と見え申し候
（中略）
一、矢倉数四方の角に四ツ、東の中に壱ツ、門矢倉共に以上六ツなり、□南に壱ツ門矢倉なし
（後略）

本丸の北側に石垣がなく、それ以外は石垣が巡っていたこと、矢倉（櫓）が六か所建設され、それらは二重屋根の多門でつながっており、また、東側には不明の門があると記されている。これは、この城が東向きの城だった時期の遺構かもしれない。この時期には本丸の矢倉がほぼ完成していたことがわかる。また本丸の東には南北二十間、東西は本丸の長さと同規模の丸（郭）があり、そこの土手は三間ばかりで、葦葺の塀があったようだ。これは蜜柑丸の様子である。この地は現在、その大半が久留米大学医学部のグラウンドになっている。

二の丸は、東の方と南の方の周りは八町、西は筑後川であった。東の堀の広さは二十間、地面より堀の水面までは一間ほどあり、土手の高さは三間、塀も藪もないという。南の堀は十八間、地面より水面までは六間、土手は八間とある、城郭が北西から南東に緩やかに傾斜する丘陵を造成して築造されていることから、土手・堀までの深さなどに東と南で大きな違いが出ている。さらに北の堀の広さは十八間、土手は三間、水面までは三間ほどであるが、ここには本丸へ続く土橋があり、周りは塀がなく、門は冠木門で、両側に柵があることが報告されている。

三の丸の周りは七町二十間あり、東の方の堀は二十間、土手高さ八間、地面より堀の水面までは六、七間あ

り、堀外（四の丸）には侍町ありとする。さらに、この侍町の地行（造成された地面の高さは）は三の丸より六、七間低いことが報告されている。西南の堀は広さ十八間、土手高さ八間ばかりあり、水面までは六、七間、四方に塀はないと報告されている。

四つめの丸（外郭）は周囲が十九町あり、東の堀は広さ二十間、土手高さ三間ほどとする。南・西の堀の広さは八間、土手高さ三間ほどで藪であったようだ。土手から水面までは二間ほどであったという。この郭の北に三の丸へ続く門があり、西に一つ（京隈口）、南に一つ（大手口）、東へ二つ（狩塚橋・櫛原柵門）の門があったようだが、いずれも土橋で結ばれていた。

寛永元年に「家中御家老中初め其の外御普請段々出来」（『石原家記』）とあり、四の丸（外郭）にも侍町（侍屋敷地）が建設されていることがわかる。

先に新町の建設に触れたが、城下町の状況についても報告している。

一、町の外かわは御座なく候、町は西東拾三町三筋あり、四筋の所もあり、町の家数千ばかりも御座候由

町の外側はないということは、町を囲むような堀もしくは土手などが建設されていないということである。豊氏入国から約六年後の寛永四年段階で、のちの延宝八年城下町図に見るような町屋の配置状況が完成しつつあることを示しており、元和八年の史料に見た「新町」（城下町）の発展が確認できるのである。

寛永八年も『石原家記』と『米府年表』に記事がある。文章の入れ替えはあるがほぼ同文であるので、『石原家記』を引用する。

此年御城久留米御堀成就、柳原御堀は肥後侯より御加勢、御城御台所の方は筑前長政侯より御進物、名島

の城の由、長政侯と御入魂につき、御城御堀縄張り等御相談の由

柳原御堀（肥後堀）は肥後の加藤清正より加勢があり、御城御台所の方は筑前の黒田長政より名島城のものが御進物として贈られている。豊氏は黒田長政と入魂《じっこん》であったので城の縄張りなどについて相談をしたと伝え、本丸・二の丸・三の丸の建設も、東側の筑前堀が掘られたのもこの時期である。黒田家・加藤家の協力は幕府公認のものであり、この工事は公儀普請ともいえるものであった。

侍小路である京隈小路・櫛原小路は寛永十年に建設が始まり（『米府年表』）、同十六年に「櫛原・京隈小路段々出来る」（『石原家記』）とあり、六年を経て両侍小路ができ上がっていったようだ。城下町も寛永十八年には長町八丁目、翌十九年には九丁目まで家が建て続き、城下町の拡大が顕著となっている。このような城郭と城下町建設の進展を見届けて有馬豊氏は死去しているが、この建設は二代忠頼・三代頼利・四代頼元に引き継がれていくのである。

慎重な久留米城建設

久留米城の建設の目的は、有馬豊氏から三名の家老に宛てた年不明六月十五日の書状に明瞭に述べられている。これらの文書は『古代御直書写』（『福岡県史』近世史料編久留米藩初期（上））に所収されており、引用の際は文書番号を掲載していく。

追て、其元城の儀、御そせう《(訴訟)》申しあげ、普請申し付け候儀別条非ず候、万一重ねて一揆等発り候儀これ在る時分、家来妻子取り集め入れ置くべき所これ無く候ては、我人のためいかが、下の気遣い候ては、自然

不慮出来の時分、心底に任せず仕合これ在るべく候か、其の時のため此の如く候条、第一面々のため、第二我等年寄今日をも存ぜず命故、申し付けることに候間、面々のためにさえ苦しからず候はゝ、緩々と普請申し付けしかるべく候、書中の趣人々に申し談じらるべく候、其の為重ねて此の如く候、将又、銀子少しづつにても集め次第、蔵へ入れ置きしかるべく候、主水念を入れ申し付られしかるべく候、謹言

六月十五日

玄蕃頭

豊氏（花押影）

有馬内蔵助殿

有馬内記殿

有馬主水正殿

（六十四号）

万一、一揆が発生した時、家来妻子を集め置く場所がなければ不安なため、城の普請を急いでいるのだと伝え、領内の軍事拠点が必要という意識と領内の状況に危惧を持っていたことがわかる。また、寛永十六（一六三九）年と推定される豊氏書状（三十四号）では、久留米での普請で下々が草臥《くたび》れないようにすべきと、徭役《ようえき》による農民の負担の軽減について述べており、急ぐと同時に農民の動向を見ながらの城造りであったことがうかがえる。

城造りはまた幕府との折衝の中で進められており、幕府に対してかなり慎重な対応を行っている。元和五（一六一九）年、福島正則が幕府の許可を得ないで広島城の石垣修理を行い、それを咎められて所領没収となったように、城造りは極めて慎重に進めなければならない事業であった。

久留米城普請のことを幕府に届け出、絵図の通り工事を行うよう老中からの奉書を受け、初めて工事に取り掛かることができたのである。

急度申遣し候、久留米城普請の儀申し上げ候処に、絵図のごとく仕るべき旨仰せ出さるる由、此のごとく御奉書幷絵図差し越し候、各相談候て油断なく急ぎ申し付けらるべく候、石垣坪数・長屋・矢倉以下絵図の通相違なく候へば、すまい少し違い候ても苦しからず候、中務《(有馬忠頼)》在城幸いに候間、能様に申し付くべき事肝要に候（後略）

（六十号）

この豊氏の年不明四月二十一日付、有馬壱岐守他四名宛ての書状は、石垣坪数、長屋・矢倉は絵図通りに造るべきで、住居部分は多少違っていても構わないという内容である。幕府の指示通り城郭建設を行い、見咎められないように細心の注意を払っていることがわかる。この工事は本丸の築造にかかるもので、石垣坪数とは築造する石垣の面積、長屋とは多門、矢倉は四隅などに築かれた櫓のことである。寛永四年の幕府隠密の『筑前筑後肥前肥後探索書』によると、この時期には櫓・長屋・石垣は完成しているので、この文書はそれ以前のものであろうか。

寛永十四年四月四日付、有馬内記・有馬内蔵助宛ての豊氏書状（五十二号）では、時分が良い時に「ふし石」「栗石」を取り寄せたいが、石垣を造るために用意していると風聞が立ち、幕府の耳に入ったら如何であろうか、そのような作業はするなと伝えている。また、家の屋根、根太、塀が落ちたところは修理してよいが、普請（土木工事）がましきことはするなと指示するなど、ここでも慎重な対応が見られる。五十五号にも同様の内容がある。

翌十五年四月八日付、有馬内記・同内蔵助宛ての有馬忠郷の書状（三一二号）では、

昨七日に登城致し、首尾よく御目見相済み候間、満足推量あるべく候、未だ四、五日も間これありて御目

見致すべくと存じ候処、存外急ぎ登城申し、隙明大慶此の事に候、将又、其元長屋破損の儀讃岐（酒井忠勝）殿・阿部豊後（阿部忠秋）殿へ御意を得候へば御直し候て苦し間敷由申され候、こぼち置かれ候矢倉御立て候儀はしんき（新規）に御立て候様に相聞こゆべく候条、上意を得候はではなり間敷かと仰せられ候条、少々の儀に御意を得られ候よりは来春豊氏御下向の剋、急度御訴訟候て、城普請遊ばされ候へかしと存じ、その段只今申し上げ候、その上今度は在陣下々共に草枕（臥カ）候間、御普請当年は御無用かと存じ候、猶、追って申し遣わすべき候、

謹言

四月八日　　兵部太輔

忠郷（花押影）

有馬内蔵助殿

有馬内記殿

「在陣下々共に草臥」とあることから天草・島原の乱後のことである。さらに「昨七日に登城致し、首尾よく御目見相済み候」とあり、『徳川実記』の謁見記事と日時が合うことから、寛永十五年の四月八日付の文書としたものである。

この時期、本丸の長屋（多門）が破損しており、またどの位置の矢倉（櫓）か不明であるが、壊れていた矢倉を立て直すことを老中酒井忠勝・阿部忠秋に相談したところ、長屋の修理はいいが、矢倉は新規に立て直すことになるので上意を得なくては難しいという指示を受け、来年春に父豊氏が江戸に参勤して、新たに普請のお願いをすることにしたという内容である。また、天草・島原の乱に従軍した家臣団も草臥れているので、今年の普請はしないと述べている。建設された矢倉がこぼたれ、長屋が破損するなど、本丸の建設が順調ではなかったことが明らかになる。

年不明正月九日、有馬内蔵助宛ての有馬忠頼書状（一八六号）では、本丸の石垣築造で極めて厳しい状況に追い込まれていることがうかがえる。

（前略）もし公儀へ御上け候さしつ《差図か》の外の処は申すに及ばず、仰せ付けられまじく候とも一尺にてもさしつの外石かけ仰せ付けられ候は丶、御身の上に御大事これ有るべく候ゆえ申され候、（中略）つしま殿御申し候も九州に御目付衆多くこれ有り、こまか成る事まで言上いたし候間、万事御きつかい《気遣いか》候やうにと御申し候、少々御さしつの外なされ候処もこれ有り、御目付衆より言上仕り候かと今朝う右衛門殿我らへ申し方、きもつぶし《肝つぶし》候（後略）

老中の阿部対馬守重次から、九州には幕府から多くのお目付が派遣されており、久留米城では差図通りに石垣造りが行われていないという報告が来ている、と脅しに近い警告を受けたのである。忠頼は「きもつぶし候」として、急ぎ石垣を崩すよう命じている。これを咎められれば藩の存亡に関わるのである。城郭建設が幕府との緊張関係の中で進められていたことを具体的に示す事件である。

さらに久留米城では、走り百姓の還住によって農村の復興を図る政策を行いながらの築城であったため、城郭建設の主な担い手である農民の動員をも慎重に行っていた。寛永十一年七月九日付の有馬左門宛ての有馬豊氏書状（六十九号）では、

（前略）其の地普請の儀、書中の通り其の意を得候、委細は伯耆かたへ申し越し候、下〻草臥申さず様になり次第に仕るべく候、菟角百姓くつろぎ候やうにと存じる故に候、役人節〻に候は、百姓のさまたげにもなり申すべくかと存じての普請用捨せしむ事候（後略）

久留米城の普請で、下々が草臥れないようにすべきであり、とりわけ百姓がくつろげるように、その妨げになる役人たちの普請を用捨（容赦）したと伝えている。
有馬家と幕府、有馬家と領内の農民などとの対立・葛藤の中で久留米城は建設されたのである。

外堀の拡張と浚渫工事

豊氏代に築造された久留米城の外堀の浚《さら》えと土居（築地）の築き立ては慶安二（一六四九）年から行われた。城郭の東を防衛するために掘られた外堀の拡張と築地（土塁）の嵩上げが目的であった。この事業は二代藩主忠頼によって行われている。

上妻郡の大庄屋であった稲員安守によって書かれた『家勤記得集（稲員家記）』によって、これらの工事の様子を追っていく。年明けの一月十一日から三月下旬までの農閑期に、柳原東北外ケ輪を二十五人の大庄屋の監督のもと領内農民が担当し、狩塚橋から南隅までを八人の町別当の監督で城下町町人が担った。大庄屋や町別当の指揮のもと、与えられた丁場（分担区域）で工事に当たったのである。

普請奉行は丹羽頼母《にわたのも》・長谷織部・松下与一右衛門・山村源太夫らが担当し、大目付二名、小目付二名、足軽頭などが現場に出て、あわせて生葉郡の二名、竹野・山本郡二名、御井・御原郡二名、三潴郡二名、上妻・下妻郡二名、計十名の郡奉行と久留米城下町奉行二名も出役して工事監督を行う大土木事業であった。この藩の執行体制は明暦二（一六五六）年の工事まで変わることはなかった。

三か月に及ぶ農民・町人の動員の方法や動員数については『家勤記得集』には記されていない。しかし、領内八郡は五つの行政区画に分かれていることから、丁場も五つに分かれていたようだ。また、後年であるが、承応三（一六五四）年、高良山の大鳥居の石を竹野郡石垣山から引いた際、徭役として動員されたのは男十五歳以上六十歳までであったことから、この工事への動員も同様であったと推測される。
慶安四年の工事は同二年に行った工事の延長部分に当たる地区の工事であった。期間は十一月から翌年三月下旬で、約五か月にわたった。農民は三本松町隅から櫛原鷹匠小路まで、町人は三本松町から片原町隅までが担当だったが、農民から徭役への不満が出て批判の歌が丁場に立てられた。三潴郡の丁場では次のような歌が竹杖に彫り付けられたという。

岸の根を掘れば鯰江五左衛門、土囲の上にて林甚兵

また御井・御原の丁場では、次のような歌が立てられた。

堀掘りの下知をば永田孫之進、掘り後れては尾関与五兵
生葉郡の徭夫、鍬を捨てて皈る時、
堀掘らで逃れて生葉の百姓の、楽をせんとて鍬捨てにけり

三潴郡の丁場の歌に出てくる鯰江五左衛門・林甚兵は同郡の郡奉行の名前である。岸の木の根を掘っていると早くやれという鯰江の指示に苦しみ、また、嵩上げしている土囲（土塁）の上からは早く土を持ってきて積めと上席の林甚兵衛の指示がくる、たまったもんじゃないとの歌であろうか。郡奉行を揶揄したものである。御井・御原の歌も同様の内容を持つ。永田・尾関は郡奉行であり、掘れ掘れと永田が言う。少しでも遅れると尾関からの叱責が飛ぶ。郡奉行は私たちを虫けらとでも思っているのか、という抗議の歌である。

生葉郡の歌は深刻である。この工事には大庄屋たちも出役していたが、二十五人の大庄屋のうち七人が皆勤しただけで、他の者は病気と称し、あるいは三十日も名代を立てて務めるなど、農村の指導者たちの間にこの工事へのサボタージュが起こりつつあった。そのような現場の不穏な状況の中で、この歌が作られている。素直に読めば、生葉郡の農民が堀を掘る鍬を捨てて、現場から立ち去る時に立てていった歌である。集団的な抗議の意味での現場からの離脱である。慶安二年の工事より期間が二か月長いこと、あわせて、郡奉行に対する抗議の歌が作られるほどに厳しい作業の連続が、このような農民の動きを引き起こしたのであろう。ただし、藩の記録である『米府年表』には「此年三本松町より櫛原小路に掛り御堀出来。三本松隅より櫛原鷹匠小路迄出来、在町より出夫、諸役々は去丑に同、正月より始り三月に至る」とあるだけで、このような農民の動きは記録されていない。

外堀工事は承応二年にも実施されている。この年の工事は二期に分けられ、正月十一日に開始、三月下旬に終了した。まず瓶屋《かめや》町橋（大手門、亀屋町口橋）から西の洗切橋までを農民が、片原町から狩塚橋の西側を町人が担当して二月中旬に終わらせ、二期工事は櫛原土橋より北の柳原外口までを農民が、狩塚橋より両替町中間までを町人が務めている。

この外堀の工事のほかに明暦元年正月十一日から三月下旬までに二の丸・三の丸の土橋からの中堀の浚え工事が農民によって、両替町の北側の浚渫《しゅんせつ》工事が町人によって行われている。これらの一連の工事によって外堀の浚渫と土塁の嵩上げがほぼ終了したようである。

これらの工事は慶安二年から隔年で四回にわたり領内の農民・町人を動員して行われた。元和七（一六二一）年から数えれば、およそ三十年を超える大事業であり、元和七年から寛永八（一六三一）年までの事業を一期とすれば、この事業は二期工事といえるものである。

四代頼元の築城は、父忠頼によって行われた堀の築造・修築を受けて進められた。

延宝二（一六七四）年十一月六日付で柳原のその外の外堀土手の嵩上げを、絵図を添えて幕府に願い出ている（『古代日記書抜』）。この申請は同六年に許可され、翌七年一月から実施されている。狩塚橋から柳原口までの三一〇間にわたり、土居に塀を掛けるものであった（同前）。

天和二（一六八二）年二月には、二の丸東脇より柳原御門東脇間の三七八間の堀を新規に掘るための申請を行い（『米府年表』）、幕府から許可されている。しかし、この工事は、前年の飢饉や藩財政の危機などから取り掛かれず、貞享二（一六八五）年の正月から、領中の徭役によって浚え工事と土居築きが行われた（『家勤記得集』）。

元禄三（一六九〇）年には筑後川に近い石場口より小森野口までの外堀東側付近の工事を申請し、元禄四年正月から外堀を浚えて、築地を高めたとある（同前）。この工事も領内の徭役であった。この頼元代の三度に及ぶ堀の修築、土手の嵩上げなどにより、久留米城の修築は完了した。

二代から四代までの久留米城の建設は外堀などの堀の浚渫と土塁の嵩上げ及び塀の建設が主であったが、本丸、二の丸など建物の建築記事は確認できていない。豊氏代に基本的な城郭の施設が建設され、その成果を受けて、二―四代の時期に外堀の拡張・浚渫整備などを行った、とまとめることができるだろう。

久留米城か、篠山城か

久留米城について話すと、「篠山城《ささやま》」ではないかと質問を受けることがある。久留米城と呼ぶことに違和感を持つ方も多いようだ。この論議を整理しておくことがこの節の目的である。前提として久留米城と篠山城は同じ城を示し、呼び方はどちらでもよい。では、いつ頃から二つの名で呼ばれるようになったのだろうか。

久留米城について最もまとまった内容を持つ史料は、久留米藩儒であった合原窓南《ごうはらそうなん》が宝永六（一七〇九）年に執筆した「久留米城之記」（『筑後志』所収）である。漢文調の文章で難しいところもあるが、藩儒が書いたものであり、久留米藩の公的な記録といっていいだろう。その中に、「遺老の語に曰く、昔者此の地小竹原たり、永正中に始めて抜きて城を築く、因て篠原城と名づく」（原漢文の読み下し）とある。久留米城が築城された丘陵は小竹が生えた原であり、そのため「篠原城」と呼ばれたというのである。これはのちの「篠山城」に関係するものとして注意される。

筑後地方の最初の地誌である真辺《まなべ》仲庵《ちゅうあん》著の『北筑雑藁《ほくちくざっこう》』（延宝三（一六七五）年）には、

久留米ハ乃チ御井三潴両郡の交ナリ。其城タルヤ南ヲ面トシテ北ヲ背トシ、大河其西ニ流レ、深泥其東北ニ在リ

とある。久留米城が御井郡と三潴郡の境にあり南面して築かれており、筑後川がその西に流れ、東は広い湿地帯が広がっていることを述べている。久留米城の呼称は出てこないが、久留米に築かれた城として紹介している。その八年後に書かれた西以三《いぞう》の『筑後地鑑』（天和三（一六八三）年）には「久留米城ハ御井、三潴両郡の際なり」とあり、久留米城と紹介されている。

安永六（一七七七）年の杉山正仲《まさなか》・小川正格《まさただ》による『筑後志』にも「久留米城」の記事があり、また幕末嘉永六（一八五三）年の著述である矢野一貞著『筑後将士軍談』第四十五巻の城館の部に「久留米城」で項目が立てられているが、「篠山城」という名称は見えない。現在のところ、篠山城という呼称は江戸時代の文献から発見できないのである。

では、篠山という名称がいつ出てくるのか探してみると、明治初期の小路名改正によってその名が出てくる。明治六（一八七三）年六月の三潴県布達「久留米・柳川両小路名改正ノ事」（「三潴県布達」第三九九号、『久

留米市史』十巻）に次のようにある。

久留米小路名改正町名

旧郭内

元三ノ丸門外東西　　篠山町

一番小学校より有馬大助屋敷横まで　　堀端町

元大手門跡東より吉田俊忠屋敷横まで　　西土居町

吉田俊忠屋敷前より一番小学校迄　　東土居町

櫛原口より西岡田正雄前迄　　松原町

（略）　　裏町

この記録で、久留米城の本丸・二の丸・三の丸までを旧郭内と呼び、この地区を篠山町としたことがわかる。ところが明治七年五月には篠山町は一丁目から五丁目と改正され、上記の堀端町、西土居町、東土居町、松原町、裏町は篠山町の字名になっている（「三潴県布達」第二五二号）。この史料から、篠山町が明治六年では狭い範囲であったものが、旧城内域を範囲とする地名となったことが判明する。

では、なぜ城内町ではなく篠山町になったかということが課題となる。昭和七（一九三二）年刊行の『久留米市誌』上編に貴重な報告がある。

篠山町　此地の北端旧城阯は、もと丘陵にして篠原なりしより、維新後篠山町と改称せり。然れども老人は今なお此一廓を城内《しろうち》と呼べり。

町の名前を決める際に、城があった丘陵がかつて「篠原」と呼ばれていたことに因み、城内町ではなく、「篠山」と読み改めて町名としたようだ。

大正五（一九一六）年の県社篠山神社社務所発行『有馬豊氏公御贈位奉告献詠集』の「古城松」の題詠歌のなかに「おささ山」「小篠山」「小篠山古城」という表現がある。また、それから「お」「小」を除いた「ささ山の」という歌も見られる。おささ山⇩ささ山⇩篠山という流れが確認できそうである。小篠が生えている山であったので小篠山、それから小が除かれ篠山になり、歌枕として使われているのである。

明治九年、久留米城下町に近接する三潴郡掛赤村と大隈村の合併の際、村名について紛糾し、両村には産土神として天満宮があり、天満神社は梅を愛し給うとの伝説により梅満《うめみつ》村と改称されたという（『久留米市誌』上編）。この時期の町村名の改称はかなり自由度が高く、篠原の伝承からの篠山町への改称も許されたのだろう。この町名の変更によって、久留米城は篠山町にある城だから、徐々に篠山城と呼ばれるようになり、それが定着していったようだ。

さらに、明治十年七月、旧藩士民が有馬家への報恩のために、本丸御殿跡に初代豊氏、十代頼永を祀る神社（御霊社）を建立し、同十二年七月には篠山神社と改称し県社となった（同前）。これにより篠山神社と篠山城が相互につながり、久留米を代表する場所となっていく。藩主が祀られている神社が篠山神社であるから、その居城であった城も篠山城と呼ぶことに何も差し支えがなくなったのである。この明治十二年頃から、久留米城は二つの名称で呼ばれるようになったのではないだろうか。

近代になって、歴史書として初めて久留米城を篠山城の名称で紹介したのは明治二十七年刊行の戸田乾吉著『久留米小史』のようである。「篠山城ハ西久留米篠山小阜上ニ在リ」としている（巻之二）。彼は明治六、七年の篠山町の名称の根拠にしたがって、篠山城の名を取っているようだ。

明治四十四年の武田令太郎著『久留米案内』には次のようにある。

元和六年有馬豊氏公に賜はった。此時まではほんの東面の一狐城であったので、改めて南面となし、境域を拡め、楼閣湟地を深高にし、こゝに始めて要害の一名城となった、時に元和八年である此れと同時に篠山城と改称されたのである。

篠山神社

この文章では、元和八（一六二二）年に篠山城と改称されたという説が登場する。江戸初期から篠山城と呼ばれたという説はにわかに信じがたいものである。

大正になると、同四年に刊行された『久留米市勢一班』（筑後日之出新聞社編輯局）では「久留米城」を用いている。

昭和に入ると、同七年に刊行された『久留米市誌』上編では「久留米城」の名称で広範な内容を取り上げ、本丸御殿図や城郭平面図などを収録している。特筆すべきは、写真一葉に「篠山城跡」というキャプションを付けていることである。これは編纂主任を務めた黒岩万次郎執筆と推測されるが、彼にも久留米城と篠山城について混用があるようだ。また、同書は初めて「延宝八年製図久留米市街図」（以下「延宝八年城下町図」とする）と「天保時代久留米市街図」（以下、「天保年間城下町図」とする）を別冊付図として収録しており、久留米城研究の基本史料となっている。

昭和十二年には倉富了一著『久留米城物語』が刊行された。この著作の例言では、『久留米市誌』の成果を前提にして、その他の文献を参考に執筆し、また当時の久留米地区の郷土研究を指導した浅野陽吉（是々《ぜぜ》）、黒岩万次郎（玄堂）両氏の指導を得たとあり、昭和十年代の久留米城研究の達成を示している。内容は本丸などの城郭、京隈や櫛原などの侍屋敷、城下町などに触れ、さらに大昔の久留米から戦国時代、毛利、田中、有馬各時代までの変遷を述べるなど、現在も参考にすべきものであり、後学が越えていかねばならぬ著作である。この著作の中で倉富は、久留米城の名称について注目すべき発言をしているので引用しておこう。

それは久留米城なる名前の事で、是は寛永八年即ち三百餘年前既に篠山城と称する事になったと云はれますが、然し其後でも矢張り久留米城とも併称せられ且は現在の久留米市と共通の名称であるので、私は以後久留米城と呼ぶ事を前以てお断りして置きます。

寛永八（一六三一）年に篠山城と称することになったとあるが、その根拠が明示されていないのが残念だ。しかし、その後も久留米城と呼ばれ、現在は併存するけれど、久留米市と共通するので、久留米城と呼ぶと言っている。「其後でも矢張り久留米城とも併称せられ」とあることに注目したい。筆者も、江戸時代には基本的に久留米城と呼ばれており、藩も久留米城を公的な名称にしていることから、呼称は久留米城とすべきと考えている。

昭和十三年、九州医学専門学校職員・生徒が協議して久留米城の遺跡を長く伝えるため石碑建立を発起し、求めに応じて武藤直治が筆をとっている。その碑文には「久留米古城跡碑」とあり、昭和十年段階で久留米城の呼称が篠山城より優勢であったように見える。それでも、現在でも篠山城の呼称が多くの人の口から出てくるのはなぜなのかという問題が残る。

戦後の昭和二十八年から、久留米市は広報紙として『市政くるめ』を発刊している。それを見ていくと、昭和二十九年一月号に「篠山城」の呼称が見える。それから昭和五十八年まで久留米城に関係する記事はほとんど「篠山城」が使われていた。三か所、久留米城が使われたところがある。

その一つが、昭和四十年九月二十日号（一八一号）にある「ふるさとの歴史探訪」で「久留米城の外濠跡を巡る」の参加募集記事である。これは当時福岡教育大学久留米分校の波多野晥三《かんぞう》先生が案内されたものであるが、タイトルは波多野先生の意向によるものと推測している。二つめは昭和四十年十一月五日号（一八四号）の記事で、同年十一月の歴史探訪が盛会に終わったことを知らせるものだ。残る一つは昭和四十九年五月一日号（三八八号）で、「篠山城の雄姿再び」「五十年完成目指したつみやぐら復元へ」と見出しがある巻頭記事である。その本文には、

久留米古城跡碑

筑後地方のシンボル・久留米城巽櫓《たつみやぐら》復元の動きが具体的にはじまりました。巽櫓を復元し、あわせて郷土資料館を建設、郷土の教育、学術、文化に役立てよう——と昨年七月、旧有馬藩内の五市十二町二村の首長、議長、商議所会頭など地元政財界が一丸となって「久留米城巽櫓復元、郷土資料館建設期成会」（会長・近見市長、事務局篠山城内）が結成され復元計画が進められてきましたが、このほどその手はじめとして

地元企業、団体などに趣意書を発送。同期成会では、郷土のみなさんの賛同を得て五十年までに完成したい考えで、積極的な支援を呼びかけています。

さらに、「久留米城（篠山城）は一六二一年（元和七年）、有馬豊氏が丹波福知山から筑後二十一万石の久留米藩主に入城以来（後略）」とある。見出しでは「篠山城の雄姿再び」とし、本文では「久留米城（篠山城）」と説明するように、「久留米城巽櫓復元」としながらも、久留米市民に説明する場合は両者を使っている。久留米市民に篠山城の呼称が定着していったのは、これらの広報活動によるものと思う。

この記事以降も、昭和五十七年二月十五日付の五七五号にも篠山城の呼称が見られるため、久留米市では必要があれば久留米城を使用するが、基本的には篠山城で表記する方針であったようだ。このような動きが久留米城と篠山城の併称を支えているのだろう。

久留米城は昭和五十八年三月十九日に県指定史跡となるが、指定名称は「久留米城跡」である。さらに『久留米市史』第二巻（昭和五十七年十一月）には「久留米城の修築と城下町の建設」（第二章）とあり、篠山城を使っていない。この昭和五十七年頃から、歴史関係の図書では久留米城を使うことが定着している。

第三章　久留米城の各郭

久留米城の本丸

久留米城の本丸は、郭の中で最も厳重で堅固な防御を行ったところである。毛利代の本丸は後の蜜柑丸の場所にあり、その東に二の丸が置かれたことはすでに触れた。田中代の城郭については元和元（一六一五）年の廃城令で破却されており、さらに実態が不明である。ただ、有馬豊氏が久留米城を築城した際、東向きを南向きに変えており、田中代の城郭は毛利代の城郭を継承したものであったと推測される。

久留米城の本丸は西側麓を筑後川が流れる独立丘陵を利用したものであり、東は柳原の湿地帯、北側は小森野の低地と筑後川、南は低台地が広がる地形であった。この本丸は南北に長い長方形の平面プランを持ち、「筑後国久留米御城之図」（篠山神社蔵）によれば南北外輪（外法《そとのり》）八十六間（内法八十一間）、東西外輪五十二間（内法四十五間）、面積は外輪三八六二坪、内法三二四〇坪（三・三㎡×三二四〇坪＝一万六九二㎡）である。標高は二三ｍで周辺との比高差は一四、五ｍあり、東側と南側は内堀があり、全体が切り立った高い石垣で囲まれていた。また、その内部には東側に腰郭として蜜柑丸が、西側では筑後川と本丸の間に西の丸（水

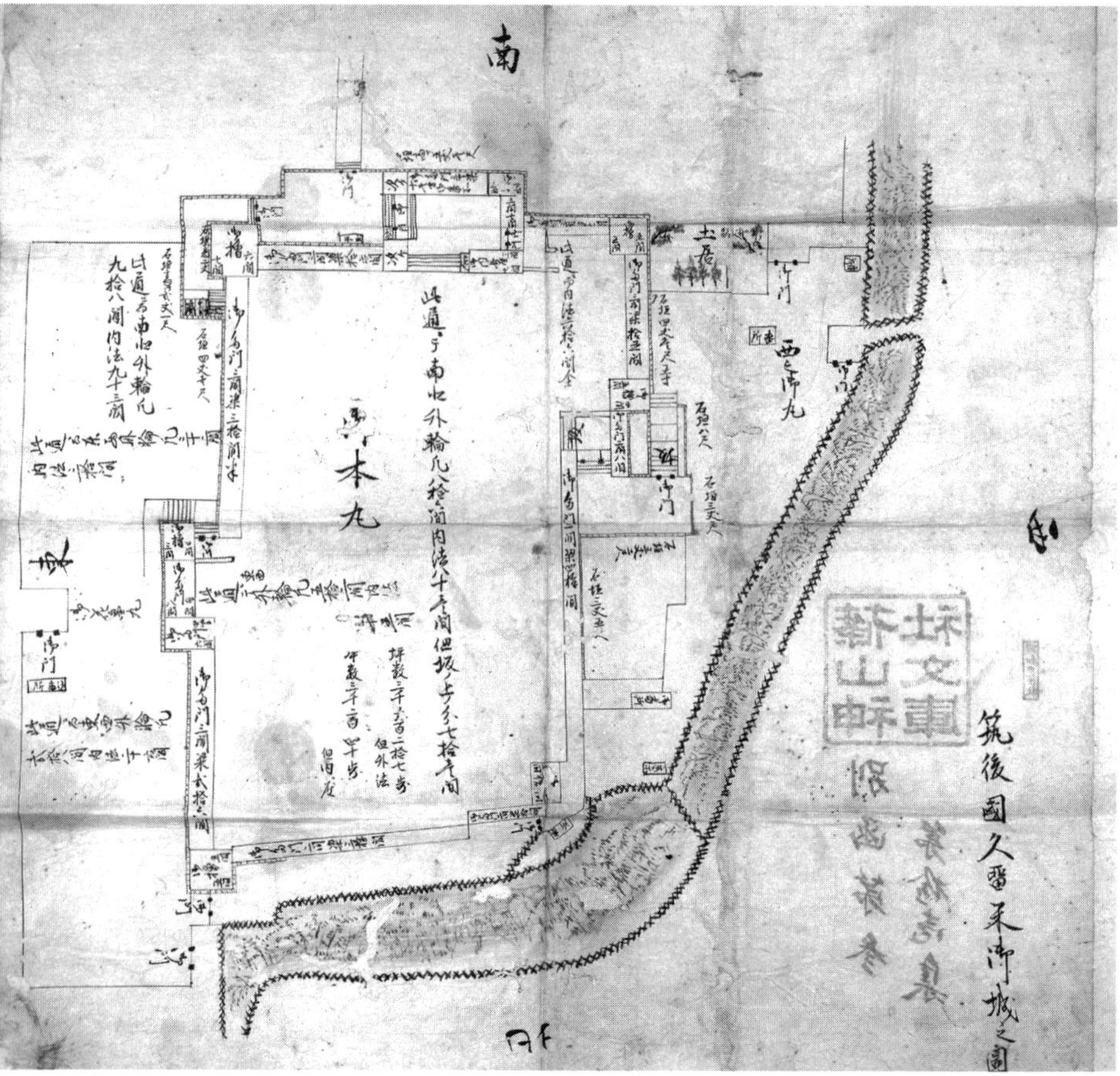

「筑後国久留米御城之図」（篠山神社蔵）

の手）が築かれていた。

平面プランを見ると、丘陵がこのように長方形の形態を持っていたとは考えられないことから、山を削り、埋めるという大土木事業を経て現在の平坦地が形成されたようである。この地がもともと山地であったことがわかるのは、北側部分だけ石垣築造がなされておらず、山腹を削り出し急斜面を作り上げているためである。

この部分には次のような話が残されている。城郭近くには多くの竹林があったため、筍の皮を蓄えていた。これは敵軍が来襲して石垣がないところを登ろうとする時に、城中から筍の皮をまき、滑り落とすためであったという（『久留米城物語』）。

さらに、城内の地層調査のボー

リングで判明したことがある。西側石垣付近で調査を実施したところ、西側中央部が地山《じやま》まで深いことがわかり、この付近に谷があると推定されている。これら事例から、本丸の平坦面は山を削り出し、また谷部を埋め立てて、周りに急な高石垣を築き上げげたことがわかる。この石垣築造は藩に召し抱えられた専門集団である穴生衆《あのう》によって行われた。この石垣は寛永四（一六二七）年までには完成していたようである（『筑前筑後肥前肥後探索書』）。

田中吉政代の慶長七（一六〇二）年に穴生衆によって久留米城の石垣が築かれたが、この石垣は恐らく本丸の石垣で、現在の石垣との関係は不明である。現在の石垣の内部に田中代の石垣が隠れているかもしれない。久留米城で石垣が造られたのは本丸のみであり、いかにこの本丸を軍事上重要視していたかがわかる。

この本丸の築造は元和七年の有馬豊氏入部直後から取りかかったと推測されるが、石材は廃城となっていた榎津城・城島城・福島城・黒木城などから運ばれ、それでも石材が足らず、領内各地の石像や墓石まで運ばれたと伝えられている（『筑後将士軍談』）。

久留米城の本丸には天守がない。では何があったのかというと、本丸の周囲には二重の多門（長屋）が巡り、隅には七つの櫓（矢倉）が建設されていた。多門は南面、東面、西面の南半部は梁が三間、それ以外は二間梁の規模を持ち、本丸の周囲を巡っていた。櫓は多門とつながり、最大の櫓は巽櫓《たつみ》（南東）であった。三層の櫓で下段が六間×七間、中段五間×六間、上段四間×五間あり、かなりの規模の櫓で天守の役割を果たしていたようだ。時計回りに巽櫓、太鼓櫓（南）、未申櫓《ひつじさる》（南西）、西下櫓（西）、乾櫓《いぬい》（北西）、丑寅櫓《うしとら》（北東）、月見櫓（東）となる。

太鼓櫓は本丸の正面に当たるところに置かれ、太鼓で城下に時を知らせていた。本丸が最終的な防衛拠点であることから、櫓や多門はいざという時のために大量の武具・弾薬・食料を蓄えておく役割を担っていた。寛文九（一六六九）年正月には東北隅の御多門より西側に五十七石分、三十四桶の大量の味噌樽を貯蔵したという記事が見られる（『古代日記書抜』）。これらの櫓・多門は、大御櫓（巽櫓か）は御作事方、未申御櫓は御城番、西御多門は御軍政方、中御櫓は御昇方など、それぞれの役方の預かり管理であった（『御旧制調書』三）。

『御旧制調書』十五によれば、文政元（一八一八）年に多門に収納されていた武具類の主なものは次の通りである。御番具足五十領、御番竹具足八十二領、御足軽具足九一二領などの具足、筋付紺木綿単物五十八枚、筋付紺木綿羽織三四四、陣笠は二種あり、外金磨内朱御紋付二百個、外金磨内黒御紋付三三二個、それに軍用幕一六六張、御軍幕串一二〇本、苧細縄二百筋、鍬・鎌・鉈・鋸・斧などの諸道具、陣貝・番刀・脇差・陣鐘などが収納されていた。また、これらの武具類は、古くなったものは更新・修理されていた。御軍用幕は毎年五対作られていたが、延享三（一七四六）年には三対となり、寛政三（一七九一）年には製作がやめられている。このように多門での武具類の保管は、規模が縮小しながらも幕末まで継続されている（同前）。

これらの櫓や多門の基礎は、本丸西側の現在有馬記念館などの建物がある地区では残っていないが、それ以外では石垣・土塁によって一段高く造成された基礎部分を現在でも観察することができる。

本丸への入口は四か所あった。その一つが本丸正面の本丸御門（表門。冠木御門ともいう）。この門を入ると右上に巽櫓がそびえ、左折して櫓門をくぐり本丸に入ることになる。本丸御門は厳重な防備を備え、攻撃が容易でない枡形虎口《ますがたこぐち》を持っていた。藩主の出入りはこの門を使用するのが通例であった。次は本丸西側にある西の丸（水之手）と呼ばれる郭から本丸に出入りする門である。西の丸から階段を上り、最初の門をくぐり、右に曲がって「胎内潜り」と呼ばれる門を通り階段を上って本丸へ入る。この門も厳重に造られ虎口を持っていた。殿様が川で遊んだり、船で移動したりする際には、この西の丸の門から川沿いに下り、水之手門から筑後川へ出た。三つ目が本丸東側にある蜜柑丸から出入りするもので、巽櫓の東下から階段を上り、櫓の下で左に曲がり門を通過して、本丸御門へつながる。あと一つが月見櫓の南側の階段を上り、門をくぐり本丸へ入るものである。いずれも櫓や多門に囲まれ、御城番や御門番によって厳重に警備されていた。

久留米城の本丸には、現在の篠山神社の本殿一帯を中心に本丸御殿があった。この御殿は藩主が政治を行う場であり、家老らと協議しながら様々な意思決定を行った。また、藩主の初入部や官位昇階などの際には、家臣団、町別当をはじめとする町人たち、大庄屋、梅林寺や高良神社など寺社の者との謁見が行われる儀礼の場でもあった。

延宝八（一六八〇）年の「御本丸絵図」（篠山神社蔵）によれば、本丸御門を通り本丸に入ると、御殿の式台があり、そこから御殿に入ることになる。式台の奥には「御玄関」があり、その右手に、「御広間」「皇帝之間上段」「同間下段」「千鶴之間上之間」「同下之間」が並ぶ。その奥の「芭蕉之間」「若松廊下」を経て、「千鳥之間次之間」「千鳥之間」「曲水之間下段」「同上段」の部屋が東西に並んでいた。さらに「曲水之間」の北に「柳之間」「菊之間」「耕作之間」「同次之間」「御用席」などの部屋が設けられていた。これらの二列に雁行する部屋の西側には、南から「台所」「下囲炉裏《いろり》」「上囲炉裏」「竹之間」「小姓玄関」「家老部屋」などがあった。

寛文十二年五月二十五日、四代藩主頼元の初入国があり、本丸で家臣団との拝謁が行われた。二十五日巳下刻に殿様は御肩衣で本丸に入り、御手廻頭衆は玄関前で、御平組衆は御広間で出迎えた。御居間書院（曲水之間と思われる）で家老中が御目通りし、ご祝儀を申し上げ、未刻には家老中は長袴で太刀目録を献上、殿様に奏者番が披露し、殿様の前に召し出される御通しがあった。二十七日、御居間書院で御手廻衆や家老中が次之間縁頬に列座してお礼を申し上げ、それが終わった後、殿様は御広間・皇帝之間に出て、組外・組頭・御鉄砲頭が一人ずつ太刀目録のお礼を受け、御馬廻衆もお酒のお流れをいただく。二十八日には家老の惣領、組外より御馬廻の惣領が御居間書院でお礼を申し上げている。このように家臣が格式によって場所や内容を違えて、殿様との拝謁を済ませ、臣従の確認を行った。六月になると五日に八人の久留米町別当、二十五人の大庄屋と御広間でお目見えを行い、七日には出家衆は御居間書院、社人は御広間で対面している。

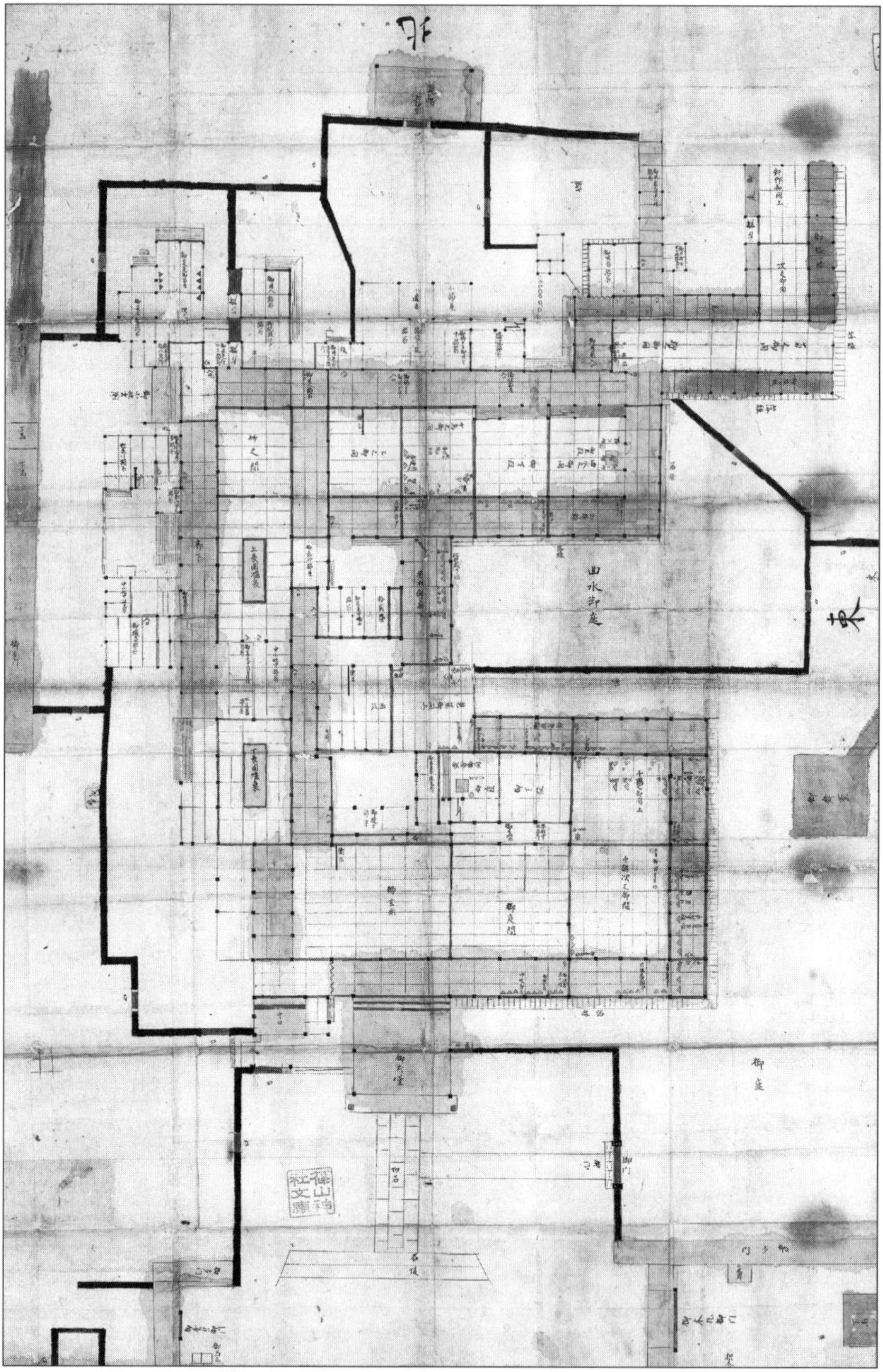

「御本丸絵図」（篠山神社蔵）

有馬豊氏は利休七哲の一人であり、茶人としても名を知られていた。また庭造りの才能もあり、寛永六年六月には、茶人・作庭家であった小堀遠江守政一が江戸城の山里丸の園地・茶室の建設を行った際、豊氏は人夫を出し、同七年四月には稲葉丹後守正勝が二の丸に山を築き、池を穿ち、茶亭を造る工事にも同様に人夫を出している（『徳川実記』）。有馬豊氏から有馬伯耆守宛ての書状（『古代御直書写』百号）には、「西の丸の御泉水手伝いを仰せ付けられ、将軍は大層気に入られた。それで本丸の御泉水も手伝うようにとの将軍様の上意であるので、手伝いにあたる百人を江戸に送れ」と指示している。豊氏は造園の才能を発揮しているのである。

また、寛永九年以前に豊氏は黒木（八女市黒木町）に唐津から茶碗・皿を焼く陶工を招き窯を開かせたが、失敗し定着しなかったようである（『古代御直書写』八十三・九十七号）。これは茶陶の製作だった可能性がある。

これらの経歴から、大名有馬家の城の本丸には、豊氏好みの庭が造られていたであろう。史料としても「本丸の数寄屋前の築山」「露地」などの庭関係の記事もいくつか見ることができる（『古代日記書抜』）。

篠山神社本殿の北東にソテツ、タブなどの樹木と庭石が残っている一隅がある。この庭は小堀遠州が築いたと伝わる（『久留米城物語』）が、これは小堀遠州の庭造りを手伝った経験を活かし、遠州流の庭を造ったと理解すべきだろう。

久留米城本丸御殿には二つの庭園があったようだ。奥東露地は土屋宗俊《そうしゅん》門下の土屋宗英《そうえい》、曲水の間の露地は土屋宗静《そうせい》・野田俊益《しゅんえき》の作と伝え（『残夢雑録』）、後者は寛永末から正保年中（一六四〇年代）に成就している（『閑暇帚木《かんかそうぼく》』）。

土屋宗俊は久留米に下り、有馬豊氏の茶会に出ており、藩主同族である有馬驢入《ろにゅう》も宗俊に学ぶなど、久留米藩の茶道は土屋流の役割が大きいことがわかる。野田俊益は寛文四年に久留米藩に茶道・作庭家として召し抱えられており（『御家中略系譜』）、先の記事とは時期差があり疑問が残る。

太宰府天満宮文書の中に有馬忠頼が同宮宮司家の大鳥居家にあったソテツを所望し、贈呈された際の、大鳥居信岩宛ての有馬主水正書状が残されているが、このソテツのひこばえが庭の遺構に残るソテツではないかと古賀幸雄氏が推測されている。この庭園遺構は奥東露地と呼ばれるもので、江戸初期からの本丸の遺構として注目すべきものである。

本丸御殿の建て替え

四代藩主頼元の時期である元禄八（一六九五）年十一月に「御城御家取り建て候様仰せ付け置かれ、御差図これあり」とあり、この工事で邪魔になる「御城付の大木幷びに御数寄屋筑山も残し候致ししかるべく思召につき、差図二重に仕り相伺い候由」（『古代日記書抜』）とある。寛永年間初期に建設された本丸御殿が古くなっていたので建て替えが計画されたようだが、それが全面的な建て替えであったかどうかは不明である。

正徳五（一七一五）年に「御本丸御普請御成就」（『米府紀事略』十三）とある。『米府年表』では正徳四年十一月十九日条と此の年の条に、

御居間書院御普請、曲水の間と改めらる。御上段曲水の画出来
此の年御城御普請追々出来、皆成就は翌未年ならん、狩野永伯え御蔵米八十石下され候、今般城中作事につき、画図精を出し候、依つて蔵米八十石遣し候、未十一月、御城御間内画図総て永伯相認め候由

とある。正徳四年に改築が始まり、翌五年まで二か年を要した全面改築であったようだ。本丸御殿の建築は一六二〇年代後半と考えているので約九十年後の改築となるが、この改築が前代の御殿の各部屋の配置をどのよ

「絵入旅日記　坤」に描かれた久留米城本丸（嘉永6〔1853〕年頃。三重県立図書館蔵）

うに引き継いでいたのかは不明である。ただし、前代の部屋の名称が確認できるので、ほぼ踏襲されたと考えておきたい。

この造営は六代藩主則維《のりふさ》によるもので、『米府紀事略』十一に次の記事がある。

> 一、梅巌《（則維）》公御代、御城御造営の節、曲水の間より耕作の間、御囲いの嵯峨材木にて御取り建て、千鶴の間より御広間までは御買料の材木なり、右御造営の残り材木にて祇園社・愛宕社御取り建て有りけると也

曲水の間より耕作の間までは御囲いの嵯峨の材木にて建てられ、千鶴より御広間までは買料（購入）の材木で建設されたようである。御囲いの材木とは将来の本丸建設に使用することを前提に保管・収集された材木のことであろう。嵯峨の材木とは京の嵯峨の木材問屋に集積された高級材である。嵯峨の材木を用いた部分と買料を用いた部分とは部屋の格式の違いを表しているようだ。奥の曲水の間（元は御

居間書院）は、藩主の居間として使われる部屋であり、そこで藩主と会うのは身分の高い者に限られ、重要な政治の場、儀式の場であった。使用された材料も、それを裏づけている。

本丸御殿の各部屋の障壁画は久留米藩御用絵師四代の狩野（三谷）永伯によって描かれ、その出精によって蔵米八十石を下されている（『米府年表』）。平成二十（二〇〇八）年に復元された熊本城本丸御殿の昭君《しようくん》之間には華麗できらびやかな障壁画があるが、久留米城でも千鶴・芭蕉・若松・曲水・千鳥・皇帝の各間には「金彩の画屏」（障壁画）があった（『米府紀事略』七・『久留米小史』二十一）。曲水の間の上段には曲水の絵が描かれる（『米府年表』）など、各間の壁にはその名にちなんだ絵が描かれていた。また、曲水の間には鷲の杉戸・白虎の杉戸、皇帝の間から千鶴の間への通りには孔雀の杉戸、曲水の間御茶所より南側には西王母《せいおうぼ》の杉戸、大廊下には虎の杉戸があった（『米府紀事略』十二）。それぞれの壁・襖・板戸には御殿にふさわしい画題が選ばれ、絵が描かれていたのである。これらの障壁画・杉戸の絵などは藩主則維の意向を受けた制作であったと考えられるが、御用絵師三谷家、そして永伯にとってこの画業は誇るべきものであっただろう。これらの絵画は明治になって本丸御殿が解体された際に、すべて失われているようだ。

この御殿に関係することとして、享保三（一七一八）年二月に、本丸御殿に御台所が上棟（『米府年表』）されたことも付け加えておこう。

殿様の居住空間、二の丸

延宝八（一六八〇）年城下町図（八四頁）の二の丸部分には北側に「二ノ御丸」「御厩」、南側には西から「御賄所」「大蔵跡」「有馬内記」などの屋敷が配置されている。藩主御殿と家老屋敷などが所在し、本丸と三の丸とはそれぞれ虎口を持つ御門と土橋でつながり、すべて堀で囲まれた、厳重な防備が施された郭であった。

西面、南面、東面のみ土塁が造られていることが、この城下町図で明らかになっている。つまり北面には土塁がなかった。三の丸、外郭でも同様の構造で、この城郭は南面を防御正面として築造されていることが特徴といえる。

歴代藩主のうち本丸に居住した藩主として初代豊氏、二代忠頼、四代頼元が確認できる。三代の頼利は明暦元（一六五五）年、父忠頼の不慮の死を受けて三歳で襲封しており、寛文八（一六六八）年に死去するまで江戸藩邸で暮らした。五代頼旨《よりむね》は貞享二（一六八五）年に久留米で生まれ、翌三年には江戸に出府し、それ以降江戸藩邸に居住。宝永二（一七〇五）年に家督相続するが、翌年に死去しており、本丸には居住していない。

二の丸の建物についての記録は多くない。寛永十二（一六三五）年七月二十七日の大風で久留米城本丸・二の丸は大きな被害を受けた。この被害について国元の家老に宛てた同年九月十五日付の忠頼書状には、二の丸での楽屋桟敷（舞台廻り）の修復を命じるとともに、二の丸書院が古くなって役に立たないので、解体し部材は保管せよとある（『古代御直書写』四二三号）。それに関連して、同年と推定される九月二十七日付の忠頼書状では、書院を解体してしまうと、方々より使者が来た時の対面場所に困るので来年新たに建設する、とある（同前三〇六号）。この書院は対面所としても使われていたようだ。

寛永十四年四月二十二日付の豊氏から有馬内記らに宛てた書状に「二ノ丸台所はや出来之由」とあり、これは延宝八年城下町図の「御賄所」に当たると推定される。翌十五年三月四日、天草・島原の乱の鎮圧が終わり、久留米に戻った忠頼は本丸で豊氏に対面後、二の丸に入っており、この施設は世子の居住空間であったようだ。寛永以降もいくらかの変遷があったようだが、寛文年間の記録に出てくる二の丸の「御用屋敷」（『古代日記書抜』）が同様の機能を持つことから、この施設との関連がありそうである。これを大幅に変えたのは、六代藩主則維による享保六（一七二一）年の二の丸御殿の建設である。

『久留米小史』に「春林公（豊氏）以来、本城ニ居ラレシヲ大慈公別館ヲ新築シ、御殿ト称シテ遷居サル」

とあり、藩主の二の丸居住は大慈公（七代頼徸《よりゆき》）からのこととされる。

次に引用するのは『米府年表』の元文四（一七三九）年七月二十五日の記事である。長文で、少し時代がさかのぼる記事も含まれ、やや複雑な内容であるが読んでいこう。

花畑御殿御移徙　花畑御殿は伯耆守様御住居の跡にて御殿御取り立てこれなき已前は御花畑御番とて御馬廻より御番相立て居り候由、享保六御造営に相成り、梅巌公御燕居之處に相成り居り、此の節御修復これあり、昨午年より御取り掛り、今年成就、御庭作りの義は内蔵助殿家来吉村武右衛門と申す者築き候につき、御上下拝領仕り候、陪臣にて御紋服拝領是始めの由　梅巌公の御代には二の御丸とて諸役人御城引きより暫くづつ相詰め候哉に旧記にこれあり

享保六年に豊氏の姉婿である家老有馬伯耆守の屋敷跡に初めて別館を建設し、「二の丸御殿」と称し、六代則維が燕居《えんきょ》（くつろぐ場）として使用した。そのため、藩の役人は本丸で勤めた後、二の丸のこの屋敷にも詰めたという。また、同年閏七月には本丸・二の丸の呼び方が改められ、本丸御玄関・枳殻《きこく》見付御門・冠木御門・御用屋敷は今後二の丸と呼ぶことになった。また、二の丸に従来からあった下屋敷は今後は西御屋敷と呼ぶことになっている（『米府年表』）が、これは延宝八年城下町図に「二ノ御丸」と記載された屋敷のことであろう。二の丸には享保六年建設の「二の丸御殿」と、元からの二の丸御殿（西御屋敷）の二つの御殿があったことになる。この西御屋敷がのちの「御裏《おうら》」だろうと考えている。

先の『米府年表』の元文四年の記事は、元文三年からは享保六年に建設された二の丸御殿の改修が始まり、翌四年七月に完成したので、花畑御殿に七代藩主頼徸が移ってきた（御移徙）というのである。この際に二の丸御殿の名称が「花畑御殿」に変えられたようだ。二の丸を本丸の格とし、二の丸御門内はすべて本丸表玄関

の格とするとしており（同前）、本丸と二の丸が対等となっている。この元文四年を境にして藩主の二の丸居住が始まったようだ。先の『久留米小史』の「本城ニ居ラレシヲ大慈公別館ヲ新築シ、御殿ト称シテ遷居サル」の記事は、元文四年以降の事態を表現していると考えている。

寛延四（一七五一）年の節分の際、御豆囃子を務める役と場所が仰せ出されているが、その場所は「御城」「御殿」「御裏」の三か所となっている。この時期には、政治の場である本丸御殿、藩主の居住空間である二の丸御殿（花畑御殿）、藩主の妻子らの居住空間である御裏（西御屋敷）という形で、機能が明確に分かれているのである（『藩法集』七八七号）。

八代頼貴《よりたか》は天明五（一七八五）年五月の初入部の際に、本丸居住を目指したが、「同所の儀久々御住居にも相成らず、御間内別して湿深にこれある趣につき花畑御殿に御住居遊ばさるべく」（『御法令類聚』）とあり、本丸居住を断念し、「花畑御殿御住居仰せいださる」（『米府年表』）とある。長く住まわれていなかったのでジメジメしており、使用されなかったということだろう。

九代頼徳《よりのり》も二の丸居住だが、天保二（一八三一）年には「花畑御殿御二階屋御上棟」（『米府年表』）とあり、これは先に紹介した御殿である。この段階で二の丸には新たな「御殿」と元からあった「新御殿跡」と呼ばれる二つの御殿となっている。

名君といわれた十代藩主頼永《よりとお》は、弘化二（一八四五）年六月から翌三年七月に亡くなるまで本丸に居住している（同前）。

十一代頼咸《よりしげ》になると江戸からの帰国者が増え、安政五（一八五八）年には新御殿成就、姫様が御移徙《おわたまし》とあり、御裏の建設があったようである（『加藤田日記』）。世子頼匡《よりまさ》も文久二（一八六二）年に帰国し、「新御部屋」（新御殿跡）に住み、慶応末には江戸下りの精姫（頼咸夫人）も居住する。二の丸には藩主御殿、御裏（側室の住居）、新御殿があり、「二の丸の三殿」（『玉井忠田日記』）と呼ばれ、藩主及び一族が居住する郭となっている。

豊氏・忠頼書状に見る家老たちと三の丸

筆者の元職場で、はやりのご先祖探しで、我が家は家老であったなどとよく聞くことがあった。そんな時は苗字を聞くことにしていた。久留米藩の家老は四家であったからである。その四家とは、梶氏（のち山川氏、有馬姓を賜る）、吉田氏（有馬姓を賜る）、稲次家、岸家である。ほとんどの人はこれらの家ではなくがっかりされるので、家老家と何らかの関係があった家でしょうと申し上げることにしていた。藩士という記録・伝承があると、恐れ多くて藩主家と関連づけることができず、家臣団の最高位にある家老家へつなぎたいという気持ちが働くのかもしれない。

『福岡県史』近世史料編久留米藩初期（上）に有馬豊氏・忠頼二代の家老宛ての書状が六百点余り収録されている。このうち編集者によって年紀推定・比定されているものが一六四点ある。今回整理を行い、明らかに年紀推定が間違っているものや藩主書状でないものを除外し、一五八点を挙げることができた（表二）。あくまでも残存文書だけによるものではあるが、これらの書状から、藩政を進めていく上での藩主と家老中との微妙な関係が推測できそうである。表によると、最も古い書状は寛永四（一六二七）年八月九日の有馬左門宛ての豊氏書状であり、最も新しいものは慶安五（一六五二）年七月十九日付の有馬内蔵助宛ての忠頼書状である。

寛永四年八月九日から寛永八年閏十月十五日までの書状は伯耆守五点、左門宛て二点が見られる。この有馬伯耆守は重頼と名乗り、有馬則頼に仕え、その娘を妻としていた。後に浪人し、豊氏が遠州横須賀に入部の時、黒田長政の仲介で再士官し、家老となり一五〇〇石、丹波福知山で四千石、久留米入部後は八千石を与えられており、筆頭の家老であった。左門は後の内蔵助重泰のことであろう（『重泰譜録』有馬泰生家文書）。この家の本姓は梶で、のち山川と名乗り、さらにその後有馬姓が与えられている。以下、各家老家の系譜は『久留米市史』第九巻資料編近世Ⅱ所収の「久留米藩家老家略系」による。

有馬伯耆守は寛永九年正月一日に死去しており（『重泰譜録』）、それ以降の豊氏の書状の宛先に大きな変化が見られる。『重泰譜録』に「執権職義列格相続一人にて御仕置き相勤むべき旨豊氏仰せらる」とあり、重頼の長男重泰（内蔵助）が跡を継いで筆頭家老となったようである。さらに寛永九年段階になると豊氏の家老宛て書状が有馬内蔵助、有馬大膳亮、稲次壱岐守、有馬内記の四家老、寛永十年四月になるとそれに有馬主水正を加えた五名体制が固まっている。伯耆守を領内統治・家臣団統制の要にした体制から、内蔵助を中心とする家老たちの集団指導へ変わっていったようだ。

五人の家老の系譜は次の通りである。有馬大膳亮は、本姓は吉田で、初代久勝が播磨三木で有馬則頼の家老となり、子の重長（大膳）も家老職となった。豊氏代に丹波で五千石、久留米入部後一万石を領した家である。大膳宛て書状は寛永十一年三月二十七日を最後に見られなくなり、その跡は監物（至長）に引き継がれた。この家は家老を務めた監物家と奏者番などを務めた家に分かれている。

稲次家は宗雄（壱岐）が初代で、当初は遠州横須賀の渡瀬繁詮の家老であったが、後に有馬豊氏に召し抱えられ、丹波福知山代に二五〇〇石、久留米入部後五千石となった家である。壱岐は歴戦の武士で、天草・島原の乱の戦闘で寛永十五年に戦死した。跡を継いだのは正盛で、有馬姓を賜っている。文書の宛先に「有馬壱岐」が出てくるのは寛永十七年六月十三日の書状であることから、この時期に有馬姓となったようだ。この家も二系列に分かれ、直系は幕末まで続いている。分家は正誠《まささね》（因幡）が享保十三（一七二八）年の全藩一揆に関連して知行召し上げとなって断絶するが、幕末に名跡が再興された。

有馬内記は有馬伯耆守の二男で内蔵助重泰の弟に当たる。重次と名乗り、久留米入部後五千石を領し、正保元（一六四四）年に死去している。

■表1　有馬豊氏・忠頼書状に見える家老中一覧（『福岡県史』近世史料編久留米藩初期〔上〕所収『古代御直書写』より作成）

年・月・日	史料名	家老名									文書番号	備考
寛永4・8・9	豊氏書状							有馬左門			108	
〃　9・21	豊氏書状	有馬伯耆守									91	
〃　10・24	豊氏書状							有馬左門			109	
寛永5・8・4	豊氏書状	有馬伯耆守									166	
寛永7・6・10	豊氏書状	有馬伯耆守									100	
〃　6・10	豊氏書状	有馬伯耆守									103	
寛永8・閏10・15	豊氏書状	有馬伯耆守									164	
寛永9・2・27	忠郷書状				有馬主水						544	
〃　4・1	豊氏書状		有馬内蔵助				有馬内記				154	
〃　9・2	豊氏書状		有馬内蔵助	有馬大膳		稲次壱岐	有馬内記				156	
〃　6・2	豊氏書状		有馬内蔵助	有馬大膳		稲次壱岐	有馬内記				125	
〃　6・14	豊氏書状		有馬内蔵助	有馬大膳		稲次壱岐	有馬内記				132	
〃　6・17	豊氏書状		有馬内蔵助	有馬大膳		稲次壱岐	有馬内記				98	
〃　6・22	豊氏書状		有馬内蔵助	有馬大膳		稲次壱岐	有馬内記				165	
〃　7・9	豊氏書状		有馬内蔵助	有馬大膳		稲次壱岐守	有馬内記				131	
〃　7・23	豊氏書状		有馬内蔵助	有馬大膳		稲次壱岐	有馬内記				127	
〃　7・23	豊氏書状		有馬内蔵助	有馬大膳		稲次壱岐守	有馬内記				130	
〃　9・2	豊氏書状		有馬内蔵助	有馬大膳		稲次壱岐	有馬内記				156	
〃　9・20	豊氏書状		有馬内蔵助	有馬大膳		稲次壱岐	有馬内記				115	
〃　10・10	豊氏書状		有馬内蔵助		有馬主水	稲次壱岐	有馬内記				4	
〃　11・29	豊氏書状		有馬内蔵助				有馬内記				5	
寛永9	豊氏書状		有馬内蔵助	有馬大膳		稲次壱岐	有馬内記				6	
寛永10・2・1	豊氏書状		有馬内蔵助				有馬内記				3	
〃　4・1	豊氏書状		有馬内蔵助	有馬大膳亮	有馬主水正	稲次壱岐守	有馬内記				10	
〃　5・6	豊氏書状		有馬内蔵助	有馬大膳亮	有馬主水正	稲次壱岐守	有馬内記				118	

〃11・13	豊氏書状		有馬内蔵助	有馬大膳	有馬主水	稲次壱岐	有馬内記				35	
寛永11・2・25	豊氏書状		有馬内蔵助	有馬大膳亮	有馬主水正	稲次壱岐守	有馬内記				87	
〃3・27	豊氏書状		有馬内蔵助	有馬大膳亮	有馬主水正	稲次壱岐守	有馬内記				150	
〃3・27	忠郷書状		有馬内蔵助	有馬大膳	有馬主水	稲次壱岐	有馬内記				224	
〃5・6	豊氏書状		有馬内蔵助		有馬主水		有馬内記				9	
〃5・14	豊氏書状		有馬内蔵助								141	
〃7・9	豊氏書状							有馬左門			69	
〃閏7・2	忠郷書状		有馬内蔵助								444	
〃閏7・12	豊氏書状		有馬内蔵助								85	
〃8・4	豊氏書状		有馬内蔵助		有馬主水正	稲次壱岐守	有馬内記				21	
〃8・4	豊氏書状		有馬内蔵助				有馬内記				74	
〃8・26	豊氏書状		有馬内蔵助								8	大膳死去
〃9・12	豊氏書状		有馬内蔵助				有馬内記				89	
〃10・8	豊氏書状		有馬内蔵助				有馬内記				27	
〃11・26	豊氏書状		有馬内蔵助								23	
寛永12・9・16	忠郷書状		有馬内蔵助								351	
〃9・27	豊氏書状		有馬内蔵助								77	
寛永13・2・20	豊氏書状		有馬内蔵助		有馬主水	稲次壱岐	有馬内記				104	
〃5・2	豊氏書状							有馬左門			57	
〃12・23	忠郷書状		有馬内蔵助				有馬内記				569	
寛永14・4・4	豊氏書状		有馬内蔵助				有馬内記				52	
〃4・6	豊氏書状		有馬内蔵助				有馬内記				53	
〃4・15	豊氏書状		有馬内蔵助				有馬内記				54	
〃4・22	豊氏書状		有馬内蔵助				有馬内記				55	
〃4・22	豊氏書状		有馬内蔵助				有馬内記				56	
〃6・4	豊氏書状				有馬主水						2	
〃6・4	豊氏書状		有馬内蔵助				有馬内記				62-1	

〃6・4	豊氏書状		有馬内蔵助				有馬内記				61	
〃7・24	豊氏書状		有馬内蔵助			稲次壱岐守	有馬内記		有馬監物		70	
〃7・25	豊氏書状		有馬内蔵助				有馬内記				71	
〃7・27	豊氏書状		有馬内蔵助				有馬内記				72	
〃7・27	豊氏書状		有馬内蔵助				有馬内記				73	
〃11・22	豊氏書状		有馬内蔵助		有馬主水	稲次壱岐	有馬内記		有馬監物		79	
寛永15・3・14	忠郷書状		有馬内蔵助								378	
〃3・14	忠郷書状		有馬内蔵助								415	
〃3・24	忠郷書状		有馬内蔵助				有馬内記				518	
〃4・8	忠郷書状		有馬内蔵助				有馬内記				312	
〃7・18	忠郷書状		有馬内蔵助								441	
〃10・29	豊氏書状	有馬伯耆守									148	疑義
寛永16・2・22	忠郷書状		有馬内蔵助				有馬内記				457	
〃5・10	忠頼書状										433	宛所欠。疑義
〃閏11・3	豊氏書状		有馬内蔵助		有馬主水		有馬内記				80	
寛永17・6・8	豊氏書状		有馬内蔵助		有馬主水		有馬内記				1	
〃6・13	忠郷書状		有馬内蔵助		有馬主水	有馬壱岐	有馬内記		有馬監物		507	
〃7・8	忠郷書状		有馬内蔵助		有馬主水	有馬壱岐	有馬内記		有馬監物		566	
〃9・7	忠郷書状		有馬内蔵助		有馬主水	有馬壱岐	有馬内記		有馬監物		484	
寛永18・1・27	忠郷書状		有馬内蔵助								384	
〃10・23	忠郷書状		有馬内蔵助		有馬主水	有馬壱岐	有馬内記		有馬監物		540	
寛永19・1・17	忠頼書状		有馬内蔵助		有馬主水						421	
〃8・16	忠郷書状		有馬内蔵助		有馬主水		有馬内記				414	
〃9・20	忠郷書状		有馬内蔵助		有馬主水		有馬内記				379	
〃9・23	忠郷書状		有馬内蔵助		有馬主水		有馬内記				380	
〃後9・1	忠郷書状		有馬内蔵助		有馬主水	有馬壱岐	有馬内記		有馬監物		517	
〃後9・1	忠郷書状		有馬内蔵助		有馬主水		有馬内記				502	

〃 閏9・2	忠郷書状		有馬内蔵助				有馬内記				242	草野久馬助 上田長兵衛
〃 後9・8	忠郷書状		有馬内蔵助		有馬主水		有馬内記				176	
〃 後9・15	忠郷書状		有馬内蔵助				有馬内記				177	
〃 後9・15	忠郷書状		有馬内蔵助				有馬内記				178	
〃 後9・17	忠郷書状		有馬内蔵助			有馬壱岐	有馬内記		有馬監物		514	
〃 後9・18	忠郷書状		有馬内蔵助				有馬内記				352	
〃 後9・18	忠郷書状		有馬内蔵助								512	
〃 後9・19	忠郷書状		有馬内蔵助				有馬内記				437	本庄八太夫
〃 後9・25	忠郷書状		有馬内蔵助			有馬壱岐	有馬内記		有馬監物		276	
〃 後9・26	忠郷書状		有馬内蔵助				有馬内記				255	
〃 後9・26	忠郷書状		有馬内蔵助			有馬壱岐	有馬内記		有馬監物		272	
〃 10・6	忠郷書状		有馬内蔵助			有馬壱岐	有馬内記		有馬監物		319	
〃 10・12	忠郷書状		有馬内蔵助				有馬内記				558	
〃 11・5	忠郷書状		有馬内蔵助			有馬壱岐	有馬内記		有馬監物		541	
〃 11・12	忠郷書状		有馬内蔵助				有馬内記				524	
〃 11・26	忠郷書状		有馬内蔵助			有馬壱岐	有馬内記		有馬監物		231	
寛永20・8・25	忠郷書状		有馬内蔵助		有馬主水	有馬壱岐	有馬内記	有馬左門	有馬監物		467	
〃 9・19	忠郷書状		有馬内蔵助								459	
〃 10・25	忠郷書状		有馬内蔵助		有馬主水	有馬壱岐	有馬内記	有馬左門	有馬監物		234	
〃 10・29	中書書状		有馬内蔵助				有馬内記				571	
〃 11・23	忠郷書状		有馬内蔵助								543	
〃 12・14	忠郷書状		有馬内蔵助				有馬内記				442	
寛永21・4・11	忠郷書状		有馬内蔵助								324	
〃 9・21	忠郷書状		有馬内蔵助								525	
正保2・3・1	忠郷書状		有馬内蔵助								561	
〃 4・18	忠郷書状		有馬内蔵助								309	

〃 5・5	忠郷書状		有馬内蔵助								478	
〃 7・8	忠郷書状		有馬内蔵助								344	
〃 7・29	忠郷書状		有馬内蔵助								348	
〃 9・2	忠郷書状		有馬内蔵助								221	
〃 12・25	忠頼書状		有馬内蔵助		有馬主水						315	
〃 12・28	中書書状		有馬内蔵助		有馬主水						596	
正保3・4・15	忠郷書状		有馬内蔵助								601	
〃 5・10	忠頼書状		有馬内蔵助		有馬主水						397	
〃 5・15	忠頼書状		有馬内蔵助								248	戸田勘解由
〃 5・27	忠郷書状		有馬内蔵助			有馬壱岐					498	
〃 7・20	忠頼書状		有馬内蔵助								288	戸田勘解由 馬淵加兵衛
〃 9・10	忠郷書状		有馬内蔵助								599	
正保4・5・5	忠頼書状		有馬内蔵助		有馬主水						452	
〃 7・12	忠頼書状		有馬内蔵助		有馬主水	有馬壱岐			有馬監物	有馬右近	189	
〃 7・12	忠頼書状		有馬内蔵助		有馬主水	有馬壱岐			有馬監物	有馬右近	171	
〃 7・12	忠頼書状		有馬内蔵助		有馬主水						188	
〃 7・13	忠頼書状		有馬内蔵助								172	
〃 8・3	忠頼書状		有馬内蔵助		有馬主水						475	
〃 8・3	忠頼書状		有馬内蔵助		有馬主水						513	
〃 8・7	忠頼書状		有馬内蔵助		有馬主水	有馬壱岐		有馬左門	有馬監物	有馬右近	174	
〃 8・7	忠頼書状		有馬内蔵助								219	
〃 8・7	忠頼書状		有馬内蔵助		有馬主水						291	
〃 8・7	忠頼書状		有馬内蔵助		有馬主水						395	
〃 8・11	忠頼書状		有馬内蔵助		有馬主水						385	
〃 8・22	忠頼書状		有馬内蔵助		有馬主水						292	
〃 8・27	忠頼書状		有馬内蔵助		有馬主水						428	

〃10・1	忠頼書状		有馬内蔵助		有馬主水						43	
〃10・22	忠頼書状		有馬内蔵助		有馬主水						214	
〃11・28	忠頼書状		有馬内蔵助		有馬主水						303	
〃12・6	忠頼書状		有馬内蔵助		有馬主水						364	
正保5・1・9	忠頼書状		有馬内蔵助								603	
〃1・23	忠頼書状		有馬内蔵助		有馬主水						420	丹下弥兵衛 塩川彦兵衛
〃1・25	忠頼書状		有馬内蔵助		有馬主水	有馬壱岐		有馬左門	有馬監物		439	疑義
〃閏1・16	忠頼書状		有馬内蔵助		有馬主水						323	
〃閏1・16	忠頼書状		有馬内蔵助		有馬主水						373	
〃閏1・20	忠頼書状		有馬内蔵助		有馬主水						432	
〃閏1・20	忠頼書状		有馬内蔵助								546	
〃閏1・23	忠頼書状		有馬内蔵助		有馬主水						289	
〃閏1・23	忠頼書状		有馬内蔵助								434	
〃閏1・23	忠頼書状		有馬内蔵助								473	
〃閏1・23	忠頼書状		有馬内蔵助		有馬主水						470	
〃閏1・23	忠頼書状		有馬内蔵助		有馬主水						526	
〃閏1・23	中書書状		有馬内蔵助		有馬主水	有馬壱岐		有馬左門	有馬監物		598	戸田勘解由
〃閏1・24	忠頼書状		有馬内蔵助								349	
〃後1・29	忠頼書状		有馬内蔵助		有馬主水						443	
慶安2・5・27	忠郷書状		有馬内蔵助								559	
〃11・25	忠郷書状		有馬内蔵助								477	
〃12・24	忠頼書状		有馬内蔵助								573	
慶安3・3・26	忠郷書状		有馬内蔵助								528	
〃5・15	忠頼書状		有馬内蔵助			有馬壱岐			有馬監物		563	
〃7・23	忠頼書状		有馬内蔵助		有馬主水	有馬壱岐		有馬左門	有馬監物	有馬右近	523	
〃10・4	忠頼書状		有馬内蔵助								426	
慶安5・7・19	忠頼書状		有馬内蔵助								425	

有馬主水正は内蔵助重泰の子に当たり、重之と名乗る。寛永九年に没した祖父重頼の跡を継いだ家で、豊前家と称した。なお、内蔵助家は重之の弟の重昌が継いでいる。伯耆守の家は、内蔵助家、内記家、豊前家、蔵人家を輩出し、幕末まで家老を務めたのは内記家と内蔵助家の二系統である。

寛永十九年九月の豊氏死去以降、忠郷（忠頼）の書状の宛先が変化していく。寛永十九年には有馬内蔵助、有馬監物、有馬主水、有馬壱岐、有馬内記の五家であったのが、寛永二十年になると、有馬左門を加えた六家となっている。稲次家では正盛が壱岐家を継ぎ、正成が左門家を立てることになる。稲次家から二家老家が出たことになるが、先に述べたように左門家は正誠（因幡）の代に断絶している。

なお、文書に見える忠頼の名であるが、寛永十五年以降の署名は忠郷《ただたさと》で、正保二年十二月二十五日の書状に初めて忠頼署名が出てくるが、この文書の年紀推定は問題があるようだ。正保三年五月二十七日・同九月十日それぞれ一例の忠郷書状が確認できるが、それ以降はすべて忠頼書状となっているので、正保三年中頃が忠郷から忠頼への変更時期とすることができよう。本文では忠郷と忠頼を分けず、忠頼で話を進めることにする。

寛永二十年八月二十五日から慶安五年七月十九日までの年紀がある文書六十三点を見てみると、二十七点が有馬内蔵助宛ての書状で、また有馬内蔵助・有馬主水宛ての書状は二十三点となり、合わせると五十点に上る。もちろん、有馬壱岐、有馬左門、有馬監物、有馬右近らの名があるものもあるが、その数は八点のみと極めて少ない。忠頼は有馬内蔵助、有馬主水の二人を特に信頼しており、忠頼の領内支配はこの二人の家老に依拠して行われたと考えていいだろう。このような藩主の対応は、家老中に何らかの軋轢を生まないではおかなかったろう。

もちろん、この推論は統計上でのものであり、内蔵助・主水宛ての書状とその他の家老中宛ての書状の内容に立ち入って検討し、判断すべきであるが、内蔵助・主水宛て書状の圧倒的な多さは、この理解を妨げるものではないと考えている。

忠頼代の内蔵助について次のような逸話が残されている。

忠頼様御代、有馬内蔵助殿威光これある御家老にて、御馬廻以下の士中は自分家来同然のあしらい也。平日自分の家人えたはこを詰めさせ呑み申されしか、或る時御馬廻何某見舞いに罷り越し候節、家来同前に煙草を詰めさせ呑み申され候、然れども誹り申すものなかりきとなり

（『米府紀事略』二）

また、内蔵助は本丸に登場する際、本丸御門内上段まで輿に乗ってくることが許されていた。また、忠頼の前でも寒気が強い時は頭巾を被ることが許され、御話しの時も安座して火鉢が出されるほど大事にされた家老であった（『重泰譜録』）。

磯部勘平は寛文九（一六六九）・十年に家老中に意見書を提出しているが、第二回の意見書には次のようにある。

一、各様へ出入りの侍衆、壱岐殿御一家へ出入りの衆と豊前殿御一家への出入りの衆とは縁など取り結び申さず様に御座候、此の段以ての外然るべからず儀に御座候、古より他国に家中わるゝと申すなをはしたるも、か様の体より起こり申す由に御座候、去年も書付を以て申し上ぐる如く候、先づ各様御仲間互いに御入魂なられ、出入りの衆も互いに隔意これなき様に御座候は、御家中一入御静謐に御座あるべく候（後略）

（『久留米小史』十五）

寛文九年頃、家中が稲次壱岐（正盛）と有馬豊前（有馬伯耆守の孫、主水）の二派に分かれていたことを述べているが、この事態は先の忠頼代に有馬伯耆守系統の内蔵助・主水両家に権力が集中したことに、その遠因

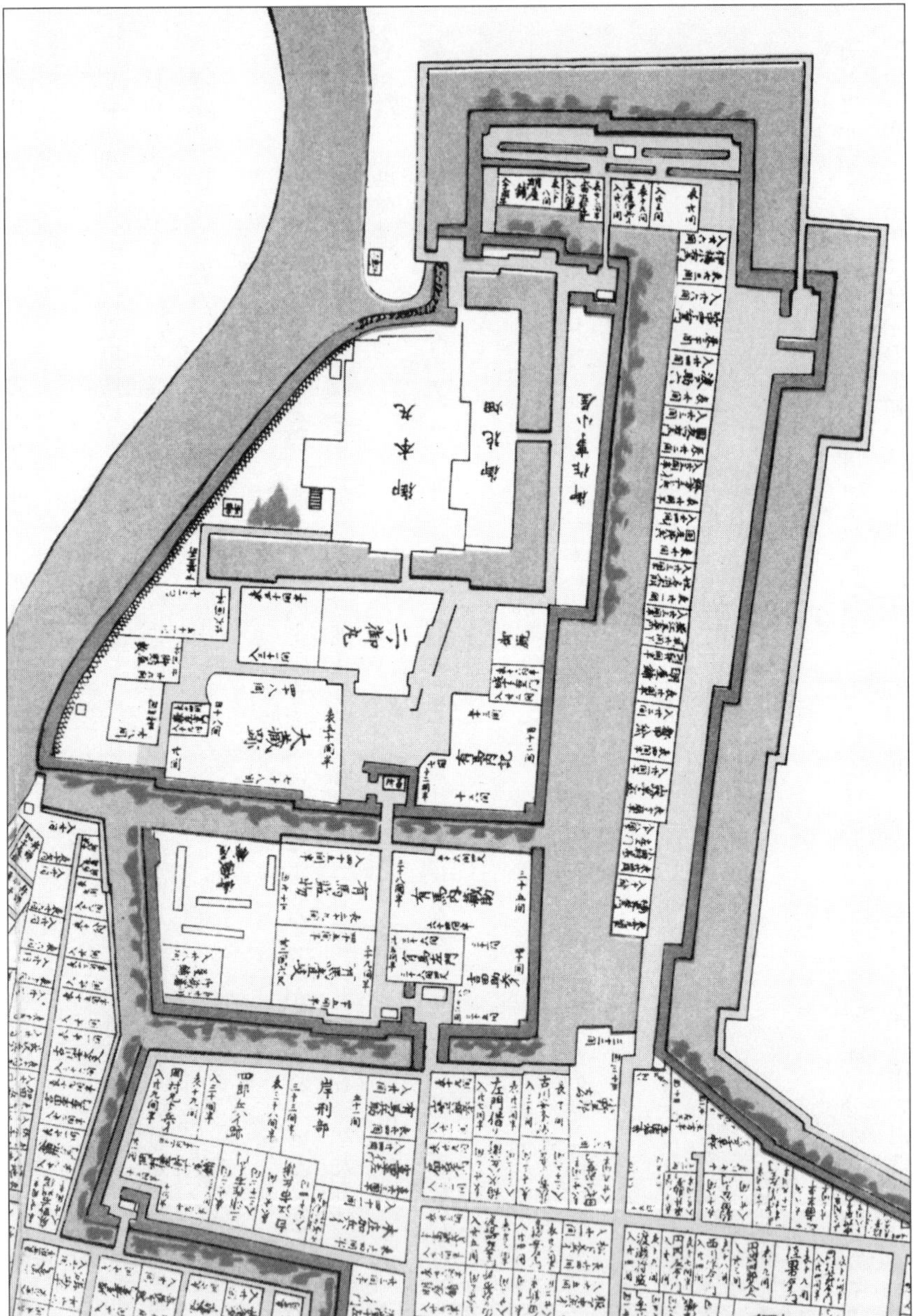

延宝八年城下町図の本丸・二の丸・三の丸部分（久留米市教育委員会蔵）

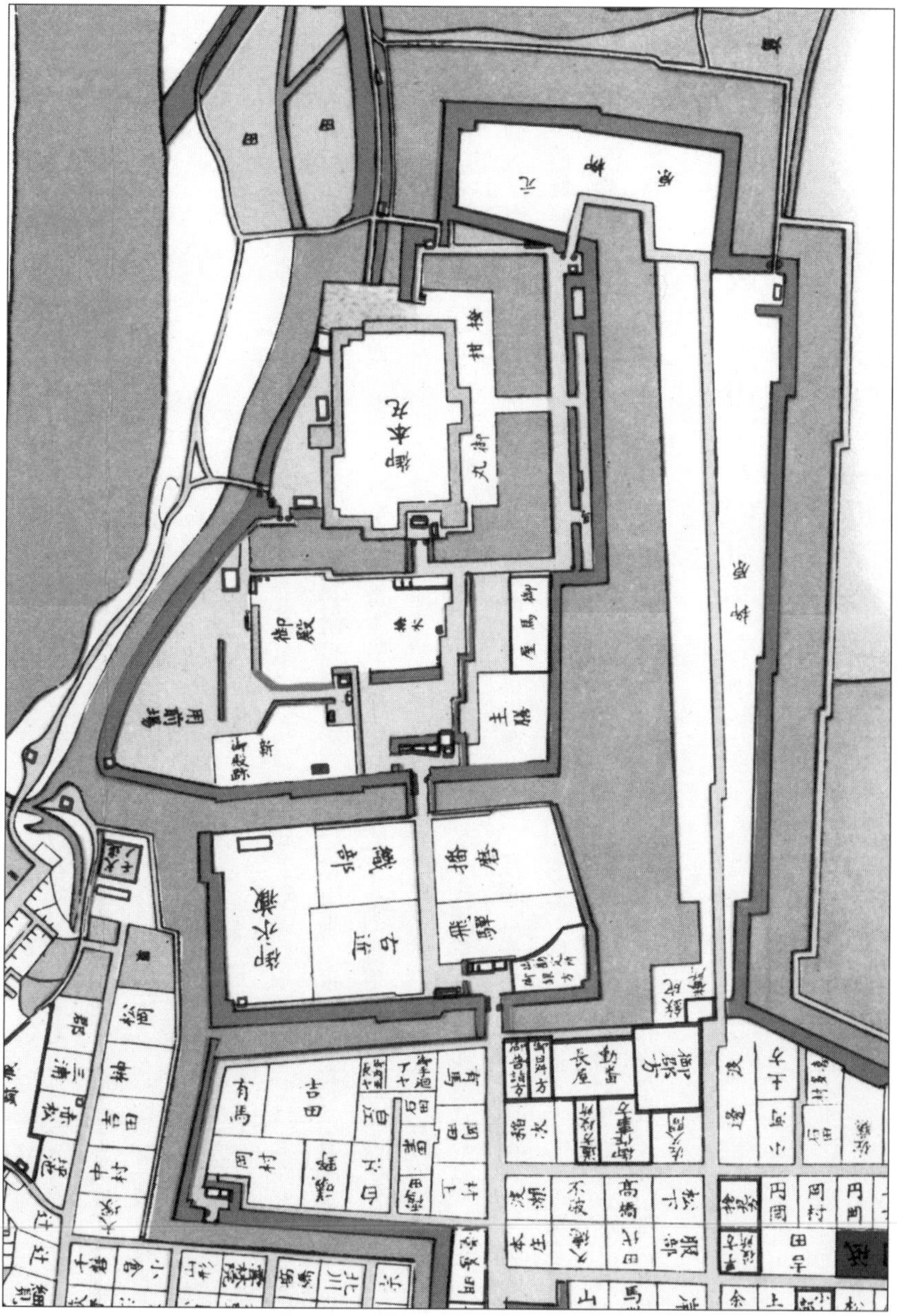

天保年間城下町図の本丸・二の丸・三の丸部分（久留米市教育委員会蔵）

があるのかもしれない。

今まで述べてきた有馬伯耆守系、有馬大膳系、稲次壱岐系の三家以外に岸家が家老となっている。岸家は初代平兵衛が丹波福知山で四百石で召し抱えられ、二代藩主忠頼の御守役を務め、度々の加増を受けて三千石の家老脇となった。四代目の外記（正知）が六代則維の家老職を務め、家老家となっている。二代の刑部（言知）は承応四（一六五五）年、忠頼が参勤の途中、備前塩田浦で横死するという藩の危機を乗り切ることに尽力した人物であった。

これらの家老屋敷地を絵図で見てみると、延宝八（一六八〇）年城下町図（八四頁）では三の丸を南北に貫く道の東側には有馬内蔵助、有馬左門、吉田助兵衛の屋敷が、西側には有馬（吉田）監物、有馬（稲次）壱岐の屋敷が南北に並び、その西に御蔵屋敷と御蔵番屋敷が描かれている。その敷地は上級武士の居住地である外郭の屋敷地と比較しても広大であったことがわかる。家老屋敷図などが残っていないため、その屋敷の内部構造はわかっていないが、これは今後地道な調査によって深めていかなければならない課題である。

天保年間城下町図（八五頁）では東側には播磨（有馬内蔵助家）、飛騨（岸家）それに御勘定所・御銀方が設置され、西側には織部（吉田家）、右近（稲次家）、それに御永蔵がある。両図の相違点として、家老屋敷が一軒減り、その地に御勘定所などが置かれていること、岸家の屋敷地は延宝図では外郭にあったが、天保図では三の丸内に移動していることが挙げられる。これは先に述べた、岸家の家老への昇格を示しているのである。

家臣団の形成と黒田家との対立

有馬則頼・豊氏父子は大名として成長するにつれて、石高に応じて幕府から求められる軍役を果たすとともに、領域の支配に必要な家臣を召し抱える必要があり、家臣団が拡大していった。

渡瀬左衛門佐殿衆、横須賀衆、法印様御代、丹波衆、田中殿衆、福島殿衆、栗山衆などの名称は、召し抱えの時期や有馬家に仕える前に仕官した大名の名称によっている。家臣名については『米府紀事略』二・『石原家記』に収録されており、それに従い話を進めていく。

渡瀬左衛門佐殿衆とは、遠江国横須賀城主で文禄四（一五九五）年の秀次事件に連座して自死した渡瀬左衛門佐（繁詮）の旧臣で、跡を継いだ有馬豊氏がこれを召し抱えたものである。稲次壱岐、飯沼石見、泥堂《でいどう》兵庫など三十一名がおり、稲次壱岐はのちに家老となっている。

横須賀衆とは馬淵加兵衛・可児又蔵など八名で、横須賀時代に召し抱えられた家臣である。馬淵加兵衛は実務吏僚で、寛永末年に「副奉行」として千石の禄高を与えられ、忠頼代には収税に関わっている。正保三（一六四六）年の有馬忠頼書状に家老有馬内蔵助とともに宛名に出てくる、信頼を得た家臣であった（『古代御直書写』二八八号）。

法印様御代とは豊氏の父則頼の官途である兵部卿法印によるもので、有馬家の古くからの家臣である。吉田久太夫・服部忠兵衛など十六名を数える。この十六名の中には名がないが、のちの有馬伯耆守重頼も法印様御代に入れるべきであろう。本姓は梶、のちに山川で、則頼の娘を妻とした。その後浪人となるが、豊氏が遠州横須賀入部の時、再度仕官して家老職となった人物である。有馬家の一族と扱われたために省かれているのだろう。

吉田久太夫は後に有馬大膳重長と号した。豊氏に重用されて知行八千石、久留米入部後は一万石を与えられ、家老を務めている。また、服部忠兵衛の妻は山川四郎兵衛重頼（有馬伯耆守）の娘であり、忠兵衛は有馬家臣団の中核的な存在であった。岸平兵衛も法印様御代である。丹波で四百石を拝領し、二代忠頼の御部屋御守役となった。度々加増を受け家老脇となり、六代則維代に家老となっている。法印様御代に召し抱えられた家臣は、横須賀衆に比べて久留米藩の中枢を占めている。法印様御代の中から三家の家老家が出ており、この家臣団が有馬家の大黒柱というべきであろう。

丹波衆とは慶長五（一六〇〇）年、丹波国福知山六万石に加増転封して召し抱えた家臣で三十七名を数える。渡瀬衆、横須賀衆、法印様御代、丹波衆が久留米藩政の中心を占め、藩の軍事力の中核であった。三万石から六万石へ、さらに則頼の死後受け継いだ二万石という知行高の増加によって、渡瀬衆、横須賀衆、法印様御代に比較して多い三十七名の採用を行っている。

田中殿衆とは元和六（一六二〇）年に断絶した筑後国主田中家の旧臣を採用したものである。石高が八万石から二十一万石と二・六倍に急増し、石高に応じた軍役に対応するため、急ぎ家臣を採用する必要があったこと、また田中家の旧臣は筑後国の事情に詳しく、今後の領域支配に有益と判断されたこと、さらに田中家の旧臣は浪人となっており、新たな仕官先が必要であったために両者の利害が一致し、五十七人に及ぶ採用となったと推測される。なお、『米府紀事略』の記事では五十三名であるが、今回、『御家中略系譜』（新有馬文庫）を調査した結果、さらに四名を検出できた。土田縫殿三千石、草野図書一五〇〇石、堀江源兵衛八百石、久徳伍兵衛六百石、国友覚右衛門・早川喜左衛門・佐藤喜兵衛ら三名が五百石であるが、大半が知行一五〇－三百石の御馬廻組として召し抱えられている（表二参照）。有馬家が田中家旧臣を多く採用したのに対し、同時に柳川に再封された立花宗茂は肥後国熊本の加藤家に家臣を預けていたという事情もあり召し抱えを行っておらず、際立った違いを見せている。

また、採用時期については、元和七年が五名、元和八年が二十名、元和年中（七－十年）三名、春林院様御代八名、寛永五－十七年が四名、正保三年が一名、時期不明が十六名で、そのうち五名が廃家断絶となっている。最も集中するのは元和八年で、同年七月三日に新知を与えられたという家が二軒ある。その一つである雨森喜太夫の場合は、次のような採用の経緯があった（『御家中略系譜』二十）。

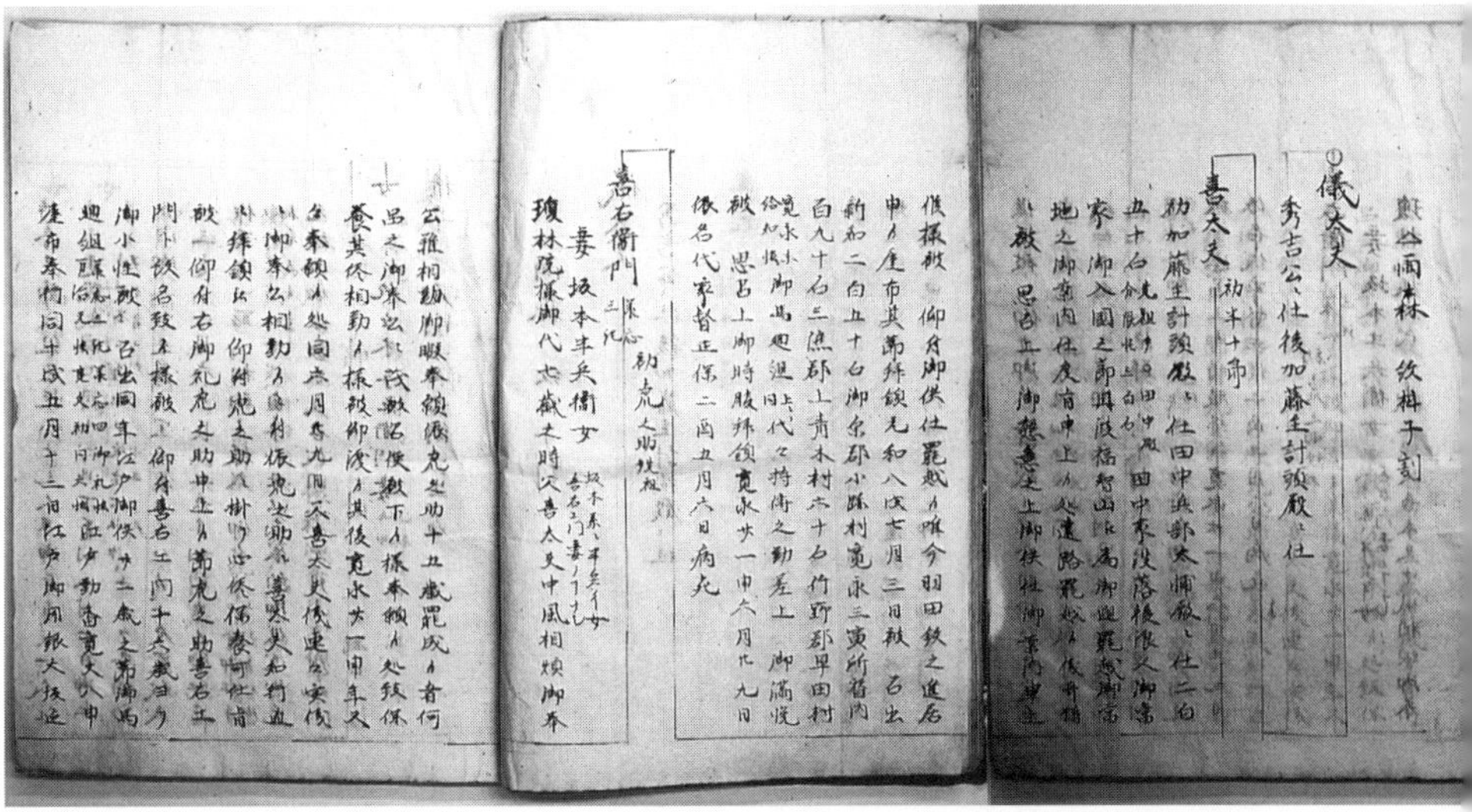

『御家中略系譜』の雨森家の部分（新有馬文庫。久留米市立中央図書館蔵）

初、加藤主計頭殿に仕え、田中兵部太輔殿に仕え二百五十石田中殿先祖書。分限帳三百石田中家没落後浪人、御当家御入国の節、丹波福智山え御迎えのため罷り越し、御当地の案内仕りたき旨申し上げ候処、遠路罷り越し候儀奇得に思し召し上げられ、御懇意の上御供仕り、御案内申し上げ候様仰せ付けられ、御供仕り罷り越し候、唯今羽田鉄之進居り申し候屋布（敷）、其の節拝領、元和八戌七月三日召し出され、新知二百五十石、御原郡小跡村、寛永三寅所替、内百九十石三潴郡上青木村、六十石竹野郡早田村寛永末給知帳御馬廻組（後略）

雨森喜太夫は元和六年の田中家没落後、丹波福知山に出向き、筑後国への入部について案内をしたいと申し出て、それが認められ御供して筑後に帰り、翌八年七月三日付で知行二五〇石の馬廻組として採用されることになっている。目先が利く人物であったのだろう。「就活」を行ったのである。久留米入部後すぐの採用になっていないのは、能力の査定などが行われたためであろう。

さらに森（桑島）久大夫については次の記事がある（同前十七）。

■表２　有馬家の旧田中家臣一覧

	氏名	石高	召抱え時期	役職
1	土田縫殿	*3000		
2	草野図書	1500		
3	堀江源兵衛	*800	元和７年	馬廻組
4	草野孫左衛門	250	元和７年	馬廻組
5	里村次郎左衛門	*300	元和７年	馬廻組
6	杉原金左衛門	*300	元和７年	船隊将
7	高村惣左衛門	○250	元和７年	馬廻組
8	加田佐助	*200	元和８年	馬廻組
9	国友覚右衛門	*500	元和８年	馬廻組
10	坂本太右衛門	250	元和８年	馬廻組
11	国友勘右衛門	*150	元和８年	馬廻組
12	富島喜八郎	*250	元和８年	馬廻組
13	伊藤杢右衛門	150	元和８年	馬廻組
14	杉六右衛門	150	元和８年	馬廻組
15	都甲八左衛門	*200	元和８年	馬廻組
16	草野久左衛門	○200	元和８年	馬廻組
17	鈴村弥次右衛門	*300	元和８年	馬廻組
18	山本長左衛門	*170	元和８年	馬廻組
19	森（桑島）久太夫	*200	元和８年 ７月３日	馬廻組
20	雨森彦（喜）太夫	250	元和８年 ７月３日	馬廻組
21	吉田次左衛門	*160	元和８年 ７月	馬廻組
22	吉田左太夫	*250	元和８年 ７月	馬廻組
23	早川喜左衛門	500	元和８年 ７月	馬廻組
24	早崎市郎右衛門	*200	元和８年 ７月	馬廻組
25	伊藤新左衛門	200	元和８年 ７月	馬廻組
26	下村権之丞	*150	元和８年 ７月	馬廻組
27	猿木兵左衛門	○400	元和８年 ７月	馬廻組
28	久徳伍兵衛	600	元和年中	
29	磯野左太右衛門	*150	元和年中	馬廻組
30	喜多村与三右衛門	200	元和年中	馬廻組
31	小田村勘兵衛	200	春林院様代	馬廻組
32	二村仁右衛門	*150	春林院様代	馬廻組
33	豊田加兵衛	150	春林院様代	馬廻組
34	山中兵太夫	*170	春林院御代	馬廻組
35	片山兵左衛門	300	春林院御代	馬廻組
36	多賀八右衛門	○300	春林院御代	馬廻組
37	伊吹千助	200	春林院御代	
38	伊部惣左衛門	300	春林院御代	
39	早川平右衛門	*250	寛永５年	馬廻組
40	猪田五左衛門		寛永12年	
41	田中清右衛門	300	寛永13年	馬廻組
42	余語彦左衛門	300	寛永17年	馬廻組
43	坂本半兵衛	150	正保３年 正月	馬廻組
44	佐藤喜兵衛	*500		馬廻組
45	小西九兵衛	150		
46	伴弥五左衛門	200		馬廻組
47	高木五郎太夫	*250		馬廻組
48	原平太夫	90		中小姓
49	速水伝右衛門	*200		馬廻組
50	井口権太夫	*250		馬廻組
51	市本三右衛門	*200		馬廻組
52	山脇清太夫	*250		馬廻組
53	鵜川長左衛門			
54	徳見八郎兵衛			
55	高瀬次郎助			
56	坂本金右衛門			
57	中村才兵衛			

資料：『福岡県史』近世史料編久留米藩初期（上）所収の「有馬家々臣団の構成」を基礎にして、新たに判明した家臣を加えて作成したものである。＊印は『豊氏様院代分限帳』による。召抱え時期・役職は『御家中略系譜』による。○印は新たに追加した家臣

初め田中筑後守殿に仕え、慶長二十卯年五月朔日知行二百五十石田中帳　没落後浪人、元和八戌年春林院公召し出され、同七月三日新知二百石、御馬廻組、寛永十四原古城攻御供、渋谷五郎八組、正保三戌十二月十八日病

森も召し出されて知行を拝領するまでしばらく時間があり、元和八年七月三日に知行二百石が与えられた。七月三日は田中家家臣の採用では特別な日であったようだ。

早川喜左衛門は同年七月に知行を拝領したが、次のように記されている（同前三）。

初め田中筑後守殿五百石歩行頭、久留米に於いて春林院様召し出され五百石、元和八戌七月御印紙頂戴、寛永十二亥九月死去

「元和八戌七月御印紙頂戴」とあるが、御印紙とは「知行所付《ところづけ》」（知行宛行《あてがい》状）のことである。A村で何石、B村で何石、都合何百石などの内容を持ち、藩主から発給された印判状である。この例から八年七月に採用された七家及び七月三日に採用された二家は一斉に知行所付が与えられた可能性が大きいと考えている。さらに八年のみで月日を記さない十一家の中にも、この一群が多く含まれているのであろう。元和八年が旧田中家家臣の採用のピークといってよい。元和年中の三例もそれに含まれる可能性がある。

寛永五（一六二八）年から寛永十七年までの四例は個別的な採用と考えることができるが、元和八年の二十例に及ぶ旧田中家臣の採用過程を見ていくと、集団的な仕官運動が進められたことも想定される。しかし、それを具体的に示すものは確認できていない。

福島殿衆とは元和五年に広島城の石垣築造が見咎められて断絶した福島正則の家臣を召し抱えたもので、本庄市正、渡瀬将監ら十七名である。本庄市正は祖父一勝が有馬家に仕え七百石を給されている。寛文六（一六六六）年の分限帳には三之丞とあり、後に加兵衛と改めた。元禄七（一六九四）年には惣奉行、正徳元（一七一一）年郡方惣裁判役となっている。格式は家老脇まで進んだ、農政に通じた吏僚であった（『啓忘録抜萃』解説、『久留米市史』第八巻資料編近世Ⅰ）。

筑前福岡藩二代黒田忠之と筆頭家老栗山大膳の対立で起きた黒田騒動は、幕府の裁定で寛永十（一六三三）年に大膳が奥州南部藩へ配流となり落着するが、有馬家はその栗山大膳の家臣九名を召し抱えており、彼らを栗山衆と呼んだ。この事情について下記の逸話が残る（『米府紀事略』四）。

> 筑前の城主忠之卿の家老栗山大膳没落の後、彼家に仕へし家来の内、榊次太夫、伊福市太夫、竹井安太夫、荒巻権兵衛、小林六右衛門等御当家に召し抱えられけるに、彼輩武具・馬具を数多く持ち来りける故、忠之卿憤怒有りて、栗山の家来は天下に勤仕相障り候旨、公儀へも訟え置けり、早々暇を出さるべしと使者を以て申し来しけるを、瓊林院（忠頼）殿聞き給い、比日無宿の浪人少々扶持せしめ候、栗山が家来とては一人も召し抱えず候、凡そ浪人を扶持せしめ候は、公儀御軍用の為なれば全く私の好みにあらずと御答え有りしかば、忠之卿もしかたなく、此の時筑前若松の御船場を急に御取り返し有りけると也

黒田家からは、栗山家臣は仕官をするのは障りがあることを幕府に訴えており、栗山家臣を召し抱えないでほしいとの要望があったが、それを無視して忠頼が、「比日無宿の浪人少々扶持せしめ候、栗山が家来とては一人も召し抱えず候、凡そ浪人を扶持せしめ候は、公儀御軍用の為なれば全く私の好みにあらず」として仕官させたため、黒田家から借用していた若松の御船場の返還が急に求められるなど、両家の対立が生じている。

この対立は、参勤交代ですれ違った際に忠之の駕籠に忠頼が唾を吐きかけるなどの事件にまで発展したという(同前二)。さらに、参勤交代で福岡藩域を通らないで済むように、秋月から八丁越えで小倉に出る道を使うなど、その対立は厳しいものがあった。

この対立は元禄十五年、幕府の酒井雅楽頭《うたのかみ》の仲裁で和解がなるまで七十年ほど続いている(『米府年表』・『米府紀事略』七)。初代の有馬豊氏と黒田長政は昵懇《じっこん》の仲だったが、二代目の有馬忠頼と黒田忠之は厳しい対立となった。家臣の採用はこのような軋轢をも生み出す可能性があり、慎重に取り計らうべきことであった。

城下町図に見る外郭の変容

外郭(四の丸)は寛永四(一六二七)年段階で、すでに郭を巡る堀も一応完成(『筑前筑後肥前肥後探索書』)していた。最終的な堀の拡張、浚渫、土居の積み上げは慶安二(一六四九)年、慶安四年の二度の農民・町人の徭役で行い、完成を見たようである(『家勤記得集』)。この外郭は北側にある三の丸の四倍近い面積を持つ、上級家臣の屋敷地である。延宝八(一六八〇)年城下町図では堀に囲まれ、北側中央部で柳原侍屋敷地とつながっていることから、この屋敷地を含めて外郭とすべきだろう。西・南・東の三方に土塁が巡るが、北側には土塁が築かれておらず、石垣が廻ることはなかった。

延宝八年城下町図では外郭部分で七十五区画、柳原小路で十七区画を数える。柳原小路では南北に走る道路に沿って作られていた東側地区が度々水害に遭い、延宝四年に京隈小路の一角である小松原小路へ移転しており、本来は三十区画を超える侍小路であった。これを加えると外郭は百区画を超える屋敷地で構成されていた。また、享保十二年には残る西側の屋敷地も先と同じ理由で移転(『米府年表』)しており、笹原となっていたが、九代藩主頼徳によって広大な柳原園として整備されることになる。

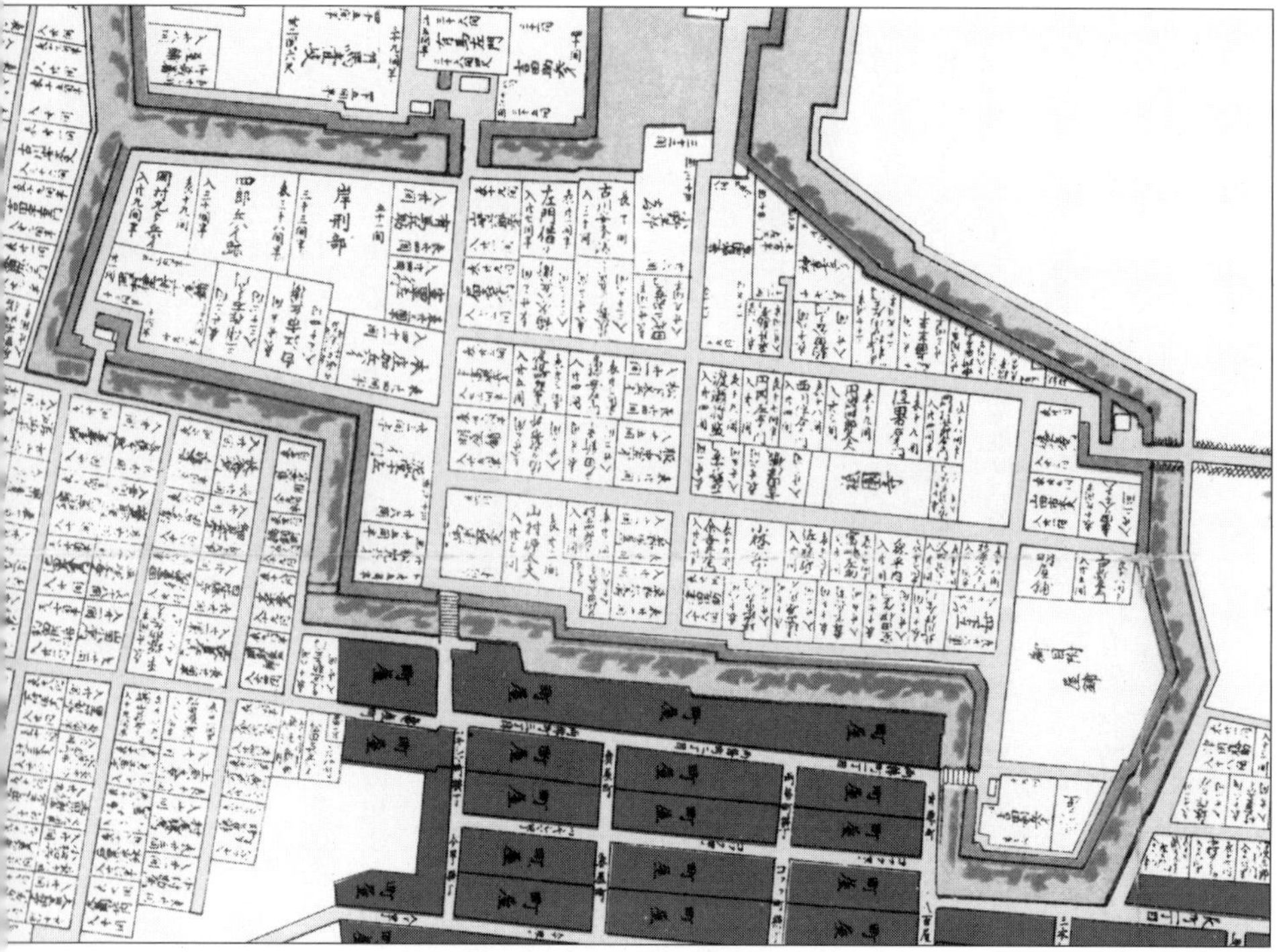

延宝八年城下町図の外郭部分（久留米市教育委員会蔵）

本丸は二の丸と、二の丸は三の丸と、三の丸は外郭と、それぞれ一か所の土橋と門で結ばれていたのに対し、外郭には四か所の出入口があった。城郭正面の亀屋町には木橋が掛けられ（亀屋町口橋）、虎口を持ち、厳重に管理された大手門が設けられていた。この橋には城内の排水を城外に出すための箱樋《はこどい》が設置されていたようである（『米府紀事略』七）。同じく正面東側の片原町には狩塚橋があり、これも木橋であった。これらの木橋は度々架け替えられており、親子三代による渡り初めの儀式が度々記録されている（『米府年表』など）。外堀を挟んで東側に建設された櫛原小路からの出入り口は櫛原柵門と呼ばれ、土橋で厳重に出入りが管理されていた。また京隈小路からも出入りのための京隈柵門があり、土塁の虎口を待つ土橋であった。さらに、家老屋敷地である三の丸へも土橋で連絡されていた。

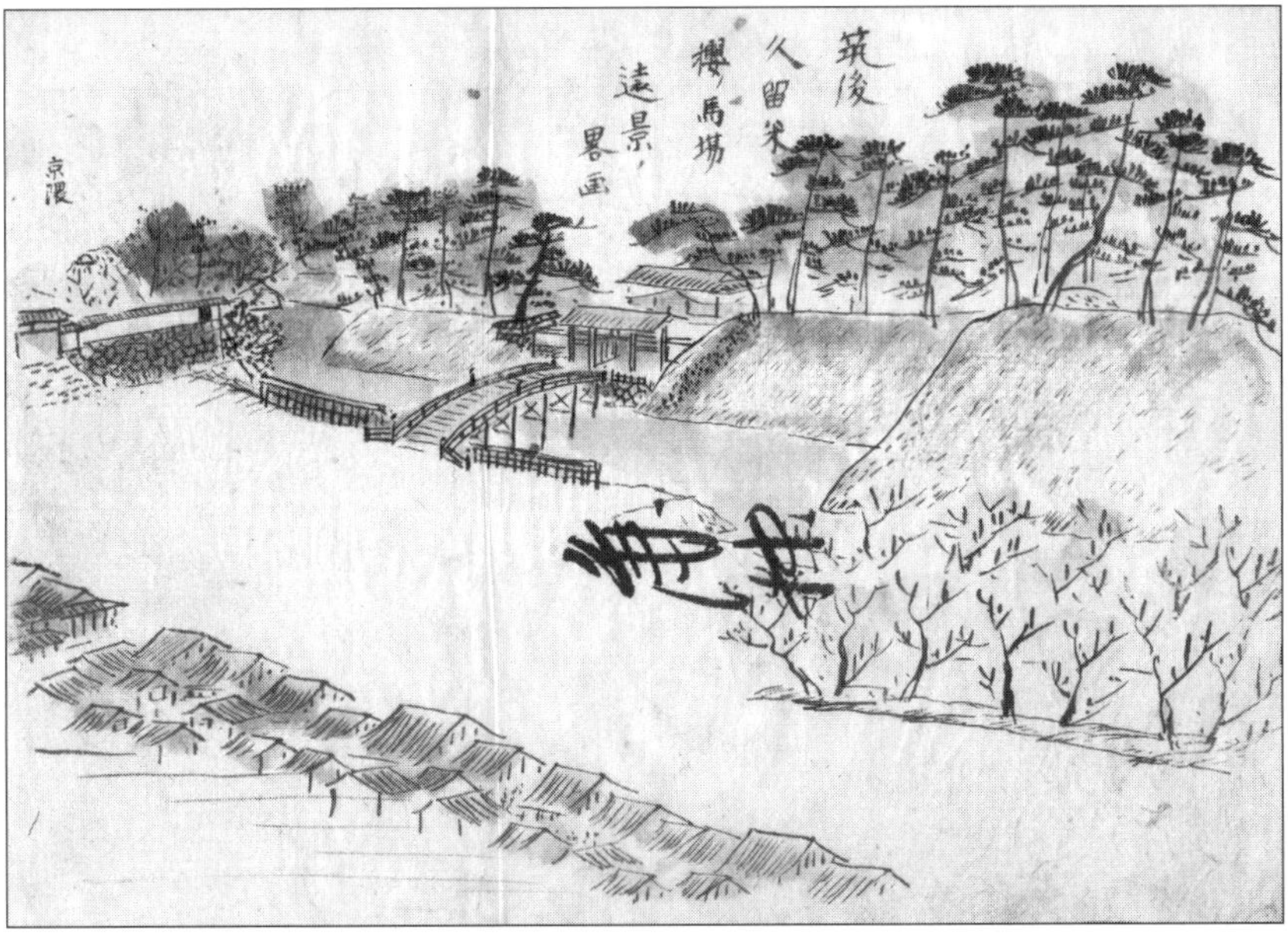

「絵入旅日記　坤」より久留米城の桜の馬場（嘉永６〔1853〕年頃。三重県立図書館蔵）。外郭へ至る亀屋町口橋と大手門も描かれている

延宝八年城下町図では外郭内に平行する三本の南北道路があり、西側の道路は大手門と三の丸御門をつなぐ道路である。中央の道路は外郭のほぼ中央にあり、柳原入口付近で鍵の手に曲がって柳原の侍屋敷へとつながっていた。東側の道路は狩塚橋とつながる南北道路である。

これら三本の南北道路に対して二本の東西道路が設けられている。北側の東西道路は櫛原柵門につながる道で、先の西側の道路と東側の道路とは三叉路をなし、中央の道路とは交差している。また南側の東西道路は西側南北道とは三叉路をなし、中央及び東の道路とは交差している。この道路の東端は外堀までつながり、行き止まりである。これらの東西道路・南北道路によって外郭はおよそ八区画に分割されている。

その内部に目を移すと、西端の区画は京隈柵門とつながっている外堀沿いの道路に囲まれている。岸刑部屋敷・有馬四郎兵衛跡・有馬兵助屋敷など十屋敷地と南側の二屋敷地を含める。最も広い岸刑部は入り（奥行）は記されるが表口（間口）が

ないため計算できないが、隣の有馬四郎兵衛跡は表三十八間半、入三十間半あり、一一七五坪（三八七七・五㎡）である。岸家は絵図から見れば四郎兵衛跡より広い屋敷地である。この区画には千坪を超える屋敷地が四軒、八百坪を超えるのが一軒、七百坪台が一軒、五百坪台が二軒、四百坪台が二軒見られる。この区画は他のブロックより屋敷地が広い。家老家や家老脇の屋敷地であった。

ちなみに、武家屋敷は必ずどこか一角が道路に面するように計画され、屋敷地が背中合わせに配置される関係で、名字の表記が様々な方向を向くが、向いている方が正面で、こちらに表門が建築されることになる。さらに屋敷地はいびつな四角形となっていることが多い。防衛上の目的で外堀は何度も屈曲して外郭を巡っていることから、その内部に屋敷地を設ける場合、方形の敷地が造りにくかったからである。さらに、家臣の禄や格式によって、その敷地はおおよそ次のように定められていたという。

番頭は九百坪で三十間四面、平組四百坪、二十間四面、徒士・中小姓は二五〇坪で横十二間半縦二十間とされている。

（『久留米市誌』中編）

中央の区画は三ブロックあり、北側が八屋敷地、中央が八屋敷地、南が六屋敷地に分かれている。どのブロックも道路が四囲を巡る。三の丸御門近くの北側の屋敷地は柳原と接続する。屋敷地の面積は四百坪から一四〇〇坪に広がり、四百坪台一軒、五百坪台一軒、六百坪台が三軒、七百坪台が一軒、八百坪台が一軒、一四〇〇坪台が一軒の分布となる。中央の屋敷地は一軒が六七〇坪を超えるが、残る七軒は五百坪台のほぼ均等な屋敷地である。南側ブロックは四百坪台の屋敷地が四軒、五百坪台が二軒で、北側の二ブロックより屋敷地が狭い。またこの区画を囲む外堀沿いの道路は、外堀の形状に合わせて食い違いが見られ、軍事上の配慮がうかがえる。

東側のブロックは大きく四ブロックに分かれる。北側のブロックは三角形の用地が九区画に分割されている。草野図書の敷地は千坪を超えるが、後の屋敷地は三百坪台でいびつな形の屋敷地が多い。中央のブロックは十二区画に分けられている。延宝八年城下町図では長方形に用地が分割されているように見えるが、屋敷地の奥行が違っており、ここもいびつな形の用地である。敷地は四百坪から五百坪である。このブロックで注目すべき点は、祇園寺（社）の存在である。久留米城の建設過程で城内にあった神社・寺院はほとんど城外に移転させられている。唯一残されたのがこの祇園寺である。

祇園寺は真言宗の寺院で、貞観十七（八七五）年に山城国八坂郷祇園神社から牛頭天王《ごずてんのう》を勧請したものであり、薬師如来を本地仏としている（史料には祇園寺より祇園社となっているものが多く、以下では史料に祇園寺とあるもの以外は祇園社を用いる）。以後、久留米郷の鎮守としての地位を保ち、各時代に領主からの神殿の再興や神領の寄進などを受けてきた（『寛文十年久留米藩寺院開基』）。このように、久留米に深く根付いた歴史を持つ寺院を城外に出すことはできなかったのだろう。さらに、久留米地区に新たに建設された久留米城の安穏を祈るとともに、有馬家の「邦君御武運長久、封域安全、恒受快楽、寿算亀鶴」（同前）を祈る寺院としての性格も付け加えられ、外郭に残されたと考えている。

元和七（一六二一）年に有馬豊氏は祇園社に神領を与え、正保四（一六四七）年に忠頼は久留米町氏子が神幸の再興を願い出ると、東久留米村に御旅所の地を寄進して再興を援助している（同前）。この神社は藩にとっても無視できない神威を持つものと捉えられていたのである。また、六月七日から同十四日まで催行される祇園会の際は、久留米町人が引く八台の山車《だし》が狩塚橋から城内に入って神社前に並び、それから御旅所へ神幸を行うことになっているが、この日だけは厳重に管理されている町人たちの外郭への出入りが許された。城内にあるが、久留米町人と深い関係が維持されていたのである。

祇園寺があるブロックの南側の屋敷地は十四区画に分かれている。三五〇坪から四五〇坪台の屋敷地である。

東端の屋敷地は、外堀が山形に東に延びていることから、南北道路を底辺とする五角形をなしている。北端には櫛原柵門があり、土塁で虎口が作られている。屋敷地は三軒で、いずれも四百坪台である。中央部には御目付屋敷が広い範囲を占めている。南端は狩塚橋とつながり、武家屋敷一軒と獄舎が配置され、今まで触れてきた屋敷地の様子と違う様相が見られる。

延宝八年城下町図に描かれている道路と屋敷の配置を述べてきたが、その一五〇年ほど後に描かれた天保年間城下町図と比較すると大きな違いが見られる。道路による区画の変更はないが、内部の侍屋敷地に大きな変化が起きているのである。

両図を比較すると、同じ位置に残る屋敷は十三軒だけで、屋敷主の大幅な変更が起きている。もう一つの違いは、外郭中央の北端に八軒あった武家屋敷地が二軒となり、それ以外は諸役所となっていることである。この一角には並び順で、御郡方、勤番長屋（江戸屋敷）、御昇方、御普請方、さらに南には御作事方、道方役所などが集中するのである。さらに祇園社がある一角には検見方、町方役所、その南には小人部屋、御軍勢（制）方、御武具方などが建設されている。さらに大手門付近には藩校である明善堂と武術稽古所が設置されている。

御郡方は農村支配を担当する部署であり、町方役所は久留米城下町の支配を担当する役所である。さらに御作事方は藩に関わる建築を、御普請方は土木を担当する役方である。このように藩政を担う主だった役所が集中しているのである。また外郭ではないが、三の丸には享保十二（一七二七）年に御勘定所が建てられ、天明七（一七八七）年には後の明善堂につながる講席が両替町から狩塚橋門内に移され、町方役所が寛政六（一七九四）年に建設されるなど、この変化は十八世紀中頃以降に明瞭になっていく。

この屋敷地の大幅な変化は、享保十一年に郭内の田代三郎右衛門宅から出火し、久留米城下町の大半が焼失した火事（田代火事。第二編第六章参照）の影響も大きいだろう。再建の段階で、屋敷主が変わった可能性もある。藩政初期は軍事的な側面から上級武士たちに屋敷地を与えていたが、領内支配の行政組織（役方）の役割が拡大するにつれて、外郭内に役所が建設されていった様子が城下町図からもうかがえる。外郭は防衛施設の側面を保ちつつも、行政を担う郭への変質を遂げているのである。

さらに、延宝図と天保図で違うのは外郭東端部である。御目付屋敷は廃止され六軒の武家屋敷地となり、獄屋は享保七年に庄島小路に移転して、その地も屋敷地になっている。また、大手門付近は延宝図では防御施設が描かれていないが、天保図では屋敷地一軒分をつぶして土塁を持つ虎口を造り防御を固めているのが確認される。さらに、この門と狩塚門の入口には厳重な柵が設置されていることもわかる。

郭内には堀端町、西土居町、東土居町、松原町、祇園小路などの地域呼称があったが、その位置や範囲を具体的に示すことはまだできていない。

御郡方役所炎上す

享和二（一八〇二）年八月二十五日の夜、子の中刻（十二時頃）、外郭内にあった御郡方役所が炎上する。『米府年表』には「御郡方役所焼失　大庄屋溜り次手使夫相詰め候處より燃出○此夜防火の者酢屋掛り渡屋掛争論」と簡単な記録しかない。この火事については郡方下役である豊田丈助の『公用見聞録』に詳細な記事があるので、それに従い進めていくことにする。以下の内容は断わらない限り、この『公用見聞録』による。

この火事は大庄屋茶沸かし溜まり番がいるところから出火し、御役所、寄合所、長屋、蔵二戸などが全焼した。当日の夜番は郡奉行が島田忠作、下代夜番は藤戸元七・宮崎小左衛門、御寄合所番人は古賀甚八で、当番で宿直をしていたことがわかる。

『御旧制調書』（三）によると、この火事の十六年後の文政元（一八一八）年には郡奉行は八人おり、それぞれの担当郡が決まっていた。その下に実務を担当する御郡方下代が二十一人おり、彼らは八－九石二人扶持を与えられた軽輩の役人であった。それに御寄合所番四人がおり、五石余二人扶持であった。享和二年当時の職制もこれと変わらないと考えられる。

先に名前が挙がった郡奉行以下は運悪く、火事の夜に当番が当たったことで、島田忠作は差し控え、下代・番人は屹度《きつと》召込みの処分を受けている。差し控えは職場に出ず謹慎か、屹度召込みは召籠め、つまり召し寄せて閉じ込めることだろう。

藩財政の収入源は夏・秋の年貢（物成）と商業税としての印銀（印銭）・運上銀であった。これらの徴収を主に担ったのが御郡方役所である。さらに領内の農政全般を扱う重要な業務を行っていた。主な業務として「受持御郡奉行勤方」「在方節倹吟味取締方」「在方吟味別段取計方」「年番方小物成山方締方」「川方取計方」「筑前示談方」「日田御用取計方」「御郡上奉行中裁判御銀取計方」の八つが挙げられている（『御旧制調書』三）。それぞれについて簡単に触れていく。

まず「受持御郡奉行勤方」である。領内を生葉・竹野・山本郡の上三郡、上妻・下妻郡、御井・御原郡、三潴郡の四組（四大別郡）に分け、それぞれを郡奉行二人で担当し、一か年順番で年行司となる。役所への手付・下代の抱え、暇などの任免や手当としての御擬作の受け取り方、受け持ちの手付・下代の業務分担などを定めるなど、郡方役所内外の業務を全て引き受け、運営していく業務であった。

それ以外にも、諸大名・公儀役人衆の通行の際の取り計らい、街道にある御茶屋普請や道具繕いなどの業務、領内の孝行奇特者の褒賞、大庄屋・庄屋役願の取り扱い、在方の印棒・印札の譲渡、堂社の建て広め、郡内に入る旅人の逗留の許可、農民の愉しみである有楽の願など村の支配に関する広範な業務をこなしている。さらに夏秋の御免極め（年貢率の決定）の節は寄会所に出てその決定に関わるなど、重要な職務をこなしていた。最大の業務は年貢などの徴収であった。

「在方節倹吟味取締方」は村方で禁止されている衣服・髪飾などに贅沢品を使用していないか、上奉行定附足軽に在方を廻らせ取り締まるものである。出夫方による普請場所や、川筋見廻役が行っている工事場所などを打ち廻り、普請の仕方や賃銭の支払い、御用掛の庄屋の監督もその業務である。

「在方吟味別段取計方」は、藩が惣郡に公役として賦課した諸掛物の徴収及び支出の管理などが業務である。寛政四（一七九二）年には諸掛物総額は銀一匁を銅銭六十二文に換算した六十二銭で三八〇〇貫目であった。

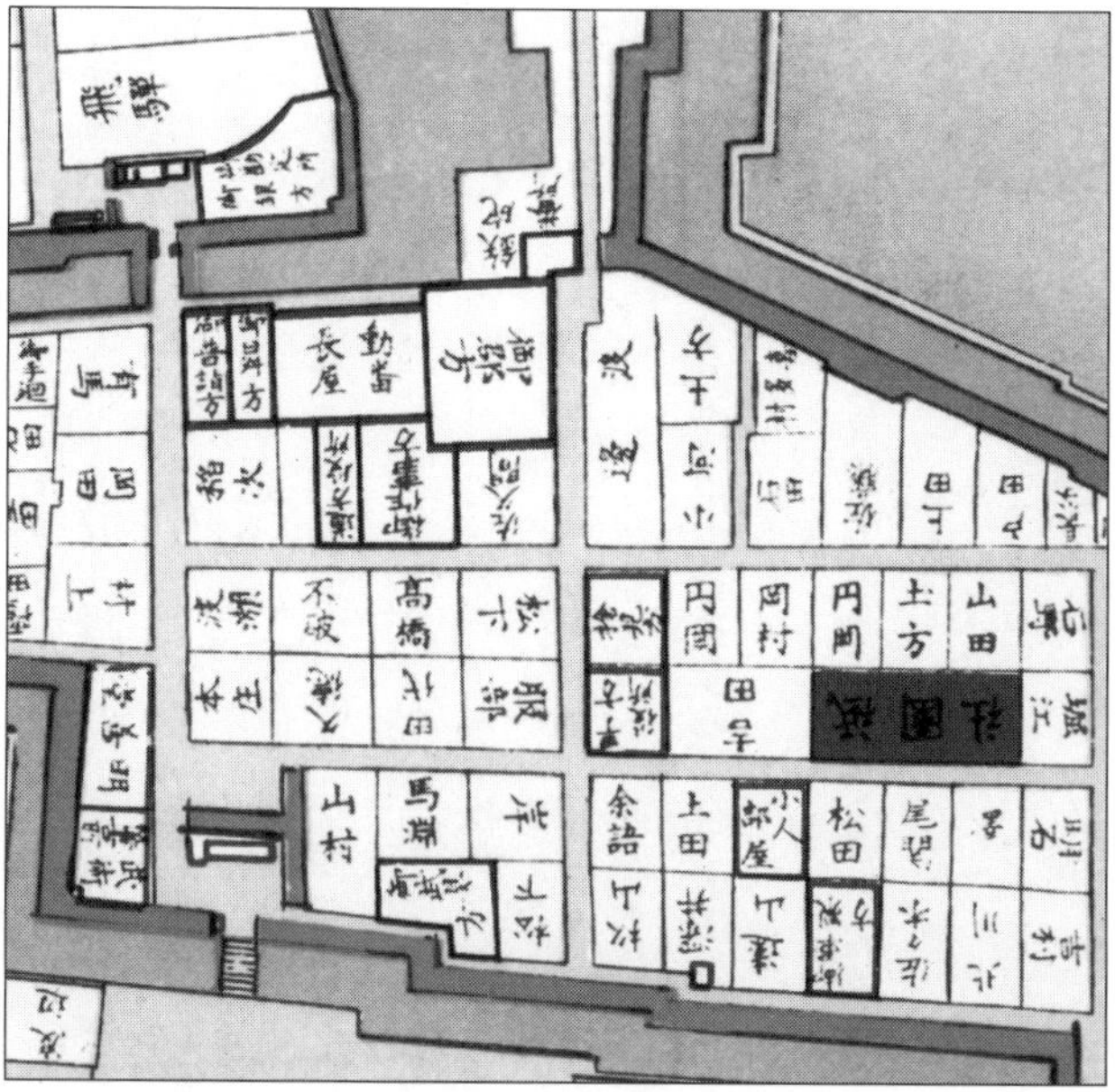

天保年間城下町図に見える御郡方役所（久留米市教育委員会蔵）

この中から藩は郡単位で行う土木・普請費と、大庄屋・庄屋の裁量で仕切る組・村役費に分割し、前者は「直納《じきのう》」と称し、代米で納められた。直納銀（代米）は寛政四年段階では一八〇〇貫目（六十二銭）であったが、同十一年には一五〇〇貫目に減額されている。大庄屋組・村入用は一四〇〇貫目（六十二銭）を定額として「千四《せんし》」規格と呼ばれ、大庄屋組・各村の運営にかかる費用であった。さらに、臨時の入用や当初の規定額では不足が見られた場合には別段割という掛物があったが、特別徴収と言ってよいだろう。この郡役で行う筑後川・矢部川などの堤防工事の費用を賄う、銀米の割り付け・収納も行っていた（『久留米市史』第二巻第三章第四節）。

「年番方小物成山方締方」は年番方、小物成方、山方、締方《しめかた》の業務を規定したものである。年番方は諸役方に渡す御用縄や臨時に入用となった藁・俵・明俵《あきだわら》（空の米俵）・莚《むしろ》などを必要に応じて割賦にて調達する役割を持つようだ。山方は諸役方が必要とする材木の調達に関する業務や不法伐採の取り締まりなどである。締方は文化六（一八〇九）年に池沼などに飛来する雁や鴨などの捕獲を管轄する締方と川の漁猟を管轄する川方が廃止され、郡奉行の業務となったものである。川での漁猟を請け負い、その中から一定の金額を上納する受川《うけかわ》の管理、堀運上や簗瀬運上・三潴郡四ケ浦運上銀の取り立てなどを行う。諸運上の徴収もその業務である。

他藩との折衝など、対外的な業務として以下の三業務があった。

まず「川方取計方」である。筑後川は久留米領・対馬領（肥前国田代）を流れており、いろいろな紛争が起こっていた。天明六（一七八六）年に幕府の仲裁が行われ、三方の役人間で協定が成立し、年々川普請がある場合は連絡し合うことになっている。その業務も郡奉行の職務である。田代領の年貢米などを運ぶ船が久留米城の西側を流れる筑後川を通過する場合、船を航行させるのは久留米領の者であったが、その運行管理も行っている。

「筑前示談方」は筑後川にある簗瀬・床島領用水井堰に関して筑前との示談を行う役割である。御境目の庄屋三人を示談方として協議を行わせている。

「日田御用取計方」は天領日田の代官との連絡調整に当たる役である。年末年始の挨拶や代官の交代、日田代官所での吉兆の節には使者としての役割も果たしている。

追加された業務としては「御郡上奉行中裁判御銀取計方」がある。安永八（一七七九）年に五穀神社灯明油代として銀三貫目が藩から寄付され、それを御郡上奉行が預かって家中に貸し付け、年々利分銀六百目を五穀神社に渡す業務であった。

以上述べてきたように、御郡方役所は領内の農政に関わる広範な業務を扱う役所であったため、多くの書類が保管されていた。郡奉行島田忠作は少し帳面類を運び出したものの、大半を焼失したようである。偶然に土用干しのため書院に御国絵図などの品々が出されており、これらの品物は下代宮崎小左衛門によって運び出され焼失を逃れたようである。久留米藩の農政関係の文書が少ないのは、この火災の焼失によるといわれている。

この役所の再建はすぐに始まった。建設は以前から国役として在方が負担していたが、今回も在方が負担し、建築は御城下大工が行うことになった。掛りの役人として郡奉行早崎平蔵・衣笠九兵衛、御作事御目付東原段之進、別段方掛中島次助などが出役している。再建費用は在方郡中から出し、六十二銭で一〇七貫目を出している。十一月十五日は大工の小屋入りで、十二月十五日には御寄会所の棟上があり、大庄屋作事掛は四大別郡から竹野郡亀王組大庄屋竹下武平次、上妻郡本分大庄屋松浦嘉右衛門、御井郡北野大庄屋上瀧茂吉、三潴郡福光大庄屋内田与一郎が担当した。棟上の際は麻上下で罷り出て、在方からは餅搗きが出され、御奉行中・御役所下代そのほか一統に餅が配られた。

この時再建されたのは御寄合所、御役所、長屋、走り番部屋、腰掛所などである。すべて瓦葺にしたと記されていることから、焼失前は瓦葺ではなく草葺であったかもしれない。御門の角に折り廻し長屋（鍵型の長屋）が造られたともあり、ここが下代たちの居住空間か、御郡役所の広範な業務をこなした事務棟なのかは検討が必要である。走り番部屋とは郡役所での諸決定や連絡事項を現地に出向き伝える職務の者が控える部屋で、腰掛所とは御郡役所に出頭してきた人々の待合所のことだろう。

御役所と御寄会所の関係がよくわからないが、「寄会所は享和二年九月に焼失したので、諸願書は表方御家老中が月番宅で受ける」（『藩法集』三〇四五）、また翌年三月には「寄会所作事ができたので、家老中が同所に出席」（同三〇五六）とあることから、御寄合所は家老中協議の場であったことがわかる。御役所の建物の最も代表的な部分を寄会所といい、ここで大庄屋らと郡奉行との様々な会議などが行われたのであろう。この御役所内には火災前と同様に書院もあったと推測する。これらの建物が完成したのは翌年二月二十六日で、御作事方・御普請方に引き渡され、三月二日に御郡方への引っ越しが行われて業務が開始されたようである。

この普請の過程を見ると、大急ぎの工事であったことがわかる。再建がいつ決定されたか不明だが、九月に決定されたとすると、翌年二月末に完成しているので、六か月の工事期間であった。間に年末年始が入るので、工事期間はさらに短くなる。

材木は、杉が上妻郡甘木村（八女郡広川町）から、屋根の梁材などに使用する松材が御井郡光勝寺・上荒木村（久留米市藤光町・荒木町）から運ばれた。十一月十五日から大工が小屋入り、翌月十二月十五日には寄会所の上棟が行われていることから、材木類は十分な乾燥期間もなく生木に近い形で使用されたのかもしれない。また、寄会所・長屋の建設には「大工・木挽《こびき》・日雇の類、日々数百人が詰めた」とあり、御郡役所の重要性から工事が急がれたのがわかる。

ところが十二月二十日の夜、大工らの作業に使う湯沸し小屋から火が出ており、御郡方役所機能を移されていた勤番長屋（江戸屋敷）に燃え移りそうになり、そこにあった御役所の銭箱や山方・小物成方の箪笥などが行方不明となった。この中には日々納められる銀・銭や御判・帳面（帳簿）などが入れられており、平日は御用番の真ん中に置いてあるものが、その夜の騒ぎに紛れてなくなってしまったのである。

この火事は放火と判断されたため、盗賊方の下役・目明しの捜査が入り、御役所の走り番そのほかの取り調べが御郡奉行の指揮で行われた。そして走り番の文作と御門札を渡した小次郎が拘束され、盗賊方に引き渡された。八月二十五日、吟味を受けた文作は十二月二十日に火をつけ銀銭を盗んだことを白状し、事件の概要が明らかになる。さらに九月に御蔵に入れてあった焼銭を盗んだことも白状し、共犯として同じ走り番であった伴作も逮捕された。

享和三年二月七日に仮の御役所で詮議が行われ、文作には火刑の判決が出た。通町十丁目から中町（新町）にかけて馬に乗せられ引き回されて、火あぶりの場所へ引き立てられていった。文作の火あぶりに立ち会ったのは両郡受持奉行の島田忠作と下代大津宗助であった。

文作は御井郡上鯵坂《かみあじさか》村（小郡市八坂）出身で、村から離れ、奉公人として御郡方役所の走り番を務めていた。同村に住む文作の義父、同人母、同人兄、同人弟は文作の不届きに連座して居村三里四方追放となっている。四人には御郡方役所でそのことが申し渡され、上津荒木《こうだらき》（久留米市上津町）往還一里塚で追放の処分を受けた。この往還は坊津街道であろう。なぜこの地かというと、居村から三里（約一二㎞）追放であり、領内御井郡の南部か上妻郡か三潴郡方面にしか追放できなかったからである。文作の家族も生活の基盤を失ってしまったのである。

文政五（一八二二）年閏正月六日の大庄屋の御用会議（「久留米藩大庄屋会議録」、『九州文化史研究所史料集』五・六）で次のような議決がなされている。

> 御郡方御役所走り番出人順番帳、取り調べ差し出し候様仰せ聞かれ候に付き、重々申し談じ、只今出人鮮く、郡筋より順々に郡列廻しに差し出し候様、組合にても只今出人これなき組より順々差し出し候様取り計いたく申し談じ候に、御役所え相伺い出人人数等取り調べ、根割差し出し候様取り計らい申すべく候事

先の文作も御郡方役所の走り番であったが、文政五年段階では役所の走り番は郡方から順番で差し出すこととなっている。この制度がいつから成立したかは不明であるが、郡方の一部の業務が農村からの出人という農民側の負担によって支えられる事態となっている。江戸後期の御郡方役所には農民出身の軽輩の下代や走り番がおり、その運営は惣郡の加担なしには維持できなくなっている姿が浮かび上がるのである。

本来は簡単に入れなかった郭内に農民身分の者が、もちろん御門札を持ってであるが、出入りする事態が見られるのである。江戸後期の外郭には多くの役所が設置されるが、諸々の階層の人々が勤め、また出入りする役所地区としての性格を強めていくのである。

郭外の侍小路の建設

近世初頭には城郭・武家屋敷や城下町が堀や土手で囲まれた「惣構え型」の城郭が多く、元和期以降になると郭内には武家屋敷のみを入れ、町人地などを郭の外に出す城郭が増えていく（郭内専士型）。田中代の城郭は惣構えの形態を持っていたようだが、有馬家の城郭はそれを継承することなく、町屋や寺院を郭の外に配置する形態で、この時期の主流であった城郭の形をとっている。

このように久留米城では城郭の外側に町人地を配置するが、その外側に城下町を守る形で侍屋敷が置かれた。これは地形的な制約があり、三の丸・外郭などの郭内に侍屋敷を収容できなかったことが一つの原因だが、東に櫛原小路・鉄砲小路・寺町、南に十間屋敷・庄島小路、西に京隈小路を置いたのには別な目的があったようである。

東面には長町（通町）が延びており、六・七丁目の北側に二十一か寺を集めた寺町を置き、その内側に通町筋を挟んで北に櫛原小路・鉄砲小路、南に十間屋敷を配置し、長町方面からの敵の侵入を防ぐ役割を持たせている。各小路について概要を紹介する。

寺町の建設は元和七（一六二一）年からであり、二代藩主忠頼の代にほぼ完成している。通町六丁目から北に直線道路が延び、両側に寺院が並ぶ景観を持つ。天保年間城下町図では東側は十か寺、西側は途中で分岐する道沿いの寺も合わせると十一か寺が描かれている。城下東方面の防衛線の役割を持つという指摘は当たっている。

櫛原小路は通町の北側にある中流藩士の屋敷地で、寛永九（一六三二）年に始まり、同十六年には「櫛原士邸追々出来」とあることから（『石原家記』）、この時期にほぼこの小路の骨格ができたと考えてよい。小路の中央で南北路と東西路を交差させ、北側に三本、南側に二本の東西道路をT字路として配置する。街路の両側に侍屋敷地を配置し、この屋敷地は南から順に一番目―五番目と呼ばれていた。例えば、櫛原二番目北側西より何番目の誰々の屋敷というような表現となる。

通町の一丁目、二丁目、三丁目に櫛原小路への入口が造られ、番所・釘貫《くぎぬき》（木戸）が置かれている。また、西側は櫛原柵門があり外郭とつながっていた。延宝八年城下町図では一番小路は表口が十六間から二十間、入りは十七間から二十間の屋敷地がある。小路全体では九十区画を超えている。また、五番目には「御鷹部屋」「御餌刺《おえさし》屋敷」の表記が見られ、「鷹匠小路」とも呼ばれている（『筑後志』）。

鉄砲小路は寺町と櫛原小路の間に置かれたもので御先手足軽の組屋敷地である。天保年間城下町図では長方形の区画の周りに道路があり、あわせて中央を走る南北道路で東西の二区画に分かれ、それぞれ十六屋敷地に分かれている。足軽の組屋敷地であるので、その面積は隣の櫛原小路に比べ極めて狭い。入口は通町四丁目からと寺町の医王寺からの道があった。『筑後志』には弓銃の軽卒が百戸居住し、その地は鳥銃小路と呼ばれていると記す。この小路の建設時期は今後の課題である。

十間屋敷は通町筋を挟んで、櫛原小路・鉄砲小路の反対側にある侍小路で、紺屋町・新町三丁目・通町三―五丁目の南側に位置する武家屋敷地である。建設時期は「寛永十三年西久留米の内十間屋敷に大神宮建立」（『石原家記』）とあることから、この時期に建設が始まったと考えられている。また、正保三（一六四六）年には順光寺が建立され、同四年には祇園社御旅所が寄進されていることなどから、この時期が完成期であろう。寛文七（一六六七）年七月に長町の火事で十間屋敷侍衆九軒が焼失（『古代日記書抜』）とある。享保十二（一七二七）年には麴屋町が取り除かれ、十間屋敷の一部となっている（『石原家記』）。この小路の特徴として、家老や重臣の中屋敷が多く見られることも挙げられる。また、この小路南端に設けられた門が朝夕六つ時に開閉されたことから、六つ門町の由来となっている。

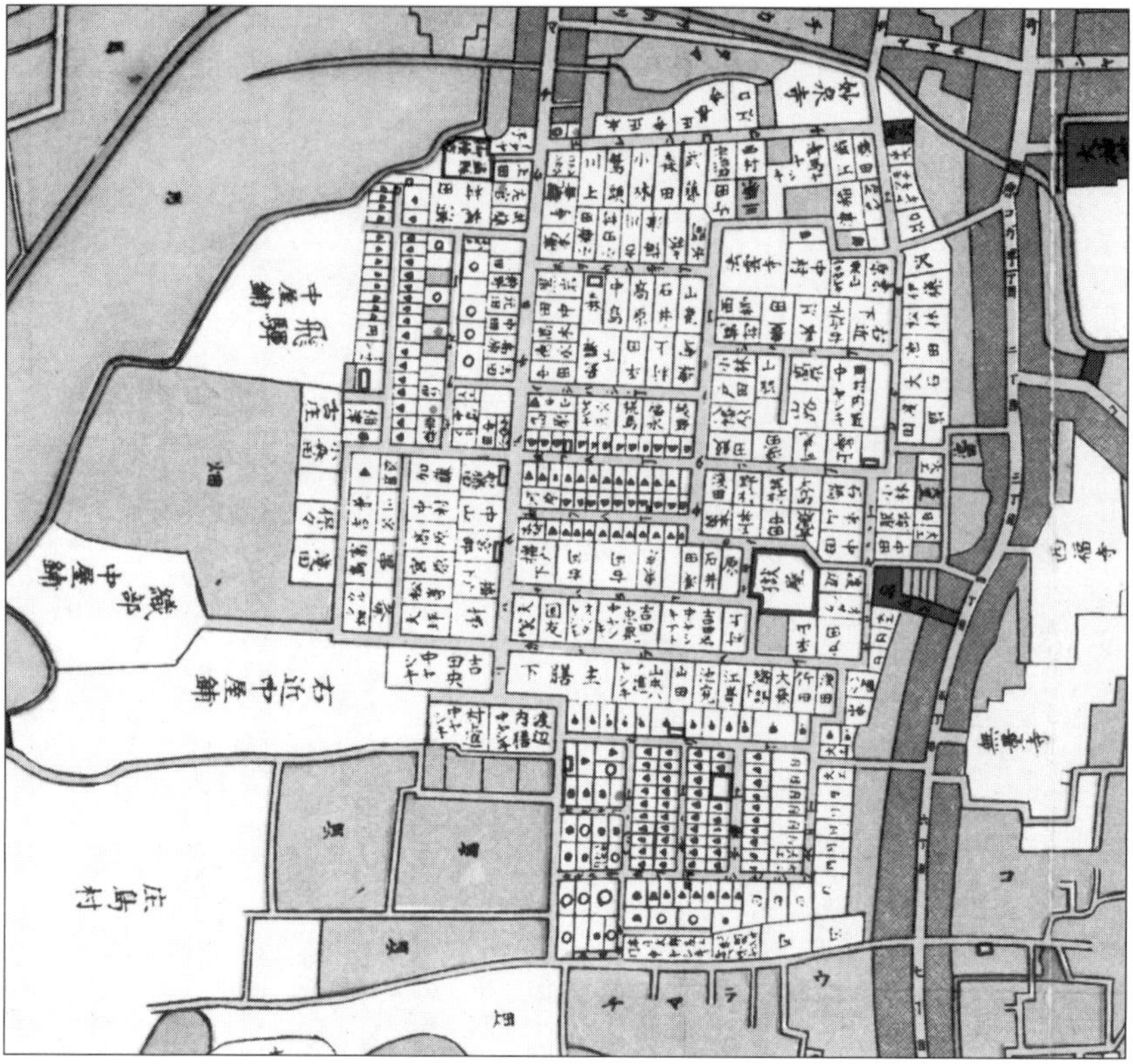

庄島小路（天保年間城下町図。久留米市教育委員会蔵）

城下町南面では柳川往還からの敵の侵入を防ぐために庄島小路と十間屋敷が道路を東西に挟む形で建設されている。庄島小路は外郭の正面にある侍小路であり、外郭との間には両替町筋、呉服町筋、細工町筋などの町屋がある。御側足軽、扶持人及び御徒士組など下級侍の居住地であった。庄島には居住者の職名から来た町名が多くあった。弓手がいた弓丁、御茶坊主がいた坊主丁、旗持・昇持《のぼりもち》が住む御旗丁・昇丁、大工の長屋の大工丁などである（『久留米城物語』）。延宝八年城下町図では周囲に家老・重臣の下屋敷が多く配置されている。享保八年には狩塚門内にあった牢屋がこの地に移され、牢屋丁という名もできている。

京隈小路には小路の南方、瀬下町に三か寺が並べられた。南からの侵入を防ぐために配置された侍小路で、中級武士の居住地である。元和八年に京隈村の村人を移転させ、京隈小路の建設を行ったとされる。寛永九年には「経隈村士小路出来」（『石原家記』）とある。延宝四（一六七六）年には、この小路の南に小松原小路が建設され、柳原からこの地への移転が行われている（『米府年表』）。

坂本繁二郎生家（久留米市教育委員会提供）

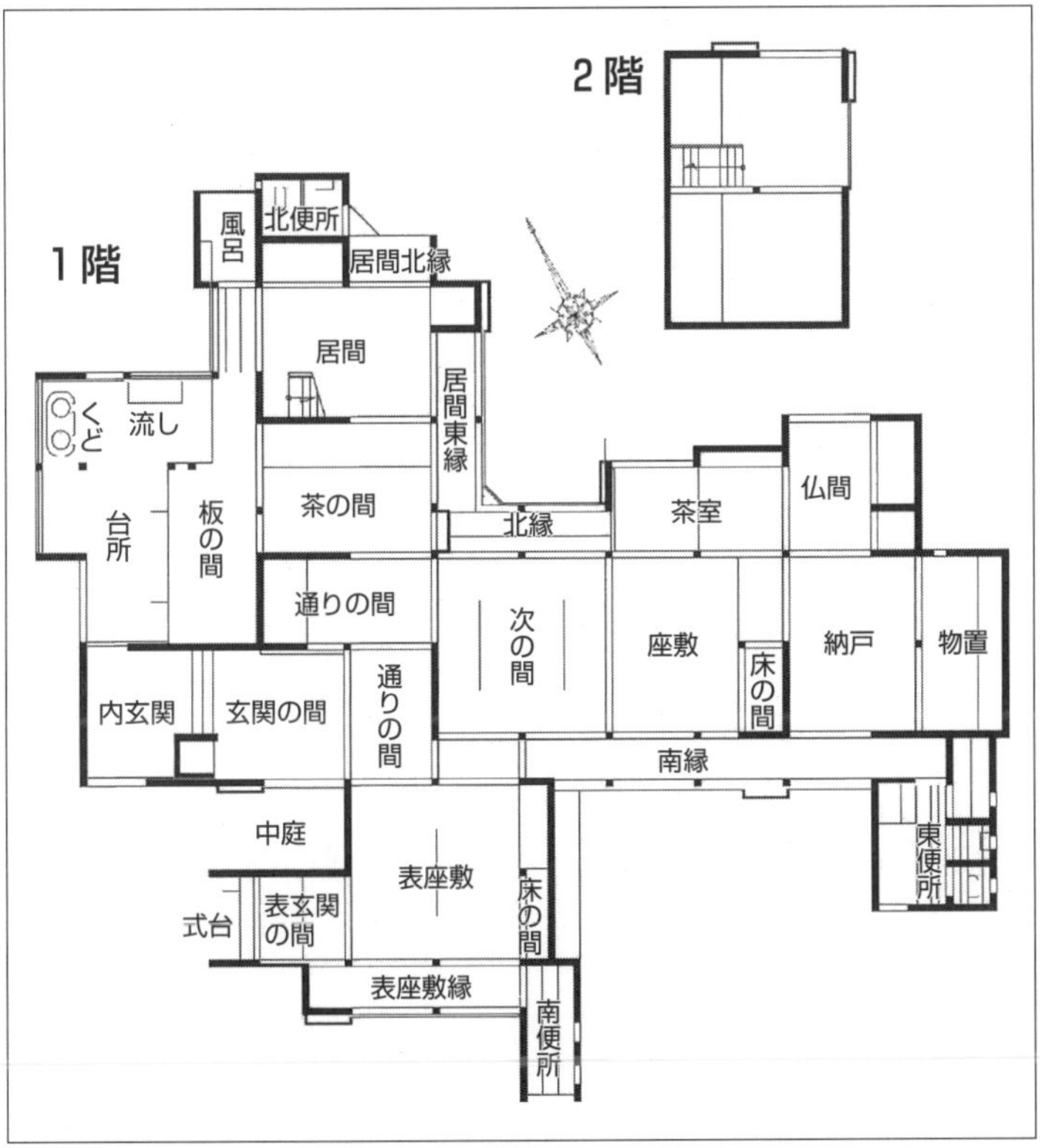

坂本繁二郎生家平面図（「久留米市指定有形文化財 坂本繁二郎生家」〔久留米市〕より）

小松原小路には現在、久留米城下町で唯一の武家屋敷が残り、復元整備され、坂本繁二郎生家（久留米市指定文化財）と呼ばれている。

坂本家は旧田中家家臣であり、正保二（一六四五）年、御馬廻組一五〇石の知行で有馬家に召し抱えられている。屋敷敷地は間口十八間、奥入り二十五間、約四五〇坪の面積がある。建物は藁葺建物（座敷・次の間などの母屋部分）と瓦葺建物（台所・居間）が結合した一部二階建ての建物である。復元に先立つ解体調査で江戸後期・幕末から明治初期の三時期に分かれることが判明した。復元建物の延べ床面積は七十四坪（二四三㎡）で、座敷・次の間・表座敷などの接客空間と、居間・茶の間・台所などの居住空間に分かれ、武家屋敷特有の構造を残している。

今まで触れてきたように、久留米城は第一線の防御ラインとして城外に侍小路を配置し、その内側に本丸・二の丸・三の丸・外郭などの郭を配置した二重の防御システムを持っている。いずれにしても西部・北部が筑後川など天然の要害で守られていたことから、久留米城が南面・東面を防御正面としていたことは明らかである。

ところが、東側の防衛には違った様相がうかがえる。外堀が外郭を囲み北側に延びていくと、この外堀と内側の筑前堀によって東西を挟まれた柳原（現久留米大学医学部周辺）に至るが、この地に南北に延びる道路を挟んで柳原侍屋敷が建設されていた。この屋敷地は低地で水害常襲地であり、延宝四年に東側の屋敷が、享保十二（一七二七）年に西側の屋敷が移転している。櫛原小路の背後と柳原の間には広大な低湿地（蓮田）が広がり、自然の要害であるため、柳原には侍小路の建設の必要がなかったことが露呈している。城郭建設構想のミスともいえるかもしれない。

城外の侍小路は、いざという時の戦略上の役割を担うとともに、郭内は家老・重臣・上級家臣層、郭外の京隈小路・櫛原小路・十間小路などは中下級家臣層、庄島小路・鉄砲小路は足軽・扶持人層の居住地であった。

また寛政の頃までは、下士の家は客間六畳、次の間六畳というのが一般的で、卒（足軽など）の家では玄関はなく、縁側は簀子張りであり、板を用いない（『久留米市誌』中編）など、屋敷地での建物規制もあった。

久留米城の城下町は、これまで述べてきたように武家地、町人地、寺社地など身分ごとに居住する地域が区分されており、屋敷地配置はこの社会の身分制そのものを表現していた。江戸時代は農業を中心として林業・漁業に従事する百姓、手工業者である職人、商業を営む商人を主とする家持町人が被支配身分であり、その他に一般の僧侶・神職や儒者・医者・修験・陰陽師などの宗教者、諸芸を行う芸能者など、小さい身分集団が多数あり、その中でも厳しい差別を受けたのが、「えた・非人」であったされる（吉田孝『近世身分社会の捉え方』）。これらの身分秩序によって居住地が決まり、居住地さえも身分規制によって厳しい差別を受けたのである。

久留米城下の寺院

寛文十（一六七〇）年段階で、久留米領内には一向宗（浄土真宗）一一八か寺、九品《くほん》宗一か寺、浄土宗三十八か寺、禅宗（臨済宗・曹洞宗）三十五か寺、天台宗七か寺、真言宗九か寺、法華宗（日蓮宗）六か寺の計二一四か寺があった。さらに松崎支藩（一万石）に禅宗二か寺、一向宗六か寺、真言宗一か寺、九品宗一か寺の十か寺があり、総計二二四か寺となる（『寛文十年久留米藩寺院開基』。以下各寺院の歴史を触れる際は同書による）。

一向宗は計一二四か寺で領内寺院の五五％以上を占める。筑後地方は真宗の勢力が強く、久留米藩の宗教政策を語る場合に一向宗の動向は見逃せない。藩と幕府、東西両派の対立や妥協を経て、久留米領は東本願寺派のみとなっている。

久留米城下町には寺院が集中する地区が三か所ある。瀬下通町三か寺、庄島小路六か寺、寺町二十一か寺である。さらに、東久留米に順光寺（一向宗）、原古賀町に無量寺（浄土宗）、鍛冶屋町に常楽寺（真言宗）、京隈に藩主菩提寺である梅林寺（臨済宗）、その末寺法泉寺、日輪寺、報恩寺（祇園寺末寺）、それに唯一城内にある祇園寺（真言宗）がある。合わせて三十八か寺が久留米城下にあったことになる。

庄島小路の六か寺は小路の北端に集中する。西方寺（一向宗）は元和七（一六二一）年に創建され、明暦三（一六五七）年に真言宗正善寺に変わる。このことについては後に触れる。延宝八年城下町図には瀬下にある正蓮寺と同名の寺院が記載されるが、この寺は承応四（一六五五）年に瀬下正蓮寺三世慶西の弟子浄玄に寺地が与えられ、正蓮寺が運営を兼ねる寺院であり、のちに本正寺となる（『久留米市誌』上編）。観音寺（真言宗）は寛永元（一六二四）年に寺地を拝領。妙泉寺は寛永二年にこの地に小庵を建て、同十五年に八女福島の正福寺末として創建と伝える。法雲寺は元和七年に亀屋町に創建され、寛永十五年に庄島の地子地（年貢などを出すべき土地）に移ったものである。この記録からすれば、寛永十五年段階で四か寺が揃うことになる。

瀬下通町に三か寺が揃うのは寛文七年で、庄島の寺院群より遅れている。正蓮寺（一向宗）は元和七年に洗切に創建され、承応四年に通町に移転。西岸寺（浄土宗）も寛永元年に洗切に建立され、筑後川の川港であった洗切が下流の瀬下に移転させられるに伴い正保四（一六四七）年に京隈に移り、寛文七年に現在地に移転している。円乗寺（一向宗）は慶安二（一六四九）年に寺地を拝領して、当地に創建されたものである。

寺町の建設は元和七年に始まる。浄土宗、一向宗（浄土真宗）、時宗、法華宗、禅宗（臨済宗・曹洞宗）、真言宗の各宗派が混在する寺院地区となる。この寺町は元和七－九年、正保三年、明暦三年の三段階を経て、完成を見ている。

元和年間には法華宗の妙正寺・本泰寺・妙善寺・本清寺、一向宗の真教寺・正円寺（真教寺寺中）・正覚寺・浄顕寺・誓行寺などの十三か寺が創建されている。法華宗妙正寺は元和七年に有馬家を慕い、丹波国三田の妙正寺が移転してきたもので本清寺（のちに廃寺）、三潴郡南酒見村常清寺などを末寺としている。法華宗は六か寺のうち四か寺が寺町にあり、法華宗の拠点は寺町であった。

この時期に久留米藩の一向宗をめぐって藩と幕府との軋轢が起き、東西本願寺の激しい檀家獲得抗争が行われている。この動きを『久留米市史』第二巻第七章第一節「久留米藩と寺社」によりながら見ていこう。

寛永十四年、幕府の春日局や安部四郎五郎による、豊氏に対して東本願寺への転派を迫る動きが領内支配への介入と思われる形で行われたことで、豊氏が激怒し、東派への転派を禁止したが、最終的には東西両派への帰属は門徒の判断に任せることになったらしい（『古代御直書写』）。これは底流に東西両本願寺の檀家獲得の争いがあった。

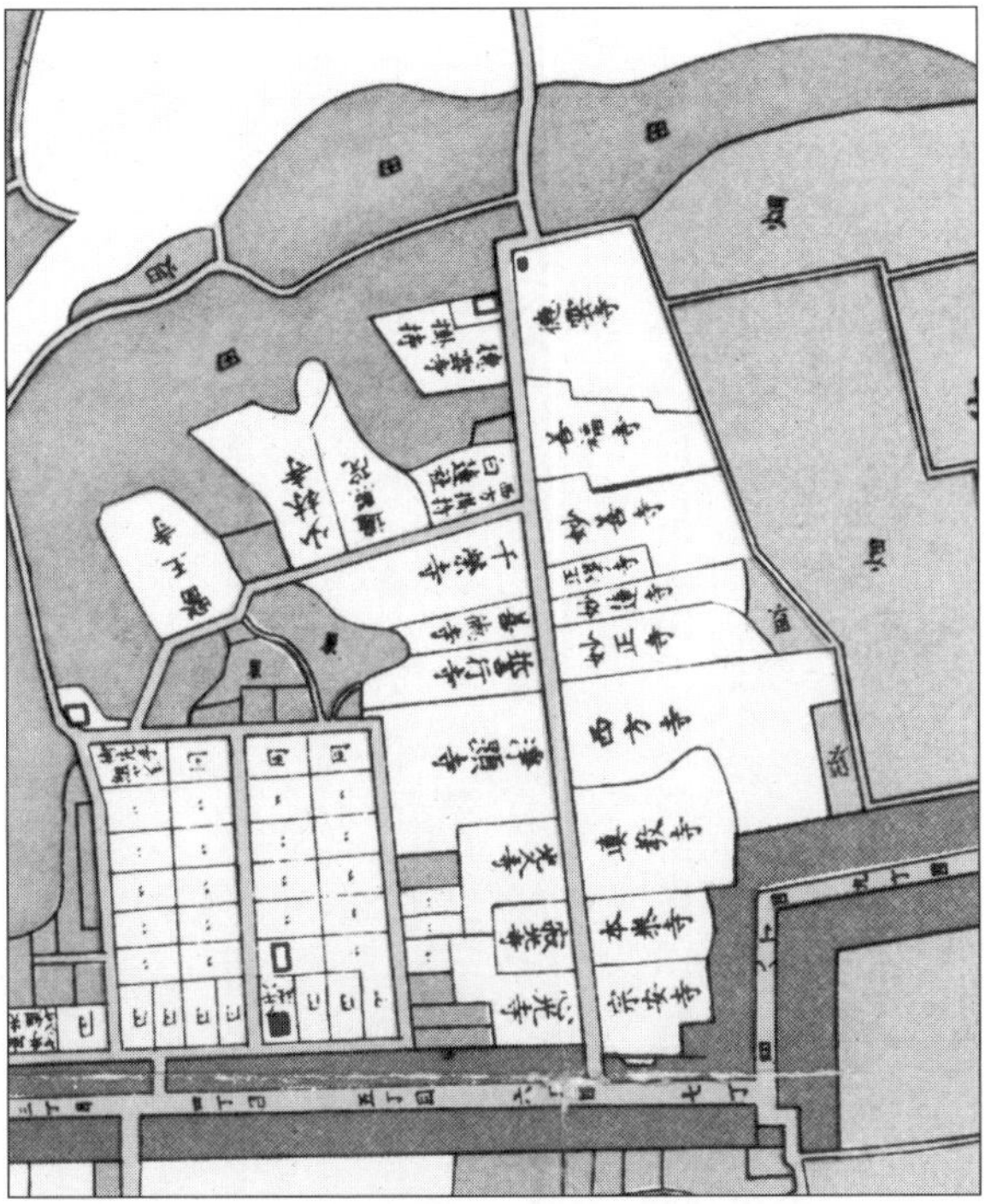

寺町（天保年間城下町図。久留米市教育委員会蔵）

この時期に東派の僧侶の中で積極的に檀家獲得を行った者がいた。久留米城下では東久留米の順光寺や正蓮寺が東本願寺と連絡を取っており、吟味の上処罰するように命じている（同前）。

反対に寛永十四年頃に西派寺院の最も有力な寺院は寺町の真教寺であった。この寺はもとは東派で、筑後地方の寺院が本山（東本願寺）から木仏（阿弥陀如来）や開山（親鸞聖人）御影を受ける場合の取り次ぎ寺としての役割を持っていたが、寛永十一年十二月に三潴郡田川村法敬寺の木仏免許を取り次いだのを最後に、東本願寺派の門末から願い事を記した「申物帳」には真教寺が見られず、寛永十二年以降に真教寺は西派に転派したらしい。

寛永十一―十二年にかけて上妻郡浄徳寺、原古賀町西福寺が准如《じゅんにょ》御影を西本願寺から受けており、また真教寺も西本願寺十三世良如《りょうにょ》証判（花押）の開山・顕如・聖徳太子・七高祖絵像を受けるなど、久留米領内の東西両派により積極的な寺院の組織が行われている。この動きが、寛永十四年の東本願寺圧迫へとつながる、春日局や安部四郎五郎による工作の背景にあった。豊氏の東派圧迫（寛永の厄）により一二五か寺のうち三十余寺に転落したとある（『西念寺記録』）。豊氏は東派への転派を禁じたが、それより九年後の正保四年には、二代忠頼は領内で最大の寺院数を誇る一向宗に対し、領内の西本願寺派の主な僧侶を追放し、領内の一向宗寺院はすべて東本願寺派となっている。

『米府年表』には「御領中本願寺西派都而東派に転派仰せ付けらる。転派致さず寺々都而追院、田主丸来光寺筑前宰府へ参る。筒井村伯東寺同じ原田へ参る。御城下西福寺同じく山家へ参る。真教寺肥前蓮池へ参る」とあり、強制的な転派が命じられている。真教寺は子弟が跡を継ぐが、この事件を契機に浄顕寺・誓行寺は現在地に移り、浄土宗西方寺・宝寿寺、法華宗寂光寺が新たに寺地を拝領している。

この西派追放の原因は解明されていない。その原因としては、江戸城での西本願寺門跡との席順争い、あるいは参勤交代の際の大井川での西本願寺門跡の横柄と東本願寺門跡の親切などが挙げられている。西派追放は、西本願寺門跡の藩主忠頼への対応のまずさに起因しているといえそうである。

東門跡宣如は早速使僧を久留米に遣わし、領内の寺院を分割して十二番の経講会を定め、その規約を守ることを各寺院僧侶は誓約している。順光寺を領内の触頭《ふれがしら》とし、本山との本末関係が作られ、東本願寺による寺院統制が完成した。しかし、この東本願寺―触頭順光寺―経講会―各寺院という寺院組織は使僧の帰京とともに崩壊している。西派であった真教寺・西福寺・円乗寺・浄顕寺・妙蓮寺・正覚寺・西方寺が誓約を破る事件が城下町で発生したためである。藩は早速七か寺を閉門にしたが、東派として活動しながらひそかに西本願寺と連絡を取る寺院があり、久留米領内の一向宗寺院は東西両派の対立の中にあった。

西派追放から十年後の明暦三（一六五七）年にこの対立は再びあらわになる。二代藩主忠頼の三周忌の法事を契機に領内二十一か寺が西派に帰参した。久留米城下町では真教寺（寺町）・妙蓮寺（同）・西福寺（大隈）・正覚寺（寺町。曹洞宗寺院に変わる）・西方寺（庄島）などである。上妻郡では専勝寺ほか三か寺、下妻郡では一か寺、竹野郡では伯東寺ほか三か寺などであり、領内に広がっていた。藩はこれらの寺院に対して領外追放を行っている。

寺町はその抗争の舞台であった。真教寺・妙蓮寺住職は出奔したが、真教寺は寺中であった正円寺が入院（住職として入ること）し、正覚寺は曹洞宗寺院へ、西方寺は真言宗正善寺へ変わっている。この西派追放では、謝罪を行った上妻郡三か寺を除く十八か寺は国外追放の処分を受けたが、子弟に寺を継がせ、自身は領外に出て別寺を建てた例が多い。この明暦三年の西派追放によって、久留米領内、久留米城下町の寺院配置が確定し、江戸時代を通じてこの体制が維持されることになる。

第四章　久留米城に住む人々

本丸の女性と殿様

本丸御殿図を見ても、大奥などの奥向きの建物があったようには思えないが、次の延宝八（一六八〇）年十一月の記録は本丸御殿に奥向きの建物があったことを推測させる。読み下して紹介する。

御城御内証方家取り建てむざと出入りこれなき様、乾隅櫓の方へ葭垣いたし、是迄乾隅にこれ有る番所葭垣の処へ引き直し、昼夜番相立て候様申し渡す

（『古代日記書抜』）

この記事は四代藩主頼元代のものである。御内証方とは側室のことであろう。側室のための建物を建て、人が入り込まないよう乾（北西）櫓近くにあった番所を移し、警護をするように、という内容である。乾櫓は御殿の北にある櫓であり、この付近に殿様に愛された女性の居住空間があったことがわかる。

頼元には生涯で少なくとも三人の側室がいたが、この記事に出てくるのは恐らく万寿（「まんじゅ」ではな

く、「ます」であろう）という側室で、京都の小野善左衛門の娘で御内証と敬称され、法名は徳寿院殿となった人であろう（『米府紀事略』一・十四）。後の五代藩主頼旨（幼名万吉）、封姫、盛姫、吉次郎の四子を生んでいる。貞享四（一六八七）年に万吉、封姫は久留米から江戸に出ている（『米府年表』）が、万吉は貞享二年六月生まれであるから数えで三歳、同様に封姫は天和元（一六八一）年十一月生まれで七歳となる（同前）。また、封姫が長女であろうから、延宝八年の記事に見る殿様から愛された御内証は「ます様」としてよいだろう。

蜜柑丸跡

慈源院（頼元）代のこととして「慈源院君御代は蜜柑丸に御裏長局あり、故に東門の出入り甚だ堅くして其の比腹切門と唱えり」（『米府紀事略』七）とある。これに関係して元禄九（一六九六）年三月二日に堀江源兵衛が御内所（証）へ節句の使者として出向いた時、蜜柑丸中仕切りで取り次ぐのが普段のやり方であるが、堀江は使者なので、射手小屋内で取り次ぐようになったという記事（『古代日記書抜』）がある。蜜柑丸は厳重に管理され、奥向きの長局《ながつぼね》があったことを知ることができる。この御内証もます様であろう。元禄十三年十二月に御内証様と娘盛姫は一緒に江戸へ発ち、翌年正月に江戸に着き、藩邸で暮らすことになっており（『米府年表』）、この九年時点ではまだ久留米にいたからである。貞享元年に「蜜柑丸御亭が建つ」（同前）という記事は、この御裏長局を含む建物のことかもしれない。いつまでも女性を本丸の中に住まわせることもできないので、蜜柑丸にその役割を持つ建物を建設したと考えたいのである。

では、日頃殿様はどこにお住まいなのか。藩主は江戸から帰国すると、翌年の参勤交代まで久留米で過ごしたが、生活の場はどこかということになる。延宝二年七月二十七日に次のようなことがあった（『古代日記書抜』、カッコ内は筆者挿入）。

一、御風気に付き、家老中毎日の御逢いこれ無く候に付き、石野与右衛門を以て、道七様（豊氏）・瓊林院（忠頼）御代御病気の時分、家老中登城致し候はゞ、御寝所へ召し寄せられ、度々御目見仰せつけられ候、若し、御病気に付き家老中御目見仕らず段、御家中承り候はゞ重きかと存じ奉るべく候、御序《つい》でに申し上げ候様申し聞かせ候
○翌日奥書院にて家老中へ御目通り

藩主頼元は風邪気味で、数日家老中と面会しなかった。そこで家老中は、頼元の御側に仕える石野与右衛門に、「初代豊氏・二代忠頼の二人の殿様は病気の時も御寝所に呼ばれて、度々御目見えがなされた。これは御病気で拝謁ができないのであらば、御家中衆が殿様は病気が重いのではないかと心配するからである。このことを序《つい》でに頼元様に申し上げてほしい」と伝えた。翌日、殿様と家老中の御目見えが奥書院でなされたという。この記事から、家老中が登城したのは本丸であることがわかる。さらに四代頼元は本丸御殿の奥書院で御目見えしているので、本丸御殿に居住していたのである。また、豊氏・忠頼代も家老中が登城すれば御寝所で面会されていることから、この二人の殿様も本丸御殿居住である。貞享三年九月三日には、二代藩主夫人福寿院の死去を伝える書状が江戸から届くと、家老中は寄り合い、直ちに登城し、菊の間でその書状を頼元にご覧に入れたとある（同前）。この菊の間も本丸御殿の一角である。

元禄九年正月には「御城の御持仏堂、御湯殿は雪隠《せっちん》を除いて、その跡に立て直せ、次の間は二畳敷きであるがせわしいので三畳敷きに直し四間半の椽を付けるように」とある（同前）が、持仏堂と仏間があって、湯殿とは風呂であり、本丸での藩主の生活が浮かび上がる。

藩主の本丸御殿居住は藩政初期からであり、六代藩主則維が二の丸御殿に居住し、その御殿の政治的な位置が高くなると、藩主は二の丸御殿から本丸御殿に通うようになったようである。

有馬頼元肖像（篠山神社蔵）

殿様の暮らしと金銭感覚

初代有馬豊氏の経済感覚についてては先に触れたが、それから五十年も経つと殿様の生活・金銭感覚はだいぶ浮世離れしたものになるようである。『米府紀事略』（七）と『米府年表』にある四代藩主頼元の二つの逸話を検討してみよう。

この殿様は二代藩主忠頼の四男で、兄三代頼利が若くして没し、兄の養子として家を継いだ。生年は承応三（一六五四）年八月、家督は寛文八（一六六八）年八月に継ぎ、宝永二（一七〇五）年七月に死去した。治世は三十八年と歴代藩主では長い方である。この時に義兄有馬豊範《とよのり》に御原郡十九か村一万石の分地が許され、松崎支藩が成立している。

藩政では新田開発や治水に尽くしたが、延宝元（一六七三）・二・三・四年には洪水に襲われ凶作となるなど、治世中に大雨・洪水が度々発生している。延宝三年には藩財政の逼迫により、家臣に知行物成の三分の一の上米《あげまい》を命じている。上米とは家臣が俸禄の一部を藩に献上することで、この措置は慣例化していく。天和元（一六八一）年には領内飢饉で餓死者が出て、藩米が支給されており、また初めて藩銀札が発行されている。元禄九（一六九六）年には久留米城下町の大半を焼いた白石火事が起きており、その復興に多大な費用を費やし藩財政が危機的な状況になるなど順調な時代ではなかった。

江戸に参勤交代で在府していた頼元は、夏の暑い時期、旗本西尾小左衛門重次の家に立ち寄った。この逸話は『米府紀事略』（七）と『米府年表』の二種があり、前者が詳細で後者は要約なので、前者を使い紹介していく。

西尾家は七百石の知行を持つ家であるが、重次は延宝七年に家督を継いでおり、元禄九年に番を辞し小普請となっている（『寛政重修諸家譜』）ので、突然の訪問はこの期間のことと推測している。頼元は西尾家に前触れもなく立ち寄れる関係を結んでいるようだ。久留米藩では頼元代に山村孫兵衛という弓術家が出ており（『久留米市誌』中編）、重次の父重長は弓術家であったことから、それにちなむものかもしれない。

西尾家は頼元に蕎麦切を差し上げた。暑中であったため冷えた水も求められたが、御付きの医師中野常庵が、殿様は「常の水」（生水か）は飲まれないので、砂糖水を出してほしいと願っている。西尾家は蕎麦切に豆腐を添えて黒砂糖水を急ぎ差し上げたが、見分（見た目）が悪かったので、召し上がらなかった。西尾家には高価な白砂糖がなかったようだ。藩邸に帰った頼元が中野常庵に語ったことが面白い。

殿様は藩邸で常庵を召され、今日の西尾家は急のことであったのに、万端念の入ったことであったとの御意であった。常庵は不審に思い、西尾家は小身ゆえ万端行き届かず、粗末な接待だったと思いますがと申し上げると、殿様は、砂糖は白きものなのに、黒い砂糖を才覚したのは心遣いであった、また布目のある豆腐を出してくれたのも念入りのことだったと言われた。

これは頼元が、白砂糖は黒砂糖を精製したものであることを知らず、豆腐の製法もほとんど頭になかったので豆腐に布目がつくのを知らなかったということである。だいぶ、現実の生活から離れた殿様の姿が見える。

このことについて常庵は「黒砂糖、布目を去らざる豆腐を御存知なきはさもあるべし、大名はかく有るべき事也」と評価するのである。大名はそのように育てられているのだから、黒砂糖、布目のある豆腐などの生産の具体相を知ることがないのは当然のことである。そんな小さいことを知らなくても、大名は領国の支配に努めればいいのである。「大名はかく有るべき事也」とは、そのような大名像を意味するものだろう。

二つ目は、丁銀のことである（『米府紀事略』七）。

頼元は銀子五百目を二人に二五〇匁ずつ分けてやるために、近臣小川勘左衛門に五百目包みを渡し、二つに分けてくるように命じた。頼元はすぐできるだろうと思っていたが、ことのほか時間がかかるので、荒巻平右衛門を呼び、お前も行って手伝ってこいと言った。二人は御納戸で色々秤にかけてみるが、丁銀の量目が合わず、二つに分けることができない。時が過ぎ、待ち切れなくなった頼元は自ら御納戸に行き、何でこんなに時間がかかるのか、すぐにでも済ましてしまえと命じた。二人は恐れ入ってまた丁銀を秤で量ってみるが、どうしてもうまくいかない。頼元は簡単なことではないかと言い、五百目包みの丁銀は何丁あるのかと尋ねるので、十丁と申し上げると、五丁ずつ分ければ半高の二五〇匁になるではないかと言った。二人はこれに対し、丁銀は一枚ごとに量目の軽重があり、五丁ずつ分けても半高にならないと申し上げた。頼元は丁銀一枚が五十匁の量目に鋳造されていると思っており、一丁ごとに量目が違うことは知らなかったと言ったという。頼元はこの時初めて銀貨の実態を知ったようだ。この逸話に対しても最後は「大名は万事此のごとくあるべき事也」とある。

ところで、この事件はいつ頃のことなのか。場所は江戸藩邸なのか、久留米城本丸なのか。検討するための材料がいくつかある。

最初に銀子を均等に分けるよう命じられた小川勘左衛門の経歴が面白い。『御家中略系譜』の記載から考えてみよう。

延宝四年十二月に侍身分の最下位である御徒士組に召し出されたのが始まりで、天和二年三月に御湯殿番となっている。この職務で藩主頼元の近くに仕えるようになったようだ。元禄元年九月には中小姓、同四年十月には竹之間列になり、藩主の御髪・月代《さやかき》役となっている。同五年には藩主の仰せによって名を甚平と改めている。十月には御配当五石の加増を受け、翌六年には役儀を懈怠《けたい》なく勤めたことにより、藩主から羽織を拝領し、十二月には新知一三〇石を拝領し、身分格式も中士としての扱いとなっている。大出世であるが、これは藩主頼元に近習することで得られた地位であった。翌七年には久留米で屋敷地を拝領しており、同九年七月には藩主から自筆書状と帷子《かたびら》を拝領している。この時期の頼元書状は少ないので紹介しておこう。

かみさかやき昼夜一人にて勤む、非番之時分も不寝番も勤、食事の事も同じからずこれ有り候外、右のなれ申ものもこれなく、律儀相勤め毎度苦労候、弥精出相勤べく候、依て時服遣し事
七月十九日

また同年十二月には御加恩として五十石を拝領し、一八〇石の知行を持つ家となった。この知行はその後の小川家の家禄となっている。この勘左衛門は元禄十三年六月に病気のため近習、御髪・月代役御免を願い出ており、翌四年三月に御役御免となり御馬廻組となっている。延宝四年から元禄十三年までの二十五年間懈怠《けたい》なく勤め、御参勤交代にもお供したという。甚平という名前まで与えられており、近習の中でも頼元が最も信頼を寄せていた者であったろう。この銀子を巡る小事件は、御役御免を願い出た元禄十三年六月以前の出来事と

してよいだろう。

では、荒巻平右衛門はどうか。同様に『御家中略系譜』を見てみよう。彼は元禄四年に昌林公（五代藩主頼旨）の御小姓として三人扶持・銀五枚で召し出されている。頼旨は貞享二（一六八五）年に久留米で生まれ、翌三年十月江戸藩邸住まいとなっているから、平右衛門は江戸勤務と考えていいだろう。また元禄四・七・九・十年の分限帳に同職を勤めた記載があるというので、江戸詰めと考えていいだろう。この次期藩主に近習したことから立身につながったのだろう。元禄十二年に新地一三〇石が与えられ、御納戸役となっている。この地位は元禄十五年、宝永初年の分限帳にも記載とあるので、頼元の治世末にもその地位を維持していたと推測される。

小川勘左衛門が御近習、御髪・月代役であった時期と荒巻平右衛門が御納戸役であった時期が重なるのは元禄十二年から元禄十三年六月までの間であるので、この時期の小事件と考えてよいだろう。これは頼元が四十六、七歳の頃である。藩主頼元はこの年まで丁銀の実態を知らなかったことになる。

さらに、この小事件が起きた場所であるが、藩主は参勤交代で江戸と久留米を隔年で往復しているので、この時期の参勤交代の記録から藩主の所在地を探ってみよう（『米府年表』）。

元禄十一年　五月四日　江戸発駕　六月　久留米城着
元禄十二年　三月五日　久留米城発駕　四月四日　江戸着府
元禄十三年　五月四日　江戸発駕　六月　久留米城着

元禄十一年六月から翌十二年の三月五日までであれば、この小事件は久留米城で起きたことになる。十二年四月四日から翌十三年五月四日までであれば江戸藩邸で起きたことになろう。いずれにしても、荒巻平右衛門が御納戸役を命じられた月日が明確になれば、さらに限定できるだろう。

　二つの逸話は、大名有馬頼元の姿をよく伝えている。両者ともあるべき大名像を示すものとして、藩の公的記録（『米府年表』）や藩士の記録（『米府紀事略』）に残されている。現在の視点からすれば、世間知らずの殿様と評価されるのだろうが、この記録を残した久留米藩にとってはあるべき藩主像（大名像）として評価しているのである。藩主と家臣という身分関係の中で、藩主を嘲笑することは憚《はばか》られたのかもしれないが、これらの記録がなされた時の「大名はかくこそあらまほし（中野常庵談）」という評価について、その時代に生きた人々の視点や思考から再度考え直すことが、この逸話を正しく理解することにつながるのだろう。

盛徳院と西屋敷御殿

　六代藩主則維の側室で七代藩主頼徸の生母であるお早《はや》（お隼）の方は、則維没後、清徳院（のち盛徳院）と呼ばれ、久留米藩主の側室では最も著名な女性である。

　お早の方は元禄十（一六九七）年生まれで、京都八条通西へ入る二丁目の出身で、姓は小林である（『米府年表』）。則維の側室となった経緯は不明だが、正徳四（一七一四）年十一月に左近君（のちの七代藩主頼徸）を久留米で生んだ。数えで十八歳の時のようである。左近君は、享保三（一七一八）年正月には有馬織部の養子となっていたのを御貰返し（元の地位に戻すこと）となって、長重郎君の舎弟となり、二月には初めて本丸御殿に入っている。五月には長重郎君が死去したため左近君は御嫡子となった。

　お早の方は、二十二歳の頃には嫡子生母としての肩書を持つようになっている。享保十四年には息子頼徸が七代久留米藩主となったため、さらにその地位は高まった。元文三（一七三八）年五月には、清徳院殿は徳寿院（五代藩主頼旨の生母）と同様に心得るべきとされており（同前）、藩主生母としての地位が確立したようだ。同年十一月には毎年御合力銀三貫目と御賄料一五〇〇俵が与えられ、寛保元（一七四一）年にはさらに千石が加えられている（同前）。寛保四年の記録では清徳院とあり、延享四（一七四七）年の記録には盛徳院とあるので、この間に盛徳院に改めたとある（『盛徳院殿伝聞密語』）。

　盛徳院の住まいは二の丸の西御屋敷であった。西御屋敷とは享保六年に「二の御丸下屋敷を西御屋敷」と呼ぶようになったものである（同前）。盛徳院は元文五年に伏見の稲荷を二の丸中御門に勧請していることから、

池青寺（久留米市津福本町）

二の丸居住はこの年以前のことであるが、正徳三、四年頃からではないかと推測している。
　この女性には多くの逸話がある。寛保三年に景勝地である市の上村にあった戸田勘解由《かげゆ》などの屋敷を取り上げ、市の上別邸を建設しているが、これは藩主の勢威を借りたものであろう。また、寛延三（一七五〇）年から宝暦元（一七五一）年にかけて津福の宮木山寿栄院池青寺《ちせいじ》が再興されている。盛徳院による廃寺の復興であるが、これは息子の藩主頼徸の援助を受けたものである。宝暦七年にはこの寺に三か年の芝居興行が許されており、これにより寺観が整えられた（同前）。
　延享三年四月二日、頼徸の子である定五郎君（のちの八代藩主頼貴）は西御屋敷の盛徳院の御殿で生まれ、直ちに同居（『米府年表』）しており、祖母として孫の生育を見守っている。頼貴は側室奥田氏の所生であるので、この方も西御屋敷での居住であったが、定五郎君誕生後、願いによって暇が下されている。また、

盛徳院墓塔（梅林寺）

宝暦二年五月には定五郎君と弟の多吉郎君が盛徳院御殿から江戸へ旅立っており、盛徳院は藩主頼徸に関わる女性や子供を管理していたようである。

この西御屋敷はのちに「御裏」と呼ばれる屋敷である。当初、下屋敷は次期藩主が居住する屋敷であったが、享保六年に藩主の居住空間としての「花畑御屋敷」が建設されたことから、機能が明確に分けられ、藩主側室やその子が居住する屋敷としての役割を持つようになったのであろう。四代藩主頼元の御内証（側室）が本丸から蜜柑丸へ屋敷を替えているが、最終的には二の丸へ居住地を替えていったと考えている。この延長線上にこの西御屋敷があると思う。

宝暦九年十月十四日、この女性は六十二歳で亡くなり、梅林寺の歴代藩主墓地の一角に葬られた。五輪塔の地輪に諡号である盛徳院持運永相大姉が刻まれている（『久留米藩主有馬家墓所』Ⅰ）。盛徳院の死去を受けて久留米領内では「物静三七日、普請七日相止」が命じられている（『米府年表』）。

殿様になれなかった若様

定之丞（頼善《よりよし》）君は安永八（一七七九）年正月十五日、八代藩主頼貴の三男として江戸で誕生した（『米府年表』）。御生母は松平日向守の家老毛受《めんじゅ》文左衛門の女《むすめ》で名は菊江である。出生後、御暇となり、青山大膳亮家中に嫁いだ（『米府紀事略』十四）。

天明五（一七八五）年二月十一日には藩主候補として頼貴二男の藤三郎君と定之丞君の御丈夫御届けがなされたが、翌六年十月に藤三郎君が死去したため、十一月二十三日に藩は幕府に対して定之丞君の御嫡子届けを出した（『米府年表』）。同年八月には鷹司家の姫様との御縁組も認められ、藩主への道は順調であった（『米府年表』・『米府紀事略』・『藩法集』）。

ところが、事態は急変していく。寛政元（一七八九）年四月には定之丞君の御目見えが小用頻数のためという理由で延期されている（『藩法集』二五三五）。しかし、寛政元年六月、寛政二年九月、寛政三年六月に参勤交代のため久留米領内の府中で休息・宿泊した島津斉宣に対し、藩主頼貴と定之丞君の名で使者と贈答品を贈っており、この時期まで定之丞君は次期藩主としての地位を確保していることがわかる（『藩法集』二五四六・二六七九・二七二七）。

ところが寛政四年二月には、久留米に下って肥後国杖立《つえたて》で湯治をしたいという願いが幕府に出され、許されている（同前二七六九・『米府年表』）。定之丞君は閏二月六日に江戸表を出立、三月十六日に久留米に着き、直ちに御殿御居間に入ったとある（『藩法集』二七七五・二七七八）。定之丞君は江戸生まれであるので、初めての久留米であった。

久留米に入った後、四月には高良社・愛宕社の参詣、五月以降は毎月藩主に代わり月並御礼を受け、寛政五年正月にも年始お礼を受けており、地位に変わりはなかったが、突如、同年二月に「定之丞君御廃立の義に付き内蔵助出府」（『米府年表』）とある。家老有馬内蔵助が江戸藩邸に赴き、この事態への藩としての対応策を図ったのであろう。さらに、三月二十五日、「長作君御嫡子に立たせなされ、定之丞君御退身御願済む」（同前）とある。藩邸内部の調整で、長作君（頼端《よりなお》）が次期藩主になることが決定され、幕府へお願いが出されたのである。

結果的には、寛政四年二月から翌年二月までの一年間は、定之丞君を久留米に送って次期藩主候補から外し、新たな次期藩主を江戸の藩邸内部で確定させる時期であったことになる。定之丞君を推す勢力と新たな藩主候補を推す勢力との政治的な対立や葛藤があったろうが、それを考えることができる材料に恵まれていない。ただ、定之丞君が病身という理由で久留米に送られた時に、大勢は決まっていたのであろう。

この廃嫡に関する話として、定之丞君が生来凶暴であったため久留米城の一室に幽閉されていたという説(『久留米人物誌』)がある。後の寛政十年に家臣端山猪兵衛を鉄砲で撃った(後述)ことがそれを表すというのだが、後付けの理由であるように思われる。

この身分の激変は、寛政五年五月の「定之丞君南御部屋え御引き移り　是迄御城御住居」とあり、住まいが本丸御殿から二の丸御殿の南御部屋となったことに表れている(『米府年表』)。ここが定之丞君の終の棲家になるのである。いわゆる部屋住みの若様となったということであろう。

長作君は八代藩主頼貴の四男で藩主候補となり、寛政五年九月には将軍への御目見えが無事終わって(『藩法集』二八三六)、翌六年には四位に叙され上総介《かずさのすけ》となっている(同前二八四五)。さらに同七年六月には殿様名代として国許(久留米)に初入部し、同八年二月に久留米を発ち、四月に江戸着府である(同前二八六九・二八九一・二八九六)。次の藩主候補が久留米に初入部したことは、新たな時代が久留米に来たことを示すイベントであったが、退身した定之丞君にとっては耐え難いことではなかったろうか。このように積み重なった葛藤や軋轢が、寛政十年六月九日の事件につながった。『米府年表』に次のようにある。

端山猪兵衛へ定之丞君から御肴が下されたので、六月九日にお礼に罷り出たところ、定之丞君が鉄砲で猪兵衛を撃った。右肩の下より乳の脇を撃ち抜き深手であったが、ようやく中御門まで退き、駕籠にて私宅まで引き取った。この事件を受け、御城(本丸御殿)に一間囲い(座敷牢か)を作り、定之丞君を収容した。これらの処置は御家老中の指図で御用席が取り計らった。江戸藩邸へも報告し、後に南御部屋に御囲いを作り、本丸から九月二十一日に移された。
中御門まで退き、とあることから二の丸御殿内の事件である。定之丞君は十九歳であった。藩主の地位が弟へ移ったことや長い部屋住みの生活から来る鬱積の結果、暴発してしまったのだろうか。文化七（一八一〇）年十二月には定之丞君は御部屋に御引き移る（『米府年表』）とあり、この時期に幽閉がとかれたようだ。十二年に及ぶ幽閉生活であった。

この間、次期藩主であった長作君（頼端）は若様のまま文化元年十二月に二十六歳で死去しており、藩は長作君の庶子であった新太郎君（寛政九年六月生まれ）を頼端夫人八十姫の養子とし、有馬家を継がせている。文化二年二月、幕府に「御嫡孫御承祖」のお願いを行い、同年五月には頼徳と名乗り九代藩主となっている。殿様の地位は定之丞君・長作君の世代から、子の世代に移ったのである。

有馬頼善（定之丞）墓塔（梅林寺）

文化十三年閏八月二十四日に定之丞君は死去。三十七歳であった。梅林寺の歴代有馬家藩主墓地に「雄心院殿孤峰宗秀大居士」として葬られている（『久留米藩主有馬家墓所』Ｉ）。定之丞君の死去は家中に触れられ、藩主への御機嫌伺いとして頭中宅への惣出仕が行われた。あわせて、閏八月二十四日から翌月十四日までの二十日間の鳴物停止、普請は翌月四日までやめることになっている。また、諸頭以上並びに奥詰の面々は二十四日から翌月四日まで、平組は翌月一日まで月代遠慮（月代を剃らないこと）が命じられている（『藩法集』

三三九六)。

定之丞君には一子がいた。寛政九年二月生まれで、赤松政之丞と呼ばれた。寛政十二年九月に京都で出家し、京都妙心寺の塔頭である瓊林院《けいりんいん》を住居としている。その後、久留米に下向し、天保十二（一八四一）年五月に梅林寺で死去した（『米府紀事略』十七・『米府年表』)。政之丞君は三歳で出家したことになる。父定之丞君は寛政十年の事件で幽閉されており、そのことがこの子の行く末に深い影を落とした。政之丞君を出家させることで、定之丞君の系統は途絶えることになったのである。

第五章　久留米城の終焉

元和七（一六二一）年から建設が始まった久留米城は、四代藩主頼元代に一応の収束をし、約二五〇年、有馬家の居城、久留米領の政治支配の拠点となり、その城下町は経済・文化の中心としての地位を占めていた。

しかし、久留米城の各郭とその城下町は、時代が求める形に様々な変容を遂げていった。本丸御殿の変遷、二の丸御殿の変遷、藩の役所が集中する江戸後期の外郭内部の著しい変化などはそれを示している。この有馬家の支配拠点であった久留米城が終焉を迎えるのは、明治維新という大きな社会変革期であった。新しい社会体制は旧来のものをそのままにしておかなかったのである。

明治二（一八六九）年、久留米藩は高良山が要害であることから、座主本坊に藩邸（良山《りようざん》御殿）を移し、久留米城は元和七年以来、約二五〇年維持されてきた藩政の拠点としての機能を喪失した。明治三年閏十月一日には厳重に警備管理されてきた、大手門、狩塚御門、京隈口、瀬下口など八か所の御門が廃されている（『加藤田日記』）。

明治四年になると、久留米は全国的な反政府運動の中心とされ、その城下町は明治政府軍によって鎮圧された。水野正名をはじめとする藩政府首脳が逮捕・投獄される中、久留米の政治勢力が一掃された「明治四年事件」が発生している。藩主頼咸もそれに連座して謹慎を命じられるなど、久留米藩は壊滅状態となった。

同年七月十四日には全国の藩を廃し、府県に統一して中央集権制度を画した政治改革である「廃藩置県」が行われ、久留米藩は久留米県となっている。明治四年十一月十四日には久留米・柳川・三池県が合併して三潴県となり、明治五年一月二十二日、三潴県参事水原久雄以下が若津港に到着し、県庁は若津に置かれた。二月二十日には旧久留米県庁は城内から明善堂に移り、三潴県出張所となった。さらに三月二十五日には県庁が両替町にあった旧久留米藩御使者屋に移っており（『加藤田日記』）、この時期に久留米城の政治的役割がほぼ消失している。

明治四年八月十八日、『諸国見聞』を残した石本猪平は次のように記す。

八月十八日自身柳原御殿拝見に参り、在町より見物に参り、握飯共供待申す所にて喰い候者もこれ有り、誠に珍敷《めずらしき》事に御座候

在町から多くの人が柳原庭園へ御殿を見学に行き、待機所（供待）で握り飯を食べているのを目撃し、往時はこんなことは許されず、大変珍しいことだと感慨を述べている。明治四年段階で城内への遊山見学が可能になっていたのである。

同五年になると久留米城解体の動きが顕著になる。二月二十四日には御城近辺並びに土居筋樹木根切りが始まり、三月二十日にはそれらが士族・卒族に払い下げられている（『加藤田日記』）。堀土手の樹木が切り払われ、城の防御機能が失われつつあった。さらに旧城並びに惣郭門、練兵場小屋を払い下げるので七月二十三日までに投票（入札）すべきことが触れられたが、八月七日まで延長されている（『加藤田日記』・『三潴県布達』）。入札結果は旧城が九百両、十丁目門が二十五両で落札されたという（『加藤田日記』）。また、この売却

決定を受けて、八月十八日付で「久留米旧城縦観ノ事」という三潴県布達が出されている。「旧城縦観を来る二十三日より二十五日迄の三日間、四ツ時より七ツ時迄差し許すので、勝手次第に巡観致すべき」という内容である。縦観とは自由に見て回ること。解体される前の旧城を人々が見て回ることを許したのである。

同年十月二十九日には大手門・十丁目御門・狩塚御門・京隈口御門の解体が始まったようだ。さらに本丸・二の丸の藩主御殿や三の丸の御家老屋敷もこの頃までに解体され、野原となった。また、城外の町の出口にあった御番所も町屋のようになり、広い場所は入札で売却され、買い求めた者がその地に家を建てた。三本松町の御制札の脇にも家が建ち、両替町の北側に広がる桜の馬場の広場にも家を建てる準備がなされていると記録されている（『諸国見聞』）。久留米藩の支配を象徴していた城郭・城下町の建物や各施設が急速に解体される姿が記録されている。

寿本寺の山門（久留米市草野町草野）

明治五年以降に入札などで買い取られ、別な場所へ移築・転用された建物として、久留米市草野町の寿本寺の山門、同京町の日輪寺の山門、八女市立花町の谷川寺の山門などがある。寿本寺の山門は木造・本瓦葺で切妻を持つ「三間一戸」の薬医門形式の武家門である。「水の手御門」であったと伝えられ、屋根の鬼瓦に有馬家の家紋である「釘貫紋」が見られる。久留米城の遺構として極めて重要な建物であり、久留米市指定の文化財となっている（久留米市『郷土の文化財』第七版）。日輪寺の山門は解体されているが、谷川寺の山門は現存している。

明治六年六月、城内小路であったところに新たに町名がつけられることとなり、篠山町、堀端町、西土居町、東土居町、松原町などの名称となり、新たな行政区画ができている（『三潴県布達』）。さらに更地になった城内の土地の処分が次の課題となった。同年十月二十二日付で下記の三潴県布達が出されている。

旧二・三ノ丸地所入札の事

旧二・三の丸地所、先般公布入札取り消し置き候処、詮議の次第これ有り、更に入札申し付け候条、壱町亦は数十人づゝ組合相立て、入札致し候は伺いの上、高札の者落札申し候、尤も番外幷堀を除くの外、仮令高札たりとも、一組に付、一ケ所の外は落札申し付けず候事

但、来たる十一月六日限り、区長許え入札取り纏め、地券掛え差し出すべく候事

右の趣、貫属中より漏れなく布達せしむ者なり

明治六年十月廿二日　　三潴県参事　水原　久雄

二・三の丸入札地坪付

一番

一、七千六百六十六坪　　旧知事屋敷の内

二番

一、三千五百廿一坪　　同前西通　元練兵場所

三番

一、七千四百八十八坪　　同前東厩跡並有馬孝三郎元屋敷

四番

一、四千弐百六十八坪　　厩跡北馬場筋　石場口迄

六番
一、七千四十坪　三ノ丸旧知事屋敷跡　有馬致知元屋敷跡
八番
一、千百六坪　本丸前堀
九番
一、千九百三十五坪　堀
十番
一、千八百三十八坪　同
十一番
一、五百八十五坪　二ノ丸外堀
番外
一、三十坪四合　三ノ丸門際土居　東
同
一、五十坪三合　同　西
同
一、三十八坪　二の丸門際　東
同
一、三十八坪　二の丸門際　西

以上のように入札物件は十三か所にわたる。天保年間城下町図では二の丸に藩主の二の丸御殿があり、これ

が「旧知事屋敷の内」であろう。「同前西通　元練兵場所」とは同図にある「用前場」のことである。また、「同前東厩跡並有馬孝三郎元屋敷」とは同郭の東端に並ぶ「御馬屋」「有馬主膳屋敷」のことで、孝三郎は幕末に有馬主膳家を継いだ人である。三の丸では「旧知事屋敷跡　有馬致知元屋敷跡」とあるが、旧知事屋敷は三の丸にはないので、御永蔵のこととしておく。また有馬致知とは家老であった岸家の最後の当主であり、三の丸東南隅にあった有馬飛騨の屋敷地に相当するのだろう。三の丸には岸家以外に有馬内蔵助家、有馬織部家（本姓吉田家）、有馬右近家（本姓稲次家）などの家老屋敷があったが、これらの屋敷地の動向については不明である。他にも、本丸の前堀、二の丸外堀など広大な面積が払い下げになっている。

この入札は布達にあるように家臣団（貫属）が一町、または数十人で組合を作り入札を行うことになっていた。三瀦県参事水原久雄は、城内の払い下げは家臣団に行いたいと考えたのであろうか、十一月一日に庄島小路の貫属は三瀦県参事水原の要請に従い、同地の法雲寺で会議を行い、庄島小路の西竪丁の貫属中は二番の三五二一坪の土地の入札に参加することを決めている（『加藤田日記』）。この庄島西竪丁が落札できたか不明であるが、城内の土地の払い下げは進んでいったようだ。

倉富了一の『久留米城物語』には次のような記事がある。

明治七年久留米城の身売・入札・解城と云ふ噂があったが、流石に久留米人は手をつけかねた。大分県の落札者が愈々城を取り壊し石垣の一部さへ車に積んで持ち帰りかけた時、或人々等は愛着の余り後を追つかけ、途中から奪い返して来たものがあったと云はれます。

この話には別伝があって、久留米城は陸軍省の所管となり、払い下げで豊後竹田の人である谷川忠悦《ただよし》が百両で買い取った。やがて石垣まで取り壊そうとした時に、緒方安平が富松某、古賀清蔵、古賀友平らと謀ってこれを買い取り、取り壊しを逃れたという。また、緒方は城周辺の土地も谷川から買い戻したという（坂口寛司「石橋マツ伝」、『郷土研究筑後』第六巻第五号）。

この谷川忠悦は豊後岡藩の御番医格で外科の医者であった。幕末には長州征伐、京都出張、明治二年には奥州出張と目まぐるしい動きを示すが、同四年には藩の医学寮掛となっている（『勤録 谷川氏』中川家文書）。彼は同十年の西南戦争で西郷軍として戦い行方不明となり、その後の動向は知れない。医者であった谷川が大金を準備し、久留米城の入札に参加した目的はわからないが、彼は幕末から明治初期を慌ただしく駆け抜けていった人物であったようだ。

また、緒方安平は、のちのアサヒシューズやブリヂストンを興した石橋徳次郎・正二郎両氏の祖父に当たる人物である。ある時、本丸に緒方家総出で夏豆をちぎりに行ったことも記録されており（「石橋マツ伝」）、本丸が畑に使われていたことも知れる。明治十年に御霊社（現在の篠山神社）創建の儀があった時、緒方は谷川から買い取った額で譲渡したとある（同前）。

明治八年十一月には公役で町中の御城内囲土居、明善堂裏手の右側の土居を引き崩して、その土で堀を埋めることになった。十一月五日、両替町・築島町・今町方面の一組は男女にかかわらず、思いおもいに集まって、俄《にわか》などをしながら、三味線・鼓・太鼓を打ち交じえて賑わしく堀を埋めたという。六日には苧扱川筋（原古賀町筋）より小頭町の連中は四十七士忠臣蔵の夜の討ち入りの衣装にて俄作り物なども作り、右の公役に出ている。この作業は見物人も多く賑わったという。また、九日には通町一丁目から十丁目外町の町人も公役に出ているが、通外北町の町人は「松の木に大ふこ」の作り物、九丁目から新茶屋は「はまぐりの作り物」などを作り参加したという（『諸国見聞』）。

これらの町人による堀の埋め立ては、久留米城が完全に機能を失ったことを示すものである。あわせて、住民にとっては新しい時代を迎えたことを体感できるものであった。これだけの大騒ぎでの埋め立て作業は、古

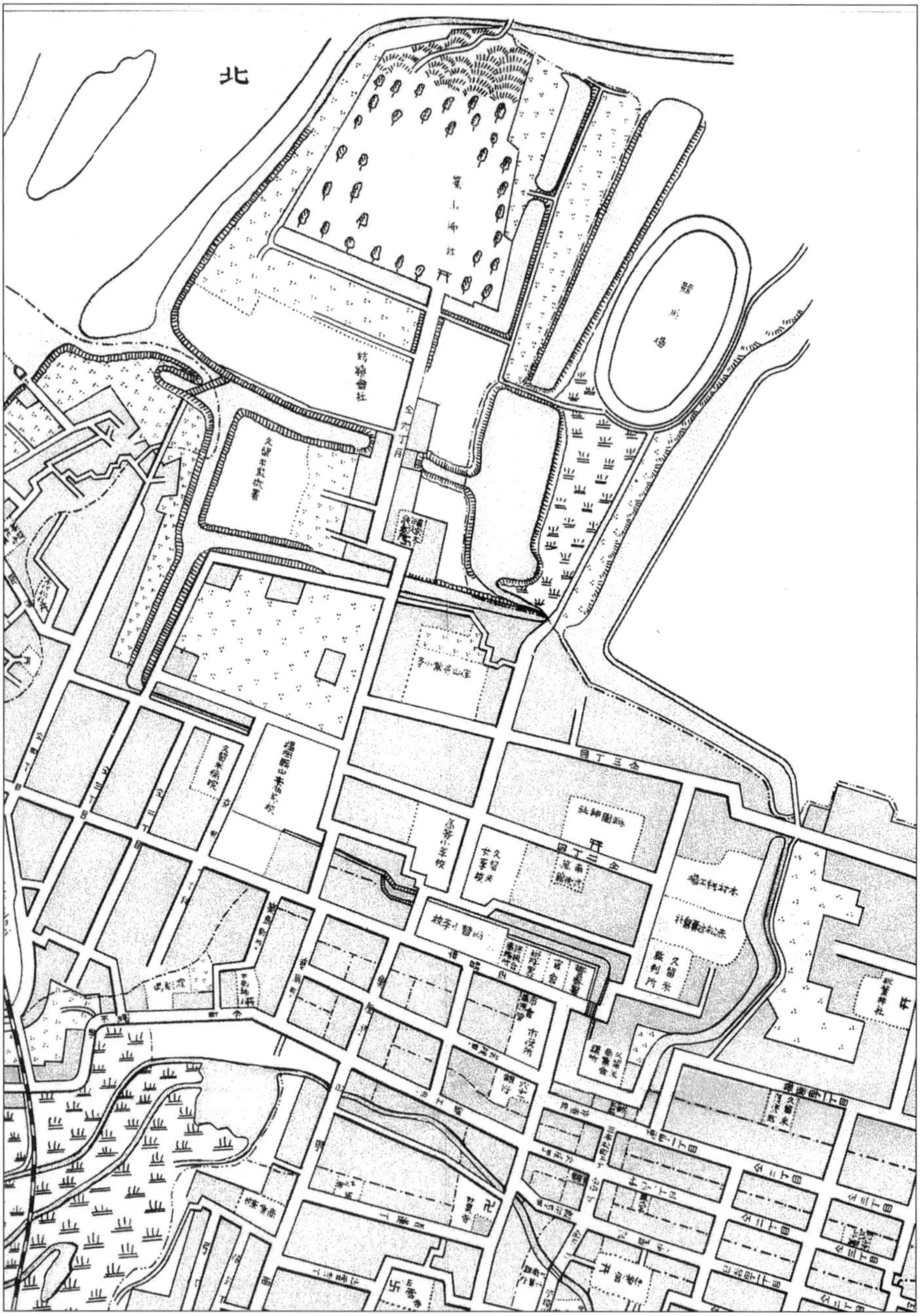

明治35年の「久留米市地図」部分（『久留米市誌』別冊より）

い桎梏《しっこく》から解放されるという意味で、記念碑的な作業であり、祝祭でもあったといえるだろう。

前頁の明治三十五年の「久留米市地図」は、久留米城の解体から約三十年後のものである。外郭の堀はだいぶ埋め立てられているのがわかる。また、本丸に御殿はなく、篠山神社が鎮座、二の丸は紡績会社、三ノ丸には久留米監獄がある。外郭には明善堂（福岡県中学明善校）、篠山尋常小学校、高等小学校、久留米女学校などの学校施設とともに、本村絣工場、赤松合資会社など久留米の新しい産業を担う会社や久留米裁判所、久留米商業会議所などが見られる。また、郭外である両替町には久留米市役所、警察署、税務署、絣組合事務所など、明治の久留米を代表する役所や施設が並び立っている。この地図も久留米城が終焉したことを示しているのである。

第二編

城下町に住む人々

第一章　城下町の成立と発展

新町について　久留米城下町成立試論

久留米城下町の建設過程については断片的な資料しか残されておらず、未だ十分に明らかになっていない。この城下町成立を語る場合に必ず取り上げられるのが、左記の『石原家記』の元和八（一六二二）年の記事である。

去春御入国已後、御城内御堀等段々御普請、新町其外出来、元町は御城内に相成る、祇園小路・経隈村居り申し候町人・百性段々引き移り、新町裏通筋町四丁当年迄建つ

この記事を参照して戸田信一（熊次郎）が編著した『米府年表』にも、ほぼ同様の記事がある。

御城内御堀広、新町出来、長町四丁目迄建つ、長町は今の通町なり、新町は中町の事なり

『米府年表』の記事は戸田が『石原家記』のそれを引用し、解釈を加えたものである。『石原家記』は元和八年段階で、本丸・二の丸周辺の堀の整備がなされ、あわせて、郭内となる地区にあった祇園小路・経隈村の町人・農民が移動させられ、「新町裏通筋町四丁当年迄建つ」としている。この時期、久留米では大規模な土木・建築工事が行われたことを示すものである。

戸田はこの「新町裏通筋町四丁当年迄建つ」の内容について、新町は当時四丁目まであった長町の南側に接して建設された町であり、後に中町とも呼ばれるとしており、「裏通筋町四丁」を長町四丁目まで家が建ったと理解している。『米府年表』は藩政史研究の基本文献で、昭和七（一九三二）年に刊行された『久留米市誌』上編でもその解釈が踏襲されており、通説となっている。『久留米市史』第六巻（一九九〇年刊）の年表でも同様である。

寛永元（一六二四）年にも、この新町についての記事（『石原家記』）が見える。

新町え裏通筋町家建つ、家中御家老中初め其の外御普請段々出来、五丁目より東町段々建つ

町の建設に関して「家中御家老中初め其の外御普請段々出来」を除いて読めば、新町の裏通筋に町家が建ち、五丁目の東にも町家が建ち始めたという内容である。当時五丁目という存在は長町以外は想定できないので、「五丁目より東町段々建つ」は長町五丁目のことである。この記事では先に戸田が理解したような「新町裏通筋」は長町の南側ではなく、新町の裏、具体的には南側の通筋に町家が建ち、長町は五丁目より東に拡大したと記すのである。

元和八年の「新町裏通筋町四丁当年迄建つ」と寛永元年の「新町え裏通筋町家建つ、（中略）五丁目より東

町段々建つ」を比較すると、「新町裏通筋町四丁当年迄建つ」と「新町え裏通筋町家建つ」が対応し、両者とも「新町裏通筋」の状態を述べているのである。また、長町五丁目の町屋が東に延びたという記事は、従来からあった長町の拡大を記したもので、新町とは関係ない別個の内容とすることができる。

問題は「新町裏通筋町四丁」をどう理解するかということである。新町南側には東西方向に町並み（通筋）が設けられ、例えば、新町の南側の町筋には紺屋町・麴屋町などが建設されていることから、一つの理解として、これが「裏通筋四丁」の一部に当たると考えられないだろうか。

『米府年表』の元和八年の「長町四丁目迄建つ」という理解も再検討が必要である。元和七年段階では「御入国の頃迄では通町纔《わずか》に四丁有りて、豊後屋只今四丁目と五丁目の境の居宅を作りし頃までは四丁目の町の端なりし由」（同前）とあり、有馬豊氏入国当時、長町（通町）は四丁目まであったとしており、先の戸田の理解には混乱がある。

新町をのちの中町とすれば、元和八年段階で、城郭と併行して町屋の建設も進められており、その中で新町の建設が最も目立った工事であり、この記事が残されたと考えることもできる。しかし、新町（中町）以外の町の建設も同時期に進んでいたことについても注意しておくことが必要である。

当時、外郭（四の丸）の正面南側に広がる地区に両替町・呉服町などの町が建設されているが、後の久留米城下町で最も栄えたこれらの地区の建設がほとんど触れられていないのは不自然である。これらの町を含む新たに建設された町屋地区の総称として「新町其外出来」と記録されたと考えられないだろうか。

呉服町・紺屋町・魚屋町は祇園小路の町が移転して作られた町という伝承があるが、呉服町・魚屋町は新町から離れ、外郭正面に建設された町である。これらの新たに建設された町を含めて、それらの町が「新町」と総称されたと考えたいのである（以下、入国した有馬豊氏によって建設された町屋群を「新町」と表記し、後に中町とも呼ばれた町を新町と表記する）。このように解釈できるなら、別の視点も浮かび上がってくる。「新

城下町中央部の町屋（延宝八年城下町図。久留米市教育委員会蔵）

町裏通筋」の町筋に町四丁が建設されたという推測が許されよう。

寛永四年の幕府隠密による報告によれば、久留米城下町には、「町の外側はなく（堀などで防御されていないということ）、町は東西十三町、三筋ある。四筋の所もあり、町家数は千ばかり」（『筑前筑後肥前肥後探索書』）という。町筋が三、四筋でき上がっており、そこに町屋が建設されていたとある。

久留米城外郭の外堀南面に、東西方向に両替町筋、呉服町筋、米屋町筋、その町屋地区の東側には入国以前からあった長町筋に並行して、これも東西方向に新町筋、紺屋町筋などの町筋が建設されており、それが「新町裏通筋」が建設されたということであろう。その中で町は特定できないが、町が四丁、元和八年までに建ち、次第に町屋が立ち並んでいく姿を記録したものが『石原家記』の記事と理解したいのである。隠密の報告は、この過程を経て建設された町を捉えたものと考える。

藩による城下町建設に当たり、町屋の配置計画が作られ、それに基づく道路（通筋）が建設されていく過程が述べられているとすれば、先の戸田の理解にとらわれないでいいわけである。この「新町」は個別町の名称ではなく、当時の久留米城下に建設されつつあった町の総称といってていいと思う。『石原家記』の記事は新町（中町）の建設を述べた記事ではなく、藩による城下町建設の進展過程を示すものであり、元和八年段階で城下町建設が急速に進行していることを述べているのである。

さらに推測を進めると、町屋の建設は両替町筋の町屋ができ、それを起点にその南側に呉服町筋、米屋町筋が建設されるとともに、長町筋に沿って新町筋（のちに中町）が建設され、さらにその南に紺屋町筋が建設されたのであろう。「裏通筋町四丁当年迄建つ」というのはこのような実態を示し、最初に建設された町屋群を、田中代にあった元町・内町などに対して新たに建設された町として「新町」と呼んだと考えるのである。寛永元年の「新町え裏通筋町家建つ」という記事は、上に述べたことを補強している。入国した元和七年から寛永元年の四か年に城下町建設は急速な進展を示したのである。

『石原家記』に見える「新町」について検討してきたが、城下町の建設過程を示す慶安五（一六五二）年の「久留米町割道割畝数」（戸田宗雲『久留米聞見録』・『筑後封植録』）から城下町の建設過程を考えてみたい。

この史料は久留米城下町が建設された際に、久留米城周辺の農村から城下町の用地として接収された田畑について、元和七年から慶安四年まで約三十年間の経過を関係する八農村の庄屋が連名で書き上げ、慶安五年三月に藩庁に提出したものである。八農村とは三潴郡大隈村・庄島村・大石村・京隈村・西久留米村の五村と御井郡市上村・櫛原村・東久留米村の三村である。また、この書上は承応元（一六五二）年の「御領中畝数改め」に伴うものであった（『米府年表』）。

表一を見ながら、この史料について説明していこう。まず、最上段の畝数と石高と「久留米惣町」という記載である。久留米惣町の内容である各項目の中には「町屋敷・寺屋敷に渡る」などと記載されていることから、この久留米惣町は農村から城下町になった範囲を示していると考えられ、久留米城の建設過程で城内（二の丸・三の丸・外郭等）となった地区は含まれていない。

■表1　慶安5（1652）年の久留米町割道割畝数

	畝　数	石　高	説　明	%
	38町6反2畝24歩 （35町9反3畝7歩）	589石7斗3升6合	久留米惣町	93.07
		内　訳		
①	16町9反9畝12歩	293石7斗9升6合	御入国より町屋敷寺屋敷に渡る	44.00
②	6町6反6畝28歩	98石1斗8升8合	元和8年より慶安2年まで町屋敷寺屋敷に渡る	17.34
③	1町1反4畝19歩	15石5斗2升3合	元和8年より慶安2年まで道筋に成る	2.97
④	2町9反4畝28歩	52石6斗8升4合	御入国より畝高内道筋に成る	7.63
⑤	1町5反8畝1歩	24石1斗3升1合	前々より古道、竹屋前より長町4丁目まで。但し長町三本松町苧扱川町古道なり	4.09
⑥	8反9畝22歩	14石9斗4升7合	寛永12年より慶安4年迄町屋敷寺屋敷道筋に成る	2.32
⑦	3反9畝13歩	1石9斗7升1合	正保2年開方の内道に成る	1.02
⑧	8反7畝21歩	13石5斗8升5合	正保2年に瀬下町屋敷に渡す、砂入り申し付け高引申し候	2.27
⑨	1町2反9畝18歩	16石2斗1升9合	出目但し藪畔土手溝共	3.35
⑩	2町8反2畝15歩	37石1斗3升5合	町寺地子屋敷高	7.31
⑪	3反	5石2斗5升3合	正保4年に祇園旅所に渡る	0.77

注1：①－⑪までの総計（35町9反2畝27歩）と久留米惣町の畝数が合わない。久留米惣町の数が間違っているのか、内訳の項目が脱落しているのか判断がつかない。
注2：各項目の割合は史料の数値から出しているため、合計が100%にならない。
資料：戸田宗雲『久留米聞見録』から作成。

次に畝数の問題であるが、内訳を構成する十一項目の畝数の合計と、久留米惣町の畝数には三町余の違いがある。史料数値を表に記入しているが、記載ミスとするのか、それとも、それに相当する内訳項目が欠落したなどとも考えられるが成案がない。なお、三十八町六反余は三八万二〇〇〇㎡を超え、一〇〇m四方が三十八個分というかなり広い面積である。

内容に入っていこう。第一グループは①④である。「御入国より」と共通した文言がある。有馬豊氏が入国したのは元和七年三月なので、①はその年に町屋敷・寺屋敷となった面積、④は道路敷きとなった面積を挙げている。さらに、⑤は有馬家入国以前の長町四丁目、柳川往還沿いの三本松町・苧扱川町の道路敷きの面積である。城下町建設に当たり田中代の道路（長町筋・柳川往還筋）がその計画に取り込まれたことを示すものである。これらの①④⑤の面積を合わせると二十一町五反一畝五十一歩となり、全体面積の五四・七％を占めることになる。この年の久留米では大規模な都市開発が行われ、農村景観が城下町へ大きく変わっていく時代であった。

次に、②③は元和八年から慶安二年までの動向を記録したものである。約二十八年間にわたって町屋敷・寺屋敷・道路敷になった面積である。両者あわせて全面積の二〇％を占めているが、入国年の五四・七％との差は顕著である。元和七年が画期であったことを示している。有馬家によって久留米町の配置が決定され、農地などの接収がこの年に強行されて町屋・寺院・道路の建設が行われたのである。寺町では元和七年に寺地を拝領した寺院が多いことも、この事実を示している。元和七年に大枠が決定され、同八年以降に追加的に町屋敷や寺屋敷、道路敷が建設され、それが蓄積されてきたという結果を第二のグループの数値が示していると考える。慶安二年は久留米城外堀の工事が行われており、堀になった地区などが出て、畝数の変化に影響を与えたのであろう。

寛永十二年から慶安四年までの⑥は少し問題がある。寛永十二年を挙げているところを見ると、同年に城下町建設の画期となるような事績があったのだろうが、それを見出すことができていない。長町の延伸は寛永十一年までに五・六丁目まで家が建つが、同十八年に八丁目の建設が見えるまで七年ほどの空白期間がある。⑥は、十二年に六丁目以東の通町の建設が実施されたことを示すものではないかと推測する。また、慶安四年は久留米城外堀の大改修が行われていることから、これに関係するものだろう。この⑥の内容の解明は今後の課題である。

正保二（一六四五）年の事績である⑦⑧は、筑後川の川港であった洗切が、藩の命令で瀬下へ移転させられたことによって発生した土地の移動を示す。主に大石村に関わることであった。洗切は田中代からの町屋地区であり、筑後川を舞台とする交通・運輸の拠点であることから、城下町全体の建設が検討された際、そのまま置かれた町であった。一六四〇年代に久留米藩水軍方の拠点を作る必要があり、移転させられたのである。この点からいえば、城下町建設・配置計画の一部修正がなされている。

⑨は出目《でめ》とあるので、検地などで新たに析出された土地を示すものである。

⑩は久留米城下町の範囲ではないが、町人や寺院が田地を借り、その代わりに地子（年貢相当分）を払う土地である。二町八反余と結構広く、これは城下町の拡大の趨勢を示すものであろう。具体的な事例としては、三潴郡庄島の浄土真宗寺院である法雲寺が寛永十五年に庄島地子地に寺院を移し、地子を毎年納めている記事が参考になろう（『寛文十年久留米藩寺院開基』）。

⑪は正保四年に久留米町氏子が城内外郭に鎮座する祇園社の祭礼である祇園会を再興するに当たり、有馬忠頼が十間屋敷の山王宮横に御旅所を寄進したことを記録したものである。これは東久留米村の田畑である。

久留米城下町（惣町）は、元和七年に大規模な農地などの接収が行われ、町屋や道路（町筋）が建設された。元和八年以降はその町中に町屋や寺院が建立されていく過程であったと考える。長町を例にとれば、寛永元年に長町五丁目より東に家が建ち、同十一年には五丁目・六丁目まで、同十八年八丁目まで、十九年には九丁目まで家が建ち並ぶが、それは元和七年に決定された城下町の建設が進められていく過程であった。

新たに町屋・寺院・道路敷地が必要とあれば、追加収用されていったというのが、元和八年から慶安二年までの実態であろう。久留米城下町の基本骨格は元和七年に決定され、正保二年の洗切の瀬下町への移転によってほぼ完成したと判断される。確かに慶安二・四年の記事もあるが、これは久留米城外堀工事にかかるものであり、城下町の全容に大きな影響を与えるものでなかったと考えているからである。

先に元和八年の『石原家記』の城下町建設の記事を検討し、この史料にある「新町」は元和七年以降に新たに建設された城下町の総称であるとしたが、この「久留米町割道割畝数」の検討の結果からも、元和七年から八年にかけて大規模な城下町建設が行われたこと、それは個別町の建設ではなく、城下町の骨格を作り上げるものであったことが明らかであろう。それが「新町其外出来」という記事の内実であり、新町は個別の町名でなく、建設されつつある久留米町の全体を示すものであるという試論を支えるものとなろう。

旅人が記した久留米の町並み

通町は久留米城の南東に東西に延び、十間余の長さを持つ城下町で最大の町である（『筑後志』二）。延享二（一七四五）年に長町から通町へと改称され、本町と呼ぶ史料もある。有馬豊氏が久留米に入った時、長町は四丁目まであったとあり、久留米居住久しい家筋を四丁目の町人といっている（『米府紀事略』七）。本節では通町を使い、史料の引用などの場合は長町も使うことにする。

この町は参勤交代の際に有馬家の藩主が通行する、城下町の主要な通りである。一丁目の札の辻で柳川往還と分岐して、十丁目では府中口（豊後方面）、宮地口（筑前方面）と分岐している。通町の北側では一丁目と二丁目で櫛原小路、六丁目で鉄砲小路、七丁目で寺町とつながり、南側では三丁目まで新町が並行し、四丁目から五丁目は十間屋敷と接し、六丁目で十間屋敷、九丁目で東久留米村と連絡している。

元和八（一六二二）年には四丁目、寛永元（一六二四）年には五丁目より東に家建ち、同十一年に五・六丁目に家が立つとある。同十八年には八丁目まで家立ち続く、同十九年に九丁目町屋立つとあり、正保三（一六四六）年には十丁目の屋敷割りが行われており、町屋が立ち並んだようだ。この町の形成には二十五年間かかったことになる。『石原家記』の記述に沿ってこの町の形成過程を見てきたが、元和八年から寛永十一年までの期間と、寛永十八年から正保三年までの期間に大きく分けられる。七丁目の建設は十一年以降であろうが、

昭和７年頃の久留米市街。中央の通り沿いが通町である（『久留米市誌』上編より）。同書の写真説明には「市庁舎上よりの展望（東部）」とある

八丁目から十丁目までの建設には七年間の間隔が空くからである。

さらに、一丁目から六丁目までの北側の町屋の奥行は十三間半と同一である。南側の町屋の奥行は一丁目が十二間半、二丁目から五丁目までは十三間半、六丁目が十五間となっており、五丁目まではほぼ同一の規格で町割がなされている（「明治五年通町絵図」）。これは有馬氏入国以前（田中吉政・忠政代）の通町の町割が継承されている可能性が極めて高い。

ところが、七丁目から東は北側町屋が十五間もしくは十五間半、南側では十六間半などとなり、前者の奥行との違いが明確である。また十丁目では十間となるなど、一丁目から六丁目までの町割と違い、七丁目以降は新たな町割によって建設されたことを示している。一丁目から六丁目と七丁目から十丁目の間に建設過程の画期を置くことができるだろう。

また、八丁目で通町は大きく北に曲がり鍵形を成し、九丁目が作られているが、これは城下町特有の構造である。七丁目以東の町割に藩が大きく関わっていることを示している。

もう一つの画期は延享二、三年である。延享二年に長町から通町に名称が変わり、同三年から十丁目番所外に通東町が建設されている。番所が建設されているということは、ここから内側が城下町ということであるので、通東町の建設はそれを突き破る都市内部の圧力があったのだろう。

その状況を説明する延享三年二月の『石原家記』の記事は興味深い。「十丁目外松原伐り、通町に居り候者普請成り難き類に代地下され、外町出来候筈」とあり、「当年通町普請」ともある。通町に居住する者で土地がなく普請ができないでいる者に代地を与え、町建てを行ったという内容である。この拡大は通外東町、通外北町へと広がり、天明三（一七八三）年には宮地口である通外北町に南薫升形土居が建設され（『米府年表』）、ここも城下町に包摂されていくのである。宮地口とは筑後川の渡しがあった宮ノ陣の宮地に向かう道である。柳川往還沿いの原古賀町や上妻方面につながる小頭町でも番所の外に町屋ができており、通町と同様な町屋の拡大が見られる。

寛文二（一六六二）年には十丁目口に御門が造られた。この番所は府中方面からの人・物の出入りを管理するもので、穀留番所の役割を持ち、下番所として八丁目口、寺町口、鉄砲小路口番を管轄する役割を持っていた（『御旧制調書』）。また、町の警備に関係するものとして、延宝二（一六七四）年六月の七丁目の寺町口の釘貫のことで次の記事がある。

長町七丁目寺町口へ釘貫これ有り、又七丁目町内にも釘貫壱ツ御座候、已前は外々にも御座候へ共、殊の外御造作に付、御やめ相成申し候、七丁目の釘貫も相止められ然るべ哉の旨御作事奉行申し候由、草野孫左衛門申し候間、御家老中聞き届け、その通り除け様申し渡す

（『古代日記書抜』）

釘貫とは町の入口などに設けられた木戸であるが、長町七丁目から寺町に行く道に釘貫が設けられ、また七丁目にはもう一つ釘貫があるようだ。注目すべきは、「已前は外々にも御座候」とあることから、七丁目以外の町にも釘貫が多く設けられていたということである。釘貫を作り維持するのは費用がかかるので、他の町では止められているが、七丁目の釘貫も廃止されるべきではないかと御作事奉行が申しているので、町奉行の草

野孫左衛門が家老に伺ったところ、取り除かれることになったという記事である。城下町の主要な入口には釘貫が設置され、厳重な管理が行われていたが、この時期にその体制が緩んでいくことを示している。

寛文七年七月十七日に長町二丁目・三丁目、紺屋町、新町、十間屋敷侍衆九軒、町屋一一六軒を焼く大火が発生している。この時に焼けた町屋はすべて板家・草家で瓦家はなかったと報告されている（『古代日記書抜』）。長町二・三丁目には瓦家はなかったのである。それを傍証するものとして「正保国絵図」をもとに作成されたという『久留米藩領図屛風』（久留米市教育委員会蔵。複製が有馬記念館に展示）がある。長町には町家が描かれるが、屋根の構造は板葺・草葺で、押さえとして屋根に石を置いた家なども見える。先の火事の記事と一致する光景である。この『久留米藩領図屛風』は本格的な検討がなされていないが、江戸前期の久留米藩領、久留米城下町を描くものとして極めて重要な史料である。

元禄五（一六九二）年三月三日、長崎の出島のオランダ商館に勤務したドイツ人医師であるエンゲルト・ケンペルは二回目の江戸参府の際、久留米城下町を通行している。オランダ商館長（カピタン）の江戸参府に同行したのである。ケンペルは柳川往還から久留米に入るが、通町とそこに住む住民について以下のように記録している（『江戸参府旅行日記』東洋文庫）。

久留米の町は、一〇〇〇軒ばかりの小さな家が立ち並ぶ幾本かのまっすぐな長い十字路から成り、無防備で、外堀も土塁も石垣もなく、ただ粗末な門があるだけである。右側には城があり、堂々たる城門と美しい天守閣があり、きれいな水をたたえた堀が城をめぐり、短い橋が架かっている。われわれが町を通りすぎた時に、本通りにもまた戸口の前にも、人っ子一人姿を見せず、人々は家の中の簾の後ろにいたが、これとは対照的に横町には人々が溢れていて、みんな頭を下げたり腰をかがめたりして、われわれが通り過ぎるを見ているのが目についた。（後略）

また、江戸からの帰りの五月十九日にも久留米を通過しているが、この時も記録を残している。

久留米市は二〇〇〇戸近くの家から成っている。町の手前で一人の案内役がやって来て、われわれを町の門の所まで連れて行った。ここではまず街道に整列している番士のうちから、武器を持っていた四人がわれわれの行列の前に立ち、二人が後に従った。われわれの前方はるか遠くまで、街道には水がまかれていた。しかし、道には人っ子一人なく、人の気配もしなかった。住民は家の中でひざまずいて、物音一つ立てず遠くからわれわれを眺めていた。城の堀端を通り過ぎた時に、制札場があり、ちょうど新しい触れが張り出され、銀二〇朱が添えてあって、犬を殺した犯人の名を知らせた者には、褒美として二〇朱を与える旨が記されていた。なぜなら、こういう行為は、しばしば罰を受けることになるのである。

この記録は外国人による初めての久留米城下の観察記録であるが、彼は久留米人にとって初めて見る西洋人であったかもしれない。江戸参府にはカピタンのほか書記・医師が随行しており、それに長崎奉行所の役人から選ばれた正副の検使、通訳と会計を担当する江戸番大通詞と江戸番小通詞、町使、書記、料理人などの小使や日雇頭らがおり、規定では総勢五十九名の行列であったが、実際は様々な名目で加わる者がいたといわれている（片桐一男『江戸のオランダ人　カピタンの江戸参府』）。また、この参府は大名の参勤交代に倣って宿駅の本陣などが使用されたために、通行する城下町では大名行列の格式で対応している。久留米での対応を『藩法集』から探ろう。

享保七（一七二二）年と同九年のお触れでは、大名が城下町を通行する時は長町十丁目の番所口に使者を遣わし、足軽は下座することになっている。町奉行は片原町の札の辻の前の西の方に罷《まか》り出て挨拶をし、さらに、行列の先払いとして足軽二名が先導することになっている。また、町中の横小路にはその町の目付二人が棒を持って、横道の往来を押さえることになっている（『藩法集』四〇五・四四八）。

また、宝暦十一（一七六一）年に御判物《ごはんもつ》（将軍の花押のある文書）が久留米に到着する際には、町筋を掃除し、店先の草履・草鞋は取り除くように命じられている（同一一三九）。安永二（一七七三）年の「御国鶴拝領」（将軍家からの鶴の拝領）の際には、城下町その他の道中にある村や町は家々の前に手桶を出し、いずれも土間で平伏しておくべきだとある（同一六八六）。

これらの記事を見ると、ケンペルは「本通りにもまた戸口の前にも、人っ子一人姿を見せず、人々は家の中の簾の後ろにいたが、これとは対照的に横町には人々が溢れていて、みんな頭を下げたり腰をかがめたりして、われわれが通り過ぎるを見ているのが目についた」と述べているが、これは藩の命令であり、最大限の敬意を示すものであったのである。また、「われわれの前方はるか遠くまで、街道には水がまかれていた。しかし、道には人っ子一人なく、人の気配もしなかった。住民は家の中でひざまずいて、物音一つ立てず遠くからわれわれを眺めていた」とあるのは、先にお触れが厳しく行われていることを示している。道の掃除がなされ、水が撒かれており、店先には水田子（桶）が置かれていたのである。これらの大名行列などが通過する長町や柳川往還沿いにある三本松町、原古賀町などでは、町役人を中心に行列を迎える業務を町役として務めたのである。

ケンペル以外にも、城下を通過した様々な旅行者の記録が残されている。天明三年七月、古川辰は久留米城下について『西遊雑記』に次のように記している。

久留米に至る。大概の所也。上方辺の城下とは違ひて、草葺の家宅数多なれば見分あしく、市中三千軒余、本町といふ所商人も見えて二三丁ばかりよき町有り。城は平城にて天守なし。当主有馬侯犬を好み給ひ、下は上に習ふものにや、度々大犬を見かけし事あり。

古川辰は古松軒《こしょうけん》ともいい、備中国岡田藩の人で、地理研究家であった。当時の有馬の殿様は七代頼僮であったが、久留米町は「草葺の家宅数多なれば見分あしく、市中三千軒余、本町といふ所商人も見えて二三丁ばかりよき町有り」とある。本町とは通町のことであるので、通町一丁目から二、三丁目までは良い町並みが並び、それ以外はほとんどが草葺であったとしている。

正徳四（一七一四）年に発令された「町中掟」（『正徳年間御掟』新有馬文庫）には町人の家についての面白い記事がある。

町人家作は表通見分の宜きを第一とし勝手内証向きに至ては至極の倹約を用い費えを省きて経営せしむべし。亀屋町・両替町・片原町・本町・三本松町・原古賀町、各の分は表通り往還の町たるにより別て見分を第一とすべし。或いは立派に造作修覆せしむるものと其の屋作の優劣に随い軒口の多少を以って賞患を与うべき事

この掟は六代藩主則維によって発令されたものであるが、城下の主要な道路沿いの町家は見分（見栄え）が第一に作るように命じ、その優劣によって間口にかかる賦課を加減するとしており、藩も城下町の見栄えが悪いことを気にしていたことがうかがえる。これは元禄九年の城下町大半を焼いた白石火事の被害からまだ立ち直っていないことを示すものでもあるが、十八世紀初めの久留米城下町は整った町ではなかったようだ。

享和二（一八〇二）年四月に府中から久留米城下に入った菱屋平七（吉田重房）は次のように記している（『筑紫紀行』）。

有馬中務大輔殿廿四万石の御城下なり。入口より出口まで三十二丁あり。御城は塀のみ見えて、天守やぐらなどは見えず。町の入口総門の内に見付番所あり。入口より十丁の間を本町と称す。町屋の様よくもあらず、多くは板葺にて鎮《おさえ》に石を置たり。それより先を裏町と称して皆草葺なり。本町四丁目の長門屋治助といふに宿る、宿甚わろし。此所には宿舎は二三軒ならではあらずといへり

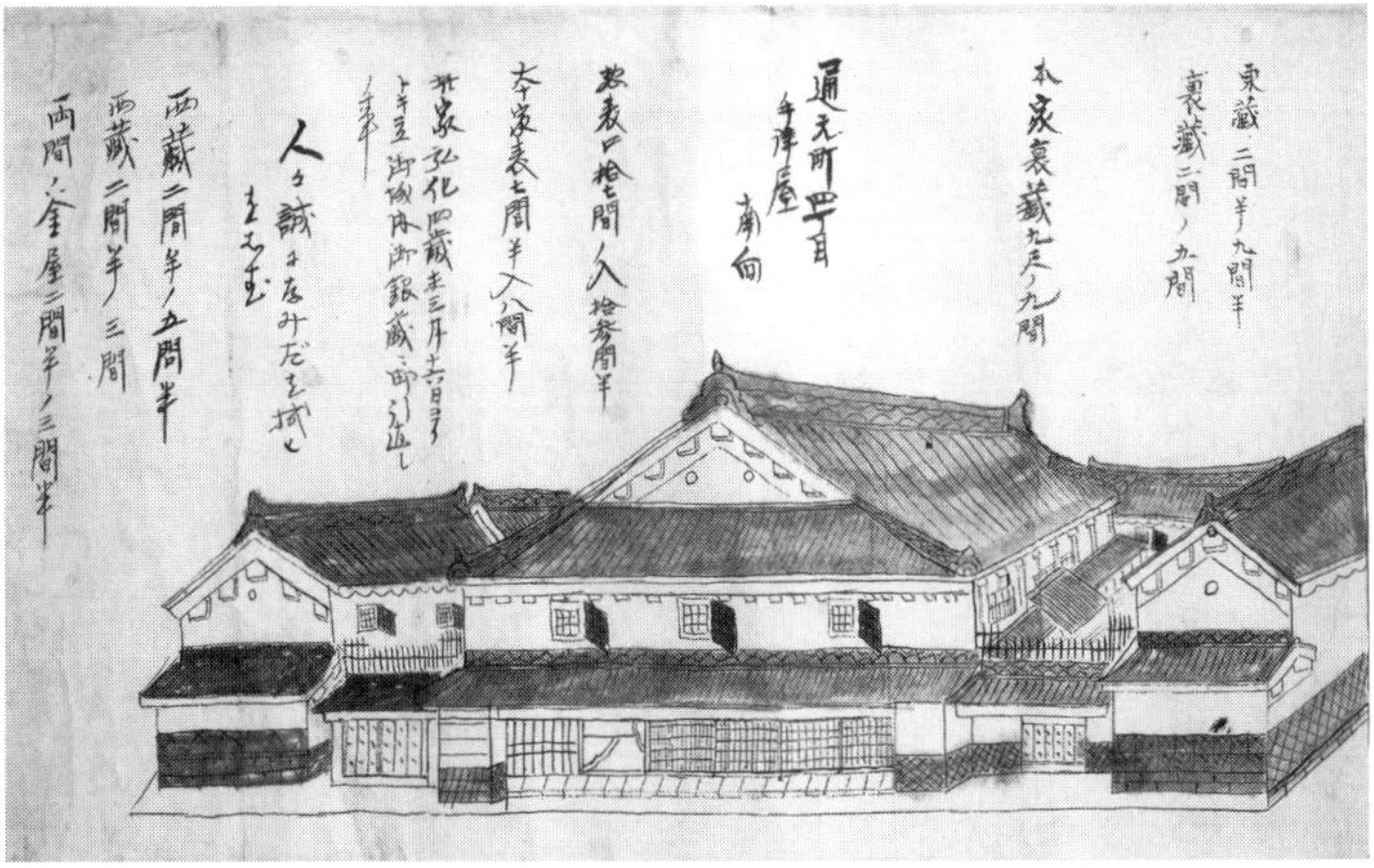
「通町四丁目手津屋支店絵図」（久留米市教育委員会蔵）

町屋の様子は悪く、多くは板葺で鎮《おさえ》として石を置き、通町の南に広がる裏町はほぼ草葺とある。十九世紀初頭の久留米城下町のメイン道路であった通町が、甍が並ぶ町でなかったことは事実のようだ。天保年間（一八三〇－四四）に佐藤信淵が「久留米城は有馬氏の都する所なり、城下士民の居家凡そ六七千軒も有るべし、草葺のみ多く見苦しき町なり。然れとも本町と云ふ所は、三四町大商も見えて富饒らしき町なり」（『九州紀行』）と述べていることからすれば、一丁目から四丁目付近までは大きな店舗が並ぶ光景があったようだ。

　幕末、通町四丁目にあった手津屋《てつや》支店の絵図が残されているが、この支店の母屋は表七間半、入り八間半の規模を持つ瓦葺の商家であり、蔵四軒も瓦葺である。このような規模を持つ建物があったところを「三四町大商も見えて富饒らしき町なり」と述べてい

るのだろうが、その地区以外は「草葺のみ多く見苦しき町なり」としている。久留米城下町の中心的な地区でもこのような状態であり、時代劇に見るような瓦屋根の町並みが続くのは、久留米城下町ではかなり後世のことであろう。

藩政後期になると、城下町の火事が相次ぎ、武家屋敷や町屋に瓦葺が許されるようになっている。文政十二（一八二九）年の庄島大火以降、主要な町並みの家には居蔵《いぐら》造りという防火用の厚壁と白漆喰を塗り籠めた建物が建設されていく。瓦葺は在郷町でも許されるようになっていき、享和二年に福島町の久留米福童屋支店、文化四（一八〇七）年に田主丸鉄（手津）屋の家などが許された（『久留米市史』第二巻第六章第二節）。しかし、こらの建物はごく一部であり、先に述べたような草葺の建物が圧倒的であったといえるだろう。これは城下町の人々の生活が厳しかったことを示すものである。昭和七（一九三二）年に刊行された『久留米市誌』上編巻頭口絵の久留米町俯瞰写真（一五一頁）には瓦葺の町家が立ち並ぶ姿が見えるが、この光景は幕末以降の、それも近代になってからの所産と考えるべきものである。

明治初年の通町六丁目の復元

通町は久留米城下町の一角を占める町である。その沿革を押さえておこう。元和七（一六二一）年に有馬豊氏が筑後国のうち八郡二十一万石の大名として久留米に入り、久留米城及び城下町の建設に着手している。通町は古くからの豊後方面につながる街道沿いの町である。豊氏が入部した頃には四丁目まで町並みがあり、この付近で筑前へ向かう道（博多道）が分岐していた。久留米城下町での古くからの町人を四丁目の町人といっている。

通町は当初は長町と呼ばれ、寛永元（一六二四）年には五丁目より東に町が建ち始め、同十八年には八丁目、

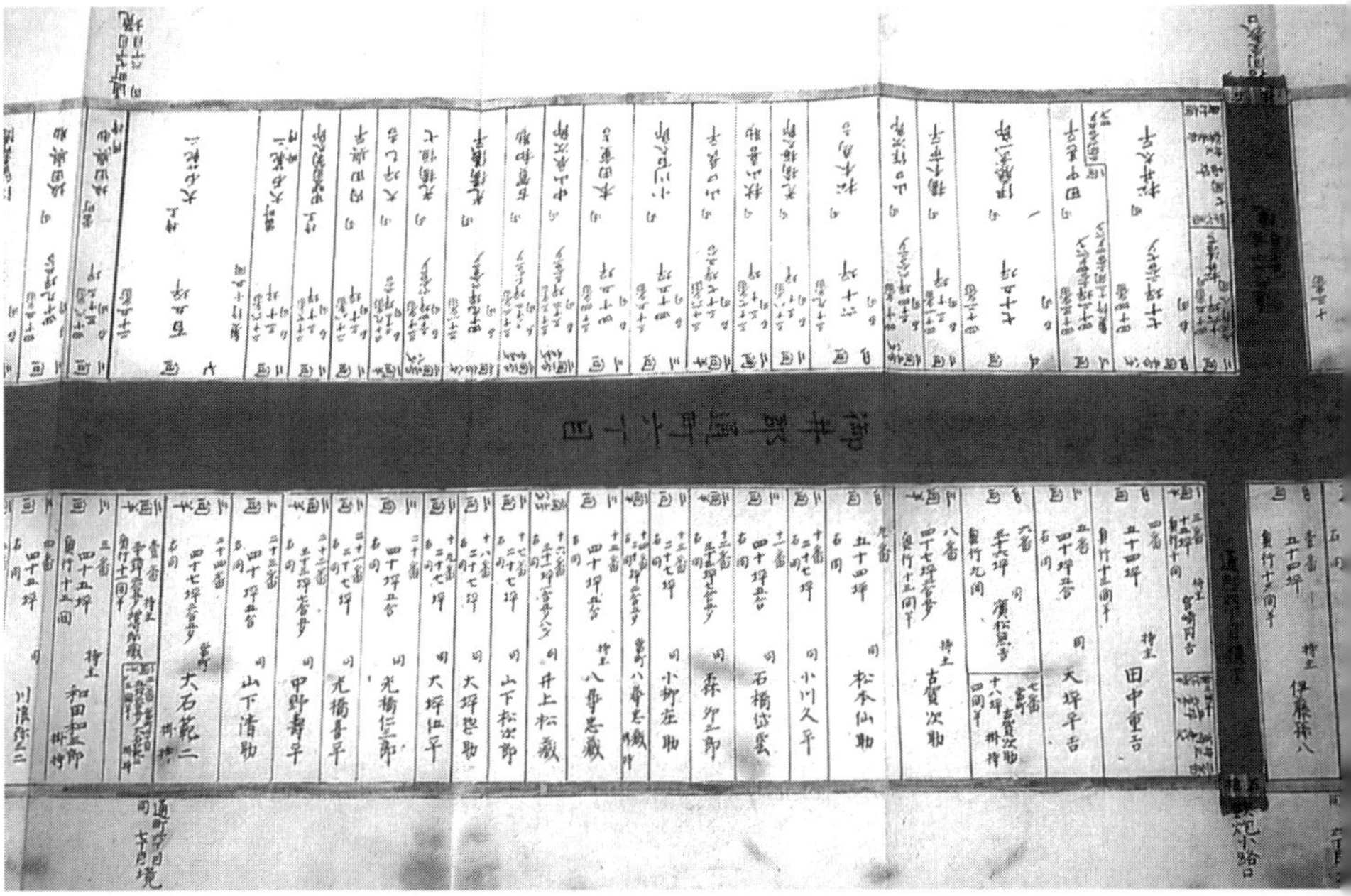

「明治五年通町絵図」の六丁目の部分（久留米市教育委員会蔵）

翌年には九丁目、正保三（一六四六）年には十丁目が建設されている。延享二（一七四五）年には通町と改称され、翌年には通外町が建設された。

ここで取り上げる六丁目は、寛永初年に建設が始まり、同十八年までには成立した町であり、江戸時代を通じて通町筋の中央付近の町としての位置を占めている。この町は通町四丁目から通外町までの八町を管轄する町別当酢屋掛に含まれ、文化三（一八〇六）年には二人の目付がいたことが知られる。

通町の具体的な姿を明治五（一八七二）年になって捉えたものが「明治五年通町絵図」（久留米市教育委員会蔵。以下「通町絵図」とする）である。この絵図は通町一丁目から通外町までを描き、一丁目から四丁目、五丁目から九丁目、十丁目から通東外町・通北外町までに分割され、三冊の冊子に仕立てられている。冊子表紙に「第四大区小十一区御井郡自通壹丁目至同四丁目」の題箋があり、本来は「第四大区小十一区通町図」というべきものである。

絵図には通町を東西に貫く道路に面して短冊状の地割が見られ、一筆ごとに地番・所有者・間口・奥行及び面積が書かれている。この絵図は明治五年作成であるが、江戸時代末の土地区割や所有者の姿をほぼ残していると考えてよいだろう。　六丁目は南側に二十二筆、北側に二十四筆、計四十六筆に分かれており、掛持が四名見られるので、四十二名の土地所有者を知ることができる。奥行は北側で十三間半、南側は十五間あり、間口は二間（二十二筆）、三間（十二筆）が計三十四筆で全体の七五％を占めている。通町全体を見ても二、三間の範囲に入るものが大半である。ちなみに通町全体では三間のものが二間のものより多いが、六丁目ではそれが逆転しており、狭い間口が比較的多いといえる。

土地所有者の姓を見ると、光橋姓五名、大坪姓四名、松井姓三名、伊藤姓二名、宮崎姓二名など同姓の人々がいる。光橋家について見ると、恒七と儀平が隣合い、また道を挟んで反対側に仁三郎と喜平の名がある。これら四人とやや離れたところに梅太郎がいる。この五人の系譜関係は確かめていないが、同族もしくは本家—分家などの親族関係、さらに暖簾分けなどの擬制的な同族関係をも推測されるのである。これは四名いる大坪姓にも該当するのであろう。

この絵図に見える姓名が多く確認できる史料が、次に検討する「明治七年通町六丁目雑税上納根帳」（以下「雑税根帳」とする）である。この史料は権藤直著『久留米商工史』に掲載されたもので、「同町内の商家名簿ならびに税額がわかるだけでなく、当時の久留米における商業一般の状況を知るうえでも、よい参考となる」と紹介されている。筆者はこの史料を実見できていないため、体裁や内容については『久留米商工史』によって進める。

明治七年雑税上納目録

一　太物取次　　（五十銭）　　大石　良助

一　旅人宿　　　　（十　銭）　同　　人
一　小間物振売　小店兼　（廿五銭）　広田　七次
一　小　商　　　　（十　銭）　内田　与平
（中略）
一　八百屋店　　　（十五銭）　田中　重吉
一　三味線職　　　（二　円）　古賀　次助
一　打　綿　　　　（廿　銭）　藤田　喜助
（後略）

以上のように、営業内容と税額、それを負担する経営者の氏名が五十三項目掲載されている。これを職種ごとに整理したのが表二で、経営者ごとに整理したのが表三である。

表二にあるように二十四職種（営業品物）が確認され、それらは四つのグループに分けられそうだ。まず注目したいのは太物取次、旅薬取次、諸国品取次及び紙楮仲買などの物資の集荷・仲買を行う流通業としての職種である。旅人宿は四軒あるが、そのうち三軒は取次業の兼業であることが注目される。このグループの存在は、久留米城下町が領内の政治・経済の中心であり、領内・領外の物資の移出入の機能を持ち、六丁目もその機能を担っていたことを示している。また、諸国品取次・旅薬取次・旅人宿を兼業していた松井太平は税額二円九十銭、小商・旅薬取次を兼業する田中甚平、旅薬取次と旅人宿を兼業する松本為吉は税額が一円十銭と多く、この町を代表する有力な商人たちであったといえる。

二つ目のグループは小間物振売・小店兼、小商、鋳物金物店、八百屋、豆腐屋、菓子屋などの生活に身近な商店である。その中で目立つのは小間物振売・小店兼（十名）、小商（九名）である。小間物振・小店兼十名

■表2　明治7年の通町六丁目の職種

区分	職種・営業品目	人数	兼業数	兼業の内容
取次仲買	太物取次	1	1	旅人宿
	旅薬取次	3	4	諸国品取次1・小商1・旅人宿2
	諸国品取次	1	1	旅薬取次・旅人宿
	紙楮仲買	2		
	旅人宿	4	3	太物取次1・旅薬取次2
商店	小間物振売・小店兼	10	4	豆腐・煮物店・清酒・三味線職
	小商	9	2	鋳物金物店・旅薬取次
	鋳物金物店	1	1	小商
	染絣店	2		
	奥山商	1		
	八百屋店	1		
	菓子屋	1		
	豆腐	1	1	小間物振売・小店兼
飲食娯楽	清酒	2	2	煮売店
	煮売店	3	2	清酒2
	料理店	2		
	風呂屋	1	1	髪結床
	髪結床	1	1	風呂屋
諸職	桶職	1		
	畳刺	1		
	三味線職	1	1	小間物振売・小店兼
	打綿	1	1	仕立物職
	仕立物職	1	1	打綿
	藍瓶	2	1	小間物振売・小店兼

資料：「明治七年通町六丁目雑税上納根帳」より作成

■表 3　明治 7 年の通町六丁目の経営者名と税額

（単位：銭）

	姓　名	営業内容	税額
1	大石良助	太物取次 旅人宿	50 10
2	広田七次	小間物振売・小店兼 豆腐	25 5
3	内田与平	小商 鋳物金物店	10
4	中山辰次郎	小商	10
5	本田重吉	旅人宿	10
6	山口長平	紙楮仲買	60
7	秋山喜助	料理店	100
8	秋山加助	小商	10
9	松本為吉	旅薬取次 旅人宿	100 10
10	山口作次郎	小間物振売・小店兼	25
11	橋本市平	煮売店	25
12	伊藤恒五郎	染絣店	15
13	田中甚平	小商 旅薬取次	10 100
14	松井太平	諸国品取次 旅薬取次 旅人宿	180 100 10
15	松井清七	奥山商	25
16	伊藤孫八	清酒 煮売店 小間物振売・小店兼	50 25 25
17	宮崎亀吉	小商	10
18	伊藤虎三郎	染絣店	15
19	広松熊吉	小間物振売・小店兼	25
20	松本仙助	菓子商	15
21	小川久平	料理屋	100
22	八尋忠蔵	藍瓶12本	60
23	中山佐平	小商	10
24	山下松次郎	桶職	10
25	大坪幸作	小間物振売・小店兼	25
26	大坪松次郎	小間物振売・小店兼	25
27	大坪伍平	小間物振売・小店兼	25
28	光橋宗平	小間物振売・小店兼 藍瓶 2 本	25 10
29	山下清助	紙楮仲買	60
30	江口勘吉	小商	10
31	光橋清吉	畳刺	10
32	田中重吉	八百屋店	15
33	古賀次助	三味線職 小間物振売・小店兼	200 25
34	藤田喜助	打綿 仕立物職	20 10
35	松井庄太郎	風呂屋 髪結床	5 5
36	山下仙助	小商	10
37	稲吉伝助	小商	10
38	小川市太郎	煮売店 清酒	25 50
39	田中勘六	小間物振売・小店兼	25

資料：「明治七年通町六丁目雑税上納根帳」より作成

のうち、兼業でないのは六人で税額二十五銭、小商のうち兼業でないのは七人で税額十銭の零細な商人であることがわかる。小間物は本来は婦人用の化粧のこまごまのものという意味であるが、ここでいう小間物振売・小店兼とは小店を構えて日常雑貨・食材などを販売している者のことであろう。また、小商とは振り売りに出ず店を構えている者であろう。

弘化二（一八四五）年の「商工業免許印札印棒」には振売として「油振売印棒」「鋳物振売印棒」などが見え、他の史料には「焼物振売」「漁魚振売」が見える。小商は城下に三五一本の印棒が許されている（『久留米小史』第八巻）。表三の「小間物振売・小店兼」と『久留米小史』に見える「小商印棒」は同一の営業形態に近いものと考えている。六丁目では十名の小間物振売・小店兼が確認できるが、どう位置づけられるだろうか。通町は十二町あるから、各町に十名として単純に計算すると一二〇人となる。城下町全体で五十町あるが、通町一－四丁目などの城下町中心地にはこれらの職種は少ないと予想されることから、この三五一本というのは妥当な数ではなかろうか。久留米城下町には小間物振売・小店兼、小商という零細な商人が多くいて、その営業形態は城下町及び近在の村の消費に依存するものであり、不安定な商人たちであったことが想像される。

三つ目のグループは城下町の生活に関わる職種で、清酒、煮売店、料理屋、風呂屋、髪結床などである。煮売店は三軒あり、清酒も販売している者も二例ある。煮売屋と煮売店は同一のものと考えているが、煮売屋については、弘化二年頃の筆録とされる真木和泉守の『むかしは物語』の記事がある（第八章「真木和泉守が見た幕末の城下町」で引用しているので参照されたい）。この記事によれば、煮売屋は十八世紀後半の天明年間頃から現れたものという。蕎麦屋から始まり、酒の肴に川魚などを出していたが、その後、蒲鉾や鯉の吸い物、鳥の煎りつけなども出すようになったという。城下全体では五十余軒あると書かれているが、そのうちの三軒が通町六丁目にあったことになる。これらは現代の一杯飲み屋、居酒屋の原形といえるだろう。一方、料理屋は接待や公的な会合などに使われており、煮売屋より格式が高い店であろう。

十八世紀後半にこの商売が始まり定着したのは、これを受け入れる社会の変化、新しい都市住民の出現を意味しよう。その具体例として、都市における奉公人・日雇層の増加があるのではないかと考えている。外で飯を食べ、酒を飲むということが生活の一部となる階層の出現であり、新たな消費生活の発生ということができる。六丁目にこの新しい商売が三軒、料理屋が二軒見られるというのは、町人社会の変化に対応したものであろう。また、髪結床や風呂屋の存在は住民の保健衛生に貢献し、娯楽・社交の場を提供するものであり、煮売屋の登場と同じく、町人生活の変化を示している。

四つ目は職人の存在である。久留米城下町には職人にちなむ町がいくつかある。細工町・鍛冶屋町・紺屋町などである。しかし、それぞれの町にその職種の人々ばかりが集住したかどうかは検討すべき課題である。確かに鍛冶屋町に鍛冶がいたことは事実であるが、その町が圧倒的な数の鍛冶屋で占められていたわけではないようだ。町の建設に当たって主導的な役割を果たした町人の職種であったり、その町で目立つ業種であったりすることによって命名されたのであろう。両替町は両替商が立ち並んでいたのでその町名になったと考えがちであるが、久留米城下町に両替町が何軒も立ち並ぶ姿は考えづらい。この町には井筒屋という両替商が一軒(『石原家記』)あったので、それに因む町名であろう。江戸初期の町屋の構成がわかる史料を持ち合わせていないので推測になるが、当初から同一職種の町人・職人ばかりで構成されるのではなく、それらが混在して町が成立していたと考えている。

明治九年、三潴県が商工税課税の対象とした旧城下町の職人の職種は大工職・絞油職など三十八職種(『久留米市史』第十巻近代編)である。これらの職種は江戸末期の状況を反映しているが、城下町にはこのような多様な職人が散在しており、その具体例として六丁目には仕立物職・桶職・畳刺職・髪結職・打綿職の存在が確認できる。この商人と職人が混在する住民構成が、江戸時代後期の久留米城下町では通有のものではなかったかと考えているが、今後他町の例を積み重ねていくことで結論が得られることになろう。

これらの職人たちの活動は城下町もしくは六丁目及び周辺の生活・生産のための求めに対応したものであったが、「藍瓶」については多少触れることがある。藍瓶とは二本とか十二本と記載があることから、紺屋のことである。この紺屋と関連するものとして染絣店が見える。この店は久留米絣の製品を販売する業者であろう。明治初年までの久留米絣の生産は「綿繰《わたくり》」「織替《おりかえ》」と呼ばれる買占め資本が原料の繰綿・実綿・綿糸などを農家に渡し、農家は染色・織立を行い製品を渡し、また原料とともに賃金を得るという形態であった（『久留米市史』第三巻第四章第二節）。染絣店はこの生産過程で買占め資本としての位置を占め、藍瓶（紺屋）はその生産に携わっていたのである。久留米絣のマニュファクチャー化は明治十四年以降に達成されるが、その前段の生産を語るものとして貴重な事例といえる。

六丁目の「雑税根帳」から、この町が領内・領外への経済的な中枢機能の一部を担っていたことを確認できた。あわせて、小間物振売や小商などの存在は、先の機能を帯びながらも、城下町に住む人々の日々の生活を支える役割を果たしていた。さらに、煮売屋・料理屋、風呂屋・髪結床などは町に住む人々の生活に潤いを与えるものであった。また、一部の職種の存在は、明治期の久留米の主要産業となる久留米絣の前史としての意味を持っていたことが明らかになった。

明治五年の「通町絵図」と同七年の「雑税根帳」の検討をしてきたが、既述のように前者は六丁目の土地台帳であり、一筆ごとの所有者が知られる。また、「雑税根帳」に見える氏名と多くが一致する。そこで「通町絵図」に「雑税根帳」の氏名を重ねてみたものが図一である。四十六筆のうち、二十七筆の経営者・職種及び町内での所在地がほぼ確定できる。

通町六丁目の通りに面した南側の二十二屋敷のうち、十五屋敷地の職種が特定できた。南側東端に位置する太物取次と旅人宿を経営する大石範二は、南側に七間間口、二間間口の二か所、北側に三間半の間口の屋敷地を所有する商人であり、地主としての側面を強く持つ。さら西端近くに位置する諸国品取次・旅薬取次・旅人

■図１　明治７年の通町六丁目復元図

資料：「明治五年通町絵図」と「明治七年通町六丁目雑税上納根帳」をもとに作成

宿を経営する松井太平は先に触れたように、この町で一番の高額納税者であった。旅人宿は先の二例を含めて四か所あるが、これもこの町を特徴づける業種である。諸国品や旅薬などの移出入を行った領内外の商人の宿泊の機能も有していたようだ。さらに西端にある松井庄太郎が経営する風呂屋・髪結床は武家屋敷地である十間屋敷につながる道路に面しており、本来は一筆であった角屋敷地が二筆に分割されている。店先に広い間口が取れることから角地は分割されることが多いが、この風呂屋は通町と十間屋敷がつながる道筋にあり、立地に優れていることから分割されたのであろう。

北側の屋敷地は二十四筆に分かれ、そのうち十二か所の職種を確定できた。まず、北側には南側ほど有力な商人がいないことが挙げられる。桶屋・紺屋・三味線職などの職人の存在が目を引く。また、兼業も含めた小間物振売・小店兼が四軒あり、零細な経営が目立つ町並みである。西端の鉄砲小路口の角屋敷は煮売店で清酒を売り、あわせて店の一部で小間物振売・小店も営業しているが、ここも反対側の風呂屋と同様に立地に恵まれたところであった。

表四は、「雑税根帳」には見えるが「通町絵図」との対応関係が把握できない人物・職種と、「通町絵図」にはあるが「雑税根帳」には名が見えない人物をまとめたものである。いずれも税額が少なく、零細な商人・職人が多い。

①②は同姓の者がいるが、それぞれ他の職種についている。③の大坪松次郎・同幸作は北側の平吉・惣助、南側の乙平の誰かに対応すると考えているが確定できなかった。④の光橋宗平・同清吉は北側の喜平・仁三郎、南側の儀平・恒七・梅太郎のいずれかに対応するのであろう。⑤から⑨は絵図には氏名がなく、屋敷地を所有していない。しかも、税額から見て零細である。彼らは店借や地借で営業、もしくは町内にある長屋などに住み営業を行う者であろう。⑩から⑮は「雑税根帳」に見えない人々である。元は商家で、商売をやめた仕舞屋《しもたや》であるかもしれないが、屋敷地を保有せず営業を行う商人に家や土地を提供した地主であった可能性が大きい。

先に見た大石範二や八尋忠蔵など掛持の屋敷地を保有する者も、同様の性格を持つのであろう。

ここまで「雑税根帳」を検討してきたが、この「雑税根帳」はあくまでも商工業者の税上納目録であり、その他の職種や地代・店賃収入などの土地・屋敷地経営は除外されている。その一例として、この町には石橋岱《たい》雲《うん》という医者が住み、生け花の東山流の師匠でもあった（『久留米人物誌』）が、彼の名は「雑税根帳」に見当たらない。さらに対象外であった者として奉公人・日雇などが挙げられる。この史料には商工業者以外の多様な生活者の姿は出てこないのである。

■表4　「雑税根帳」・「通町絵図」に見える氏名対比表

	「雑税根帳」に見える氏名と職種		「通町絵図」に見える氏名
①	秋山加助	小商	秋山喜助と関係か
②	中山佐平	小商	中山辰次郎と関係か
③	大坪松次郎 大坪幸作	小間物振売小店兼 小間物振売小店兼	大坪平吉 大坪惣助　と対応 大坪乙平
④	光橋宗平 光橋清吉	小間物振売小店兼 藍瓶二本 畳刺	光橋儀平 光橋喜平 光橋恒七　と対応 光橋梅太郎 光橋仁三郎
⑤	広田七次	小間物振売小店兼	
⑥	江口勘吉	小商	
⑦	藤田喜助	打綿・仕立物職	
⑧	稲吉伝助	小商	
⑨	田中勘六	小間物振売小店兼	
⑩			甲斐田菊太郎
⑪			古賀和助
⑫			森卯三郎
⑬			小柳庄助
⑭			井上松蔵
⑮			中野寿平

それらを少しうかがうことができる史料として、鉄砲小路に祀られている秋葉社の祭礼記録（『秋葉社御神事一式年々引渡日記』）がある。この秋葉社は天明六（一七八六）年に勧請されたものであるが、寛政二（一七九〇）年には、この神社祭礼に六丁目が関わっていることがわかる。六丁目・七丁目子供中が長提灯二張、六丁目女子供中が柄杓・手拭・鐘の緒など、それに同町の酒屋永田屋武助が新酒をそれぞれ寄進しており、六丁目には御祈禱竈札四十四枚が配られている。

秋葉社は火除けの神であり、祈禱札を竈の近くに貼って火難から逃れようとしたものである。四十四枚という数は、ほぼ「通町絵図」にある屋敷地に対応するものであり、各世帯に一枚ずつ配られたものと考えることができよう。逆に言えば、屋敷地を持たない住民には配布されなかったことになる。

寛政二年以降も、社頭にかかる鐘を鳴らすための緒（紐）、御手水の水を汲む柄杓、手を拭く手拭、それに御初穂などが六丁目女子供中から寄進され、毎年四十枚の御札が町に配布されている。ところが、文化元年には、寄進物の内容は変わらないのに、御札が二十枚増え六十枚となっている。翌年には六十二枚、同四年には六十五枚となっている。この数は同九年まで変わらない。寄進は六丁目女子供中の名で行われているが、この枚数の変化は、御札を配布される世帯と配布されない世帯との軋轢を生み、その解決策として、家屋敷を所有する町人だけではなく、町内の下層の住民にも御札が配布された結果であろう。借店・長屋などに住む住民の要求が背後にあったと考えたいのである。「雑税根帳」には見えるが「通町絵図」に見えない零細な商人たちが、その一部を構成していたのである。

ただし、この後、文化十年に突如、御札数が十五枚減り、文政元（一八一八）年には元の四十枚に戻っている。文化十年に「当年は去年より減る。八百屋勘左衛門方へ持たせ遣わす」とあり、六丁目に住む八百屋勘左衛門がこの祭礼に関わることで、配布先が限定され、町人主体の配札となったのであろう。また、寄進者も「六丁目女子供中」から「六丁目中」に変わり、秋葉社の御札という側面から見れば、町運営が下層住民排除の方向に進んでいったことを示しているのである。

通町六丁目の町並みの様子、職種、町人の構成などの実態に迫ることができたが、これらが他の町とどれくらい共通するものなのかということについては、ほとんど検討できていない。さらに、静的な復元はできたが、そこを生活の場とする人々の動的な復元についてはほとんど触れることができなかった。秋葉社の御札をめぐる検討は、その一つの試みであった。

第二章　町奉行と町別当

広範な業務を担った町奉行

江戸後期の町奉行は、藩庁では御家老－惣奉行－町奉行という組織の中にあった。ここでは文政元（一八一八）年の『町奉行中勤方覚』を検討し、町奉行の業務についての概要を明らかにしたい。この『町奉行中勤方覚』は黒岩万次郎旧蔵史料であり、現在は久留米市教育委員会蔵となっている。黒岩が編集責任者であった昭和七（一九三二）年刊行の『久留米市誌』においてその概要が紹介されている。この史料は藩中枢から町奉行の業務について報告を求められ提出したもので、同時に在方の郡奉行勤方の報告もなされている。この両報告とも弘化三（一八四六）年の『御旧制調書』（三）に抄録されている。

文政元年当時、端山作之進（五百石）と長谷川外守（五百石）の二名が町奉行であり、久留米城下町の民政を担当していた。両者とも、町奉行になると同時に御先手物頭となっている。退任すると御徒士頭《おかちがしら》・中扈従《ちゅうこじゅう》頭《かしら》に昇進している（『御家中略系譜』）。

久留米城下町は八行政区に分けられており、それぞれは「掛《かかり》」と呼ばれ、各掛には町人の中から任命された

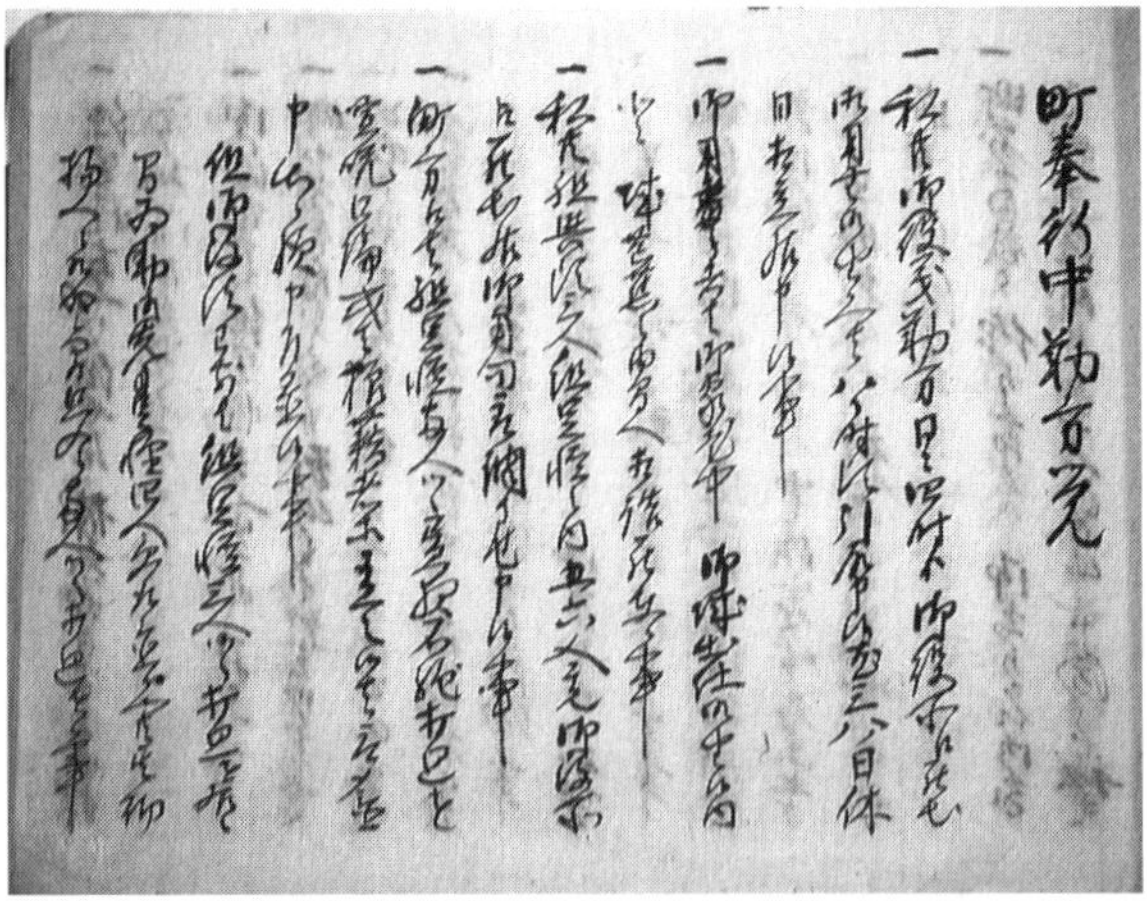

『町奉行中勤方覚』（久留米市教育委員会蔵）

町別当がおり、町別当の屋号が井筒屋であれば「井筒屋掛」と呼ばれた。各町別当が支配する町の範囲、職掌などについては次節の「町別当掛の成立と変遷」を参照されたい。

各掛に一名の町別当、掛内の各町に二名から三名の目付が置かれ、町内には隣組として五人組が置かれていた（『古代日記書抜』）。ちなみに、宝永七（一七一〇）年頃の久留米城下町の町数は三十九町であり、一人の別当が四町から七町を管轄していた。目付は総数八十三人いたことがわかっている（『啓忘録抜萃』）。宝暦元（一七五一）年の幕府巡見使からの質問に対する回答である「久留米領御尋答書」では、城下町数として「凡五十町」と答えている（『藩法集』一一七四）。また安永九（一七八〇）年頃には四十九町とある（『筑後志』）。この数に入っていない両替町横町などを追加すると五十三町となり、約七十年で十町ほど増え、町が拡大したことがわかる。文政元年段階では、久留米町は四十一町あり、四町を管轄する掛が二掛、五町が四掛、六町が一掛、八町が一掛であった。

また、城下町人口は元禄十二（一六九九）年に八七六四人、宝永三（一七〇六）年に八八八八人、安永九（一七八〇）年に七六三一人、文政五（一八二二）年に八六三一人（『久留米市史』第二巻第六章「近世の社会と生活」）であり、およそ八千人の城下町住民を対象とする役職である。

町別当は町奉行からの御家老中への推薦を経て、御家老中から御書付（任命辞令）が渡されることになる。

町奉行は登城して御奏者番へお礼を言上し、それが終わると、町別当を召し連れ御家老中宅へお礼に参る。これに対して町の目付は、町内の者の入札（投票）を行い、その封のまま町別当が町奉行に提出し、町奉行が札の多い者の人品を調査して申し付けることになっていた。町奉行はこの町別当・目付を指揮、また彼らに依拠して久留米城下町の行政を行っていた。町別当から一年交代で年行司町別当二名が選出され、彼らに藩庁からの連絡・指示などが伝えられた。また逆に、町方からの諸願などは彼らを通じて藩庁に提出されている。文化四（一八〇七）年に町別当の業務増加に伴い、町別当付の目付の設置が認められている（『久留米藩町触集』）。

表一は『町奉行中勤方覚』所収の「私共組支配之者」を整理したもので、職名、氏名・人数、御配当などがわかる。なお、表の番号は整理のため筆者が付けたものである。また、三十六番の町別当は、史料には出てこないが、筆者が挿入したものである。この種の支配組織については『御旧制調書』に概要が掲載されているが、姓名や御配当などが詳細に記されるものはない。

町奉行の職務については、テレビの時代劇などの影響が強く、犯人の逮捕や裁判などばかりが注目されがちだが、城下町全体をつかさどる行政官が本来の役割である。端山と長谷川の二名の町奉行は、月番の交代勤務である。月番の奉行は朝四つ時（午前十時）より役所に出て、八つ時（午後二時）に退出し、三と八のつく日が休日であった。当番の町奉行は、家老が本丸で執務する際は町奉行所ではなく、本丸御殿の芭蕉の間に詰めて業務を行っていた。

表一の一から四までが端山作之進支配の足軽組である。足軽組は与頭（組頭）一名、その支配下にある足軽十一名と綱取一名、さらに組に属し雑用をこなす人足一名からなる。長谷川外守の組（五―八、十）も同じ構成である。ただし、長谷川の組には御先手足軽与頭が一名配されている。この御先手足軽は享保七（一七二二）年に新たに設置された足軽であり、御先手足軽二十四人、組頭二人、人足二人が新規に召し抱えられ、町奉行両名の支配となったものである（『米府年表』）。その体制が文政元年段階でも引き継がれている。

彼ら足軽は昼夜交代で、与頭三名（阿部林太夫、近藤武右衛門、近藤太兵衛）の指揮のもと、日によって組

■表１　文政元年の町奉行支配一覧

	職　名	氏名・人数	御配当
1	端山作之進組御先手足軽与頭	阿部林太夫	16俵３人扶持、御役料30目
2	同人組御先手足軽	11人	14俵２人扶持ツヽ
3	同人組付綱取之者	１人	１人半扶持・御給銀125匁
4	同人組人足	１人	１人扶持・御給銀75匁
5	長谷川外守組御先手足軽与頭	近藤武右衛門	16俵３人扶持・御役料30目
6	同人組御先手足軽	11人	14俵２人扶持ツヽ
7	同人組付綱取之者	１人	１人半扶持・御給銀125匁
8	同人組人足	１人	１人扶持・御給銀75匁御給銀75匁
9	御使者屋番定居御側足軽格	井上万作	６石４斗２人１歩扶持・造用夫銀25匁
10	長谷川外守組御先手足軽与頭	近藤太兵衛	16俵３人扶持
11	牢守	稲吉直次	７石２斗２人扶持
12	同	高松衛助	同
13	居物斬	水島伝次	８石３人扶持
14	牢屋番	８人	５石１人半扶持ツヽ
15	町方定付小者	１人	３石１人半扶持
16	長崎御家代	井上市兵衛	15人扶持銀５枚
17	同	友永儀右衛門	同
18	座頭惣支配	田川勾当	３人扶持
19	同	大塚勾当	２人扶持
20	同	秋山勾当	１人扶持
21	同	加代都座頭	１人扶持
22	同	左衛都座頭	１人扶持
23	御勝手方御用聞	布屋彦兵衛	２人扶持
24	御勝手方御用聞頭取別当格	福童屋次郎兵衛	15人扶持
25	御勝手方御用聞頭取別当並	泉屋弥作	20人扶持
26	同	塩屋喜兵衛	15人扶持
27	御勝手方御用聞	帯屋孫兵衛	５人扶持
28	同	福童屋喜兵衛	５人扶持
29	同	中島五郎兵衛	３人扶持
30	同	山本屋喜左衛門	３人扶持
31	同	米屋千助	３人扶持
32	同	唐津屋喜右衛門	３人扶持
33	同	戸板屋仁三郎	２人扶持
34	同	富屋善右衛門	２人扶持
35	同	泉屋宗兵衛	２人扶持
36	町別当	８人	
37	魚問屋御肴物御用聞	戸板屋六蔵	３人扶持
38	狂言師	畳屋文平	３人扶持
39	御柄巻師	要八	２人扶持
40	馬刺	鉄三郎	２人扶持
41	隣国聞合役	江上屋與市	２人扶持
42	瀬下渡守	２人	３石６斗太２人扶持

資料：『町奉行中勤方覚』所収「私共組支配之者」をもとに作成

足軽五―六人ずつで役所に勤め、御用向文書の作成・調査を行う（事務担当）。足軽のうち二名は一組となって昼夜町中を廻り、喧嘩・口論、狼藉者の取り締まりを行っていた（治安警察業務）。ほかの二名は逮捕者（未決囚）の管理のため組長屋に昼夜詰めることになっている。また、役所番として足軽二名が定居していた。組足軽の業務も結構厳しい。これ以外にも火災・水害時の業務があった。火事の場合は町奉行二名が与頭並びに足軽を召し連れて現場に出て、町火消の消火活動を指揮し、また類焼などの被害状況を家老中に報告し、極難の者には御救米を出すなどの処置を行った。水害の場合も打ち廻り、状況を惣奉行に報告、粥米を受け取り、被害がない町に粥米を作らせるなどの対応を行っている。

表の十一―十四に見える、庄島にあった牢屋の牢守二人、牢屋番八人、居物斬も町奉行の支配下にあった。この庄島の牢屋については被差別部落民の歴史を述べた『久留米市史』（第二巻）に詳しく触れられている。それに従って述べていくと、狩塚橋口内にあった牢屋は享保七年二月に庄島に移され、翌八年三月には長吏頭役藤川惣右衛門（小川十次兵衛）を城内の狩塚牢屋より庄島牢屋に移している。

同九年には久留米藩の部落史関係法令の基本となる法令が発令している。この法令では藤川（小川）十次兵衛に久留米藩内の被差別部落民全員を支配させるとともに、帯刀・袴を許している。さらに、組頭には脇差を認めたが、非人には帯刀は許さず、非人も支配することになっている。この体制は幕末まで維持されている。さらに、牢屋敷にいる「えた」平右衛門は十次兵衛の添役とするとある。牢屋敷の管理に被差別部落民が従事していることから、表にある牢屋番とは被差別部落の人々であろう。

『久留米市史』で明確に触れられていないのが、被差別部落民と町奉行との関係である。延宝三（一六七五）年三月、御領中の「えた」の人数は六七八人で男三七六人と草野孫左衛門・吉田理兵衛が報告（『古代日記書抜』）しているが、両名は久留米町奉行である。城下町の「えた」の支配が町奉行の業務の一部であったことを示すものであろう。町奉行支配の牢屋における業務や犯罪者への刑の執行などに携わることにより、民衆の中でおぞましさと畏怖が生み出されていったのであろう。それが差別として残り、現代においてもその解決が我々の課題となっているのである。

ちなみに、牢屋は外郭内にあったが、享保七年に庄島に移転し、跡地は町奉行御役屋敷地と同組長屋となっていたが、同じ外郭内の石野衛守跡屋敷に寛政六（一七九四）年六月に町奉行所が移転している（『久留米藩町触集』）。町方定付小者（十五）とは町奉行所付の雑用をこなす小者であろう。

長崎御家代（十六・十七）の二名は長崎に置かれた、久留米藩の出先としての役割を持つ者である。海外に開かれた港である長崎に入港した船の情報や、長崎奉行所に伝達された幕府の布達などを久留米藩に伝える役割を担っていた。また、長崎町人が久留米領内の専売の問屋である御国問屋になることを願う場合などには長崎御家代が仲介を行うことになっていた。

表の十八－二十二には座頭《ざとう》惣支配として三人の勾当《こうとう》と二名の座頭の名がある。座頭とは当道座《とうどうざ》に属する盲人に階級として定められた四官（検校、別当、勾当、座頭）の最下位の者で、在名となると名字が許された（『国史大辞典』第六巻、吉川弘文館）。座頭は座本になるためには願書を町奉行に提出し、それに町奉行の口上書を添えて家老中に差し出すことになっていた。また、座頭が在名の地位を得た場合は、座頭惣支配の勾当から書付をもって報告を受け、藩の役職である御用席からの内意を受けて家老中から扶持米が下されることになっていた。彼らが三－一人扶持を下されているのはこの結果である。さらに、飢饉などで座頭たちが農村に入り込むことができず、生活が困窮する時は、勾当からお救米を願い出る場合があるなど、藩の保護を受ける存在であった。また、盲目の女性芸能者である瞽女《ごぜ》の「寿成」（昇進か）を勾当から願い出た際は、町奉行が聞き届けることになっていた。瞽女は座頭の支配下にあったことになる。

御勝手方御用聞は布屋彦兵衛以下十三名（二十三－三十五）の名がある。御勝手方御用聞は享保十五年十一月に「在町先納銀調達仰せ付けらる」（『米府年表』）とあるのが、その成立時期とされていた。在方で二一三人の名が挙げられている（『石原家記』）が、町方は不明である。次いで享保十七年に「在町へ御用銀調達仰せ付けられる」（『米府年表』）とあるが、「別紙名付の者共は連々勝手向上方商売致し候ものこれ有るの由相聞こえ候、今般御用銀差しだすべく候」（『石原家記』）とあり、藩が指名して強制的に資金の提供を求めている。『久留米市史』第六巻の年表では、これを御勝手方御用聞としているが、そう捉えることはできないと思う。

元文二（一七三七）年閏十一月九日の条に「在方より御用聞召し出され候」（『石原家記』）とあり、これが「御用聞」の成立と指摘されている（『久留米有馬藩財政史』）。宝暦三（一七五三）年正月には「領中出産の米・大豆・辛子の他領出入の義、御用聞共手先に仰せ付けらる」とある。また、両替、大坂為替取扱を命じ、御用会所が建てられている。さらに宝暦五年には町方、在方及び浪人の御用聞から銀子を調達している（同前）。この体制の一応の整備がなされたのが宝暦八年七月二十六日「在方御用聞初る。御勝手御用聞の者在方の者七十人仰せ付けらる、八月九日十三人、合せて八十三人」（『米府年表』）という記事であろう。この御用聞の任務は藩が必要とする御用銀の調達、とりわけ参勤交代費用の調達であり、さらに領内出産の米・大豆・辛子などの他領出しの業務であった。

この表一に出てくる御用聞商人では、寛政八年に田町の泉屋弥作が銀百貫目を献納し、町別当格となっている（同前）。献納によって身分・格式が与えられたのである。同十年には泉屋弥作、福童屋喜兵衛、唐津屋喜右衛門、塩屋喜兵衛、帯屋孫兵衛、山本屋喜左衛門、中島五郎兵衛が金千両ずつを献納し、銀二枚ずつを下されている（同前）。表に見える御用聞商人の大半が、この時期の御用聞であった。泉屋弥作は二十人扶持を与えられているが、これは度々の献納によって藩からの褒賞が積み重なったもので、福童屋次郎兵衛、塩屋喜兵衛なども同様であろう。

享和二年十二月には在町御用聞一一五人に対して五四九貫目の調達を命じた（同前）。また、文化元年には在町に新たに十五人の御用聞を命じ、身分標識である傘・下駄・雨羽織の着用が許されている（同前）。この時期には、藩財政の窮乏によって、ほぼ毎年のように調達銀が命じられている。調達銀賦課は在町、在方に分けられており、町方分の賦課は筆頭である布屋彦兵衛及び御用聞頭取である福童屋・泉屋が中心となって集め、藩へ提供した。また、彼らは町人であることから、町奉行の支配のもとでこの活動を行ったのである。

町別当（三十六）については後に触れたい。

魚問屋御肴物御用聞（三十七）は藩の様々な催事などに出される料理に必要な魚の調達に関わる者であろう。

狂言師（三十八）は町役者の支配を行う者である。年頭の本丸での御松囃子は町役者が務めるが、町奉行の指示に従いそれを統括していた。また、祇園会での能狂言の興行にも深く関わっている。

御柄巻師（三十九）は刀の柄を巻く職人であるが、藩の御用を務めることから町奉行支配なのであろう。

馬刺（四十）は久留米城下町の問屋場《といやば》を管轄する役職であり、城下町内での人や物資の運搬を管理した。馬差とも書く。日田・長崎元〆手代などが城下町で休憩・宿泊する場合は、先触れが馬刺のもとに来るので、宿の手当てを行い、公儀荷物が城下町を通過する場合も馬刺が事前にそのことを町奉行所に報告し、警護として足軽が派遣されることになっていた。物資の運搬に関わることから、唐物に抜荷（密貿易）の疑いがあれば、馬刺から唐物問屋に連絡することになっていた。

隣国聞合役（四十一）は一年に二回、筑前福岡・秋月、肥前佐賀、筑後柳川に赴き、他領内の五穀諸色《しょしき》値段などを調べ、報告を封のまま家老中に提出した。また、対馬領の田代代官などが城下町に来た場合は、この江上屋が中宿であった。幕府の巡見御目付が来る場合に、事前に隣国での接待などの様子を調べ、家老に報告するのもその役割であった。

瀬下渡守（四十二）は筑後川の渡しである瀬下の渡守である。対岸が肥前領であるために厳重な管理下に置かれ、町奉行支配であった。

表一は町奉行支配の諸職であったが、町奉行はこれら以外にも、久留米城下町での様々な経済活動、町人の生活全般を統括する役割を有していた。諸問屋元〆座株の新規・譲渡・相続・貸渡の願は、家老中に願い出るものと、町奉行で決定できるものとがあった。また蠟絞船（櫨《はぜ》の実から蠟《ろう》を絞る器械）願・減船願、造酒札による請酒《うけざけ》（小売）商売、酒・油・豆腐・石炭・登治炭《とじすみ》（コークスか）・生石の値段上げ下げの願いなど、商業活動の許認可や物価統制の業務を行っている。この時期に城下町で、石炭・登治炭・生石という形で石炭が燃料として使用されていたのは興味深い。

髪結株・豆腐屋株は、新たに営業を願う者は年行司町別当に申し出て、理由があれば許可されるが、これらの例はいずれも町別当・目付がその決定に深く関係している。さらに、長崎唐物の抜荷に対する唐物問屋を通しての取り締まりも業務となっている。

御家中奉公人として町方の者を召し抱える場合にも、御郡方と協議するなど深く関与している。また、町方の者が御役所に召し抱えられる場合には、御家老中から仰せ渡されるが、掛の別当が本人を町奉行所に連れて来て、その上で許可されるなど、城下町人の奉公人などの管理を行っているのである。さらに諸職人が職付（例えば大工であれば大工職として藩から認められること）を願い出る場合は、町奉行は願書に裏書を行い、御作事方へ稟議に回し、その結果を受けて職付を申し渡すなど、城下町の職人の管理も行っていた。

城下町では頻繁に家屋敷の売買が行われている。そのような事案が起きると、町目付、五人組の確認を得た上で、町別当たちの協議の場である御用会で確認が行われる。売主、請け人、目付の連署の売買券状が町別当宛てに作られ、それに町奉行の裏書印形を受けることで売買が認められていた。また、町方の家普請で道に三尺（九〇㎝）ほど飛び出す板囲の願、瀬下浜町での船造場所願、竹木商売願、商家の店先にかかる釣看板願、あわせて油屋が油船を軒下で使用する願、酒屋が酒桶を軒下で干す願などは、道路を管理する道方と協議して差し支えがないと判断されれば町奉行が許可することになっていた。道の一部占有許可である。

他国へ商売のため、あるいは伊勢参宮などの往来証文の発行、旅人や他国からの長期逗留者の管理、また、出奔者の帰参願の対応も町奉行の業務であった。また毎年六月には各町別当掛から宗門御改人別帳が提出されるが、これは各町の目付と町別当のもとで作られ、町奉行へ提出されており、城下町の人口、増減の把握も業務であった。また、町人が城内へ出入りするための城内諸門の御門札、商人提札などの通行証の発行も行っている（第九章「町人、城内に入る」参照）。

城下町では三本松町と瀬下町に制札場（高札場）があったが、この制札の仕替え（取り替え）などの管理も行っている。この制札場や町口には寺社家の開帳の立札なども立てられたが、この許認可も業務であった。さらに、城下町寺社で芝居・見世物・角力を興行する際は、町地であれば町奉行から御家老へ、寺社地であれば寺社奉行に申し出る前に町役人から町奉行に内意を伝え、寺社方に願書を差し出せば許可されることになっていた。久留米は町最大の祭りである六月七－十四日の祇園会神幸への供奉、片原町の使者屋での藩主上覧の際の組足軽を動員しての警備なども重要な業務であった。

幕府から御手伝普請が命じられた時、町方では小間掛・人別銀が徴収されるが、これはまず町奉行が町別当に命じて奉行所に納めさせ、それから御銀方に納入することになっていた。端山・長谷川両名は文化十年十二月に関東の河川修復の御手伝普請に当たって、町方困窮にもかかわらず、小間掛・人別銀の取り立てに出精し、上納を済ましたということで御褒詞を受けている（『御家中略系譜』）。この年ではないが、延享四（一七四七）年の御手伝普請による小間掛・人別銀の徴収における町奉行・町別当の具体的な動きについては第四章「御手伝普請の負担について」で触れている。また、町方に臨時調達銀が命じられる際は、町奉行に町別当が同道し、御勝手方家老中列座の中で、御書付と銀高・名付が町別当列頭に渡されることになっていた。この時、町奉行は御用掛に命じられ、調達銀の確保に尽力することになる。町奉行は様々な町人への賦課を徴収する役割も担っていた。

町人の中で六十歳を超える者、また幼年で生まれつき虚弱病身の者の出家の願いについて許可を出すのも町奉行であった。孝行者・奇特者の表彰や、捨子の養育などの対応も業務の一環であり、城下町で起きる広範な問題に対応する姿が浮かび上る。

藩主の参勤交代の際、町奉行は町別当を召し連れ、十丁目御門外で御目見えすることになっていた。藩主に御昇進などがあれば、町奉行は御祝儀として、町別当・同格並、御用聞頭取らを召し連れて登城して御奏者番に名付を差し出すことになっていた。町別当やそのほかの町人、勾当などがお祝いの品を献上する際は町方役所に届けられ、町奉行はその目録を作り登城して御奏者番に会い、目録を提出して献上することを伝えることになっていた。また、お祝いとして、町別当・同格並、目付、御用聞町人に御酒頂戴が仰せ付けられると、町方役所で頂戴することになっていた。頂戴が済むと町奉行は家老中にお礼のため罷り出て、町別当・同格並の者も家老中宅へお礼に行くことになっていた。

久留米藩の迎賓館であった御使者屋の維持・管理も行い、公儀役人、巡見御目付、遊行上人、東本願寺使僧など、相手方の格式に従って挨拶や接待・警固などを行うことも大事な業務であった。さらに諸藩からの書状を持参した徒士使などへの対応も行っていた。

町奉行は城下町での警察部門、民政部門、経済部門を統括し、それに他藩との折衝などの外交部門まで担当する行政官としての役割を担っていた。この文章ではあまり触れることができなかったが、町奉行の広範な業務執行に当たっては町別当・目付などの町役人がそれを支えていたのである。

町別当掛の成立と変遷

久留米藩の町奉行と町別当掛の成立は同時期であろう。城下町が成立していなければ、町奉行の任命もないし、町奉行とともに藩政機構の末端で町政を担う町別当も設置される必要がないからである。町奉行の業務については先に触れたので、ここでは町別当を取り上げ、成立時期とその変遷を跡づけていきたい。典拠を示さない限り、史料の引用は『石原家記』である。

久留米町奉行の初見は寛永十九（一六四二）年の「久留米町司丹下弥兵衛足軽預り兼賦税交納　吉田次左衛門四百石、足軽預り」（『家勤記得集』）とされている。「久留米町司」が町奉行のことである。

八別当掛の全員の屋号などが確認できるのは、慶安二（一六四九）年である（同前）。町人たちを率いて久留米城の外堀の掘削に従事している。正保四（一六四七）年の祇園会再興は「久留米町中」の「町中八掛」（『寛文十年久留米藩寺院開基』）によって行われ、この神幸では町奉行が警備を行っている。一六四〇年代後半に久留米町中という地域団体が成立し、それが八別当掛に分けられ、町奉行がそれに深く関わっている姿を確認できる。

町別当の確実な例は、寛永二十年の渡屋六兵衛である。渡屋は久留米城下町の川港である洗切居住であり、この町の町別当であった。元禄十四（一七〇一）年に渡屋六兵衛から町奉行へ提出された長文の「六兵衛願書」がある。これは洗切定着から元禄十四年までの三代にわたる町別当としての由緒書である。

それによると、渡屋は渡辺姓で、筑後一国の領主であった田中家の旧臣である。元和六（一六二〇）年の田中家没落後、六兵衛は洗切に定着し商人となっている。有馬豊氏入国以前に、すでに町として成立していた洗切には多くの商人・浪人が集住しており、洗切支配のため豊氏が渡屋六兵衛を呼び出し別当職に任命したという。これは豊氏の入部間もなくで、寛永初年ではなかろうか。

また、寛永十四年の天草・島原の乱の際には藩命で島原の状況調査と島原藩御留守居宛ての家老有馬内蔵助の書状を届ける役割を果たし、直ちに久留米に立ち帰って「片原町町別当竹屋新右衛門」方に着き、それから島原藩御留守居からの返書を内蔵助に届けている。この事績は信頼できると考えているが、そうなると寛永十四年段階で二人の町別当を確認できるのである。この史料から町別当の確認例を六年ほど遡ることになる。

寛永十一年に長町五、六丁目に家が建ち始めるなど、この時期は久留米町の骨格がほぼ完成する頃であり、町が成立していく過程で町別当の設置が行われたのである。洗切のようにもともと町があった地区や、田中代の久留米内町・元町にあった町は移転地で早く町が建設されたであろうから、町別当の任命も早い時期であろう。片原町の町別当竹屋の存在はそれを示すものと考えている。布屋掛は長町一—三丁目と細工町を範囲としているが、入国当時、長町はすでに四丁目まであったというので、布屋の町別当任命も寛永年間の早い時期と考えてよいだろう。

元和七年から寛永二十年頃までの城下町の拡大とともに、すでに任命されていた町別当には新たに成立した町が加えられ、新たに成立した地区には町別当が任命されていったのだろう。後の酢屋掛は長町四—十丁目を管轄地区としているが、長町が徐々に東に拡大することで支配範囲が広がっていったのである。八別当掛は同時期の任命ではなく、町の建設の進展につれて順次任命されていった。それが完成した姿が正保四年の「笠鉾町中八掛より出す」という記事であり、具体的な屋号が明らかになるのがその二年後の慶安二年の八名の町別当名である。

慶安二年の町別当は、表二にあるように上野屋与兵衛、竹屋新右衛門、兵庫屋善右衛門、大坂屋三右衛門、布屋喜兵衛、広島屋作右衛門、肥前屋伝兵衛、渡屋六兵衛の八名である。この八家の中で、幕末まで別当を務めた家は布屋のみである。ただし、渡屋は元禄四年から正徳三（一七一三）年まで山崎屋に交代するが、正徳四年に再び就任し、幕末までその地位を保持している。

竹屋掛は寛文十二（一六七二）年には酢屋伊兵衛に交代し、この家も幕末まで町別当を務めている。ただし、元禄十二年の記録では、酢屋権兵衛の前は木薬屋勘太郎が三十年ほど町別当を務め、その前は唐津屋源右衛門であったとある。竹屋から酢屋へ交代するまでの間に、何らかの動きがあったことを想定させるが、これは今

長町１－３丁目・細工町	三本松町・鍛冶屋町・紺屋町・小頭町１・２丁目	両替町・片原町・呉服町・米屋町	瀬下浜町・横町・裏町・通町	備考	文献
			渡屋六兵衛		石原
			渡屋六兵衛		石原
			渡屋六兵衛	山王宮再興	石原
			渡屋六兵衛		石原
「町中八掛」の記事				祇園会	石原
布屋喜兵衛	広島屋作右衛門	肥前屋伝兵衛	渡屋六兵衛		家勤
					旧家由緒
			渡屋六兵衛	交替記事	石原
布屋彦兵衛	広島屋作右衛門			火事記事	古代日記
布屋喜兵衛	広島屋作右衛門	井筒屋庄三郎	渡屋六兵衛		石原
					古代日記
			渡屋六兵衛		石原
布屋喜兵衛		井筒屋庄三郎	渡屋六兵衛		石原
			渡屋六兵衛	閉門	石原
			山崎屋九郎右衛門	交替記事	石原
	砥屋喜右衛門				古代日記
布屋	砥屋	井筒屋	山崎屋		石原
	砥屋喜右衛門				古代日記
布屋	砥屋	井筒屋		白石火事	石原
			山崎屋九郎右衛門		石原
布屋		井筒屋			石原
布屋	砥屋	井筒屋	山崎屋		石原
					聞見録
					旧家由緒
布屋喜兵衛	砥屋喜右衛門				石原
		井筒屋庄左衛門	山崎屋九郎右衛門		石原
			山崎屋喜八郎		石原
			山崎屋喜八郎	罷免記事	石原
			渡屋六兵衛	再任記事	石原
	砥屋喜右衛門				石原
			渡屋六兵衛		石原
				交替記事	石原
布屋喜兵衛		井筒屋庄左衛門		御能拝見	石原
			渡屋六兵衛		石原
布屋	砥屋	井筒屋	渡屋	疑問あり	町触集
				誓詞初見	町触集
					旧家由緒
布屋喜兵衛					米府
					石原
布屋	砥屋	井筒屋			石原
					石原

■表２　久留米城下町の町別当一覧①

年代＼掛町	新町１－３丁目・小頭町３・４丁目	長町４－10丁目・外町	魚屋町・築島町・今町・田町・原古賀町６・７丁目	原古賀１－５丁目
寛永14（1637）		竹屋新右衛門		
寛永20（1643）				
寛永20（1643）				
正保３（1646）				
正保４（1647）	「町中八掛」の記事			
慶安２（1649）	上野屋与兵衛	竹屋新右衛門	兵庫屋善右衛門	大坂屋三右衛門
寛文元（1661）				田鍋屋九左衛門
寛文３（1663）				
寛文７（1667）	上野屋与兵衛			
寛文12（1672）	上野屋与兵衛	酢屋伊兵衛	兵庫屋善右衛門	田鍋屋九左衛門
延宝２（1674）	上野屋与兵衛			
延宝４（1676）				
天和元（1681）				
元禄４（1691）				
元禄４（1691）				
元禄７（1694）				
元禄８（1695）	上野屋	酢屋	播磨屋	田鍋屋
元禄９（1696）				
元禄９（1696）	上野屋	酢屋	兵庫屋	田鍋屋
元禄10（1697）				
元禄12（1699）	上野屋	酢屋	兵庫屋善右衛門	田鍋屋
元禄12（1699）	上野屋	酢屋	兵庫屋	田鍋屋
元禄13（1700）	上野屋与兵衛			
元禄13（1700）				田鍋屋九左衛門
元禄15（1702）				
宝永３（1706）				
宝永６（1709）				
正徳３（1713）				
正徳４（1714）				
享保元（1716）				
享保４（1719）				
享保６（1721）	米屋吉右衛門		戸板屋次左衛門	
享保８（1723）		酢屋武右衛門		
享保９（1724）				
享保10（1725）	上野屋	酢屋	播磨屋	田鍋屋
享保12（1727）	米屋吉右衛門			
享保13（1728）				田鍋屋九左衛門
享保14（1729）				
元文２（1737）	米屋吉右衛門			
寛保元（1741）	米屋	酢屋	戸板屋	田鍋屋
寛保２（1742）		酢屋権兵衛		

長町１－３丁目・細工町	三本松町・鍛冶屋町・紺屋町・小頭町１・２丁目	両替町・片原町・呉服町・米屋町	瀬下浜町・横町・裏町・通町	備考	文献
					旧家由緒
布屋惣右衛門	砥屋文左衛門	井筒屋武左衛門	渡屋新右衛門		御用扣帳
	砥屋文左衛門			年行司	石原
				別当職就任	石原
布屋惣右衛門	砥屋文左衛門	井筒屋庄右衛門	渡屋正助		石原
				遠慮処分	石原
布屋宗喜	砥屋文左衛門	井筒屋庄右衛門	渡屋庄助		石原
	丹波屋弥七			死亡記事	石原
	丹波屋弥七				町触集
					旧家由緒
布屋喜兵衛	丹波屋弥七	井筒屋武左衛門	渡屋新右衛門		藩法集
	丹波屋弥七	井筒屋武左衛門	渡屋新右衛門	年行司	御用扣帳
				内町同然	藩法集
布屋惣右衛門	丹波屋弥七	井筒屋庄右衛門	渡屋新右衛門		藩法集
		井筒屋軍蔵			宗門改帳
布屋惣右衛門	丹波屋弥七				藩法集
			渡屋庄助	逼塞	藩法集
	丹波屋弥七			罷免記事	藩法集
					町触集
					旧家由緒
					宗門改帳
布屋彦兵衛	惣紺屋九左衛門	井筒屋武三郎	渡屋六兵衛		市誌
					旧家由緒
布屋	惣紺屋	井筒屋	渡屋		米府
	惣紺屋武六				宗門改帳
			渡屋		作物絵図
	惣紺屋武六				旧家由緒
布屋	惣紺屋	井筒屋安右衛門	渡屋		狛犬刻名
				惣代上府	豊田家記
布屋三平	惣紺屋武六		渡屋庄助		由緒書
					町触集
				罷免記事	町方書抜
				任命	町方書抜
	惣紺屋武六			閉戸	町方書抜
		井筒屋正右衛門		注意	町方書抜
布屋		井筒屋			諸国
布屋	惣紺屋	井筒屋	渡屋		諸国

注１：文献の略称は次の通り。石原＝石原家記、家勤＝家勤記得集（稲員家記）、旧家由緒＝久留米藩旧家由緒書、町触集＝久留米藩町触集、諸国＝諸国見聞、聞見＝久留米聞見録、古代日記＝古代日記書抜、米府＝米府年表、藩法集＝久留米藩法集、市誌＝久留米市誌、御用扣帳＝延享五年辰御用扣帳

２：享保11（1726）年の田代火事以降に城下町は再編される。表中の各町当掛の町は文政元（1818）年の『町奉行中勤方覚』による。

■表2　久留米城下町の町別当一覧②

年代＼掛町	新町1－3丁目・小頭町3・4丁目	長町4－10丁目・外町	魚屋町・築島町・今町・田町・原古賀町6・7丁目	原古賀1－5丁目
延享元（1744）				田鍋屋九左衛門
延享5（1748）	米屋吉兵衛	酢屋権兵衛	戸板屋次左衛門	田鍋屋久左衛門
寛延元（1748）			戸板屋次左衛門	
宝暦元（1751）		酢屋伊兵衛		
宝暦4（1754）	米屋吉右衛門	酢屋伊兵衛	戸板屋次左衛門	田鍋屋久左衛門
宝暦5（1755）	米屋吉右衛門			
宝暦6（1756）	米屋吉右衛門	酢屋権兵衛	戸板屋次左衛門	田鍋屋久左衛門
宝暦9（1759）				
明和8（1771）				
明和9（1772）				田鍋屋五兵衛
安永2（1773）	米屋吉右衛門	酢屋権兵衛	戸板屋次左衛門	田鍋屋久左衛門
安永3（1774）	米屋吉右衛門	酢屋	戸板屋次左衛門	田鍋屋
安永5（1776）				田鍋屋久左衛門
天明5（1785）	米屋竹左衛門	酢屋権兵衛	戸板屋次左衛門	田鍋屋喜六
寛政元（1789）				
寛政2（1790）				
寛政3（1791）				
寛政8（1796）				
寛政9（1797）		酢屋寛兵衛		
文化2（1805）				田鍋屋九左衛門
文化3（1806）		酢屋寛左衛門		
文政元（1818）	米屋吉右衛門	酢屋伊兵衛	戸板屋佐平	田鍋屋九左衛門
文政4（1821）				田鍋屋喜六
文政12（1829）	米屋	酢屋	戸板屋	田鍋屋
天保2（1831）				
天保3（1832）		酢屋	戸板屋	田鍋屋
天保3（1832）				
天保13（1842）	米屋	酢屋	戸板屋	田鍋屋
天保15（1844）			戸板屋次左衛門	
嘉永4（1851）	米屋幾平			田鍋屋喜六
嘉永6（1853）			戸板屋次左衛門	
安政3（1856）				田鍋屋喜六
安政3（1856）				田鍋屋九次郎
安政3（1856）				
安政3（1856）	米屋幾平			
文久3（1863）				
文久3（1863）	米屋	酢屋	戸板屋	田鍋屋

後の検討課題である。

上野屋掛は享保六（一七二一）年に米屋吉右衛門に交代し、一旦は上野屋に戻るものの、幕末まで継続している。

兵庫屋は元禄八年に播磨屋に交代しているが、翌九年から十二年までは兵庫屋が復活しており、不安定である。また、享保六年に兵庫屋から戸板屋に代わり、享保十年には播磨屋が就任しているが、それ以降は播磨屋から戸板屋に交代し、戸板屋は町別当として幕末まで維持されている。

大坂屋三右衛門掛も寛文元年頃には田鍋屋九左衛門に交代し、幕末を迎えた。広島屋作右衛門は元禄七年頃には砥屋掛となり、宝暦九（一七五九）年頃から寛政八（一七九六）年頃まで丹波屋弥七、その後は惣紺屋九左衛門となっている。肥前屋伝兵衛は寛文十二年頃には井筒屋庄三郎と交代しており、井筒屋は幕末まで町別当を務めている。

布屋・渡屋を除く六別当家は寛文元年以降に大坂屋、寛文十二年頃に竹屋、肥前屋が交代、元禄七・八年頃には広島屋、兵庫屋が、享保六年には上野屋、兵庫屋が別当から外れている。享保六年の上野屋⇩米屋、兵庫屋⇩戸板屋への交代は「此の両人不勝手にて役儀勤り兼ね」るという理由であり、経営が維持できないということであった。十八世紀初期に江戸初期から城下町の町別当を務めた有力商人が姿を消しているのである。

没落した上野屋、兵庫屋、大坂屋、肥前屋については来歴や活動を示す史料が見出せないが、竹屋、広島屋については断片的な史料が残されている。

元和七年の有馬豊氏の久留米入部に伴い、有馬家を慕ってやって来たという町人に若狭屋、竹屋、鍋屋、丹波屋がいるが、この竹屋が竹屋新右衛門である。竹屋はいち早く久留米に来て屋敷を構えており、居住する屋敷がなかった豊氏が久留米城に移るまで、この家に百日ばかり滞在したという。さらに、この屋敷の屋根が竹葺であったことから竹屋の屋号を名乗ったともある（『米府紀事略』十八・『石原家記』）。御用商人の側面が強い商人である。

広島屋作右衛門の屋敷は三本松橋際（池町川にかかる橋際）にあり、三階建てであったという。ある時、掛の鍛冶屋町住の大工が、喧嘩し脇差を持ち家の中に立て籠ったため、足軽などが多く集まって取り押さえようとしたが、七つ時（四時頃）まで解決できないでいた。作右衛門は自分の掛の者をこのままおいておくことはできないと、脇差ともりを持ち潜りから家の中に入り、この大工から抜き身の脇差を取り上げ、足軽を家の中に入れて事件を収拾したという。また、作右衛門は大男であり、掛内で暴れ者があれば長押《なげし》にかけた鑓《やり》を持ち、その場に駆け付けたという逸話を残すなど、武士的な側面を色濃く残す商人であった。

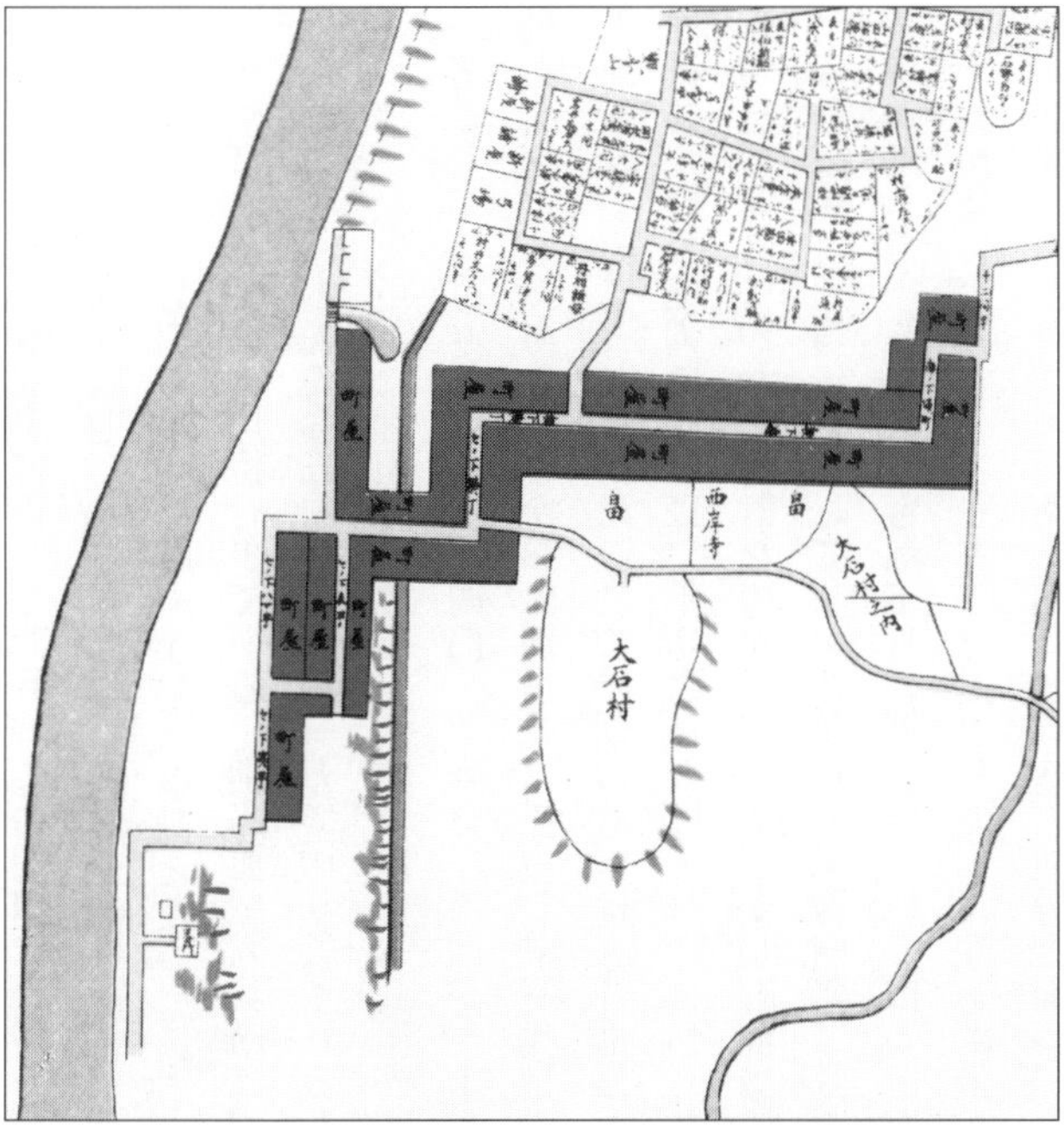

瀬下町（延宝八年城下町図。久留米市教育委員会蔵）

いずれにしても大坂屋、広島屋、兵庫屋などは瀬戸内から畿内の地名を屋号とする商人で、また竹屋も丹波国の商人であり、久留米城下の経済が畿内方面と密接な関係にあったことを示す。これらの商人はこの経済圏に依拠するとともに、有馬氏との密接な関係を有していたのであろう。

瀬下町の町別当であった渡屋六兵衛については、『石原家記』によって山崎屋との交代時期やその理由が分かる。渡屋は浜町に表口八間、入り十五間の屋敷地を拝領しており、この間口にかかる公役としての小間掛は免除されていた。

寛文三年正月十五日、瀬下町手習い師匠の娘が稲次縫殿の馬乗、島崎五助に嫁入りした際、「水かけ」が行われ、酒興・悪口の果てに喧嘩が起き騒動となっている。「水かけ」とは婚礼の際もしくは最初の正月に新郎や新婦に水を掛ける民俗行事である。別当渡屋六兵衛は、水かけは禁止されていることから、その場に駆けつけたところ、木挽《こびき》の弥五左衛門から一刀で切り殺されるという事件が起きた。町方での騒動による不慮の死であった。殺害された理由は、弥五左衛門女房に六兵衛が密通したためとされるが、その真偽はわからない。

藩としては町奉行吉田次左衛門・草野孫左衛門が、十六歳であった六兵衛の子を召し出し、祖父以来役儀を勤めてきた家であることから町別当職に任命して三代目の六兵衛となり、当分の間、浜田屋忠左衛門が後見とし町政を行うことになった。この時期の渡屋は「拝借銀大分御家中他借、旁以身上続かたさ（きカ）仕合御座候得共、御公儀御憐憫を以、年功に召上げられ」とあり救済されている。これは渡屋の商売によるものなのか、町別当の運営にかかる借財なのか不明であるが、町別当渡屋は財政的に苦境にあったようだ。

六兵衛が町別当に就任して二十八年目の元禄四年二月頃であろう、従弟であった表屋次郎兵衛との間に口論公事《くじ》が起きている。どうも瀬下町の運営について口論となり、公事（訴訟）にまで発展したようだ。六兵衛は三十七か条の流目安（答弁書）を提出して正当性を主張し、尼御前《あまごぜ》社（後の水天宮）において六兵衛と次郎兵衛の対決が行われ、六兵衛は閉戸（逼塞）処分となっている。

ところが、この事件はそれで解決せず、その年十月八日付の町奉行二名から渡屋六兵衛宛ての書状によれば、家老有馬内記が大目付である岸小兵衛・原平兵衛、町奉行である明石三左衛門・久徳次郎左衛門を召し寄せ、六兵衛の流目安を調査した結果、六兵衛の返答の書付によって逼塞（閉戸）が許される裁定があった。しかし、しばらくして逼塞中に不敬・不調法の行いがあったとして、別当役召し上げが伝えられている。この不調法とは逼塞中に幼少の息子が大石神社の願成就に遊びに出たことである。この裁定は家老、大目付、町奉行によるものであった。

この事件から十年後、六兵衛はまだ逼塞が許されていないようだが、町奉行宛てに願書を提出している。その中で先の元禄四年の口論公事について触れるところがある。十年前の尼御前社での対決の時、目安（争われる論点）は三十七か条であったが、争点が整理されたのであろう、再度の吟味では二十八か条の目安が出され、渡屋にあったと思われる町別当の会所で、それについて弁明した。その結果、「瀬下より参庭仕り候大勢の内より、私申し披《ひら》き候に誰難向申す者御座なく」とあり、瀬下町からこの対決の場に出ていた大勢の者は自分の弁明に誰も反論できなかったと述べている。瀬下から多くの者がその場に立ち会っており、この公事は町全体の運営にかかるものであったことがわかる。目安の内容が残されていないので具体的なことはわからないが、六兵衛による町運営や町入用の割賦など町政全般にわたることが争われたと推測されるのである。

当初の表屋次郎兵衛との争いが、町全体を巻き込んだ、町政をめぐる町別当と町人との争いへと発展し、町別当の罷免につながっていったのであろう。後任の町別当に山崎屋九郎右衛門が任命されている。この山崎屋も正徳三（一七一三）年十二月には子喜八郎が藩から借り入れた船三艘が破船したことの責任を問われ、別当役を召し上げられている。当分は瀬下町の目付八人で別当役を務めることになり、翌年二月十一日に渡屋六兵衛が別当に復職し、幕末まで別当職を務めることになる。

町別当が管轄する町の事件の責任を問われ、閉戸などに問われることは史料にいくつか見られるが、別当職の交代にまでつながる例は少ない。前職が引退願を出すと、町奉行がそれを認め、跡職に息子や一族の者を任命することが通例である。藩としては、現在の体制を維持していくことが基本的な方針であり、新たな任命などは想定していないようである。

ところが、三本松町・鍛冶屋町などを管轄した町別当は広島屋掛から砥屋掛に変わり、宝暦九年に丹波屋掛となる。この丹波屋も寛政八（一七九六）年に罷免され、跡職は丹波屋に引き継がれず惣紺屋掛となるが、この交代についてはその事情がわかる。

丹波屋は丹波福知山から有馬豊氏に従ってきた家で、塩幷鰯類問屋元を仰せつけられた家である。宝暦四年の正月には八人の町別当とともに町別当並として御城に年始の御礼に登城するなど、久留米城下の有力な商人であった。罷免の理由は次のようにある。

丹波屋は塩鰯問屋であったが、瀬下番所に対し不敬・不都合の紙面を町奉行に急に差し出し、今までもあれこれと我儘を言い、上をだますようなこともあった。「重々不埒の事」であるということで、町別当役と塩幷鰯類問屋元が引き揚げられている（『藩法集』二九一五）。

安政三（一八五六）年二月には、八人の町別当のうち五人が藩から処分を受けた事件が発覚している（『町方書抜』新有馬文庫）。あまり知られていない事件なので、五人の処分史料を引用しよう。

田鍋屋
喜六

一、連々役威に誇り、我慾自侭の取り斗いこれ有り、掛内難義に及び候者多くこれ有り、且又年行司相勤め、割賦銀不直の躰これ有り、殊に去る子年、右帳面役筋より取り揚げ候砌、密かに帳面仕替え差し出し、上を憚らざる次第、彼是重々不埒の事に候、依て町別当差し放たれ候

原古賀町一丁目
久次郎

一、格別の御恩裁を以て、親喜六跡町別当役仰せ付けらる、別して謹慎を加え相勤めらるべく候

惣紺屋
武六

一、町方能役者積金始末取斗らわずこれ有り、且先年年行司相勤め候砌、割賦銀の内、不都合の廉もこれ有り、仕来りとは申しながら、役儀の勘弁もこれなき趣相聞こえ、彼是不埒の事に候、依って閉戸仰せ付けられ候

戸板屋
次左衛門

一、先年来、年行司相勤め候砌、割賦の内不都合の廉もこれ有り候を先輩共へ相随ひ罷り在り候義とは申しながら、その俔差し過ぎ、兼々等閑の筋もこれ有る趣相聞え候、役分相立たす心得方手薄く、彼是重々不埒の事に候、依って遠慮仰せ付けらるべく候事

井筒屋
正右衛門

一、先年年行司相勤め候砌、割賦銀の内、不都合の廉もこれ有り候を、先輩共に相随ひ罷り在る義とは申しながら、その俔差し過ぎ役義の勘弁これ無き次第不都合の事に候、以来屹度心を用い相勤むべく候事

米屋
幾平

田鍋屋喜六への藩の処分理由は手厳しい。日頃から役威を誇り我欲・我儘な取り計いが多く、掛内に難儀の者（生活に苦しんでいる者）が多いと批判されている。さらに、以前年行司を務めた時、久留米城下町への割賦に不正を行ったこと、さらに去る子年（嘉永五年か）に割賦の帳面の提出を命じられた時、不正がばれないように偽の帳面を提出したことがわかり、別当を罷免されている。

惣紺屋武六は町役者を総括する役にあったが、町方能役者の積金（内容は不明）の処理を適正に行わず、年

行司の時には割賦銀に不都合なところがあると知りながら、今までそのようにやってきた（仕来り）ということで黙認しており、別当としての役儀をわきまえず不埒であるということで、閉戸処分となっている。

戸板屋次左衛門、井筒屋正右衛門、米屋幾平らは年行司の時、割賦に不都合の点があることを知りながら、先輩別当に従い、そのまま等閑《なおざり》にしたのは別当役としての心得方が十分でないとされ、戸板屋は遠慮、井筒屋、米屋は今後「心を用い勤めるよう」に諭されている。

この事件の中心人物は田鍋屋であるが、町中に賦課される出銀割賦に不正があり、それを隠すため偽の帳面の作成まで行ったことが明らかにされている。また、惣紺屋は町方能役者の積金について責任が問われている。久留米町の財政である町入用について「不都合の廉《かど》」を「仕来り（慣例）」として捉え、黙認してきたこと、あわせて別当中の先輩に従い、それを改めなかったことが、惣紺屋と残る三人の町別当に対して問われているのである。この事件がどのような経過で露見し、摘発まで進んだのか明らかでないが、長年行われてきた不正を見過ごすことができず、藩としては別当田鍋屋の罷免と四人の関係別当の処分を行ったのである。久留米城下町の大多数の住民たちの町別当に対する不満の解消を狙うとともに、町別当掛による城下町支配の体制の引き締めを図る目的があったのだろう。

天保七（一八三六）年十月に町奉行所で開催された町別当の御用会の節、久留米町の若者どもが他町・在方へ喧嘩・口論、諸差引、不義などで押し掛けることを禁止した。また、事件の大小にかかわらず、町目付・別当へ申し出て指図を受け穏便に取り計らうように命じ、別当中から市中一統に申し聞かせ、別当から受書（誓約書）を提出するようになっている（『久留米藩町触集』）。噴出する城下町での住民の動きに対して町別当・目付を通して抑えようとするものであるが、この町中の若者どもをはじめとする動きが、先に述べた事件の摘発の背景にあったのではなかろうか。明治四（一八七一）年に、約二四〇年ほど維持された町別当掛は廃止されている（『久留米市誌』上編）。

第三章

共同体としての「町」

御領分追放

寛文十一（一六七一）年五月晦日付で、家老から次の申渡がなされている（『古代日記書抜』）。

一、三本松町竹屋徳兵衛借家金左衛門、書付を以て悴金十郎徒者につき、御領分払い仰せ付け下されたき由、家老中御覧、望の通り払い候様申し渡す。尤も盗み仕り、意見聞き入れざる者の由なり

これは、三本松町竹屋徳兵衛の借家に住む金左衛門の悴《せがれ》金十郎が盗みを働き、周りの意見を聞かない徒者《いたずらもの》であるので、金左衛門が御領分（久留米藩領）からの追放を願い出て、家老中から許可されたものである。また、延宝五（一六七七）年六月、瀬下町の惣兵衛は甥である徳右衛門を養っていたが、二十七歳になっても徒者で大酒飲み、周りの意見も聞かない者として御領分追放となっている（同前）。同じく延宝八年八月には上妻郡津江《つのえ》村（現八女市津江）の小左衛門も御領分追放されているが、この例はその過程がよくわかるので引用

しよう（同前）。

一、上妻郡津江村小左衛門徒者にて盗み仕り、異見承引仕らず候間、類家共不通仕り候処、小頭町にて片鬢を切り、打擲に逢い候、盗み仕りたる故と存じられ候、如何様の悪事仕るべくも斗り難く、御領分追放仰せ付けられ下されたき旨、親・伯父その外五人組等願い、国退き候様申し渡し候

小左衛門は徒者であるため、類家の者は交際を断っていたが、津江村を離れ城下町に出て小頭町で盗みを働き、住民から殴られ、身体刑として片鬢を剃られるという事態になった。この事件を受けて、親・伯父や五人組などが相談して、小左衛門を御国追放をするように願い出ている。この過程を当時の申請手続きから推測すれば、親・伯父・五人組から願い出て、村役人である庄屋、上妻郡本村組大庄屋の確認を経て、上妻郡担当の御郡奉行へ願書が提出され、それから家老中の稟議を経て許可されたものであろう。

先の城下町の二例でも農村と同様に、親・親族・五人組が町の目付を交えて相談し、町別当と協議し、願書を町奉行に提出し、町奉行から家老中へ伺い、許可されたのであろう。これは、親・親類・五人組が連座して罪に問われることを恐れたものであるが、背景には当事者たちが追放を申請せざるを得なくなるような村・町からの圧力があったのであろう。

城下町はいくつかの「町」によって構成されており、それぞれの町は道の両側に連なる町屋敷からなる地縁共同体であった。独自の法（町法、町掟）や財源（町入用）を持ち、共同体として成員の財産や安全を相互に保障するものであった。町の構成員は町屋敷を所持する家持からなり様々な町役を負担していた。久留米城下町での「町法」の文書は確認できていないが、その存在は否定できない（本章「町法の世界」参照）。町の共同体を守るために町法があり、町の運営や秩序・安全を脅かす可能性があると、それに対して町からの制裁と

しての処分があり、その中で最も厳しいものが共同体からの排除（追放）であった。この決定が町中でなされると、親などの当事者たちからの申請という形をとり、町から惣町（別当掛）への上申を経て、藩の決定として実行されたのである。

町・村からの追放は、生活の手立てを奪われることであった。享保十八（一七三三）年の法令では、農村では郡から追放される場合は田地・屋敷とも没収されるが、家財はお構いなしとあるので当人に渡され、組払い・居村払いの場合は掛の大庄屋・庄屋によって売却され、その代銀は本人に渡されることになっている（『藩法集』六〇六）。城下町から町人が追放される際に家財や屋敷地などの売り払い代金が渡されたかどうかは不明であるが、厳しい生活をせざるを得なかっただろう。元禄九（一六九六）年五月、通町十丁目伝右衛門は罪が重い者で、度々城下町に立ち帰った罰として、頬に二寸ほどの焼き金を当てられて再度追放されている（同前）。伝右衛門にとって、久留米に帰るしか生活の手立てがなかったことを示すものである。

久留米藩が領民を追放したのと同様に、隣藩も同様の追放処分を行っていた。延宝五年に竹野郡東麦生村（久留米市田主丸町麦生）で村人が盗人を捕えて打擲《ちょうちゃく》の末、筑前との境目に追い捨てた。のちに小瀬川（巨瀬《こせ》川）で死体が見つかったが、筑前の者ということで、竹野郡の大庄屋から、秋月藩の大庄屋に死体の引き渡しについて掛け合っている。返答があり、この者は下座《げざ》郡田中村（朝倉市田中）の七兵衛という者だが、十五、十六年前に国を追われており、遺体を受け取るべき者ではないということであった（『古代日記書抜』）。

このような対応は秋月藩に特有のものではなく、貞享元（一六八四）年十月四日に佐賀町奉行から久留米町奉行に書状が届き、盗人について糾明した結果、久留米城下町某と白状したので、今後の処置について問い合わせを行っている。同月十六日の久留米藩からの返書は、この者は山本郡草野町（久留米市草野町）の市之助という者であるが、徒者であり、佐賀で如何様に処置されても構いませんというものであった。さらに、「前々よりか様の者、近国互いに申し談じ、右の通り仕る由申し上げ候」と、以前からこのような事例はそれぞれの領分での処分を行い、引き取りなどはしないことを回答している（同前）。

追放者への処分は、その後も厳しいものがあり、宝暦二（一七五二）年三月には追放の際、左の腕に幅七歩、長さ三寸に四寸五歩の十文字の入墨をして追放し、また国に帰ってきたら捕らえ、右の腕に同様に入墨をして再度追い払い、左右の腕に入墨がある者が立ち帰った場合は死罪としている（『藩法集』八四四）。御国追放とは、藩の保護はもちろん、所属した共同体からの排除をも意味しており、大半の者が領外で人生を終え、死亡しても遺体は引き取られなかった。

通町十丁目外町帳面である七之丞の女子ふさは、新町二丁目の小四郎に嫁いだが、宝暦九年十月、通町六丁目の次郎右衛門との不義が露見し、次郎右衛門は小四郎から打擲され死亡する。この事件で小四郎は死罪に問われることはなく、五郡追放となっている。久留米領内は八郡からなっているが、小四郎が生活できた三郡がどこであったかは不明である。さらに、ふさの両親である七之丞夫婦は日頃から人品（人柄）が良くなく、度々不埒を働いたということもあり城下町四里追放の処分を受けている。

今回の事件の当事者であったふさは本来ならば死刑を免れないが、罪が一等減じられ、三潴郡若津町（現大川市若津）の長崎屋・三浦屋・恵比須《えびす》屋へ一生渡され、同所の外脇方へ出ることは許されないという罰を受けている。宝暦五年に羽犬塚《はいぬづか》町が焼失したことで、そこにあった娼妓屋（公娼）が若津町に移されており、ふさはそこに送られたのである。領内追放は共同体からの排除であり、生活の手立てを失うことであったが、ふさは死ぬまで売女として遊郭で暮らすという残酷な刑罰を受けている（『藩法集』一〇八九）。

若津町の遊郭へ送られる例は他にも見られる。天保四（一八三三）年には呉服町で隠し売女が露見し、二名（『町方書抜』新有馬文庫）が、安政二（一八五五）年には寺町三か寺の僧侶との密通により後家母子（『藩法集』四八六八）が遊郭へ送られた。不義密通、隠し売女が摘発されると、この処分が行われていたのである。御国追放とは異なるものの、彼女らも共同体から切り放され、苦界での生活を余儀なくされたのである。

安永二（一七七三）年正月に藩主頼徸の少将任官の御祝儀として大赦が行われている。正月二十二日には御城下払い・御国払いなどの者十五人、二十五日には十一人が赦免されている（同前一六〇〇）。さらに同年九月二十七日には宝暦四年一揆によって郡追放・村払い、里数構（何里以内しか移動できないとする処分）などにあっていた五十八名の中で、追放の者は五郡払い、その他の者は勝手次第に居住することが許されている（『藩法集』一六六六・『米府年表』）。この後も天明七（一七八七）年、寛政四（一七九二）年に大赦が行われている（『米府年表』）。これらは社会の変化への藩の対応として理解すべきものであるが、この問題については別の機会に考えてみたい。

清右衛門救済される　三本松町の屋敷地売買

城下町の町屋敷の売買は、農村での田畑の売買より容易に近世初期から行われている。売買には町奉行の確認が必要であったが、宝暦五（一七五五）年六月二十八日付のお触れが出て、それ以降は券状の裏に町奉行の裏書が必要となっている。

町方家屋敷売買券状、只今迄拙者共一覧の上差し支えこれなく候へは、願の通り申し付け候段、別当中へ申し渡し相済み候得とも、右券状、後々年迄も証拠の事に候得は、畢竟〆りの為、今般相改め、右売買券証文に拙者共承き届け候段、裏書等相加え候段申し渡し候

（『久留米藩町触集』）

ここで紹介する三本松町の町屋敷の売買は、そのお触れ以前のものである。

延享五（一七四八）年正月二十五日に別当中の御用会が開催され、次のような決定がなされた（『延享五年

■表1　三本松町の屋敷地売買

場　所	表　口	入	代　銀	売　主	買　主	屋敷地（坪）	買主面積増減（坪）
西輪	3間	15間	3貫200目	幸右衛門	清右衛門	45	75→45
東輪	3間	16間半	3貫	武右衛門	幸右衛門	49.5	45→49.5
東輪	5間	15間	4貫500目	清右衛門	武右衛門	75	49.5→75

資料：『延享五年辰御用扣帳』より作成

辰御用扣帳』）。

一、今廿五日別当中御用会いたし申し渡し候覚

一、三本松町西輪、表口三間・入り十五間の所、代銀三貫弐百目相極め、永代幸右衛門方より同町清右衛門え売り渡し度旨

一、同町東輪表口三間・入り拾六間半、代銀三貫目相極め、永代武右衛門より同町幸右衛門へ売り渡し度旨

一、同町東輪表口五間・入り拾五間、代銀四貫五百目に相極め、永代清左衛門方より、同町武右衛門へ売り渡し度旨

右三通り双方より売買券状差し出し候、奉公人入り組みこれ無く、尤も境目等目付立会相改め、出入りこれ無き段承き届け、売買願の通り砥屋文左衛門申し渡し候

この史料は三本松町で行われた町屋敷売買に関するものである。概要を触れておこう。三本松町での町屋敷売買の願いが出て、町別当中の御用会で承認された。そして町別当中から町奉行へ報告され、町奉行も「承き届け」（確認）し、この売買を認めることを、三本松町を管轄する町別当砥屋文左衛門へ伝えた。その条件として、「奉公人入り組み」がないこと、売買される屋敷地の境目（隣地との争いがないこと）を三本松町の目付が立ち会い確認したことを挙げている。この史料から、久留米町の町屋敷の売買には町別当・目付が深く関わっていたことがわかる。

土地の売買について売主と買主が合意すると、町別当宛ての売買券状を作成し、町の目付が確認の署名捺印を行って町別当に提出する。その文書が御用会で審査され、問題がなければ町奉行に報告して承認を受け、掛の町別当にその文書が返され、町屋敷の売買が成立するという過程であった。宝暦五年六月以降は、これに町奉行が裏書署名を行って下げ渡されることになったのである。

三本松町の概要に触れておくと、この町は田中吉政代に開かれた柳川往還の久留米側の起点に当たる町であり、北は通町一丁目、南は池町川（苧扱川）を挟んで原古賀一丁目につながる。町は上・中・下町からなり、南北に走る道の両側に形成された町である。したがって、西輪・東輪とは屋敷地が道のどちら側にあるかを示すものである。

■図1　三本松町の屋敷地売買の模式図

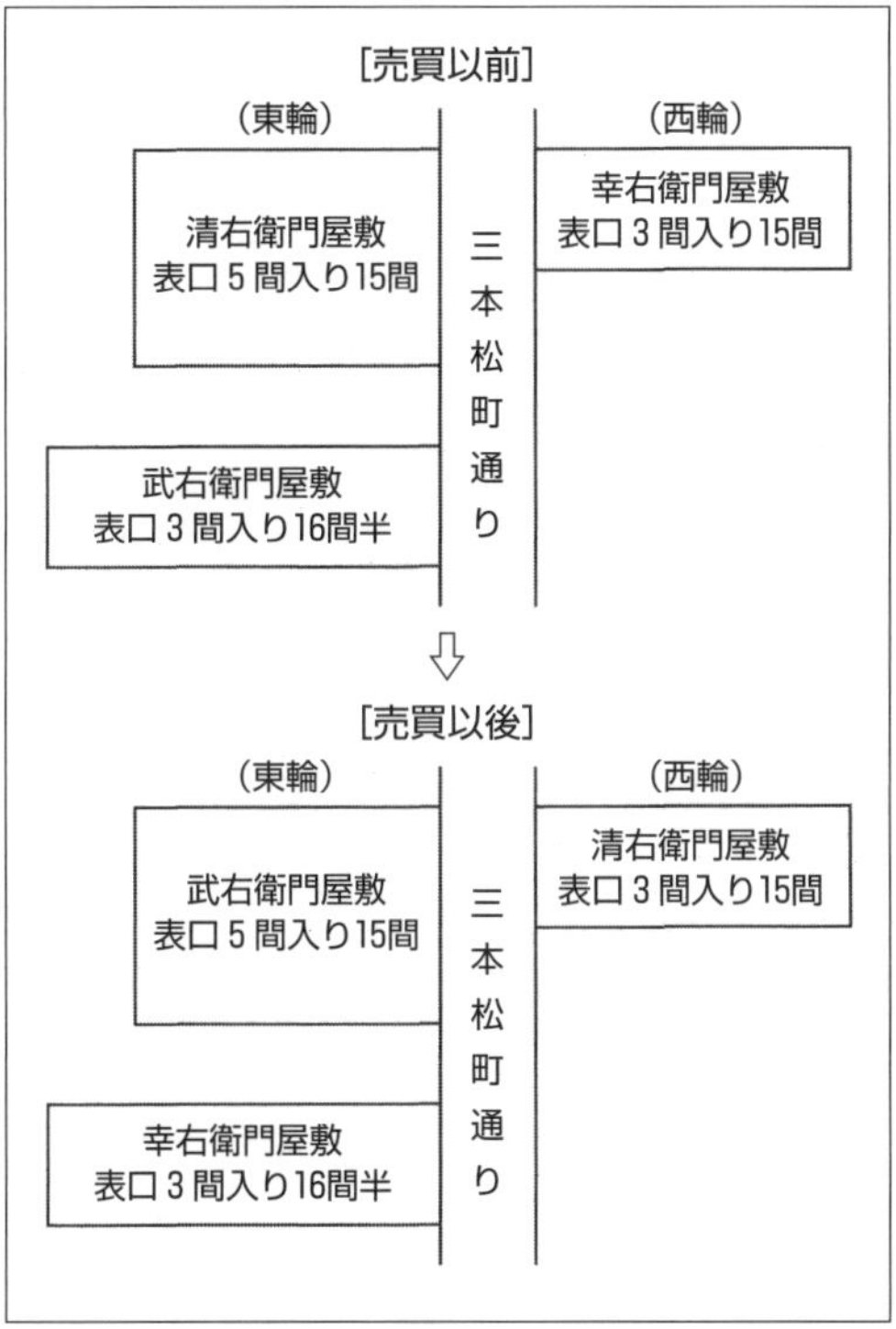

元禄年間（一六八八―一七〇四）の三本松町の軒数は三十八軒で、小間数は一五七間半であった（『啓忘録抜萃』）。小間数とは各屋敷の間口を合計したものである。これを軒数で割ると、一軒あたり四・一四間になり、間口が大きな町屋敷が多かったことがわかる。今回の売買対象となっているのは三間と五間であり、三間の間口は、この町では狭い方である。

この三本松町屋敷地の売買を整理したものが表一である。

表一の屋敷地売買は、三人が絡む屋敷

三本松町の現況（柳川往還。久留米市教育委員会提供）。
現在、三本松町の町名はなく、日吉町の一部となっている

地の移動である。幸右衛門は東輪にあった武右衛門の屋敷（表口三間、入り十六間半、四十九・五坪）を三貫で購入、また、西輪にあった表口三間、入り十五間（四十五坪）の屋敷地を清右衛門に三貫二百目で売却した。幸右衛門はこの売却・購入によって敷地が四十五坪から四十九・五坪に増加し、西輪から東輪に移動する。あわせて売却と購入代金の差として銀二百目が手元に残ることになった。

清右衛門については、少し説明がいる。この史料では清右衛門・清左衛門の名で出てくるので別人のようであるが、そうすると「三通り双方より売買券状」とならないから史料のどちらかが誤記であると考え、ここでは清右衛門で進めていきたい。

清右衛門は幸右衛門の屋敷地（表口三間・入り十五間、四十五坪）を三貫二百目で購入、また自分の屋敷地（表口五間・入り十五間、七十五坪）を武右衛門に四貫五百目で売り払う。この取引によって、清右衛門は敷地が七十五坪から四十五坪へ三十坪の減少となったが、売却代金と購入代金の差額として一貫三百目が手元に残ることになった。

武右衛門は清右衛門の屋敷地を四貫五百目で購入し、また自分の屋敷地を幸右衛門に三貫で売却している。武右衛門は敷地が四十九・五坪から七十五坪に増えたが、購入額と売却額の差として一貫五百目を支払うこととなっている。この一貫五百目については後に触れる。

この三人の町人が関わる屋敷地の売買は、落語の「大岡越前の三方一両損」みたいな話のようであるが、実

態は大きく違うのであろう。この三人の町人については屋号や職種などは不明のため推測で述べることになるが、一つの理解を示しておく。

清右衛門は商売での失敗で多大な借財ができ、家屋敷を売ることでこの苦境をしのぐことにした。幸右衛門は親類もしくは清右衛門の借財に関わる請人（保証人）であった可能性があるが、清右衛門とともにこの苦境を解決することになる。同町の武右衛門に、清右衛門の屋敷地の購入を持ちかけたのである。清右衛門は屋敷地を売り払うため、幸右衛門の屋敷地に移動し、幸右衛門は武右衛門の屋敷地に移動という形で、町の目付も関わって話が進められ、先の御用会での確認となったのであろう。その結果、清右衛門は三本松町の町人としての地位を維持できたのである。この売買は三本松町の目付や別当砥屋文左衛門だけではなく、三屋敷地の隣地住民をも巻き込んだ、「町」という共同体による救済処置であったと考えられる。

さらに、この土地取引の売買の差額を見てみると、武右衛門は一貫五百目を支払うことになり、清右衛門は手元に一貫三百目、幸右衛門は二百目が残る。この合計が武右衛門の支出額と一致することから、武右衛門か

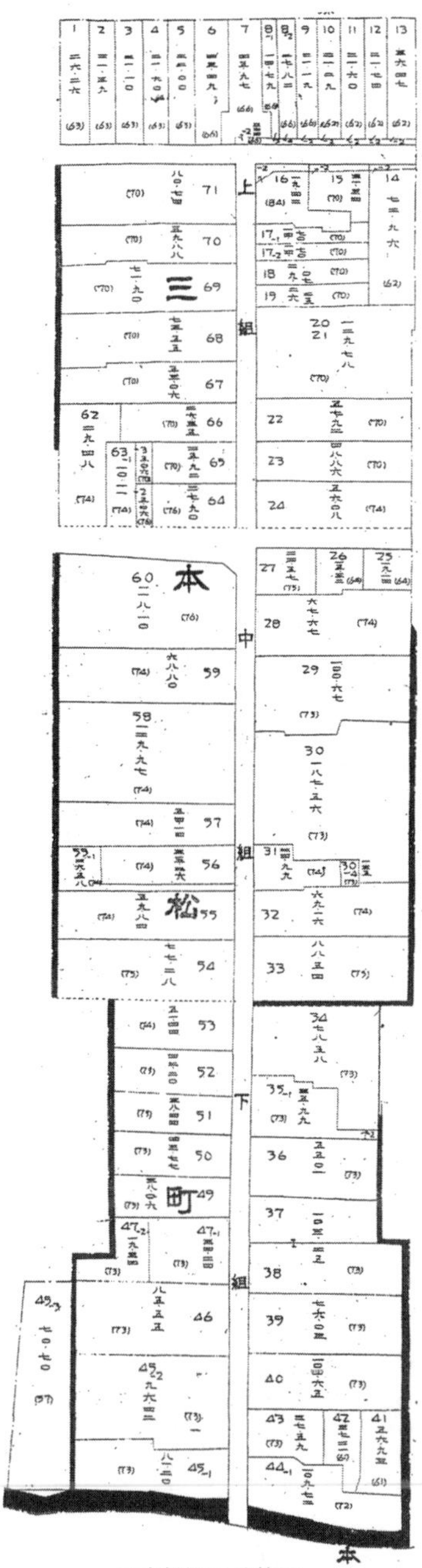

三本松町の地籍図
（『久留米市土地宝典』〔1938年〕より）

らの支出一貫五百目が実際に動いた金額であり、これが清右衛門と幸右衛門に分配されたと考える。

清右衛門は、屋敷地は狭くなったが、三本松町での居住が許され、手元に一貫三百目の資金が残った。幸右衛門は敷地がいくらか広くなり、手元に二百目が残ったが、これは引っ越し資金であろうか。武右衛門は間口五間もある広い屋敷地を手に入れることができ、三本松町での地位が向上したであろう。屋敷地の売買券状では四貫五百目で購入することになっているが、実際は一貫五百目を支払うだけで手に入れることができただろう。売買券状は後々のために作成されたが、実際の屋敷売買の代銀決済は相殺され、武右衛門の支出だけでこの三者の売買は成立したと推測されるのである。

この屋敷地売買は、三本松町を構成している町人の共同体の維持のために、町の合意として実現されたものだろう。憶測を重ねてきたが、江戸中期の町共同体の実態を考察する貴重な例を確認できたといえるだろう。

町法の世界　侍と町が争う

寛延二（一七四九）年七月、原古賀町七丁目外町と山本四郎兵衛との紛争について藩の裁定が出ている。この事件の背景にあるものを探るのが本節の課題である。

家臣の系譜を探る時に便利なのは『御家中略系譜』や『中扈従御徒士略系図』（新有馬文庫、久留米市立中央図書館蔵）などである。山本家は後者に記事がある。山本家は御馬廻であるので、本来ならば『御家中略系譜』に採録されるのだが、この事件の後に山本家が断絶し、分家が御徒士として継続したことから、『中扈従御徒士略系図』に採録されている。山本四郎兵衛の息子作平（後に四郎兵衛）は安永元（一七七二）年四月二十七日に国を出奔して六月十五日に大坂で捕らえられ、十月二十六日に久留米で死罪となり、山本家は断絶した。出奔の理由は不明であるが、「士分を取り失い重々不届きの仕形」（『藩法集』一五八五）、「悪事露見」（同前一五八六）とあり、経済犯かもしれない。この事件は『米府年表』に「同月（六月）山本四郎兵衛召し捕わる」とだけ記されており、重大な事件であったことを示している。

『中扈従御徒士略系図』によれば、山本家の初代長左衛門は旧田中家家臣で、元和八（一六二二）年に御馬廻として有馬家に召し抱えられた。四郎兵衛は四代目で、二百石の知行を持つ御馬廻組の藩士である。藩の裁定には、山本作平の親、山本四郎兵衛とあることから、四郎兵衛は家督を譲り隠居していたのであろう。四郎兵衛は小頭町定番《じょうばん》を務めており、町方とは役目から深い関係を持ち、その内部についても詳しかったであろう。小頭町定番は番所を通過する物・人の出入りを預かる役職であることから、様々な役得もあったのではないかと推測する。

江戸中期の家臣団の大方が困窮している中で、四郎兵衛は小金を持っており、その資金で七丁目外町の半左衛門に金子を貸したようである。しかし、返済日限が過ぎたことから、半左衛門から家屋敷を取り上げている。家屋敷を借金の担保にしていたと思われる。この案件が何月に発生したのかは不明であるが、四郎兵衛はこの家に家番として半右衛門という者を置き、これが七丁目外町と山本家の紛争の原因となった。原古賀町は柳川往還沿いにできた町であるが、七丁目外町は享保十一（一七二六）年の田代火事以降に建設された、七丁目番所の外の新興の町で、町別当戸板屋掛の町である。

この紛争は藩庁に持ち込まれ、家老脇の有馬要人《かねと》から町奉行戸田勘解由へ「申渡」がなされ、町中の側に立った裁定がなされている。長文であるが紹介する（傍線などは筆者挿入）。

一、覚書を以て左の通り

山本作平親、山本四郎兵衛、原古賀町七丁目外町半左衛門と申す者に銀子借し置き、返済日限相違せしめ候につきて、右居屋敷取り揚げ置き候、然る處、頃日、（A）半右衛門と申す者家番と号して差し置

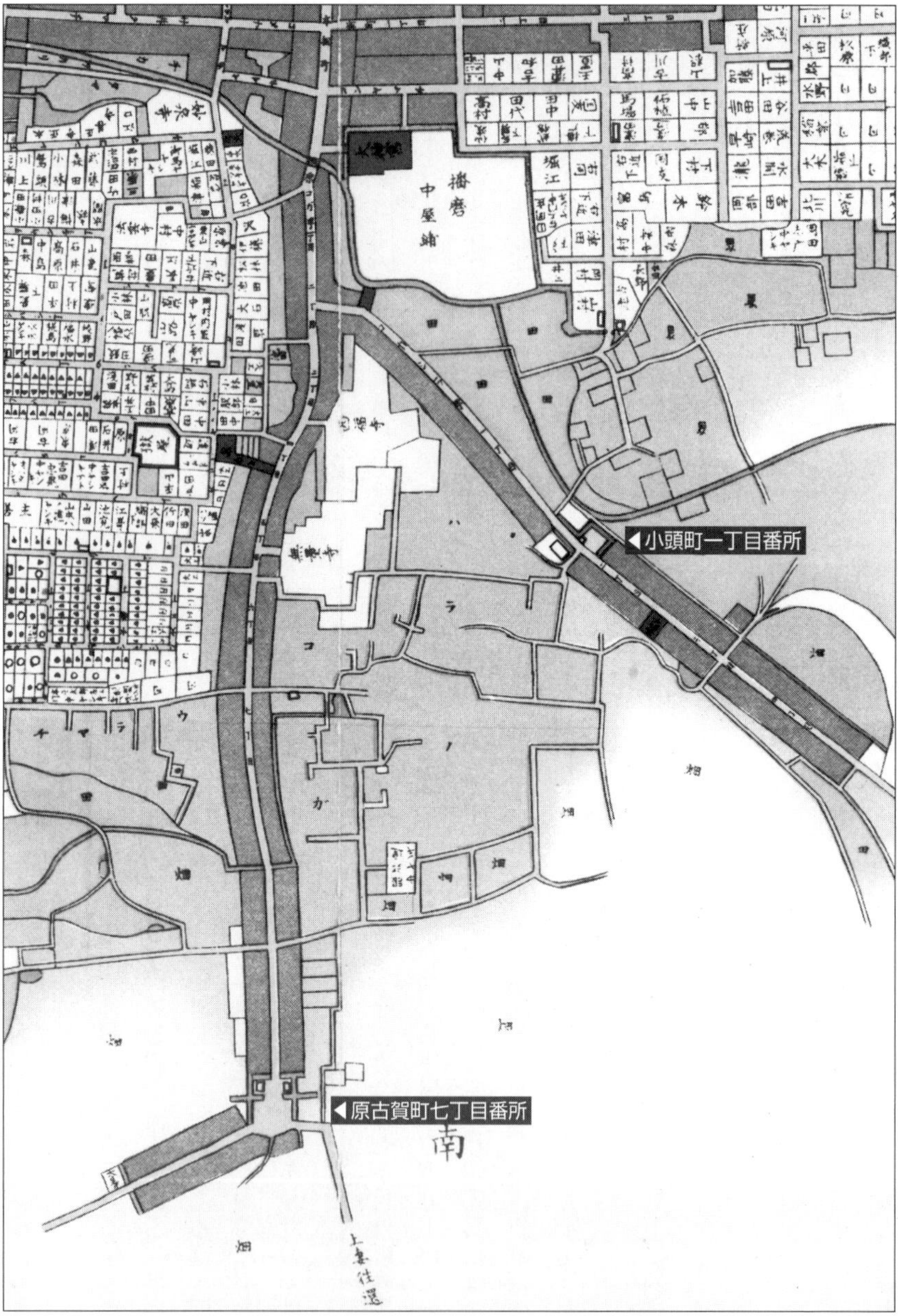

原古賀町・小頭町（天保年間城下町図。久留米市教育委員会蔵）

き候由、右半右衛門人品宜しからざるものにつき、差し置き候ては町法も相立たず、町中得意仕らず候處、押して差し置き候由、右家番半右衛門早速引き揚げ、元家主半左衛門へ差し返し申すべく候、屋敷相当の代銀受け取るべく候、且又、右屋敷取り揚げ候上、（B）諸出銀町方より仕替え置き候様相頼み、今以て右出銀差し出さず難儀に及び候段相聞え候、相滞り候品町方へ早々相渡すべく候、半右衛門儀は頃日目明召し揚げられ候もの、彼是致し方重々不埒の至りに候、此の旨申し渡さるべく候事

（寛延二年）七月十三日

右の趣、戸田勘解由へ要人申し渡す

原古賀町七丁目半左衛門居屋敷、山本四郎兵衛方え取り揚げ、跡番人として半右衛門と申す者召し置き候由、右半右衛門不人品にこれあり、差し置き候ては町法相立たず候故、町中得意仕らず候處、押して差し置き候由、依て右半右衛門引き揚げ、元家主半左衛門え差し返し候様、山本四郎兵衛方え申し渡し候、右屋敷相当の代銀四郎兵衛方え差し出すべく候、且又、右屋敷取り揚げ候上、諸出銀滞り候品も差し出し候様同人え申し渡し候条、此の旨町方へ申し渡さるべき事

七月十三日

（『藩法集』七三七）

この申渡を読むと、争点は二つである。一つは傍線Aの部分にあるように、家番として置いた半右衛門は人品が宜しくない者であり、そのような者を置いては「町法」が相立たず、また、町中もその人物を置くことに納得していないということである。家番とは家代もしくは家守と呼ばれ、本来の地主に代わり、その家を管理する者である。この半右衛門は目明しであったが、その役儀を召し上げられるほど不埒な人物であったという。

山本四郎兵衛は小頭町口の定番であったことから、目明しである半右衛門と何らかの関係ができたのであろう。世間の裏表に通じ、地域の事情にも詳しい半右衛門を家番として「押して差し置」くことで、この案件を

力づくで解決しようとしたようである。それに町は反発し、町内に町の秩序を侵すような人物を置かないこと、家番を置く場合は町の同意（得意）が必要であるとし、それが満たされていないことが「町法も相立たず」の内容であったようだ。町法を盾にして半右衛門の排除と屋敷地の半左衛門への返還を求めたのである。

久留米藩では文政十一（一八二八）年に、家中侍の家族・家借・家来・御扶持人・寺社家族などは江戸時代前期の寛永年間（一六二四－四四）から町屋居住が停止されており、家代（家守）などを置くことになっていること、さらに、町方夫役や割賦などについて権威を笠に着て我意を申し立てることも禁止し、町役並びに賀祝・死亡仏事はもちろん日頃からの付き合いは家代に任せることが触れられている（『久留米藩町触集』）。この規定のように家代の役割が重要であるからこそ、町が納得しない人物の排除に進ませたのであろう。

延享五（一七四八）年に定められた家屋敷の売買規定には「売買幷組合の者書物相添え、境目等その外奉公人の入り組みも無」いこととあり、町別当の御用会で承認されることになっていたが（『延享五年辰御用扣帳』）、この手続きも十分になされていない可能性がある。組合とは隣近所の五人組のことである。境界の確認の手続きを踏むことが必要であったが、それも十分でなかったのかもしれない。

二つめは傍線Bにあるように、山本四郎兵衛がこの屋敷地を取り上げた時に、町へ「諸出銀町方より仕替え置き候様相頼み」とあるように町中が立て替えていたが、その出銀をいまだ四郎兵衛が差し出さないことが論点となっている。

裁定では、家番半右衛門の町からの排除及び屋敷地の半左衛門への返還、それに諸出銀の返済が決定され、町中の全面的な勝利となっている。また、山本四郎兵衛には「右屋敷相当の代銀」が町中から支払われることになった。代銀を準備し、諸出銀を出し替えることもできたというのは、町が財政的な基盤（町入用）を持っていたことを示すとともに、秩序を乱す人物を排除するという機能（町法）も持っていたことを示唆している。

この事件は次のような過程を経て、先の裁定に至ったと考えられる。まず、山本四郎兵衛が家番として元目明の半右衛門を強引に置いたことで、町中との紛争が持ち上がった。町中に侍身分の者が居住することはできず、家番を置いて家屋敷の管理をさせるというのは決まり事でもあったのだが、半右衛門は町中にとって受け入れがたい人物であったようだ。もし山本家が家番を差し替えれば落着した可能性もあるが、結果として藩庁までも巻き込む事件となったのである。

七丁目外町にも町役人として目付がいたと考えられる。まず目付を中心とした町の集まりが開かれ、町の総意として町別当戸板屋に相談が持ち込まれたのであろう。町別当から山本家への働きかけもあったかもしれない。しかし膠着状態であったため、七丁目外町中としての願書が出され、目付・別当の奥書署名を経て、月一度開かれている町別当の会議「御用会」で検討された上、年行司から町奉行へ提出されたのであろう。町奉行はそれに意見書を添えて家老中に提出する。家老中の僉議《せんぎ》を経て、藩の決定が町奉行に伝達されたようだ。

先に引用した前段は家老から町奉行への裁定書であり、後段は「此の旨町方へ申し渡さるべき事」とあるように町方への裁定を伝達した文書であることがわかる。この裁定は直接、原古賀町七丁目外町に渡されたのではなく、町別当の代表である年行司に伝達されるか、直接、別当である戸板屋に町奉行から伝達され、それから目付へ伝えられ、それが町中に触れられたのであろう。

ただし、町中のお金で取り戻した家屋敷が半左衛門のもとに戻ったかどうかは別の問題である。これは町中の判断で解決されたのであろう。

原古賀町七丁目外町の訴えが基本的に認められて落着するが、このように藩は城下町での町共同体としての秩序維持機能を重視し、それを侵すものを排除するという姿勢をとっていたのである。町（七丁目外町）―町組（戸板屋掛）―惣町（御用会・年行司）というシステムがあり、各町の「自治」を基礎とする城下町内部の地域行政団体が形成されており、これが藩との折衝・協議を行い、城下町で起きる様々な事態を解決していたのだろう。

第四章　町人の負担

町人の町役負担について

全国各地に建設された近世城下町では、町人は家屋敷所持を基準に把握され、地子（土地に対する賦課）が免除される代わりに公儀の伝馬役と町人足役を負担していたことが明らかになっている。久留米城下町では、その全容はいまだ明らかでないが、いくらかそれを知ることができる史料がある。

寛文十（一六七〇）年十二月二十六日、町奉行である吉田次左衛門は、当年の久留米町の「町之歩足役出人」が都合三九三九人であったと報告している。「町之歩足役」は町の夫役のことである。久留米町の町人は藩から賦課された様々な夫役を提供しており、この年は総数が三九三九人であった。その夫役には女性の仕事も含まれていたのである（『古代日記書抜』）。城内や堀の清掃、御使者屋の維持管理、年末の城内各所の煤払いなど様々な都市機能の維持のため、四千人近い人夫を提供していたのである。

また、職人に対しては国役という賦課があった。次の史料は万治二（一六五九）年十二月のものである（同前）。

一、大工作料
銀四百拾九匁四分、同四百拾壱匁四分は亥三月朔日より同十一月迄、御本丸并養寿院殿御屋敷井樋・善導寺権現様御堂・在々御制札、其外所々破損繕、職人三千七百四十人の内、三千弐百五十壱人御国役引き、〆四百八十九人の作料

明治後期の御使者屋建物（『カメラがとらえた久留米の100年 私の街 私の時代』〔久留米市教育委員会〕より）。明治に入ると三潴県庁舎や久留米市役所庁舎として利用された

本丸の修理、有馬頼利実母である養寿院殿屋敷の井樋修理、善導寺にあった徳川家康廟（実相廟舎）の修理、農村部の制札（高札）の新調などに延べ三七四〇人の大工が携わったが、御国役として三二五一人を差し引き、残る四八九人の作料を藩に請求するというものである。寛文七年には御船手方職人が国役を務めている史料がある（同前）。

元禄五（一六九二）年、鍛冶屋町鍛冶九左衛門・十右衛門と長町鍛冶権左衛門・権右衛門は毎年六十日鍛冶役を務めてきたが、鍛冶小屋が廃止されたため、これからは十五日だけ務め、残る四十五日分の銀子を納めるように命じられた。しかし、銀子を納めることは難渋するので、前々のように六十日役を務めることを願い、認められている。彼らは御用鍛冶であったが、これは鍛冶という職務に基づく賦課であった。

元禄年間になると、このような賦課を代銭納へ換える動きが

見られるようになる。

江戸時代前期の町人、職人の役負担を見てきたが、中期以降の概要がわかる『旧久留米町方諸賦課慣例調』（『久留米市誌』中編）という史料がある。これにより、久留米城下の町人が負担した、町全体の運営に必要な経費や、藩から賦課された町役について見ていきたい。なお、この史料の中に、寛延二（一七四九）年に創建された五穀神社への初穂の記事があることから、江戸中期以降の実態を示すものと判断した。

城下町の八人の町別当は、毎年二人ずつが交代で年番を務めた。これを年行司といい、町中全体の公事を執行した。その執行にかかる費用は、町の貧富により一等から六等の等差が決められ、小間掛をもって春・秋の二回に分けて賦課する予算を立て、町奉行所からの承認を得て徴収することになっていた。これを「年行司割」といい、内訳として「年行司書手給」「町肝煎給」「町方役所小使給」が挙げられている。

年行司書手給とは、年行司が行う公事を輔佐して事務を務める者への給料である。町肝煎とは町別当を補佐する役職で町政の調整役ではないかと推測するが、その実態については今後の課題である。町方役所小使給とは町方役所での雑用を務める者への給料である。これらの費用は年行司の公事を執行するための事務費としての性格を持つものといえよう。

次に「祇園会割」であるが、これは毎年六月七日から十四日まで行われる久留米町最大の祭礼である祇園会の実施に必要な経費である。各別当組から山車や作り物などが出されたが、その費用は毎年六月に年行司が町の等級に応じて小間割で徴収することになっていたという。祇園会は六月初めに行われることから、準備期間を考えると六月の徴収では間に合わないため、この徴収時期については疑問が残る。

次の「冬割」は最も項目が多く、町奉行所の決裁を経て賦課するものである。十二月に町の等級に応じて小間割で徴収する。主なものとして九項目が挙げられている。

「諸藩通行の際出夫賃銭不足補充として人馬継立所渡金」は、久留米城下町を通行する幕府・諸藩の役人などが利用する伝馬などの費用を町が負担していたことを示すものである。人馬継立所とは「駅屋」のことで、江戸初期には両替町にあったが、享保十二（一七二七）年の田代火事以降に原古賀町へ移転した。ここで城下町通行の人馬の管理を行う馬刺（馬差）は、町奉行の支配を受けていた。年末になると、当初予定していた出夫賃銭に不足が見られ、久留米町から人馬継立所へ不足分を補充していたのである。不足分を補充であるから、当初からこの伝馬役は久留米城下町の町役であったと判断される。もちろん、これには久留米藩の公用の伝馬使用も含まれている。なお、この町役は特定の町が負担するのではなく、久留米町全体が負担することになっていた。

「年行司定夫給並諸役所竈塗出夫給」とは、年行司が公務を遂行する上で常時使用するものの費用である。諸役所には湯を沸かしたり、炊事をしたりする竈が設置されていた。竈は石で組まれ、その上に土が塗られたものであったが、その土塗り補修は町方の役であり、竈塗夫に支払う費用も町方負担である。また、久留米藩の迎賓館の役割を持つ御使者屋に関する「御使者屋掃除夫賃」も同じ性格のものである。これは先に触れた町人足役の一部であろう。

町方役所と町別当や年行司に関わるものとして「別当会議費」「町方役所筆墨料及び茶炭費官給不足補充費」「年行司給」がある。別当会議費は、町別当が集まり町全体に関わる協議を行う御用会開催のための費用である。この御用会は毎月一回は開催されていたようだ（『延享五年辰御用扣帳』）。町方役所で使用する筆・墨の購入費及び役所で使用するお茶代や暖を取るための炭は藩から支給されていたが、どうしても不足するので、その補充費も挙げられている。また年行司給とは、別当を代表して働く二人の年行司に支払うもので、このように別途支給されることからも多忙な業務であったことが推測される。

最後は「太宰府天満宮初穂」「高良神社初穂」「五穀神社初穂」である。町中で神社への初穂を行っていたのである。これは在方の大庄屋組・村でも確認できる支出である。

「水道浚割《さらいわり》」とは惣町の悪水路（排水路）の掃除にかかる費用である。町奉行のへのお伺いなしで、年行司の指図を受けた町肝煎が現人夫をもって行うものである。これは町の施設維持のための負担といえる。

「頭別割」とは町別当の給料である。毎年六月の宗門改めの墨判見届けを行う際に、総人数によって賦課するものである。その額は町別当が適宜に決めたもので銀一匁から二分四、五厘の差があるという。さらに、町別当給として一定の石数を限り、酒蔵営業を許された者七名、御領中藍瓶及び形板運上並びに絣一反に付き銀何程と定めた改め料を収入とする者が一名（惣紺屋だろう）いたとある。

さらに、「町別当筆墨料及び諸夫給」として、年行司が定めた等級により、各掛の小間割をもって毎年十二月に徴収を行ったという。

以上紹介してきた『旧久留米町方諸賦課慣例調』に出てこないものとして、町の警備などを担った非人への給付がある。彼らは貧困や刑罰によって非人とされ、厳しい蔑視を受けていた。享保十年には二十七名の非人が数人ずつ分けられ、町の警備や清掃などに従事していたが、彼らには朝夕の食事と夏冬の古き着物が各町別当掛から提供されている（『久留米藩町触集』）。

また、享保十年に久留米町に設けられた町火消の維持費用や、文政十二（一八二九）年に設置された町別当掛ごとの火の見梯子・自身番の維持と自身番を雇用する費用も町全体の負担であった（『米府年表』他）。町の秩序・安全を守る費用も町入用に含まれていたのである。

ここまで触れてきたことは、年行司が統括する久留米町全体の会計、各町別当組の会計、そして各町の会計の成立が前提となっている。これらの町人から徴収する町入用の額や徴収方法、各町への賦課額などは、町別当の協議機関である御用会で最終的に決定され、町奉行の承認を受けたのであろう。ここで述べたのはあくまでも概要であって、その具体的な内容を明らかにするためにも、町入用関係史料の発掘が今後の課題となっている。

運上銀と印銭

前節で久留米城下町の町人の負担について、藩から賦課される町人役の負担と、町の運営にかかる費用（町入用）の負担があることを紹介した。これら以外に町人たちが負担したものとして、運上銀及び印銀がある。

万治二（一六五九）年十二月、町奉行は久留米町中の運上銀と歳暮御礼銀が七貫八九二匁四分あることを報告しており、町奉行が徴収に当たったようである（『古代日記書抜』）。運上銀の中身に触れられておらず、どのような職種からの運上であるかは不明である。また、年末に歳暮御礼銀という負担があることが注意される。

寛文十一（一六七一）年七月には領分の「振売運上目録」が町奉行から家老中に提出されており、その年の二月から七月までの分とあるので、年二回賦課されたようだ。久留米町中と在方の運上銀と札数、札一枚当たりの運上がわかる（同前）。白物とは塩のことであり、塩売りの振売に札を渡して営業を許し、それに運上を課したのである。運上とは営業に対する賦課といえるだろう。久留米町中では白物札二十二枚、一枚当たり五匁で計百匁（札数が正しいなら一一〇匁）、塩鰯は三二四枚、一枚三匁で計九七二匁、総計一貫七十二匁である。在方では白物札四十六枚、塩鰯一〇八三枚、一枚当たりの額は城下町と同額なので総計三貫四七九匁。城下町・在方合わせて四貫五五一匁の運上である。

延宝八（一六八〇）年八月、町奉行がその年の正月から七月までの「小商札運上銀」の総額を藩に提出している（同前）。銀高は三貫一九四匁五分、札数一九〇二枚とある。この中で、三貫七十七匁三十二分が「五か年撫《なら》し定銀」とあることから、城下町の小商たちに定額として賦課されたようだ。残る四十六匁余りが「札廻り惣左衛門改め出し候分」とある。「札廻り」とは城下町の札数の管理に携わる者で、「改め出し候分」とは札廻りの惣左衛門が新たに打ち出した額といってよいだろう。城下町の小商たちを管理・統制する「札廻り」という町人の存在が明らかになる。

「振売運上」「小商札運上」ともに、札を与え、それに基づき運上を賦課する体制ができ上がっており、また、それを統括する「頭《かしら》」的な存在も確認できた。また、その徴収を町奉行が担当したことも明らかになった。

次は紺屋頭として運上を徴収した惣紺屋（湯浅家）の例から、運上についてさらに深めていきたい。湯浅家は有馬豊氏に従い、元和七（一六二一）年以降に丹波国福知山から久留米に下ってきた職人の家で、のちに紺屋頭をとなった。この家には二種の由緒書が残されている。一つは元禄七（一六九四）年十二月の「紺屋頭吉右衛門願」という紺屋頭吉右衛門から町別当砥屋喜右衛門宛ての願書（『古代日記書抜』所収。以下「願書」とする）で、もう一つは幕末の嘉永四（一八五一）年五月の『御城下旧家之者由緒書』所収の惣紺屋武六の書き上げ（以下「由緒書」とする）である。両者を検討しながら、この家の来歴と業務について見ていく。

二代藩主忠頼の治世中である慶安三（一六五〇）年正月に紺屋頭に任じられ、その節、町奉行に従い登城して御肴を献上し、藩主の参勤交代の際には通町十丁目での御目見えが許されたという（「由緒書」）。その際、居屋敷にかかる役儀や「火の番」も免じられたとある（『古代日記書抜』）。

承応三（一六五四）年の四代藩主頼元誕生の際には、御産着として綾地金箔御紋を仰せ付けられ、あわせて、御宮参りの時に使う御弓袋、御蟇目《おひきめ》袋を染めるように命じられ、緋綿紗綾花色染御紋に舞鶴を付けて染め立て、御樽と肴を添えて献上したという。これに対して藩庁から直ちに銀一枚と御熨斗目《おのしめ》長上下《ながかみしも》を頂戴し、それを着て御宮参りに御供するように命じられ、高良山そして城まで御供をしたという。その際に惣紺屋の屋号を頂戴している（「由緒書」）。

「由緒書」では、慶安三年正月に紺屋頭に仰せ付けられたとあるが、「願書」では元禄七年より四十年前の巳年に紺屋頭に任じられたとある。四十年前の巳年は承応二年のことであろうから、三年の違いがある。いずれにしても、一六五〇年代初頭に紺屋頭に命じられたことは間違いないだろう。

これに関連して、「由緒書」では延宝九年三月二十八日に「御領中紺屋運上銀直に拝領仰せ付けらる」とある。また「願書」では「瓊林院様御末年紺屋運上銀仰せ付けられ候へとも、御遠行にて捨たり申し候、その後只今の通仰せ付けられ候」とあり、二代忠頼の末年に紺屋運上銀の徴収を命じられたが、明暦元（一六五五）年に忠頼が死去したことにより、それがうやむやになり、その後現在のようになったと述べている。この「只今の通」というのが、延宝九年に紺屋運上を拝領するようになってから現在まで続いていることと理解したい。紺屋運上銀の徴収は紺屋頭の役割であろうから、忠頼代末期に紺屋頭に任命されたという、この「願書」の内容は信頼できるものだろう。

この「願書」は前半が久留米に来て以来の由緒書であるが、後半は紺屋運上銀についての嘆願書といえる内容を持つ。先の引用と重複する部分もあるが、引用する。

瓊林院様御末年紺屋運上銀仰せ付けられ候へとも、御遠行にて捨たり申し候、その後只今の通仰せ付けられ候処、集め兼ね勝手逼迫にて、願上候品も御時節柄申し上げがたく候ニ付、御役御免下され候ハヽ、世倅ともそれぞれ似合敷奉公仕り、私ハ他所へ参り、紺屋の手間成る共仕り、取り続き申し度（後略）

紺屋の同業者から頭《かしら》として運上銀を集め、その一部を拝領していたが、最近は集めることが難しくなり、勝手（経営）も逼迫していることから、紺屋頭を辞めさせていただきたい、許していただけるなら、倅《せがれ》たちは相応しいところに奉公させ、私（吉右衛門）は他所に行き、紺屋の手伝いなどをして生活してきたいと述べている。惣紺屋の経営が破綻したかのような内容である。紺屋頭が領内の紺屋の支配を維持できず、運上銀も集められない状況であることを示している。しかし、この願書の提出後も惣紺屋の経営は維持されていることから、藩からの何らかの救済がなされたようだが、その詳細についてはわかっていない。

その後の紺屋の運上徴収について明らかになる史料がある。明和二（一七六五）年十月晦日付のものである（『藩法集』一三四一）。

（前略）

一、元締　　惣紺屋武六

惣世話役　通町三丁目吉右衛門　新町二丁目平右衛門

御領中紺屋、藍瓶壱ツニ付銀弐匁ツ、運上銀毎歳相納むべく候　右元締世話人入念相勤むべき事

（中略）

一、吟味御目付中　在町紺屋只今迄の軒数相改め、札相渡し置き、向後猥に紺屋相増し間敷候、尤運上銀として、藍瓶壱ツニ付、一ケ年銀弐匁ツ、上納仰せ付けられ候、右の内壱歩ツ、元締役、四歩ツ、世話人両人へ下し置かれ候

（中略）

十月晦日

惣紺屋武六は領内紺屋の元締で、惣世話役として通町三丁目吉右衛門、新町二丁目平右衛門が任じられており、毎年藍瓶一つにつき二匁ずつを運上として集めるように命じられている。あわせて、吟味御目付は領内の紺屋の軒数を改め札を渡し、みだりに紺屋数を増やさないように、とある。藩から紺屋として認められれば、札が渡されていたことがわかる。さらに、二匁の運上銀から元締惣紺屋武六は一歩ずつ、惣世話役は四歩ずつ役得として取ることができるようになっている。運上銀の徴収は、その業種の有力商人を元締・世話人として任命し、彼らに依拠して徴収していく体制になっていた。

先に元禄七年の願書では、惣紺屋による紺屋の支配が維持できなくなっていたが、明和二年の史料にある吟味御目付－元締－世話役－紺屋という運上銀徴収の組織は、初期の紺屋頭による領内紺屋の直接的な人身的隷属から紺屋が自立し、それに対応して営業規模（藍瓶の数）によって運上を賦課するようになったことを示すものであろう。

ところが、安永八（一七七九）年に茶方元締、竹木元絞、油船元締、牛馬元締、榎津町穀物元締、鋳物師元締の六品元締以外はすべて廃止され、印銭方が直接徴収することになった。片原町に印銭方御用所が建てられ、諸運上金は六月、十一月の年二回の取り立て、諸印銀は日々取り建てとなっている（『御旧制調書』三）。この改正によって、惣紺屋の役割がどう変わったのかは説明できないが、城下町の運上銀は各町の目付が徴収し、納付することになった。印銭方は正徳元（一七一一）年に吟味御目付の加役、寛政四（一七九二）年には惣奉行御目付の加役となり、双方が月番で務めることになっている。

この運上銀・印銀については明治になって戸田乾吉が整理しているので、それに従がっていくと、幕末の久留米領内の住民には「職工役銀」「工業運上」「商業税」「雑種税」、それと「印銀」という賦課があったという（『久留米小史』八）。この分類には少々疑問もあるが、それは問わない。

職人たちには「職工役銀」として、大工（上・中・下・下々の四段階）、船大工（三段階）、家作事船大工（家作りもする船大工）、木挽（三段階）、桶師・畳師（三段階）、鍛冶、瓦葺（三段階）、板屋根葺など、その能力に応じて数段階に分けられた役銀の負担があったようだ。また、茅屋根葺には年四日の現役（実際の仕事）があったという。左官、白銀細工、張物職、塗職、傘張などは役銀がなかった。

次の「工業運上」としては蠟船、油船、鋳物場所、打綿、水車、藍瓶、鋤鍬柄刺の七種が挙げられる。蠟船の「船」とは蠟を絞る器械のことで単位は「艘」、油船も同様である。蠟船には九十九艘の印札が藩から交付され、一艘当たり四十三匁が賦課された。油船はさらに多く一二五三艘、一艘当たり十二匁の賦課である。また、藍瓶は領内で二〇八六本あって、一本当たり二匁の賦課であった。印札（打綿のみは印棒）は営業許可証といってよいだろう。これらの賦課を、町方であれば目付が集め、村であれば庄屋が集めて納入したのである。水車だけは規模によって違うが、その他は印札・印棒に定額が賦課されており、それに従って藩に納入していた。これを運上銀といっている。

「商業税」は城下町、在方での商業活動に賦課されるものである。領民が生活するのに必要な穀物・魚介、薬、鋳物、陶器、紙、嗜好品である煙草、酒など六十六の職種が挙げられている。

印札が最も多い職種は代物小間物店で五七八枚である。店の規模によって五－七十匁の賦課額が定められていた。それに次ぐのが小商で、城下町で三五一本、郡部では一一一八本である。これは印札ではなく印棒であることから、天秤棒などで売りに出かける小商人への賦課である。城下町では賦課額三匁、郡では六匁である。麴印札三一二枚、受酒印札二八五枚などがそれに続く。麴や穀物仲買の賦課は城下では十四匁、郡部では二十八匁で、郡部の方が賦課額が高いのが特徴である。また、郡部のみのものとして荷米、油振売、山中通い（山中に入り商品を売り買いする者）、莝仲買があるが、これらはいずれも印棒である。城下町の小商印棒には肝煎が六人任命され、無印棒で商売する者や不正の枡などを使う者を取り締まっていた（『御旧制調書』三）。

これら以外に、印札・印棒がない商種も多い。煙草問屋、唐物問屋、豊後竹木問屋、砥石屋、線香屋、漆屋、越中富山売薬、日田丸散店、朝鮮奇応丸元〆、椀折敷売札裁判、石炭問屋、諸品問屋などである。これらの商種は煙草問屋が三百匁、砥石屋が一〇五匁、越中富山売薬が四三〇匁など、賦課額は高いのが特徴である。ただし、諸品問屋だけは賦課額七－十匁で、印札であろうが、八十五枚許されている。

寛保三（一七四三）年に越中富山薬種屋重次郎が領内での反魂丹《はんごんたん》（胃痛・腹痛などに用いる丸薬）の専売を許され、運上銀十五枚を差し出すことになっている（『米府年表』）。他の丸散屋なども同様な経過を持つと考えているが、薬が高価で利益があがるため、運上銀も多いのであろう。

塩鰯干鰯元〆（二十五枚）、肴炭元〆（八枚）、竹皮元〆（一枚）、野菜干物元〆（五枚）については、「右元〆は運上を納め、その印銀受用」とある。少し理解に苦しむところもあるが、この元〆たちはそれぞれ運上を集め藩に納めるが、その一部を収入とするということであろう。

質屋、菓子屋、古着屋、旅人屋、料理屋、飲食店、湯屋、結髪は運上がないという。質屋中は質物についての取り扱いを藩に願い出るなど、仲間を形成している。また、古着屋などは有力な商人もいることから、運上はないとされることに疑問が残るところである。

次のグループは無運上で、「印銀取り立てに掛り、その幾らかの下与を受けるもの」とある。竹木元〆、茶方元〆、牛馬元〆、馬問屋、榎津町穀物元〆、代物問屋、他領入晒蠟並蠟燭問屋、油元〆、薬種店才判、造酒運上取立才判、染藍他領出改方、鋳物《いもじ》師司、久留米絣元〆、砂糖元〆、櫨実才判、牛馬才判などである。これらのうち、竹木元〆、茶方元〆、牛馬元〆、榎津町穀物元〆、油元〆、鋳物師司は安永八年に例外的に元〆が認められたものであるが、それ以降に元〆を新たに認めたものが、久留米絣元〆、薬種店才判、染藍他領出改方などであろう。

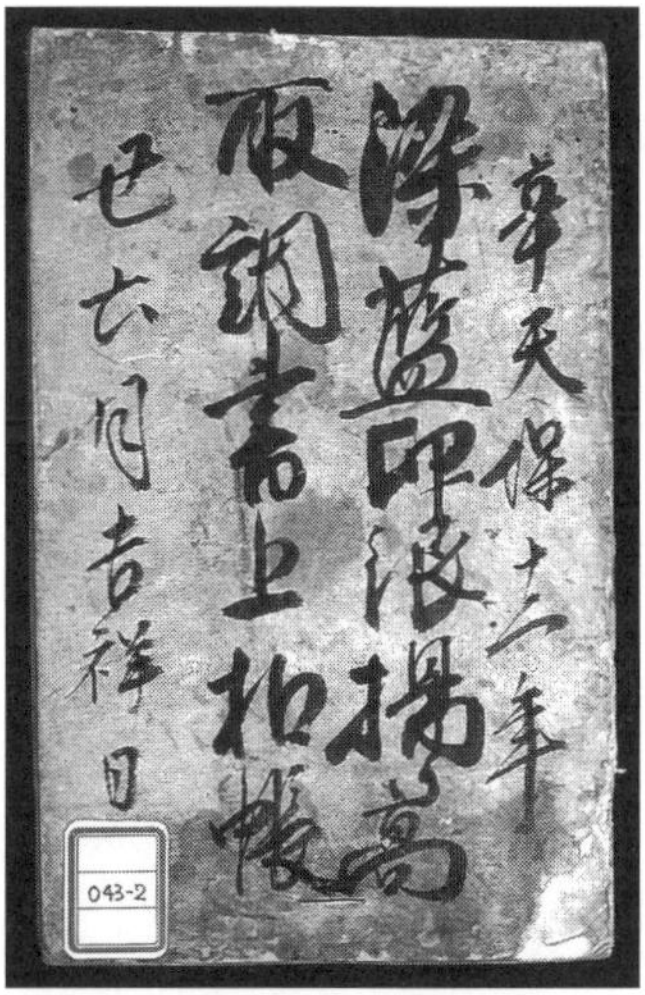

『染藍印銀揚り高取調書上扣帳』（三枝家文書。久留米市教育委員会蔵）

久留米絣元〆は天明年間（一七八一－八九）以降に、井上でんによる久留米絣の発明後の絣の増産に伴って設けられた元〆であろう。また、江戸中期以降、久留米藩では阿波藍に劣らぬ藍染が生産されたが、瀬下浜町の三枝家（松屋）から、天保十二（一八四一）年から安政四（一八五七）年までの十八冊の『染藍印銀揚り高取調書上扣帳』が発見されており、同家が染藍他領出改方を務めていたことがわかっている。この控帳には生産者ごとの印銀（流通税）が記されているが、その帳面は次の地域ごとに分けられている。瀬下・原古賀・十丁目（久留米町）、宮地・三条・北野・下川（御井郡）、飯田・草野（山本郡）、田主丸・恵利・床島・鳥飼・片の瀬（竹野郡）、本郷・松崎・干潟・横隈・小郡・西福童（御原郡）である。瀬下・原古賀・十丁目は番所があったところである。その他は、改方の松屋が藍の産地にある在郷町に染藍手形を出す手形所を設けたことを示すものである（古賀幸雄「久留米地方と染藍」）。

この過程を『久留米小史』を参考に『御旧制調書』から復元してみよう。諸元〆の場合、他領出入りかつ城下町出入りの品物の場合、各地区に手下を置き、事前に印銭方から渡されている印手形にその数量を書き合せて俵印を付いて渡す。持ち込んできた者から印銀を取り立てることになる。米・大豆・雑穀は一俵に銀三分、その他は品物により印銀を掛け徴収していた。また、運ばれていく道々にある穀留番所では、手形・俵印を改めて不正の品でないことを確認して通した。年貢米は賦課されず、物成取立手形あるいは庄屋手形を見届け、異常がなければ通過させる。

印銭方が直接取り立てるものは、在町に手形所（出張所）をたておき、かねて印銭方から手形を渡しておく。十俵以下は印銀を取り、俵数を書き入れた印手形を渡す。十俵以上であれば、問屋・仲買の差出書を取り、印銭方から大手形を渡すことになっていた。印手形は穀物問屋で相改めて引き揚げ、一か月限りで印銭方へ差し返すことになっていた。手形と手形所から提出された帳面とを引き合わせ、勘定が合うか調べる。こうして印銭方は印銀の総高を確認していた。

手形所の者は筆・紙・墨料諸品代として印銀の他にその印銀の二割を受け取ることになっていた。印銀は月切で片原町の印銭方に納めることになっている。この過程で諸元〆や手先・下改役へその一部が下与された。これが先の「元〆は運上を納め、その印銀受用」や、「無運上にて印銀取り立てに掛り、その幾らかの下与を受けるもの」（『久留米小史』八）の内容であろう。

久留米城下町の商人・職人はその営業に関して運上銀・印銀を賦課されていたことを明らかできたと思う。それは問屋もしくは元〆を把握することで城下町だけではなく、領内全域にその徴収体制を作り上げていることを確認できた。久留米藩は元治元（一八六四）年に国産会所仕法という重商主義による積極的政策を開始するが、これは領内の国産品の積極的な領外輸出を図るものであり、商工業に依拠した政策であった。運上銀・印銀の徴収という段階から、藩が国産品を専売するという体制へ変遷していくが、その具体的な検討は小論の範囲を越えているようである。

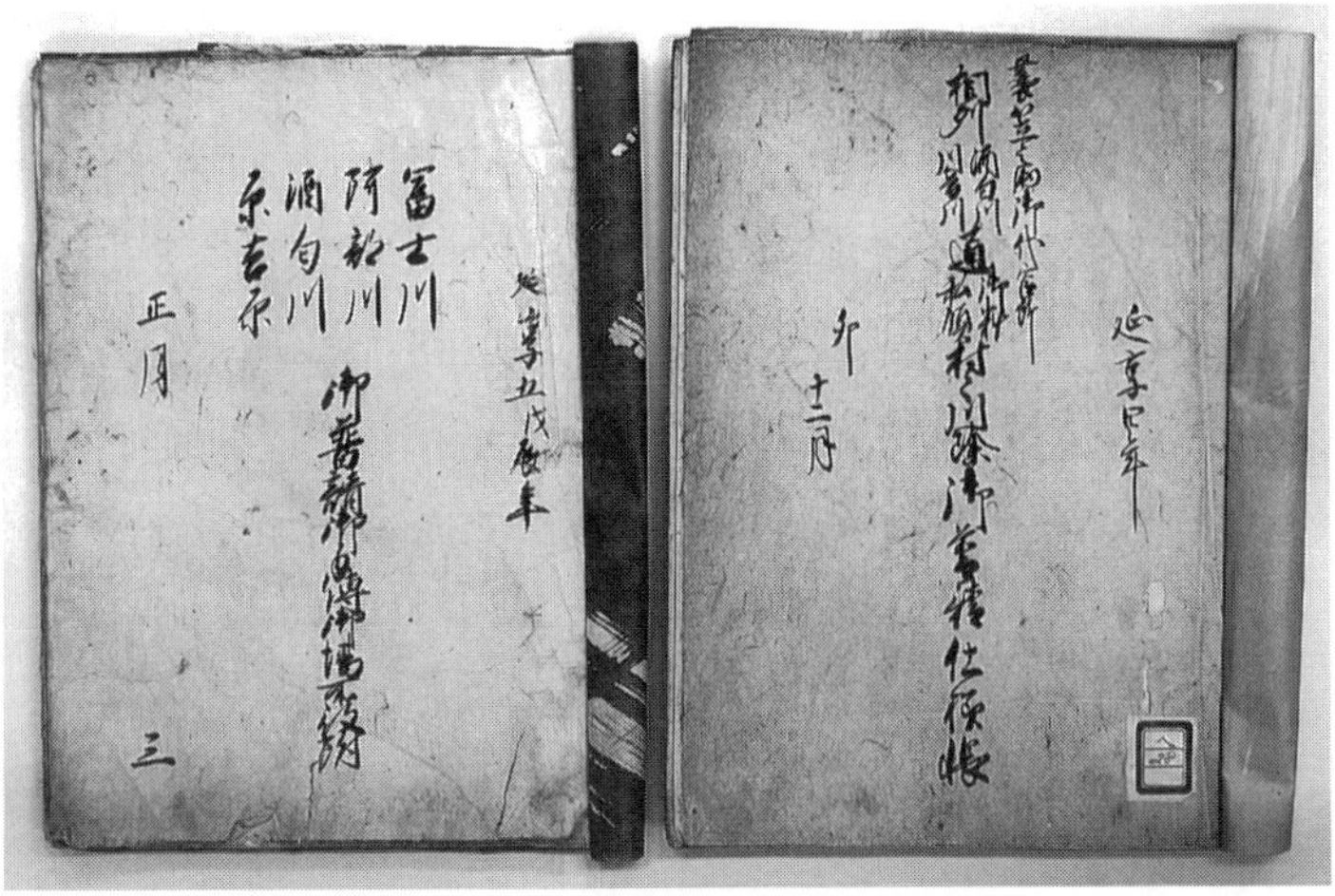
延享４・５年の御手伝普請に関する文書
（新有馬文庫。久留米市立中央図書館蔵）

御手伝普請の負担について

宝永七（一七一〇）年四月、久留米藩は幕府から御手伝普請を命じられた。御手伝普請とは、幕府が諸大名に命じて行わせた土木建築工事のことである。当時、久留米藩の財政は逼迫していたため、家臣には増上米《ましあげまい》、農村では畝掛、城下町では屋敷を所持する町人には小間掛、所持しない者には人別銀を命じることになった（『米府年表』）。畝掛は三匁五分、下人は一匁五分である（『石原家記』）。この後、御手伝普請の費用は人別銀・畝掛銀・小間掛銀を課し、足らない分は献金・献米を集めている。この対応がのちの御手伝普請が命じられた際の恒例となっていく。
延享四（一七四七）年十一月に幕府から、「東海道川々阿部川・富士川・酒匂川・原駅・吉原駅御普請御手伝」が命じられている。この際の久留米城下町への賦課については具体的な様子を知ることができる。『米府年表』『石原家記』『藩法集』などに記事があるが、ここでは『藩法集』（七一三）を引用しよう。

今般御手伝仰せを蒙むられ候に付き、左の通り仰せ出さる、諸頭中え外記申し渡す
今般御手伝に付きて別紙の通り諸頭中へ監物・外記申し渡す
今般御手伝仰せを蒙られ候処、連々御勝手向き御差支えに付き、御家中知行物成の内増上米上銀等仰せ付けらるべく候得とも、この節差し向い候ては別して難儀たるべくに付て、当所務の儀は御沙汰に及ばれず、来年に至り、仰せ付けられ候、その趣只今より此上ながら万端相省きその覚悟仕るべく候、この段仰せ出され候

十一月十一日

とあり、以下のような賦課がなされている。
○御家中は知行からの増上米・上銀は免除され、来年からまたそれを始めるとしている。
○御家中人別として、刀指一人につき銀二匁、小者・下女一人に銀一匁五分。
○浪人中家来人別として、一人につき一匁五分。浪人奉行であろう小松七郎左衛門に徴収が命じられている。
○在方（農村）には、田畑一反につき銀五匁、開方（新たに開かれた田畑）一反につき銀三匁、田畑を持たない者には一人につき男女とも一匁五分。御郡上奉行の高橋音門に徴収が命じられている。
○久留米城下町町人には、小間一間につき銀十匁、町に住む家屋敷を所持しない者には一人につき一匁五分。

■表１　延享４年の御手伝普請における石原家（木屋）の負担

種　類	賦課額	内　容	備　考
小間掛銀	262匁５分	瀬下浜町・同通町・同裏町	
	80目	通町９丁目	延享２年拝領
	75匁	原古賀町６丁目	
人別銀	18匁	家来12人分	
畝掛銀	75匁５分	大石村・京隈村・大隈村田畑	
	１貫600目	上郡田地	720目久右衛門負担
	171匁６分４厘	目安町山畝	
合　計	２貫192目６分４厘		

資料：『石原家記』より作成

岸外記から町奉行の久徳伍兵衛に徴収が命じられている。この時、瀬下浜町の商家木屋小右衛門衛（石原家）は表一のような負担をしている（『石原家記』）。

石原家（木屋）は瀬下町の有力な商人であった。正保二（一六四五）年に洗切から瀬下浜町に移転して七間間口の屋敷地を拝領し、瀬下通町・同裏町でも屋敷地集積を重ねている。賦課額は二六二匁五分なので、間口総計で二十六間二尺五寸の屋敷地を保有していたことになる。さらに、通町九丁目、原古賀町六丁目に掛屋敷（本宅以外の屋敷）を所持しており、それらの屋敷地にも小間掛で賦課されている。通町九丁目の八間間口の屋敷地は延享二年六月に拝領したものである。さらに石原家は浪人身分であったため、家来十二人分を負担している。これが城下町における町人の負担の一例である。

石原家はこれらに加え、城下町近郊で瀬下と近接する三潴郡大石村・同京隈村・同大隈村の田畑、及び上郡（生葉・竹野・山本郡）の田地、それに三潴郡安武目安町の山畝についても負担している。このうち上郡では、七二〇目を負担と記されている九右衛門との関係が不明であるが、一貫六百目を負担している。田地だけだとすれば、一反当たり五匁の賦課なので、三十二町の広大な面積を所持していたことがわかる。

以上のようにかなり徹底した課税であったことがうかがえるが、この石原家の例は、町人としての負担に加え、不在地主としての負担をする、

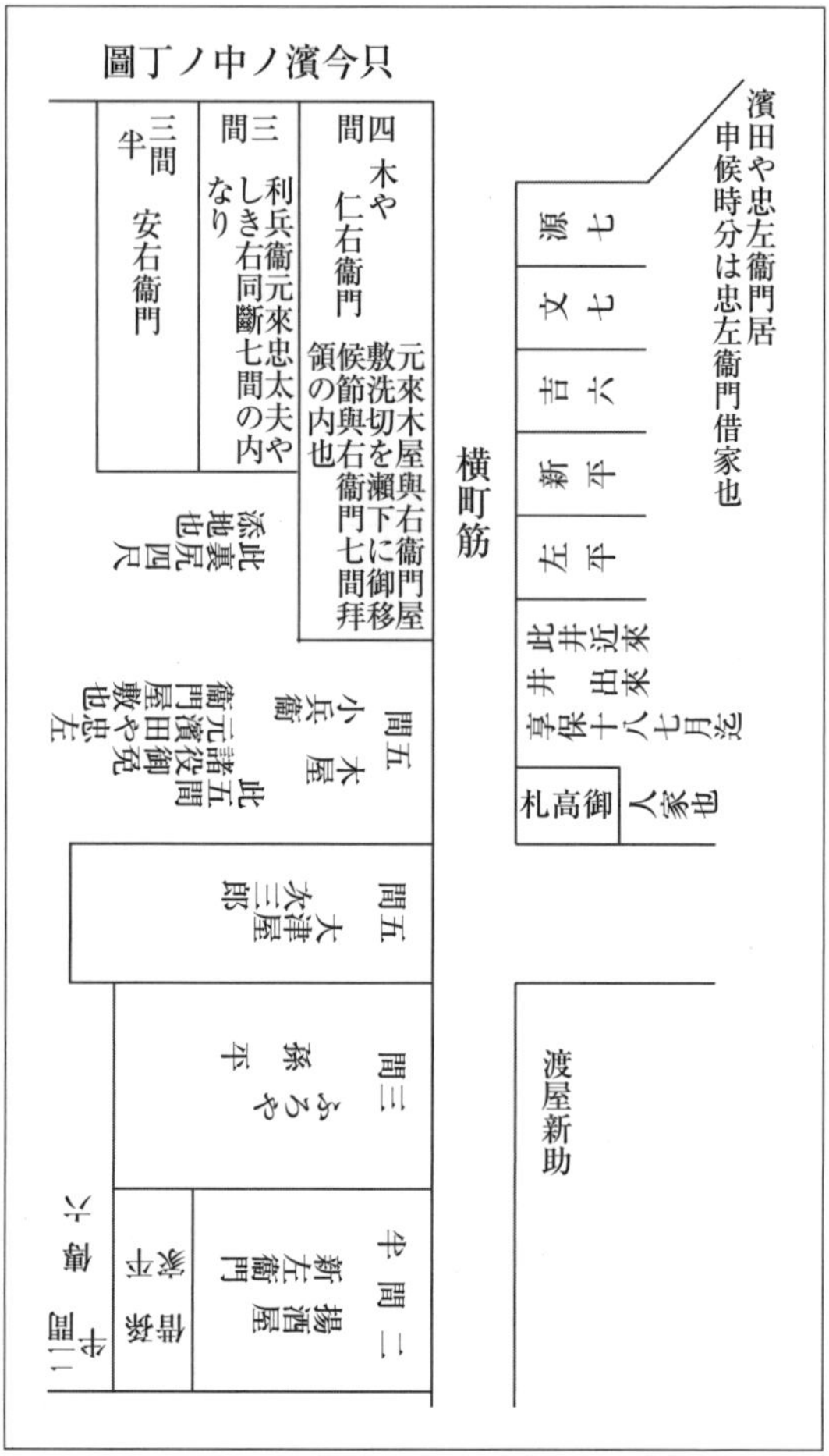

寛延3（1750）年の木屋屋敷位置図
（『石原家記』をもとに作成）

江戸中期の豪商の具体的な姿を示すものとして興味深い。

次に一般の町人の課税を見てみよう。以下の記述は断らない限り『延享五年辰御用扣帳』による。城下町での徴収の責任者は町奉行であり、町奉行は町別当に命じて徴収することになる。さらに町別当は管轄の各町の目付にそれを伝え、具体的な徴収に動き出す。集められた銀は逆のコースで町奉行に納められ、それを町奉行が銀方に納入することになっていた。

ちなみに、文化十（一八一三）年の御手伝普請で人別銀などが免除されたのは、七歳以下の者、仏説盲僧、平家、座頭や瞽女《ごぜ》、鉢開坊主《はちひらきぼうず》、比丘尼《びくに》や、身体に障害があり、地域で世話を受けている者などである（『藩法集』三三一〇）が、この免除規定は宝永以降の御手伝普請の課税にも踏襲されている。

延享五年正月五日には、城下町にある寺社家が所持する田畑の畝掛銀、召使の人別銀についても町別当が取り立てている。寺町の寺院は酢屋権兵衛が、瀬下の三か寺は渡屋新右衛門が、庄島の寺院は田鍋屋がその徴収を命じられ、一月二十六日には瀬下の三寺院の人別銀が町奉行から銀方へ納められ、二月五日には寺町十五か寺と山王社社人からの人別銀が同様に納められている。

城下町の寺社家からの徴収に先行して町人からの徴収が行われたと考えているが、二月になると酢屋・砥屋・米屋・戸板屋の町別当連名での願書が辰正月の日付で町奉行へ提出されている。この願書に出てくる酢屋は通町十丁目外町、砥屋は小頭町一・二丁目、米屋は小頭町三・四丁目、戸板屋は原古賀町六・七丁目を管轄していたことを前提にして詳細に触れていく。願書の内容は次の通りである。

去冬に御手伝普請について上納が命じられたので、小間に十匁ずつ取り立て上納してきたが、私たちの掛所である小頭町一・二・三・四丁目、原古賀町六・七丁目は先午年（享保十一〔一七二六〕年）に両替町北側（藩により火除け地とされた）から移ってきたばかりで、未だ町並みが整わず安定した生活をしておらず、町並みの貫銀も免除してきた。通町十丁目外町も昨年町が作られて移ってきた者が多く、同様な状態である。大切な御用であるので、去冬以来、銀を上納してきたが、先に挙げた町については取り立ての手掛かりがなく難儀している。内町（先に挙げた町は外町である）同様に出銀を取り立てたら、屋敷を売り飢えに及ぶ者ばかりである。農村部では、開方は本地方より銀高が少ないと聞いている。恐れ多いことであるが、それと同様に外町の課税は内町の課税より少なくしていただけるなら、さらに出精して取り立てますのでよろしくお願いします、という内容である。

この願書と同時に原古賀町一丁目から五丁目までの目付中が「上納手筋色々吟味仕り候得ども飢えに及び候躰の者」がおり、上納が難しい旨を記した願書をこの町の町別当である田鍋屋久左衛門宛てに出し、それを田鍋屋が町奉行へ伝達している。これらの町別当からの願書は町奉行両名から、御勝手方であった家老有馬監物へ提出され、藩の判断を仰いでいる。

この二つの願書は、久留米町全体で小間掛、人別銀が徴収されていく中で、徴収が困難な町及び町人が判明した結果作られたものである。前者は各町の目付の報告などを前提に、一月に関係する四人の町別当が集まり協議し、小間掛額の減額を求める連名の願書を作り提出したものである。後者も同様に別当田鍋屋の主導で町目付中の願書を作り上げたのだろう。別当田鍋屋は取り立てが困難な九人の名付と小間数二十二間の一覧を二月二十八日付で町奉行に提出していることから、二月末までに判断が下されていないようである。

これらの結果がどうなったかは不明であるが、両替町・片原町・呉服町・米屋町を管轄していた町別当井筒屋庄右衛門から二月三日付で町奉行両名へ提出された願書にヒントがあるようだ。去冬に仰せ付けられた小間掛銀・人別銀の出銀高五貫五八六匁のうち五貫四五六匁はすでに上納した。残る一三〇目は紙屋平太夫の不納分である。この者は極々不勝手である。大切な御用であるので、道具などを売り払わせ納めさせたいが、道具も持ち合わせておらず才覚の術がないので免除をよろしくお願いしたいという内容である。

これに関係して、二月八日頃、紙屋平太夫から町目付二名宛てに、家屋敷を解き売り、家族取り方付けするため屋敷地を明き屋敷にしたい（家族ともども引っ越して屋敷地を売り渡したい）旨の願書（口上之覚）が提出され、その願書に井筒屋庄右衛門の奥書を加えて町奉行へ申達されている。この動きからすると、紙屋平太夫は家屋敷を売ることで、一三〇目を上納したのではなかろうか。この厳格な取り立てからすれば、先の二つの願書の減免や免除は叶えられなかったのではないかと推測するのである。

これらの人別銀や小間掛・畝掛銀によってどれくらいの銀を集めることができたのか。道永洋子氏は、十九世紀にはこれらの三種の課税によって銀一一〇〇―一一五〇貫目を得ており、一両＝六十五匁として一万七千両内外とされている。寛政十（一七九八）年の御手伝普請の経費は三万五千両、文政四（一八二一）年は二万九五二〇両、天保十（一八三九）年は三万一五〇〇両であり、御手伝普請経費は三万から三万五千両とされる。不足分は広く献金・献米などを集め三万両近い金額を集めていたとされている（『久留米市史』第二巻第四章第一節）。藩としては徹底した課税を行うほか、この財政の難局を乗り切ることができなかったのである。

第五章 城下に住み働く

■表1　宝永3（1706）年の久留米城下町の人口構成

種別		人数	男	女
家臣団	御家中侍、同妻子	2,048	1,097	951
	諸組・諸裁判男女	3,708	2,607	1,101
	御家中侍衆家来男女	6,494	4118	2,376
	小計	12,250	7,822	4,428
久留米諸寺僧俗男女		268	出家121、男111、女36	
久留米町中男女		8,888	5,194	3,694
総計		21,406	13,248	8,158

資料：『啓忘録抜萃』より作成

城下町の奉公人

寛文七（一六六七）年の久留米藩の御扶持人数は一〇六七人、御家中下々は四二三二人（男二八七六人、女一三五六人）とある（『古代日記書抜』）。御扶持人とは藩に属する足軽などの軽輩や御手大工などの職人たちで、御家中下々とは御家中（藩士）に召し抱えられた奉公人といってよいだろう。

奉公人は、寛文十二年の史料（同前）によると、男では若党、道具持、馬取、挟箱持《はさみばこもち》、草履取、下男、荒使子《あらしこ》、医者方乗物かき、女では物縫女《ものぬいおんな》、傍使女《はしづかいおんな》、下女などが挙げられる。男女合わせて四二〇〇人を超える奉公人が久留米城下町にいたのである。その数は奉公人奉行によって把握され、「御家中・在町奉公人帳」（万治二〔一六五九〕年四月条、同前）が作成さ

■表2　宝永7（1710）年の御手伝普請の出銀から見た奉公人数想定表

刀指・側使女（2匁当たり）	下男・下女（1.5匁当たり）	総人数
500人（1,000匁）　11.2%	3,958人（5,938匁）　88.8%	4,458人
1,000人（2,000匁）　23.3%	3,292人（4,938匁）　76.3%	4,292人
1,500人（3,000匁）　36.4%	2,625人（3,938匁）　63.6%	4,125人
2,000人（4,000匁）　50.5%	1,958人（2,938匁）　49.5%	3,958人

資料：『啓忘録抜萃』の数値より作成

れて、先の数字が残されたのである。在町奉公人とは城下町の町屋で働く奉公人のことである。

ちなみに宝永三（一七〇六）年の久留米城下町の人口構成は表一のとおりである。この表の「諸組・諸裁判男女」に先の御扶持人が含まれ、「御家中侍衆家来男女」六四九四人に奉公人や陪臣、その家族も含まれると考えるが、その大半は先に挙げた奉公人といえるだろう。毎年四千人を超える奉公人が召し抱えられていたのであろう。城下町の人口が二万千人なので、五分の一が奉公人であったことになる。この奉公人の数が信頼できるものなのか検討してみる。

宝永七年の幕府からの御手伝普請の際、藩が徴収した「御家中召使男女人別銀」を検討したい。家中に召し使われている刀指・側使女《そばづかいおんな》は人別銀二匁、下男・下女は一匁五分を課され、総高六貫九三八匁五分が徴収されている（『啓忘録抜萃』）。

表二の一番目にあるように、刀指・側使女が五百人と仮定すると、その人別銀は千匁（五百人×二匁）となる。総額六九三八匁から千匁を引いた五九三八匁を、下男・下女の人別銀一・五匁で割ると三九五八で、これが下男・下女の人数となる。この方式で、五百人ずつ増やしながら計算したのが表二である。下男・下女数よりより刀指・側使女数が多いとは考えられないので、表二の最下段の刀指・側使女二千人というのは想定しづらい。これ以上、具体的な数を推論することはできないが、いずれの組み合わせでも御家中召使男女数が四千人台であることは確認できた。先に見た寛文六年の御家中下々の数も四千人台であることから、毎年四千人を超える奉公人の確保がなされていたと考えてよいだろう。

家臣団は有馬家中として知行を与えられており、藩主に従い、軍事的な奉仕を義務としていた。そのために彼らは知行高や格式に応じて若党や中間などを召し抱えており、馬を保持すれば馬（口）取も必要であった。また、屋敷内で掃除・水汲み・炊事などの家内労働を行う下男や下女も必要であった。これら奉公人は百姓・町人に出自を持つ者が大半であったが、家臣団はそれらの労働力に依存することで初めて成り立つものであった。

また、奉公人には江戸詰（行）奉公人と地居奉公人があり、前者は参勤交代で出府する家臣に従い江戸に上る者で、地居奉公人は久留米城下で家中に奉公する者である。また、これらの奉公人の給銀（切米）は承応三（一六五四）年の覚（『福岡県史資料』第五輯）に「奉公人切米、定之通、若し定より多く取り候」とあり、藩が公定の給銀（切米）を定めていることがわかる。公定給銀が定められた時期はさらに遡ると考えているが、確定できていない。

承応四年の奉公人に関する「定」を紹介する（同前）。

奉公人江戸詰切米之定

一、百三拾目　内春百目　冬三十目　上若党
一、百拾匁　内春九拾目　冬弐拾目　中若党
一、百目　内春七拾目　冬三拾目　道具持
一、九拾目　内春六拾五匁　冬弐拾五匁　馬取・はさみ箱持
一、八拾目　内春五拾五匁　冬弐拾五匁　大草履取
一、八拾目　内春五拾五匁　冬弐拾五匁　上ノ小草履取
一、六拾目　内春四拾目　冬弐拾目　中ノ小草履取

地居切米之定

一、百目　　内春七拾目　　冬三拾目　　上之若党

一、八拾目　内春六拾目　　冬弐拾目　　中之若党

（略）

右奉公人切米之定可相守者也

承応四年未正月廿三日　　三浦安右衛門

佐藤喜兵衛

三浦安右衛門と佐藤喜兵衛は奉公人奉行である。この段階では、若党は上・中の二段階、草履取は大草履取・上ノ小草履取・中ノ小草履取の三段階に分けられ、給銀にも差がある。その給銀は採用段階の春と冬の二季に分けられ支払われていた。それに対して、長文のため例示はしないが、寛文十二年のお触れが整理された体系的な形となっている（『古代日記書抜』）。その対比を表三に示している。

寛文十二年のお触れでは種職別で上中下の三段階に整理され、この区別は江戸時代を通じて基本的に維持されている。さらに、給銀は一括払いとなっている。また、このお触れでは、奉公人奉行と御目付が上中下に評価した札を奉公人に渡し、家臣はその札に書かれた給銀で奉公人を召し抱えることになっている。藩が奉公人の採用に積極的に関わっており、奉公人政策の大きな転機といえる。さらに、承応段階ではなかった医者方乗物かき、物縫女や傍使女などの女性の職種も加えられたのが特徴の一つである。小草履取とは、男色が流行するにつれ、武士が草履取の名目で召し抱えた少年と思われる。給銀が低いのは少年であったためであろう。

先に指摘したように毎年四千人を超える奉公人を確保することは、藩にとって極めて重要な課題であった。万治四年には奉公人が少ないことが報告（『古代日記書抜』）されており、寛文九年にも奉公人奉行に奉公人が

少ないことへの対応を命じている（同前）。また、同年には磯部勘平が意見書（『久留米小史』十五）を提出しており、その内容は、在方・町方ともに耕作・商いなどもせず、日用賃を取り暮らしている者が多い、日用賃を下げ、その上耕作をしていない者に田畑の開発を命じれば、奉公人になる者が増える、というものであった。この時期は慢性的な奉公人不足にあったようだ。当時は寛文四年以降に始まった大石・長野堰をはじめとする治水・用水網が完成して急速な耕地の拡大が進み、農村で多くの労働力が必要とされていたという労働環境の変化も、奉公人の不足を生み出した原因であろう。

奉公人奉行の業務として、毎年、出代わりの時期に御家中から暇を出した者を報告させ、その奉公人を別の家中に奉公させていた。それを「振付」と呼ぶ。「触付」と記す例もあるが、「振付」で進めていく。読み方は

■表3　奉公人の職種と給銀　（単位：目）

承応4（1655）年		寛文12(1672）年	
江戸行奉公人			
130	上若党	180	上若党
110	中若党	160	中若党
		140	小若党
100	道具持	150	上道具持
		140	中道具持
90	馬取・挟箱持	130	上馬取
		120	中馬取
		110	下馬取
		120	挟箱持
80	大草履取	130	上草履取
80	上小草履取	120	中草履取
60	中小草履取	110	下草履取
80	下男	120	荒使子
地居奉公人			
100	上若党	120	上若党
80	中若党	110	中若党
		100	下若党
90	役人	110	役人
70	道具持	110	上道具持
		100	中道具持
		90	下道具持
60	馬取・大草履取	100	上馬取
		90	中馬取
		80	下馬取
		90	上草履取
50	上小草履取	80	中草履取
40	中小草履取	70	小草履取
50	下男	90	上荒使子
		80	中荒使子
		70	下荒使子
		100	医者方乗物かき
		100	物縫女
		70	傍使女
40	上下女	60	上下女
25	中下女	50	中下女

資料：『福岡県史資料』第5輯所収「久留米藩法令」及び『福岡県史』近世史料編久留米藩初期（下）所収『古代日記書抜』より作成

「ふりつけ」であろう。

十七世紀後半から十八世紀前半は慢性的な奉公人不足にあったと思われるが、元禄十五（一七〇二）年には次の記事がある。「触付奉公人壱人に付、百五十め増、惣郡より割り出す」（『石原家記』）とある。惣郡を代表する大庄屋たちの会議で、奉公人一人の給銀を定額より一五〇目増して雇用することにしたというものである。農村からの人柄（人員）と増銀の徴発といえるだろう。享保元（一七一六）年には奉公人一人に百目から二百目、江戸行きには五百目、奉公に出る者へ村から増銀を出したとある。この措置は享保五年まで続き、同六年に停止される（同前）。

ところが、安永五（一七七六）年には「奉公人奉行より抱え引渡し振付奉公人、その村所より過分の合力を受け、不埒の筋相聞こえ候、已来、右合力筋の儀急度相止むべく候」（『藩法集』一七五七）とあり、また、同九年にも「振付奉公人を望む方は、在方（農村）から差し出し次第に遣わす」（『御法令類聚』）とある。振付奉公人の制度は、村方の奉公人の差し出しと給銀への合力を前提とする制度であったといえる。

寛政九（一七九七）年六月には、「御領中組々より差し出す御馬取・御小人類御主法替え」（『町方書抜』・『米府年表』）という記事が見える。『米府年表』では「御高取・御小人類」とあるが、『町方書抜』より「御馬取」とする。藩が江戸藩邸で召し使う御馬取・御小人は領内の二十五組の大庄屋組から出し、給銀として御馬取七百目、御小人五百目を渡すことになった。また、江戸から戻った際には「耕作方為仕付手当銭」として、御馬取は五八五目、御小人は四五〇目を大庄屋組の割賦から受け取ることになっており、これは幕末まで継続している。農村部の負担増である。また、文政五（一八二二）年には大庄屋の会議で、御郡方御役所走番について次のような同意がなされた（「久留米藩大庄屋会議録」、『九州文化史研究所史料集』五・六）。
一、御郡方御役所走番出人順番帳、取り調べ差し出し候様仰せ聞かされ候に付き、重々申し談じ、只今出人鮮き郡筋より順々に郡列廻しに差し出し候様、組合にても只今出人これなき組より順々差し出し候様取斗いたく申し談じ候に、御役所え相伺い出人人数等取り調べ、根割差し出し候様取り斗らい申すべく候事

御馬取・御小人を惣郡から調達したように、御郡方役所の走番も惣郡の負担にすることについて同意している。また、同年九月にも奉公人についての記事がある（同前）。

一、御家中奉公人先達て一組拾人充御割り付けの内、両人充急ぎ御入用差し出し置き、右給銭御極メ高にては組々共に出入りこれ無く、拠んどころなく其の組にて百五十目、百八十目位充、組合力銭相渡し差し出し置き候、以後相残る八人充の内、又々出人仰せ聞かされ候、若は惣郡連名にて在方難渋の趣、年行司より内意書取り調べ差し出す事

藩から大庄屋組二十五組に対し、各組十人、計二五〇人の臨時の奉公人の差し出しを命じるものである。また、翌六年二月の惣郡会では、

一、御家中奉公人此の節御主法御立て替え仰せ渡され候御趣意、御給地村え■■弐百人、御蔵地より五拾人、上中下三段に相極められ候処、近年在町共に諸奉公人給銀直段に連れ引き上げ居り、御極め給銀にては何分相勤め候ものこれ無く、就いては御知行所より御給地村々え人柄差し出し候か、又は給銀増差し出し候かの旨追々仰せ渡さる、右体の儀に相成り候ては自然御馬取・御小人柄の通、与村合力差し出し候様相成り、甚だ当惑の次第（後略）

とある。これも総計二五〇人の奉公人の差し出しを藩から要請されている記事である。この数は藩としては振付奉公人として必要な人数なのかもしれない。藩は御馬取・御小人、御郡方御役所走番に次いで奉公人についても惣郡に負担を課すことで、奉公人不足を解決しようとしているのである。

奉公人の召し抱えが難航する中で、家臣団として新たな対応を行う者が増えたようである。それは、町人・百姓を家来帳面に付けることである。

宝永八年九月、町人・百姓を家来帳面に付けることを一切禁止する（『藩法集』一三八）とあり、例外規定として理由があれば召使の種類・居所・名付を報告せよとある。享保十八年には自分給知（自分の知行地として与えられている農村）の百姓や、そのほか心安く出入りする百姓を家来帳面につけることを改めて禁止している（『御法令類聚』）。元文二（一七三七）年には召使の家来に暇を出した際に請け払いせず、そのまま住まわせる例があり、速やかに奉公人奉行に報告すべきとし、さらに、この在町被官が普段脇差を差すことを慎むように命じている。安永九年には家来帳面に付けた者に日雇い稼ぎ、あるいは商売などさせている者がいる（同前）とあり、また寛政二年のお触れでは御家中番屋小屋に住まい、日用稼ぎなどをする者がいることが問題視されている（『藩法集』二六三二）。御家中はこれらの者を家来帳面に記すことで奉公人代わりに使ったりでき、帳面の者たちも暇な時には日雇いや商いに出ることができ、両者にとって相互に利益があるものだった。

しかし、この家来帳面に付けることも寛政八年に基本的に禁止されることになる（同前二九一八）。この時は家臣団の家来帳面だけではなく、寺社の門前帳、弟子帳、在町医者の門前帳、浪人帳など広い範囲にわたって制限を加えている。藩のお触れは何らかの抜け道があるものが多いが、同十年には家来帳面に付けることができる者は御城下一里四方居住の者に限定され、あわせて、家老中は三人、番頭中並びに千石以上は二人、平組は一人などに限定された。それ以外の者は帳から外され、在町帳面とされることになった。この施策は奉公人の確保を目指す側面もあったと思われる。

寛政二年二月二十三日付で藩は「御家中召使地居給銀御定並奉公人出代り改め等仰せ出さる」(『米府年表』)と、奉公人出代わりの際のお触れを発令している。四文書からなる一連のお触れで、その詳細は『御法令類聚』や『藩法集』(二六三二)にある。この法令は従来の奉公人政策を大きく変えており、城下町での奉公人の存在形態を垣間見るのに貴重な史料である。

最初の文書は、家老の有馬外記から馬渕加兵衛・渡辺内膳に伝達したものである。現在まで家中が召し使ってきた奉公人の給銀が過分になり高給になっているものの、物価高騰のため地居給銀を少し上げるので順守するように命じ、さらに、今回改めた給銀について納得しない奉公人は詮議を行い咎を与えるという内容である。さらに上若党、中若党、上中間、下中間の給銀が明示され、この給銀は二十歳から五十歳までの給銀であり、それに該当しない者は先に定めた給銀に准じて減額してもよいとしている。二十歳から五十歳までとする年齢制限は、このお触れ以降も踏襲されている。この文書の内容は、これまで度々出されたお触れでも必ず触れられているものである。年齢制限だけが目新しい内容といえる。

これに続く文書は、従来のお触れと少し違う内容である。寛政二年二月の出代わりまで元高(寛政二年段階の奉公人数)を改めるために、「召使候家来幷定日雇共」の帳面元・名前・年齢を書き上げ、三月五日まで一支配限り(組などの組織ごと)に取り集め、奉公人奉行宛てに提出するように有馬外記から惣奉行に命じるという内容である。寛政二年段階における奉公人の総数の把握を目的としたものである。

ここで説明がいるのは「召使候家来幷定日雇共」であろう。召使の家来とは若党・中間などを指し、一年間の給銀も定まった雇用であるが、定日雇とは年雇用でなく形式的には日々の雇用の奉公人であろう。武家奉公人に雇用形態が異なる者がいたことが明らかになる。文政四年にも定日雇のことが見える(『藩法集』三五三四)ので、江戸後期の奉公人の雇用形態の一つとなっていた。

これに続き、奉公人の召し抱えについての広範なお触れが出されている。最初は抱え・暇を出す際の文書雛形を示し、奉公人奉行に提出することを命じている。

さらに注目すべきものの一つは「奉公人浮人吟味」のため、御城内掛一名、京隈小路掛一名、櫛原小路・十間屋敷・庄島小路掛一名、町方と諸方奉公人召抱の人足掛一名、計四名が町方から召し抱えられたことである。浮人とは奉公先が決まっていない者と理解できるが、抱え・暇となった奉公人は右の掛の者へ報告するように主人から奉公人に申し付けることになっている。奉公人の抱え・暇の掌握を彼ら四名の町人に任せているのである。彼らは吟味下役と呼ばれ、奉公人奉行のもとで奉公人の調査のために御家中宅での聞き取りなどを行い、また奉公人も今後は彼らに抱え・暇とも報告することになっている。

二つ目は日用稼ぎなどをしている者で御家中番屋小屋にいる者について、その者が町方の者であれば目付が、在方の者であれば庄屋が、三月五日時点の状況を奉公人奉行に報告せよという内容である。武家屋敷の長屋門などの番人を兼ねつつ、日用稼ぎなどをする者がいたことを示す。先に触れた家来帳面に関わる者であろうが、城下町内部の様々な奉公人の把握を目指す志向が見て取れるのである。

三つ目は奉公人の採用についてである。出代わりの際に暇をもらった者は自分の居所へ引き取り、数日滞留の時はその掛の下役のところへ行って話をしておき、奉公先が決まったところに行くべきだ。在り付く（奉公先が決まること）まで知り合いの者のところに逗留してもよい。知り合いの者がおらず、逗留が差し支える者は下役に相談し、宿・賄いなどを勝手良いようにしてよいとある。下役は宿・賄いを取り計らうことができ、奉公人の口入屋（斡旋業者）としての業務を行っていた。

また、奉公人が奉公をやめて引き込むことを基本的に禁じ、新たに奉公に出るもので受け人（保証人）がいない者でも奉公させることにしている。奉公しようと思う者、あるいはその所の役人（庄屋・目付）が奉公に出ても差し支えがないと判断できる者のうち、二、三年、もしくは一年で引き込む者であっても、最初に申し出ておけば、それを許すとしており、藩が奉公人の確保に躍起になっていることがわかる。

奉公人で不埒のことがあり、奉公を禁止する場合は、その旨を奉公人奉行に報告し、それに該当しないなら浮人扱いとして奉公人を入用の所に振付て遣わすこととなっている。奉公人振付を望む家臣は提出を命じている元高帳面の奉公人奉行による取り調べが終わった後、追々振付けることになっており、奉公人の給銀の上中下は主人の見計らいで決めてよい。もし決められない場合は奉公人とその存念の紙面を添えて提出し、奉公人奉行の段階で決めるとある。

以上が寛政二年のお触れの概要であるが、奉公人の確保のために町人を下役に任じ、城下町での奉公人の雇用を図るものであったことが知られる。しかしながら、この町人に依存した奉公人の確保は順調ではなかったようだ。経過は不明であるが、これ以降の吟味下役の史料が確認できず、この体制は頓挫したかのように見える。以前のように奉公人奉行による体制が復活したかどうかは不明である。

幕末の弘化三（一八四六）年になると、町別当中から以下のような六条にわたる願書が提出され、藩庁から認められた（『法制大略』）。この法令は家中の奉公人ではなく、城下の商家などの奉公人（日雇層）への対応を示すものである。

①城下町での綿打、紺屋手間、烟草刻手間、絞油、髪結手間、酒屋蔵男、定付日雇など、その他の日雇稼ぎをしている者で他所からやって来た者は生所を聞き、五人から十人の組合を作り、連判をさせ一組合ごとに提げ札を渡す。右組合の中に不埒の者がいれば、組合の者から申し出るように命じ、また、三本松町吉平、札辻一丁目秀吉、瀬下町與八の三人を改め役人に任命し、町方を打ち廻り、不埒なことがないか報告させる。
②他所からやってきた奉公人並びに日雇稼ぎの者がいれば、組合を作るように改役人に掛け合う。
③城下町に入り込んだ旅人が奉公先にありつくまで改役人方に十五日間に限り宿泊させる。

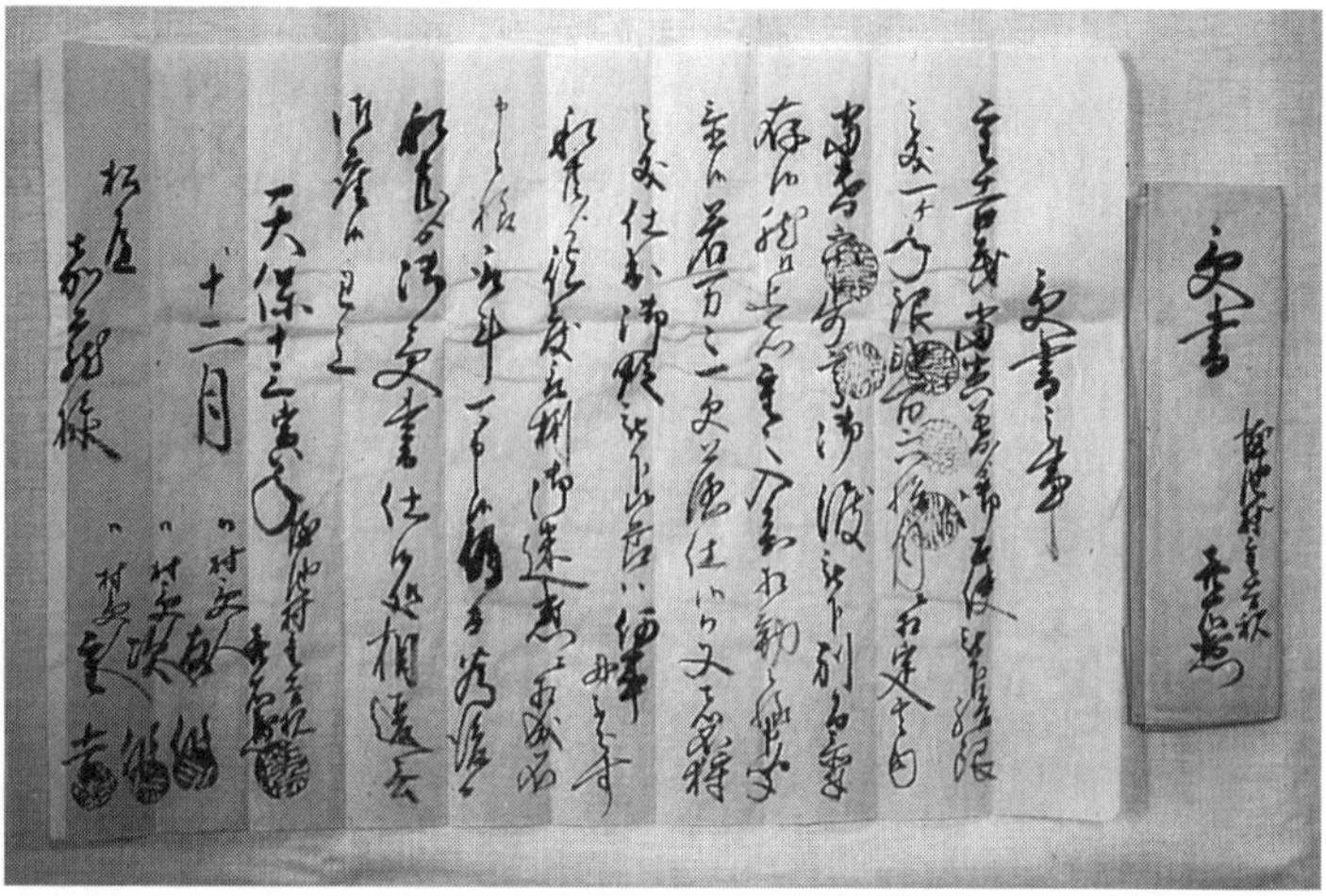

「受書之事」（三枝家文書。久留米市教育委員会蔵）

④旅人はすべて生所・名前を報告し、一か月を限りの滞留願を出させ、その増減の報告も行う。

⑤旅人から一日に二文を入用として改役人へ差し出させる。

⑥今後は召し抱える際は提げ札を見届け、所持しない者は一切雇わない。旅人を直接雇う際は、改役人の者が生国・名前を確認して報告させる。

このようにすれば、旅人も不埒なことをせず、町方の取り締まりになると、町別当どもからの願書が出されたのである。

これは城下町で日雇層が増えており、それを支配する組織がないこと、あわせて他国者（史料には「旅人」と表現されている）の流入が多く、日雇層の把握が難しくなったことへの対応として町別当たちが藩庁に提案し、認められたものである。

この法令は日雇層の統制・管理を目指し、この業務を城下町の三名に任せている。彼ら三名は日雇層から一日二文を徴収することが許され、また十五日間まで彼らに宿を提供できることからすれば、奉公人・日雇類の口入（斡旋）を稼業とする口入屋といっていいだろう。彼らは「御城下町旅人改役」と呼ばれている（弘化三年『手鑑』）。すでに成立していた久留米城下町での口入屋の業務を前提として、日雇層に組合を作らせ、それを改役人（口入屋）に取り締まらせるという城下町での労働力把握・管理システムが作られたのである。

城下の商家における奉公人についての史料として、三枝家文書にある「受書之事」を紹介しておく。三潴郡蛭池《ひるいけ》村（現三潴郡大木町蛭池）の重吉が瀬下町の松屋（三枝家）に奉公に出た際の受書（連帯保証書）である。奉公に出る際にはこのような受書が作られていたのである。

受書の事

重吉義当寅暮より御召使下され、給銀の義一ケ年銀弐百六拾目に相定め、其の内当暮六歩高御渡下され、別して忝く存じ奉り候、然る上は重々入念相勤め候様申し聞かせ置き候、若し万々一欠落仕り候か又は不埒の義仕出し御暇下され候節は、何事によらず私共より屹度取捌、御迷惑に相成り申さず候様、取斗申すべく候、仍て後日のため私共より御受書仕り候処、相違御座なく候　已上

天保十三寅年
十二月

蛭池村重吉親
喜右衛門　㊞
同村受人
友　作　㊞
同村受人
次　作　㊞
重　吉　㊞

松屋
嘉蔵様

一か年の奉公で給銀二六〇目であり、そのうちの六割を暮れの十二月に支払うという契約である。親の喜右衛門が年貢などの貢納に困り、息子重吉を奉公に出したものであろうか。

井筒屋掛の町人たち

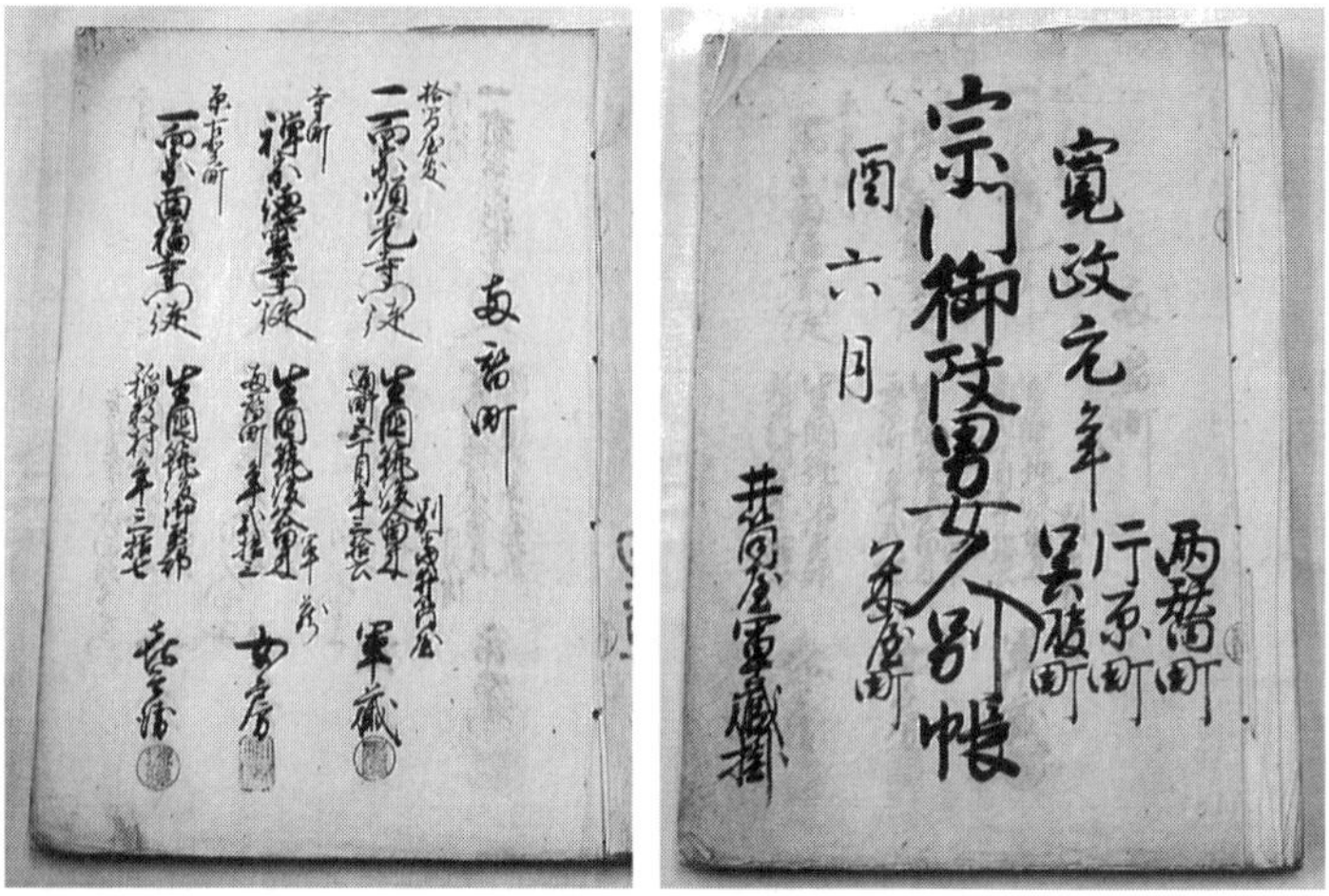

寛政元年の井筒屋掛の『宗門御改男女人別帳』（久留米市教育委員会蔵）

寛政元（一七八九）年六月に、町別当である井筒屋軍蔵が管轄（掛）する両替町・片原町・呉服町・米屋町の『宗門御改男女人別帳』が藩庁に提出されている。宗門御改めはキリシタンでないことを証明するために毎年実施されたものであるが、この時期になると戸籍台帳の役割を果たしており、この史料から多くの知見を得ることができる。掛の男女人口を各町ごとに整理したのが表四である。

井筒屋掛の町は久留米城外郭の正面にあり、城下町の中心街の一部を占めていた。現在地は久留米市役所周辺である。各町には目付が二名ずつおり、町別当井筒屋軍蔵は彼らに支えられて掛を管轄していた。

四町からなり、その総人口は四五八人で、男二五三人、女二〇五人である。この掛では女性より男性が多いが、久留米城下町全体でも同じ傾向を示している（『久留米市史』第二巻第六章第二節）。また、この時代は十五歳以上が大人とされたが、十四歳以下は男六十四人、女六十三人の計一二七人で、全人口の二八％近くを占めていた。男女はほぼ同数であるが、十五歳以上を見ると男女比は一八九対一四二となり、男の方が多くなっている。これは、女性が成年以降、妊娠や家内労働による疾病などで亡くなる比率が高くなることを示すとされている（同前）。

両替町の住民構成に立ち入ってみよう。筆頭は別当井筒屋軍蔵である。宗門改帳の別当軍蔵以下を紹介する。

両替町

拾間屋敷
一、一向宗順光寺門徒　別当井筒屋
生国筑後久留米　軍蔵 ㊞
通町五丁目年三拾六

寺町
禅宗徳雲寺門徒　軍蔵
生国筑後久留米　女房 ㊞
両替町年弐拾三

原古賀町
一、一向宗西福寺門徒
生国筑後御原郡　喜兵衛 ㊞
稲数村年三拾七

寺町
禅宗徳雲寺門徒　古道具方下代西村幸右衛門
生国筑後久留米　女房 ㊞
両替町年五拾二

■表4　寛政元年の井筒屋掛4町の人口構成

町名	目付数	男		女		小計
		15歳以上	14歳以下	15歳以上	14歳以下	
両替町	2	37	10	31	13	91
片原町	2	35	12	24	17	88
呉服町	2	68	20	47	12	147
米屋町	2	49	22	40	21	132
小計	8	189	64	142	63	458
総計	8	253		205		

資料：『宗門御改男女人別帳』より作成

同宗同寺門徒　　　　生国筑後久留米　同人女子　とも　㊞
両替町年三拾三

同宗同寺門徒　　　　生国筑後久留米　同人男子　庄蔵　㊞
両替町年弐拾九

御城内
一、真言宗祇園寺門徒　生国筑後久留米　目付　市右衛門　㊞
瀬下通町年五拾五

市右衛門女子
同宗同寺門徒　　　　生国筑後久留米　ませ　㊞
両替町年拾四

（中略）

拾間屋敷
一、一向宗順光寺門徒　生国筑後久留米　勝助　㊞
両替町年三拾九

御井郡中村　　　　　勝助
浄土宗西方寺門徒　　生国筑後御井郡　女房　㊞
中村年弐拾九

拾間屋敷　　　　　　同人女子

一向宗順光寺門徒　　生国筑後久留米　たよ
御城内年拾弐

同宗同寺門徒　　生国筑後久留米　同人男子　猪三郎
両替町年七ツ

原古賀町
浄土宗無量寺門徒　　生国筑後久留米　同人弟　清作　㊞
両替町年三拾壱

山本郡草野町
一向宗寿本寺門徒　　生国筑後山本郡　清作　女房　㊞
吉木村年弐拾八

原古賀町
浄土宗無量寺門徒　　生国筑後久留米　同人男子　四喜平
両替町年弐ツ

拾間屋敷
一、一向宗順光寺門徒　　生国筑後御井郡　勝助　母　㊞
十郎丸村年七拾弐

池町跡
一、一向宗妙泉寺門徒　　生国筑後上妻郡　清八　㊞
北河内村年五拾四

上妻郡岩崎村
一向宗浄光寺門徒　生国筑後上妻郡　清八
平田村年四拾八　女房　㊞
庄嶋小路
一向宗法雲寺門徒　生国筑後三潴郡　同人男子
庄嶋地子屋敷年拾四　和作
（後略）

町別当井筒屋軍蔵について見ると、彼は両替町の生まれではなく、通五丁目の生まれで三十六歳、順光寺が檀那寺であることがわかる。軍蔵の女房は寺町徳雲寺の檀家で両替町生まれであり、二十三歳と若い。軍蔵は養子であった可能性も考えられる。女性は結婚すると筆頭人（世帯主）との関係で、誰々女房・母・後家となり、公文書で名前が記されなくなる。また、筆頭者との関係で子供も誰々男子・誰々女子との肩書で表記される。

次に古道具方下代西村幸右衛門女房と同人女子・男子が記されている。西村幸右衛門は藩の古道具方の下代であるので古道具方の帳面に記されており、ここでは女房と子供が記載されているのである。さらに目付市右衛門世帯が記載されている。

続けて、勝助家族を見てみよう。勝助は順光寺門徒で両替町生まれ。女房は御井郡中村（久留米市北野町）の生まれで、浄土宗西方寺門徒であり、彼らも夫婦別寺である。勝助夫婦には子供が二人おり、二人とも父と同じ順光寺門徒となっている。女子たよの出生地は「久留米御城内」であることが注意される。後で少し触れたい。また、勝助には弟清作がおり、彼も家族を持っている。女房は勝助女房と同じく、城下町出身ではなく農村（在方）である山本郡吉木村（久留米市草野町吉木）の出身である。さらに勝助の母が最後に記されるが、彼女も在方の御井郡十郎丸村（久留米市宮ノ陣町十郎丸）の生まれで七十二歳である。勝助家族は八人で構成される三世代家族で、内部は二世帯となっており、母と二人の女房（妻）は在方から久留米城下に嫁いできていることが注目される。

最後に清八家族を見てみる。清八は上妻郡北河内村（八女市上陽町北河内）の生まれである。女房も同じく上妻郡平田村（八女市平田）で、城下町から遠く離れた上妻郡出身の夫婦である。男子が一人おり、三潴郡庄島地子屋敷（久留米市庄島町）生まれとなっている。この家族は三人とも檀那寺が違う。清八の檀那寺は池町跡（久留米市中央町）の妙泉寺であるが、北河内村の出身である彼が当初からこの寺の檀家であるとは考えられない。ある時期に妙泉寺に移ったものであろう。男子である和作は庄島地子屋敷生まれなので、清吉夫婦は当初ここで暮らすか、経済的・人的な関係があってここで子供（和作）が生まれ、檀那寺を庄島小路の法雲寺に頼んだのだろう。その後、庄島地子屋敷から両替町に引っ越したのでないかと推測できるのである。このように宗門改帳は様々な示唆を与えてくれる。

■表5　寛政元年の井筒屋掛の各町筆頭者

	同　町	城下町	郡　部	計
両替町	8人（33.3%）	10人（41.7%）	6人（25.0%）	24人
片原町	15人（60.0%）	4人（16.0%）	6人（24.0%）	25人
呉服町	25人（61.0%）	6人（14.6%）	10人（24.4%）	41人
米屋町	17人（45.9%）	10人（27.0%）	10人（27.0%）	37人

資料：『宗門御改男女人別帳』より作成

　表五は各町の筆頭者を出身地ごとに整理したものである。表の「同町」とは出生地と居住地が一致する者、「城下町」とはそれ以外の久留米城下町生まれの者、「郡部」とは城下町以外の久留米藩領生まれの者であるが、他領出身者も含めている。

　両替町は二十四人の筆頭人を数えるが、両替町（二丁目も含む）生まれは八人、両替町以外の城下町である瀬下町、築島町、原古賀町、呉服町、紺屋町出身が八人、さらに侍小路である庄島小路が一人、御城内が一人、そして郡部出身が六人（御原郡、上妻郡、生葉郡、竹野郡）である。筆頭人の二五％が郡部出身者となっている。

彼らがどのような経緯で両替町に定住したのかは興味ある課題である。基本的には農村から城下町に職を求めてやって来て、町家への奉公などによって定着した姿を示すものと考えている。

これを考える材料として呉服町の例がある。呉服町の宗門改帳の巻末近くに出てくる、御井郡西鯵坂村孫次郎（二十五歳）と三潴郡岩古賀村平五郎（四十五歳）は同町目付佐右衛門の借家に住んでおり、同じく上妻郡黒木町清次郎（二十六歳）は次兵衛の借屋に住んでいる。このように単身で郡部から町に出て、借家住まいをしている者がおり、うまくいけば伴侶を得て、町の正式な住民となっていくのであろう。岩古賀村の平五郎は妻がいないが、三歳の男子がいる。彼は結婚まで辿り着くことができなかったのかもしれない。

同様に表五を見ていくと、片原町・呉服町では同町出身の筆頭者が六〇％を超え、城下町出身者が一五％内外である。さらに郡部出身が二四％で両替町と同じような数値を示す。それに対して米屋町の城下町出身者は二七％で、前二者と比較して二倍弱となっている。再び両替町を見てみると、米屋町で示した傾向がさらに顕著である。同町出身が片原町・呉服町に比べて約半分の三三％、城下町が四二％で二・七倍となっている。

この事実は次のように考えられないだろうか。片原町・呉服町は古くからの住民が多く、安定した住民構成を示すが、両替町は六五％以上が他町・郡部の出身者であり、激しい転入・転出が繰り返されていたことを示している。両替町は城下町の商業の中心の一つであり、活発な経済活動の結果、営業の消長などにより激しい移動が引き起こされていたことが、この数字に表れているのだろう。

さらに、片原町・呉服町のように地付きの町人が六割を占めていた町の共同体と、両替町のように他町・郡部出身者が七割近くを占める町の共同体の在り方は明確に異なっていただろう。両替町の例は、地付き町人が減少し、それに伴い不在の地主が増え、その地に店借、地借の町人が増えていくという過程を示しているのかもしれない。片原町・呉服町⇩米屋町⇩両替町の順に見られる各町出身者の減少という現象は、各町が城下町での位置、職種の違いなどによって多様な性格を持つことを示しているようだ。

■表6　寛政元年の井筒屋掛の婚姻圏

	夫の出生地			妻の出生地			母の出生地			後家の出生地		
	同町	城下町	郡部	同町	城下町	郡部	同町	城下町	郡部	同町	城下町	郡部
両替町	6 (31.6%)	10 (52.6%)	3 (15.8%)	3 (15.8%)	8 (42.1%)	8 (42.1%)	－	5	2	－	－	－
	84.2%			59.9%								
片原町	4 (36.4%)	4 (36.4%)	3 (27.2%)	2 (18.2%)	6 (54.5%)	3 (27.3%)	－	2	1	－	1	1
	72.8%			72.7%								
呉服町	12 (63.2%)	3 (15.8%)	4 (21.0%)	5 (26.3%)	8 (42.1%)	6 (31.6%)	2	5	2	－	2	－
	79.0%			68.4%								
米屋町	5 (31.3%)	4 (25.0%)	7 (43.7%)	1 (6.2%)	4 (25%)	11 (68.8%)	－	5	2	－	2	－
	56.3%			31.2%								

注１：呉服町の夫の中で郡部に長州赤間関出生地の１名を含む。
２：片原町の母の欄の郡部１は長崎今篭町出身者。
３：米屋町の妻の欄の郡部11名の中の１名は秋月今小路町出身者。

また、どの町も二五％近くを郡部からの出身者が占めているのは、城下町での多様な経済活動に常に多くの労働力が必要とされ、郡部出身者がそれを支えていたことを示すのであろう。

表六は各町における婚姻関係を示したものである。両替町内では夫婦を十九例確認できる。かつて夫婦関係にあったが、死別などの理由で父親と子供の世帯になっている例もあるが、これは計算に入れていない。

両替町出身の男性が同町出身の女性と結婚した例はなく、それ以外の出身者が両替町の女性と結婚している例は三例（古道具方西村幸右衛門含む）である。同町の男性は城下町である通町（二名）、築島町（一名）、新町（二名）、庄島小路（二名）、御城内（二名）から八人の配偶者を得ている。さらに、在方（農村）である御井郡（三名）、山本郡（一名）、三潴郡（一名）、御原郡（一名）などから計八名の配偶者を得ており、久留米藩領内の各地に広がっている。

農村部での婚姻は、村内婚と同郡内近隣村との婚姻が六〇％後半から八〇％後半になるといい、他郡との婚姻も隣接郡内の村落で、周辺農村に限られるという（『久留米市史』第二巻第六章第一節参照）。表六の両替町で城下町内の婚姻が十一例あるのは、農村の通婚圏が狭い範囲で成立しているのと同じように、城下町内部で通婚圏が成立していることを示すと考えるが、郡部出身の女性との婚姻が四二％を占めていることがこの両替町の婚姻の特徴といえる。

先に表五で触れたように両替町の二十四人の筆頭者のうち、六名が郡部出身であったこと、さらに郡部出身の者が郡部出身の女性と結ばれている一例を除き、城下町出身の男子が郡部出身の女性を娶っていることは、城下町に郡部からの転入があったことを示すものである。この転入は彼女らが奉公人（下働き）として城下町にやって来て、町で伴侶を得た、もしくは人的なつながり（仲人など）によって郡部（農村）から嫁いできたなど、様々な事情が想定される。

この両替町の夫婦の中に「御城内」出身の男性が一名、女性が二名いる。女性二名はそれぞれ築島町出身男性、生葉郡出身男姓と夫婦になっている。さらに、呉服町でも男女二名の御城内出身者がいる。御城内とは本丸・二の丸・三の丸・四の丸（外郭）の総称である。本丸・二の丸は藩主居住地で、三の丸は家老屋敷、四の丸は上級家臣の屋敷地である。この郭の出生とあるので、武士身分のように考えがちであるが、町人と結婚していることから同じ身分であったと考えてよい。彼女らは町人もしくは農民が武家屋敷に奉公に出て、同じように町・農村から奉公に来た男性と縁があり夫婦となった者や、何らかの理由で身籠ってしまった者の子供であり、出生地が御城内となったのであろう。

武家屋敷地には、男は若党・道具持・馬取・草履取、女は下女・側使女・物縫女などとして年季奉公に出ており、武家屋敷地の中で生活していた。郭の中は武士のみの居住であると考えがちだが、武士の奉公を支える若党などの奉公人と武家の日常生活を支える下男・下女などの奉公人が、城下町・農村から城内に入り、そこで生活する姿があったのである。これが「御城内」出身者を生み出した背景であろう。

両替町で確認できた郡部からの流入について、他町の実態を探ってみる。

片原町では、同町出身の男性四人は原古賀町七丁目・通町十丁目及び生葉郡・上妻郡の女性と夫婦となっており、他の城下町出身の男性四人は片原町（二名）・細工町・紺屋町と、郡部出身の男性三人は通町一丁目・瀬下町・御井郡の女性とそれぞれ結婚している。片原町は他の城下町出身者との婚姻が多いことが特徴である。呉服町出身の男性十二人は呉服町（三人）、城下町である瀬下（二名）、原古賀町、今町、通町、新町、御城内、それに郡部の三潴郡・上妻郡の女性と結婚している。他の城下町出身者三人は田町、御城内、呉服町と、郡部出身者四人は生葉郡・御井郡・山本郡・三潴郡の女性と夫婦になっている。この町で特徴的なのは城下町内部での婚姻が八〇％近いことであろう。

米屋町では同町出身者同士の婚姻は見られず、同町出身の男性五人は城下町である三本松町一名以外は郡部の竹野郡・三潴郡・上妻郡・生葉郡の女性と結婚している。また、他の城下町出身者四名は、城下町である通町・呉服町、郡部である山本郡、それに秋月城下町の今小路町から妻を迎えている。郡部出身者は七名いるが、二名が米屋町・細工町の女性と、残る五名は郡出身の女性との婚姻である。この町は城下町出身男性の全体に占める割合が五六％で、呉服町と比較すれば二三％も低く、それに反比例して郡部出身の男女比率がいずれも二倍以上となっている。この町は郡部からの転入が多かったことを示すものである。とりわけ、この町の妻のうち、郡部出身者が占める割合は六八・八％で極めて高い。

四町の郡部出身者の妻の割合は二七％から六八％に分布するが、これらの町は郡部からの女性の流入がなければ婚姻が成立しなかったことを示している。宗門改帳に単身の筆頭人が見られる。これは久留米城下町では成人年齢の女性が少ないという事実ともつながるが、結婚できない男性も多かったのである。

井筒屋掛の宗門改帳について、筆頭人及び婚姻に焦点を当て考えてきた。四町の人口構成を検討することで、十八世紀後半の久留米城下町は郡部の人々を受け入れることで成立していたことを明確にできたと思う。さらに、これらの町は久留米城下での経済的な地位によって町内の人口構成が変わっており、あわせて地付きの町人（同町出身者）の多寡がその町の町共同体の在り方を左右している可能性を指摘できたと思う。

城下町の馬

宝暦五（一七五五）年七月二十八日付で久留米城下の旅人宿・諸問屋にお触れが出されている。旅人宿などが荷運びのため駄荷馬を使う時は、城下町の人・物の運搬を管理・差配する馬刺平左衛門へ断り、平左衛門差配の馬を使うことになっていた。ところが、最近はおざなりになっており、旅馬や在馬を相対（当事者同士の相談）で使うようになっている。これは不埒のことであり、今後は荷馬については必ず相談をするようにという内容である（『久留米藩町触集』）。旅馬は他地区から荷を運んできた馬、在馬は農村から日稼ぎに来た馬としておく。同様のお触れは寛政十一（一七九九）年にも出されている。天領である日田表よりの公義御用人馬の提供が必要なので、馬を雇う場合は馬刺鉄三郎を通すよう触れていることが注意される（同前）。

久留米城下町の駅（人馬問屋）は享保十一（一七二六）年まで両替町に置かれていたが、田代火事以降の城下町の再編成により、原古賀町に移された。「原古賀町駅は府下より四方八達の駅路なり」（『筑後志』）とされている。当時の運送の主力は馬であった。

具体的な所在地と機能の一端が、以下の明治四（一八七一）年の史料から明らかになる。

覚

七十五人之内

一、三十人
右は島原御藩柳沢信主様御隊御通行に付、当駅より飯田駅まで御入用継人足、御筋内へ御割賦申し上げ候間、明廿一日暁七ツ時、原古賀二丁目人馬継所に不参・遅参御座なき様、御申し聞かせ御差し出し下さるべく候、右の段御意を得御申し上げたく斯の如く御座候、已上

未正月廿日　　久留米駅人馬問屋　村塚久太郎
同　中園賢次郎

津福筋御年番　庄屋衆様

（後略）

（『明治四年年番方諸御用帳』）

「原古賀町二丁目人馬継所」とあることから、江戸期の人馬問屋が引き継がれており、所在地は原古賀町二丁目とすることができる。原古賀町は柳川往還沿いの町であるが、一丁目と二丁目の間で小頭町通りが分岐（上妻街道）する地点であることから選択されたのであろう。また、「久留米駅人馬問屋」の表現があるが、彼らは江戸期の「馬刺」の後継と理解してよいのだろう（『明治四年年番方諸御用帳』）。島原藩の隊列が善導寺の飯田まで行くのに必要な継人足を出すように津福筋に依頼し、実際、白口村、上荒木村、下荒木村、早津崎村、田川村などから三十名が割り当てられている。この人足の手配などの公的な役割を担っていたのが、人馬問屋である。馬刺（馬差）とは、人馬問屋（駅屋）を経営する者である。

久留米領内、そして久留米城下町の牛馬数については数字が残っている。宝永六（一七〇九）年の牛馬数は領内一万一六〇〇疋（馬一万二四五疋、牛一三五〇疋）で、久留米町は一〇七疋（馬百疋、牛七疋）であった（『御旧制調書』五）。これらの数には、家臣団の所持している馬数などは含まれていない。約百疋の馬が城下町におり、これらの馬の大部分を馬刺が差配した。これが次に触れる「御札馬《おふだうま》」というものであろう。

享保十一年の城下町の再編成に当たり、城下町に住む御札馬持どもは作所を抱えていたが、作所がなくては御札馬を維持するのは差し支えがあるので、原古賀町七丁目に移転させたとある（『藩法集』四七三）。馬を飼うための田畑（作所）が必要なため、御札馬持を原古賀町七丁目に移したのである。また、それに伴い、駅屋が両替町では差し支えがあるため、原古賀町内に移したとある（同前）。この御札馬持たちが所有していたのが先の百疋の馬の大半としたい。また彼ら御札馬持が「馬士」と呼ばれる者たちであろう。

延享五（一七四八）年正月四日、村上佐市右衛門から町奉行杉山清兵衛へ下記の「覚」が提出された（『延享五年辰御用扣帳』）。

覚

一、駄荷馬　壱疋

右は私儀明十五日長崎え罷り越し申し候付、肥前領豆津迄継馬壱疋、明六時刻遅滞なく私宅ぇ差し出し候様、馬指え仰せ渡されくださるべく候　已上

正月四日　村上佐市右衛門

杉山清兵衛殿

右、裏書相調遣わし候

藩士の村上から町奉行へ御用での馬の差し出しの願書が提出され、その文書の裏にそれを認める内容を書き、馬刺にこれを行うように伝達しているものである。久留米城下町の町役として伝馬役があったことはすでに触れたが、その具体例がこの文書の内容である。馬刺は町奉行支配であったが、文政元（一八一八）年、馬刺である鉄三郎に二人扶持が与えられており（『町奉行中勤方覚』）、藩政機構の末端で交通運輸業務を支えていた

のである。

天明六（一七八六）年の町触れでは、久留米駅屋より上野駅屋（久留米市大善寺町）への人馬継ぎ送りは旅人の行き先が明記されていなくても、「駅屋掛札面の通」り、上野町へ送るべきだとしている。駅屋には人馬利用の際の規則などが書かれた掛札があったことがわかる。また、運搬する物の種類としては「御用荷物」「諸家中荷物」「商人荷物」などがあり、これらの荷物を久留米駅屋より目的の駅まで送るように依頼された場合は、上野駅屋へ連絡を入れて差し送るべきだ、ともある。さらに上野駅屋へ差し送る時に難渋する場合は、その旨を藩（町奉行）へ申し出るべきとある（『久留米藩町触集』）。

久留米駅屋と上野駅屋の間に問題が起き、久留米駅屋から町奉行へ申達があったことから、この町触れが出されたのであろう。上野駅屋の方に人馬などを準備できない状況が起こり、このお触れが出されたと推測している。また、三種の荷物のうち、御用荷物・諸家中荷物とは幕府・各藩からの荷物であることから、町役として費用は久留米町が負担したと考えているが、それぞれの詳細については今後の課題としたい。いずれにしても、藩にとって交通・物流のシステムの維持が極めて重要であることをこのお触れは物語っている。

寛政八年には、従来から馬に四俵を付けないように命じていたが、近頃、瀬下馬士たちが四俵付けをしていると聞こえてくるので、そのようなことをしないように、とのお触れが出されている（同前）。馬の背の両側に二俵ずつ載せて運搬することを禁じたものである。久留米藩の米一俵は三斗三升入りで、四俵では一石三斗余（約二〇〇kg）となる。

貞享二（一六八五）年に幕府は道中荷物貫目のお触れを出しており、四十貫目（一五〇kg）を限度としている。このお触れは、重い荷物は馬にとって負担で、酷使された馬は労働に耐えられなくなり、新たな馬の調達を迫られるためとされる。また、生類憐みの令との関係も指摘されている（兼平賢治『馬と人の江戸時代』）。従うべき見解であろう。

久留米城下町の川港であった瀬下になぜ馬士がいたのか。川と馬は無関係であるように見えるが、瀬下町は久留米城下町唯一の川港であったことから、元禄十五（一七〇二）年に藩の米蔵が建設されている（『石原家記』）。この蔵は宝永五（一七〇八）年に流失し、翌年上浜に新蔵が建設されている。瀬下町の蔵には生葉・竹野・山本郡（上郡筋）、御井・御原郡（両郡）の年貢米が納められていた。集積された年貢米などは瀬下の浜町から、筑後川の干満を利用して川船で右馬丞《うまのじょう》（大川市若津）まで運び、そこから外洋船（帆船）に積み替えて大坂方面に運送されていた（三枝家文書）。この年貢米の蔵からの運搬手段として馬が活用されたのである。

延享五年正月二十日のお触れに、瀬下町の馬に関するものがある（『延享五年辰御用扣帳』）。

一、内町馬拾五疋
右は大坂廻し御米付け出し、瀬下町にては不足致し候間、明日より廿三日迄、右の馬数早朝より御蔵所ぇ差し出し候様申し付くべき旨、御紙上の通りその意を得存じられ候、已上
正月廿日　　杉山清兵衛
渡辺主殿様
右の趣、馬指平左衛門召し呼び申し渡し候

御米（年貢米）を積み出すのに瀬下町の馬だけでは足らないので、「内町馬」十五疋を瀬下の御蔵所に出すよう馬刺に命じたものである。先に「御札馬」は馬刺の差配と述べたが、このお触れを読むと、瀬下には馬刺の差配でない馬がおり、これが「瀬下の馬士」が使役する馬であろう（『久留米藩町触集』）。物資の移出入という川港の機能から、運搬に従事する馬士と馬がいたのである。これらを除外した馬が「内町馬」と呼ばれて

いたようだ。この内町馬の維持の費用も町役として課されたのであろう。

この町には舟運に従事した水主《かこ》や仲仕《なかし》も多く、馬士を含め運輸業務に従事する人々が活躍する町であった。ちなみに文政元年には、瀬下町の仲仕頭や、川船の運航を差配する船才料が交代する際は、瀬下町の町別当が人品を見定めて御蔵奉行へ願い出て、藩内での稟議を経て、惣奉行からの指示で町奉行が申し付けることになっている（『町奉行中勤方覚』）。馬士たちが馬刺の差配を受けていたのと同様に、仲仕や水主は頭や才料によって統括され、業務を行っていたのである。彼らは城下町の住民であったが、町人と呼ばれる町屋敷を持つ者ではなく、日雇層などの身分集団として把握されていたことがわかる。

第六章　城下町の火事

火事が頻発した久留米城下町

久留米城下町の火事について、文献などから拾い上げて作成したものが二八八頁の「久留米城下町の火事関連年表」である。最も古いものが寛文二（一六六二）年の京隈小路の火事であり、最も新しいものが天保十（一八三九）年の十間屋敷の火事である。主だった火事はほぼ拾い上げることができたと思うが、今後も追補が必要である。一七七年間に八十六件の火事なので、おおよそ二年に一回の火事を経験したことになる。

しかし、元禄十二（一六九九）年四月には三件の火事、安永二（一七七三）年三月にも三件の火事が発生しており、久留米城下町は度々火事を起こした都市といってよいだろう。

火事を起こした地区でいうと町屋地区が四十件、そのうち侍屋敷へ類焼したものが一件である。城外にある侍屋敷から発生した火事は三十五件あり、その中に侍屋敷⇩町屋⇩郭内へ類焼した火事（白石火事）一件、町屋地区へ類焼した火事六件、郭内へ類焼した火事一件を含む。郭内の火事は十件であり、最大のものとして外郭⇩町屋⇩城外侍小路を焼いた田代火事がある。城外の町屋地区と侍屋敷地（小路）はほぼ変わらない件数であり、郭内が少ないのが特徴といえる。郭内は藩主及び一族、重臣たちの居住空間であり、厳重に管理されていたことに関わるものであろう。

火事の原因は失火が大半であるが、自火及び付火（放火）も見られる。現在の火事でも放火が原因の上位に挙がるが、江戸期にも社会生活の困難さや軋轢に起因する火事があったことが推測される。また、火事の発生月であるが、三月が十二件で突出し、八月が八件、七月が七件、四月・九月・十月・十二月が各六件あり、秋から冬にかけて火事が増えていく傾向があるようだ。

久留米城下町の大火としては、元禄九年に庄島小路の塗師白石仁右衛門宅から発生した白石火事、享保十一（一七二六）年に久留米城外郭（四の丸）の田代三郎右衛門宅から起きた田代火事、文政十二（一八二九）年に庄島石橋丁の石井龍太郎宅から出火した庄島大火を挙げることができる。これらの火事はいずれも、町人地だけではなく久留米城内をも焼くものであった。これらの大火を除くと、城下町の火事は城郭外の侍小路及び町屋での火事がほとんどであることはすでに述べた通りである。ここからは、これらの大火の内容と、防火対策の様相を見ていこう。

白石火事と救済措置

この火事は、元禄九（一六九六）年二月八日の巳刻から酉下刻（朝十時頃から夕方六時頃）まで燃え続けた（『石原家記』）。火元は、庄島小路の入口近くの観音寺の隣角の借家に住んでいた塗師で御扶持人である白石仁右衛門宅であった。そのため「白石火事」といわれている。久留米藩の歴史書『米府年表』は、この火事を以下のように記す。

二月八日庄島白石仁右衛門塗師より出火府下大半焼亡　士家百五十軒、田町・細工町・米屋町・鍛治屋町・魚屋町・呉服町・両替町・片原町・永町十町目迄、中町・麴屋町・三本松町・原古賀町西福寺門前迄、櫛原・十間屋敷残らず、櫛原村入口迄、城内狩塚御門並御橋、士屋敷東之方残らず、御家中寺社在町合三千七百軒余、右類焼之侍中え六百石以上は百石に付、弐十俵つゝ、其れ以下は百石に付十五俵つゝ下さる、三歩弐は白米、三歩一は銀子にて相渡され候

この火事については『石原家記』にも五五〇〇字余りの長文の記録が収録されている。表題がないので仮称として「白石火事記」（以下「火事記」と略称）としておくが、この記録の末尾に「此時付ハ何方の道心者か書之写也」とある。「此時付」は「此書付」の誤記であろう。城下に住む道心者（仏教に帰依した人）が記した記録を写したものであるという断りである。

ところが、本文中には藩から町中に下された米・銀子の詳細な数量や「町中焼間数並御米請取申覚」も収録されており、これらの情報は一介の道心者が手に入れることができるものではない。藩の火災復旧担当者もしくは復興の中心であった町別当などだけが知りうる情報であり、この記録はそのような関係者によって筆録されたものであろう。作者には仏教に対する深い知識があり、とりわけ浄土宗への信仰を持っていたことが知られ、和歌や能などへの造詣も深いことから、先に述べた藩関係の者が場末の道心者に仮託して、「火事記」として残したと考えられるのである。

また、この「火事記」は元禄九年二月八日の日付があるが、米の値段について「其秋下直ニ成」とあるなど秋口の記事も見られること、さらに被災者への救援対策も記録されていることから、元禄九年の秋から冬にかけて筆録されたものだろう。先の『米府年表』の記事は被害状況と家臣団への救済を述べているのに対し、「火事記」は町方の救済とその復興過程が詳しい。ともに、藩庁関係の史料が使われており、白石火事を検討

する史料として貴重なものである。この二種の史料から火事の様相を探ってみたい。

白石火事は昼火事であった。「火事記」によれば、あいにく南西（未申）の風が強く、一丁先、二丁先に飛び火して方々から火が上がる状態であった。煙が遠くから見えることから、在方（周辺農村）から火事道具と昇《のぼり》を立て数千人、隣国の対馬宗家領である田代からも消火のため昇を立て数百人がやって来たというが、風が強く、火は方々に移ることから、どこから手をつけてよいかわからず立ち騒ぐばかりであったという。果たして隣国である宗家の加勢を許したのかは疑問が残るところである。ただ、当時の消防体制は火事道具を持ち、昇を立て、集団で消火を行うものであったことが知られる。城下町の消火体制についてはほとんど触れられていないが、同時多発的に発生した火事のため手に負えず、対応が十分できなかったということであろう。

長町一丁目・片原町・米屋町・呉服町・八百屋町・両替町の者は大半が片原町の堀へ道具類・衣類・金銀・刀・脇差などを投げ込んで家財を守ろうとしたが、堀の中まで火が移り焼失し、それを防ごうとして堀に入った者は髪が焼け、来ていた衣類に火が付き火傷した。堀に入れても焼けるため町中に引き捨て置いたものも焼けるか、盗難に遭うことで失われ、御家中・町中の被害額は六、七万貫に上ったという。

焼死者は四名であったようだ。新町二丁目桶屋女房、大黒屋手代一人、砥石屋手代一人、あと一人は西魚屋町にいた道心者で、西福寺に駆けつけ御本尊である阿弥陀如来を抱いて死んだという。この道心者に対し、「火事記」の作者は極楽往生疑いなしとして次の歌を寄せている。

御仏のためにすつへき此身をハ何か惜まんあたし世の中

次は焼失範囲と被害状況について見てみよう。『米府年表』は、焼失範囲について次のように記す。

府下大半焼亡　士家百五十軒、田町・細工町・米屋町・鍛冶屋町・魚屋町・呉服町・両替町・片原町・永町（長町）十町目迄、中町・麹屋町・三本松町・原古賀町西福寺門前迄、櫛原・十間屋敷残らず、櫛原村入口迄、城内狩塚御門並御橋、士屋敷東之方残らず、御家中寺社在町合三千七百軒余

田町・細工町・米屋町・鍛冶屋町・魚屋町・呉服町・両替町・片原町は久留米城外郭の南側に広がる町屋地区である。さらに長町は三本松町一丁目の札の辻から東の高良山・府中方面へ延びる主要道路沿いに立ち並ぶ町屋地区である。中町（新町）・麹屋町は長町通の南側に東西方向に広がる町である。この記事では紺屋町が抜けているが、これも加えておくべきだろう。三本松町・原古賀町西福寺門前までは、通一丁目から分岐する柳川往還沿いに南へ延びる町屋地区である。両町を分けるのは池町川（旧名は苧扱《おこん》川）で、この川から南が原古賀町である。西福寺は原古賀町三丁目にあり、そこまで延焼したことになる。

侍屋敷・城内の被害に移ろう。「櫛原・十間屋敷残らず」とある。通町筋の北側にあった櫛原小路は農村である櫛原村入口まで、麴屋町と接していた十間屋敷の侍小路も全焼である。また櫛原小路と寺町の間にあった鉄砲小路については『米府年表』に記載がないが、「火事記」には被災したことが記されている。城内では外堀に架かっていた狩塚橋・御門に火が移り、そこから外郭の東の方の侍屋敷が柳原口まで全焼となっている。『米府年表』には、城下の東端にある寺町についての記載がないが、寺町も延焼している。この時期には二十六寺あったと思われる寺院のうち、一向宗誓行寺、浄顕寺、真言宗遍照院、浄土宗善福寺、道心者である常心が管理する寺の計五か寺が焼け残ったとある。しかし、日蓮宗本泰寺の山門（久留米市指定文化財）は元禄年間の建立と考えられており、五か寺以外は「寺町何も残さず焼失仕り候」（「火事記」）との表現は検討を要する。

類焼した地区を挙げてきたが、類焼しなかった侍小路は、一部を焼いた庄島小路と京隈小路である。町屋で

は築島町・亀屋町などの外郭正面西側の町屋地区と瀬下町、それに柳川往還から原古賀二丁目で分岐して上妻方面に向かう道沿いの小頭町が被害を受けていない。城下町の中心部分はほぼ焼失しており、周縁部が残ったことになる。『米府年表』の「府下大半焼亡」という表現は事態をよく伝えている。

この火事での焼失家屋は、『米府年表』では侍屋敷一五〇軒、それを含めた御家中の屋敷、寺社、町人屋敷地である在町合わせて三七〇〇軒余とある。ここから侍屋敷一五〇軒、それと後に触れる寺社三十ほどを除いた数が、大ざっぱな町屋の焼失軒数となるだろう。

「火事記」の焼失記録はかなり詳しい。町数は横町を含めて二十四町、竈数一〇八二軒とある。竈数とは世帯数であるから、町中で一〇八二世帯が焼け出されたということになる。合わせて、屋根数五千余、借家五百軒余、蔵数八十九軒とある。『米府年表』と「火事記」の被害件数は一致しない。三七〇〇軒とは何軒が焼けたということで、その屋根数を数えると五千余となり、家の種類、蔵、借家などを個別に数えると「火事記」の数になると理解しておく。

この蔵数八十九軒のあとは、少し解釈に困るが、「蔵数八拾九間数弐拾壱内一つかり塚口御門、橋四つ内一つ右の口御橋」と続く。「蔵数八拾九間」と「数弐拾壱」の間に「門」が抜けていると考えられそうである。門は二十一か所焼け、その一つが狩塚橋口御門で、橋は四つ焼け、その一つが狩塚口橋であると理解したい。池町川には三本松町と原古賀町をつなぐ橋があったが、この橋も焼けたのかもしれない。門の数の中には各町に設けられていた釘貫（木戸）などの簡易な門施設も含まれているのだろう。

寺数は二十七か寺とあるが、真言宗三か寺、禅宗三か寺、浄土宗六か寺、一向宗六か寺、法華宗四か寺となり、計二十二か寺で五か寺足らない。錯誤があるのだろう。神宮は七社で、その内訳は薬師二社、大神宮（伊勢宮）二社、観音寺二社、祇園寺一社である。あわせて、町に居住して祈檀を設けていた山伏十五人も焼け出されている。

■表1　藩から町方へ下された米・銀高

	米	銀（A）	別当掛	小間当り（B）	小間数（A/B）
1番	1400俵		200俵		
2番		23貫400目		6匁1915	3779.3間
3番	862俵			1斗95673	1453.75間
4番		13貫600目		3匁6015	3776.20間
5番		15貫452目		4匁3567	3546.72間
計	2262俵	53貫452目			
米均し	5231俵1斗7升9合6勺（銀を米で換算）			4斗5568	3788.64間

資料：「火事記」より作成

火事での藩の対応を見てみよう。類焼した侍中に対しては、知行高が六百石以上の者は百石につき二十俵ずつ、それ以下の者は百石につき十五俵ずつ下された。その三分の二は白米で、残り三分の一は銀で渡されたという（『米府年表』）。鉄砲足軽が集住していた鉄砲小路の役人衆には米と材木が下され、足軽衆・坊主衆には五俵または十俵が格式によって下されている（「火事記」）。

町方への救済措置について、「火事記」は興味深い記録を残してくれている。御蔵米だけでは焼け出された町人たちに下す米が足りないために、瀬下町にあった藩御蔵（浜蔵）から八艘の船で大坂に送ろうとしていた米の輸出を急遽取りやめ、それを救援に充てることになったという。藩はこれらの蔵米と現銀を五回に分けて配付している。表一はその内容である。

焼失小間数は三七七六間一尺五寸であった（「火事記」）。小間とは各屋敷の間口であり、これが町役などの課税の基準となった。第一回の米は被害がなかった渡屋掛（瀬下町）を除く七掛に二百俵ずつ下されている。被害状況が正確に把握できない中でのとりあえずの救援米であろう。ちなみに久留米藩の一俵は三斗三升入りである。

二番目の救済は現銀の二十三貫四百目で、小間当たり六匁余であった。小間数は三七七九間余となり、ほぼ消失間数に見合った数となっている。三番目は米八六二俵で、小間数は一四五三間である。第一回目で被害の大きさに関係なく七別当掛に二百俵ずつを提供したが、実態が判明した段階で、小間数で調整したものがこの八六二俵であろう。

四番・五番は現銀の提供である。四番目の小間数は三七七六間となり、消失小間数に均等に配布されているが、五番目は二三〇間ほど配布先が減っている。これはすでに追加をする必要がないところがあったと理解しておきたい。また、これらの下付は一番から五番の順に行われたものであろう。

先に、久留米藩士の救済の米と現銀の比は二対一であったことに触れたが、久留米町中への米と現銀の比は左記の計算式の（イ）対（ハ）により二対三となり、銀の比率が大きいことがわかる。

最後に米に均して五二三一俵一斗七升九合六勺となっている。銀一貫でどれだけの米になるか計算してみると、十八石三斗余となる。一匁当たりで一升八合三勺となる。
（イ）二二六二俵×三斗三升＝七四六四斗三升七合
（ロ）（五二三一俵×三斗三升）＋一斗七升九合六勺＝一万七二六四斗九合六勺
（ハ）（ロ）－（イ）＝九七九九斗七升九合六勺⇩九七九石九斗七升九合六勺
（ニ）九七九石九斗七升九合六勺÷五十三貫四五二目＝十八石三斗三升三合三勺余
表二は渡屋掛（瀬下町）を除く、七掛の焼失小間数と下付された米高（俵数）を示している。焼失小間数を見ると、布屋掛と井筒屋掛が五〇三間、砥屋掛・田鍋屋掛・兵庫屋掛が三九七間と全く同じなのである。被害が同一であることはあるだろうか。

この可否を検討するため、宝永年間（一七〇四－一一）に復興された城下町各掛の小間数と比較すると、酢屋掛はほぼ一〇〇％焼失、布屋掛も一〇〇％焼失、砥屋掛は約八三％焼失となる。『米府年表』では、紺屋町は焼失町名になかったが、これは一部が焼け残ったことを示すものであろう。田鍋屋は五三％であるが、三－五丁目は焼失していないので妥当な数字であろう。上野屋掛は一〇〇％焼失といってよい。

兵庫屋は約四九％である。「火事記」では「細工町・今町ハ榎津屋善右衛門裏むかひにて止り申候、両替町

■表２　藩から町別当組に配布された米高

別当掛	構成町名	小間数（焼失）(A)	小間数（宝永）(B)	焼失比率（A/B）(%)	米　高	俵　高
酢　屋	長町４－10丁目	922間	927間	99.4	420石１斗２升７合	1273俵４升７合
布　屋	細工町、長町１－３丁目	503間半	502間	100	230石１斗８升５合	697俵１斗７升５合
砥　屋	三本松町、鍛冶屋町、紺屋町１・２丁目	397間	478間半	83.0	180石９斗５合	548俵６升５合
田鍋屋	原古賀町１－５丁目	397間	755間	52.5	180石９斗５合	548俵６升５合
上野屋	新町１・２丁目、池町１・２丁目	578間４尺５寸	560間５尺	103	263石６斗６升５合６勺	799俵２斗５合６勺
兵庫屋	両替町２丁目、魚屋町、築島町、今町、田町	397間	817間	48.5	180石９斗５合	548俵６升５合
井筒屋	両替町１丁目、呉服町、米屋町	503間半	518間	97.1	230石１斗３升５合	697俵１斗７升５合
総　計		3698間４尺５寸	4673間２寸５分	79.1	1686石８斗２升７合６勺※1	5216俵４升１合４勺※2

※１：俵数に換算すると5111俵５升９合８勺
※２：俵数を合計すると5112俵１斗３升７合６勺で、この数値と食い違う
資料：「火事記」より作成。宝永年間の小間数は『啓忘録抜萃』による

一丁目弐丁目三丁目ハ北かわ梅屋迄にてとまり、南ハひものや権太夫家にて留り申候」とあるので、両替町二丁目は北側を焼き、今町も一部に留まったことがわかる。さらに二月十五日まで、築島町和泉屋で藩による粥の炊き出しが行われている（同前）ことから、この町は火災から逃れたようだ。約半分が焼失したという数字は妥当なのだろう。井筒屋掛は九七％なので、全焼と考えていいだろう。

酢屋・布屋・上野屋・井筒屋の四掛はほぼ一〇〇％焼失しており、被害実態にあった米の配布が行われているようだ。先に疑問があ

るとした、布屋掛と井筒屋掛の焼失小間数が同じ五〇三間であることについては、宝永年間の小間数がそれぞれ五〇二間、五一八間と近い数字であることから、作為的なものではないと考えたい。

　以上の結果から、まず一〇〇%近く焼失した酢屋・布屋・上野屋・井筒屋の四掛に配分し、残りを砥屋掛、田鍋屋掛、兵庫屋掛に均等に配分したと考えたい。ただし、焼失率が四九－五三%の兵庫屋掛・田鍋屋掛と、八三%の砥屋掛が同等に扱われていることについては説明できないでいる。大筋でこの理解が認められるなら、この表二は火災後の各掛への救済内容がわかる史料として貴重である。

　表一は藩から下付された米・銀の総高を示し、表二はそれらの各町別当掛への配分を示すものである。これらは別個の救済策であるとすることも可能であるが、二つの理由で否定できる。一つは表一・二から算出される小間当たりの米配分額が一致すること、さらに配布された俵数が表一で五二三一俵、表二で五二一六俵（五一一二俵）と、ほぼ一致することが挙げられる。表一の俵数は現銀を米で換算しており、銀相場と米相場の動きで変動するものであるため、十五俵の差は許容範囲内と考えるのである。また、『米府紀事略』によれば藩は御家中・御扶持人、町方末々までのお救いとして銀米一万五三五三俵余を下しており、町方に五二〇〇俵余を与えたという数字は妥当なものなのである。

　久留米藩はこの白石火事で、城下町町人の救済のため、計算上で五二〇〇俵を超える米を提供したのである。「火事記」では「御公儀より御米仰せつけられ候」「御公儀より町中にかゆ（粥）たき下され候」と述べているように、公儀である領主権力は領民の生活の安寧と維持を図ることが求められており、その背景として、「じひ（慈悲）は上より下ルと申す事、今にはじめぬ事ながら、取わけ今度国守御恩をいつの生にか報じ奉るべきや」（同前）と、国守（有馬家）は慈悲を下すべき存在であり、領民はその御恩に報うべきと、国主と領民の政治思想的な関係が説かれているのである。また、現実的にも、領内の政治・経済・交通・文化の拠点である久留米城下町が壊滅的被害を受けており、有馬家としては領域支配を着実に行うために早急に復興することが求められていた。そのためには、城下町でその機能を担っていた町人たちの生活を立ち直らせ、経済活動などの諸活動を復興させる必要があったのである。このため藩庫から大量の米・銀が放出されたのであろう。

一連の救済は各町別当掛を通じて行われており、町別当―目付という町組織に依拠していた。藩による簗島町での日に二度の粥の施行《せぎょう》の際、各町々の目付が人足を連れ、何町分と申して受け取っており、この緊急事態の中でも町組織は生きていたのである。町人たちはこの組織に依拠するしか生活再建の手立てがなかったのである。

この火事の翌月三月三日に、飢人が一〇〇九人おり、一人につき一日一合で計三俵一升、一か月分九十一俵余を出し、施行小屋を建て、町奉行が出した札を持参した者へ飢米を与えることにしたいという上申について僉議が長引き、まず十日分を渡すことになっている（『古代日記書抜』）。この火事で、千人を超える飢人が発生していたのである。

家中防火組と町火消組の成立

白石火事以前の久留米城下町の防火対策については断片的な記事しかない。正保四（一六四七）年の城内の「三ケ所門定」（『藩法集』十六）が古い記録のようだ。頭衆は昼二の丸門を折々見回り、夜も一度は見回り、二の丸番所へ泊まることとされており、付則として、火事などの節は大頭衆は三の丸門に残り、頭衆は二の丸番所に詰めるべきだという。また、右の番所より内部で火事の時は門を開けるとしている。城郭内の火事への対応であり、城下町全体の火事について触れるものではない。

寛文二（一六六二）年正月には本丸の火の用心のため、十本の梯子を新しいものにしたとある（『古代日記書抜』）。寛文八年には本丸・二の丸・三の丸・柳原御門に置かれていた火の用心桶を取り替える際に、合わせて亀屋口・狩塚口・櫛原口・京隈口御門に桶の代わりに籠を三十ずつ、計二四〇個備え、城郭内の防火対策を強化している（同前）。また、同年四月には、江戸の増上寺の火の番を幕府から命じられ、以後いざ火事の際は藩主自らが陣頭に立ち、華麗な火事装束の家臣・人足が増上寺に走り、その勇猛さから「有馬火消し」として名物になったという。この江戸での経験は、江戸勤番の家臣によって久留米へ持ち込まれ、家臣団に防火組が作られていくが、それは後に触れる。

城下町の防火対策としては、寛文六年十一月には町方で炊事などで出た灰を雪隠（便所）に捨てる場合は水でしめらして捨てるべきで、これに反した者は家に置かないと触れられていたが、瀬下通町庄屋町の北野大庄屋家を借りて住んでいた者がそれで火事を起こし、町奉行によって瀬下通町から追放されている（同前）。管見では、この記事は町方（城下町）の防火対策として最も古い記録である。

寛文七年には城下町における最初の大火が発生している。長町二丁目から出火し、長町三丁目、紺屋町・新町などの町屋一一六軒、十間屋敷の侍屋敷九軒が焼失している。藩としては家老の有馬内蔵助・稲次壱岐・有馬左門・有馬豊前などが現地に出向き消火に当たっているが、どのような方法で火を消したのか触れられていない。復興のため、侍中には一五〇石の者に五十俵、二五〇石の者には六十三俵が拝借米として出されており、町方にも小間一間当たり七俵の拝借米が出された。武家も町方も五か年で返却することになっていたが、この地区は前年も火事にあっており、侍中・町方ともに二度火事にあった者は八か年で返却することになっている。この前年の火事について触れた記事はなく、この『古代日記書抜』が唯一である。

また、焼失した町屋の中に瓦屋はなく、すべて板屋・草屋であったという。板屋とは板葺の家、草屋は茅・藁葺の家のことであり、正保年間とされる『久留米藩領図屛風』（有馬記念館に複製が展示）に描かれている町屋の様子にほぼ一致する。なお、町屋への拝借米は小間一間当たり七俵としたが、町の格によって七俵、六俵、三俵半に分けられており、計一九九六俵余が町方へ提供されている。この差は表通りや裏通り、横丁など、町の位置によって小間負担が違うことを反映している。また、「白石火事」で触れたような藩による火事罹災者の救済は、この寛文七年段階でも確認される。

元禄二（一六八九）年七月に藩から出された「覚」（「久留米藩法令」、『福岡県史資料』第五輯）は防火対策がかなり具体的になる史料である。五条からなる。一・二条には、高良山仏殿（大猶院殿〈徳川家光〉廟）と梅林寺（有馬家菩提寺）近辺の出火の際は寺社奉行が罷り出て指揮をとるとある。第三条では「曲輪《くるわ》外火事」、つまり城郭外（町屋・侍小路）での火事の場合は、月番以外の家老たちも協議して火元に向かい、消火について指揮することになっている。これにより、町屋・侍小路の消火は家老の指示・監督のもとで行うことが確認される。寛文七年の長町火事の場合と同様である。しかし、ここでも消火を行うのが町人なのか、武士なのか明らかでない。第四条では、御馬廻組の組頭中は組子を引き連れ、一組は火元に駆けつけ防ぐ、あと一組は二の丸屋敷を守ることとなっており、消火の主な担い手は御馬廻組の家臣であったようだ。また第五条では、大組鉄砲頭中は以前から火事の節に城内に不審者が入り込まないように各門の警備を行ってきたが、城内から遠い火事の場合は月番家老の指示を得て火元に向かい消火に当たれとある。元禄二年のこの「覚」は家臣による防火組の規定といってよい。

宝永二（一七〇五）年の「覚」（『藩法集』八十）は八条あり、家老稲次壱岐からの御達である。元禄二年の「覚」よりさらに詳細で、城郭内の火事対策といってよい法令である。

第一条では火事の際、家臣中はかねて決められている勤務先の御城や役所へ罷り出て、その他の面々は残らず三の丸へ集まり、月番家老の指示で火元に向かうこととされている。第二条ではかねて決められている「火消役人」以外の者がみだりに火事場に来ることを禁じている。家臣団の中で「火消役人」が決められていたことがわかる条文である。第三条は、近辺の火事の時は親疎の隔てなく、駆けつけて消火に当たることを命じたものである。第四条では、火消役人は火筋次第に分かれて消火に当たるようにとされ、火事場が混乱しないように日頃から申し合わせておくよう命じられている。第五条では、火元風下の家は家来を屋根に上げ、飛火による延焼を防ぐように命じたもので、屋根が草葺であったことを示すものだろう。さらに、火元から遠くわずかの飛火で類焼した場合は責任を問うことを触れている。第六条は、消火のために井戸水を手寄りの場所（手近で便利な所）から汲み取るため、井戸内へ家財を投げ込み、水が汲めないようにした場合は罰すると述べている。第五・六条は類焼を防ぐことと消火用の水を確保するための具体的な指示である。第七条・八条は、火事場での拾い物と火事場での盗難に対する禁令である。

この宝永二年以降、正徳四（一七一五）年にも火事対策についての法令（『御法令類聚』）は出されているが、享保十（一七二五）年正月に発令された防火法制は、それまでの火事対策を一新するものであった。

火の番方として御先手足軽の中から十五人を決め、日頃は二の丸御殿の御春屋《おつきや》（精米する所）・太鼓櫓番人として勤務させ、御小姓衆一人、御徒歩一人が指揮をとり、城内の火事の場合は真っ先に駆けつけ消火を行うこととなり、火消しを行う部署ができあがった。また六組御馬廻組のうち、手空き者は大手門の駒寄《こまよせ》の中に集まり待機し、下知を受けて火元に向かうことになり、家臣団の中心である御馬廻りが防火を担うようになっている。さらに組御先手物頭三人、御普請奉行、御船手奉行、御作事奉行が「火消役」に命じられ、組支配の者を召し連れ、火元に駆けつけ消火に当たることになった。火消方の小昇は止められ、この時から纏《まとい》が使われるようになっている。

あわせて城下町では、各町別当掛で町火消役を決めておき、火事の時には各別当掛に分かれて他の掛と混雑しないようにして、別当・目付が指揮して消火に当たり、町奉行がそれを取り仕切ることになっている。この年、久留米城下町の町別当掛ごとに町火消役が成立した。家臣団の防火組と城下町の町火消役が制度的に揃ったという意味で、この年は久留米城下町の防火体制の画期となったといえるだろう。

この法令の中で、御側御目付中は江戸では火事場で消火の指図をする者であり、また御先手物頭中は江戸での近年の火事場の様子をよく知っているので、久留米での消火・防火について遠慮なく意見を言うべきとされている。これは江戸での増上寺の火の番の経験を、地元の消火・防火に役立てようとするものである。このように防火体制の大きな改革が行われたが、皮肉にも翌年には久留米城下町を再び焼き尽くす「田代火事」が起きるのである。

田代火事と城下町再編

田代火事は、享保十一（一七二六）年三月四日に城内外郭（四の丸）のほぼ中央にあった田代三郎右衛門宅から出火し、久留米城下町の大半を焼いた火事である。『藩法集』『米府年表』『石原家記』の記事からこの火事を追いかけてみる。

火事は未中刻（午後二時頃）に発生し、酉中刻（午後六時頃）に鎮火した。城内は別条なしとあるので、三の丸・二の丸・本丸は被害がなかった。外郭内（史料では「外ケ輪」）では亀屋町口御門（大手門）・橋・番所は被害がなかったが、侍屋敷十七軒が延焼した。京隈小路・十間屋敷で侍屋敷五十二軒、庄島小路は全焼したため「小給侍屋敷」一三七軒、「軽扶持人屋敷」八十軒、「扶持人諸職人屋敷」五十四軒の被害が出ている。これらは家臣団の被害である。寺は八寺、神社は二社であり、城下町は二十一町、竈数九八四、被害を受けた小間二六五四間である。在家（農村の家）五十軒、死亡は五人（男三人、女二人）で、牛馬の被害はなかったと、火事から約一月経った四月七日の報告がある（『藩法集』四六九）。

町屋の被害は、『米府年表』によると亀屋町・今町・築島町・細工町・魚屋町・田町・池町・鍛冶屋町・紺屋町・米屋町・原古賀町・麹屋町は残らず焼失。両替町・呉服町・三本松町は少々残り、片原町は三、四軒焼失とある。通町筋、新町筋は被害がなかったようだ。庄島小路とその南の新屋敷は残らず焼失とあり、原古賀

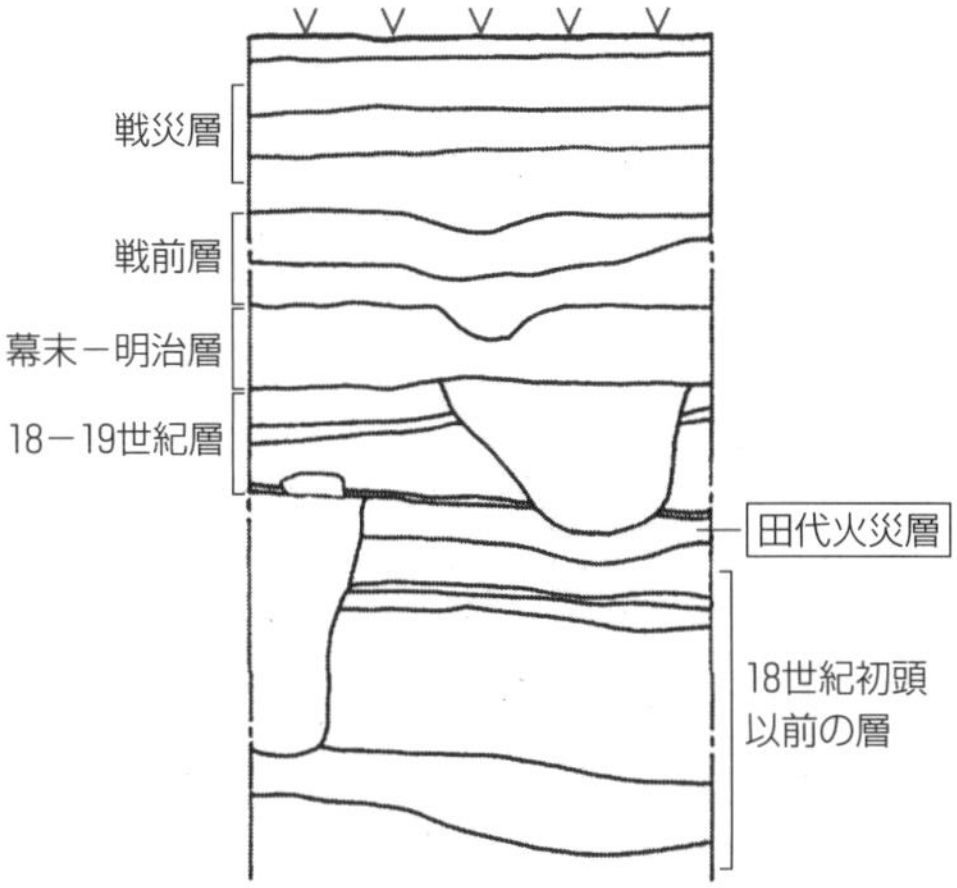

田代火事の痕跡が残る土層写真（上）と基本層序図（『久留米城下町遺跡　第17次調査』〔久留米市教育委員会〕より）

町の全焼はそこからの類焼といえる。また、庄島小路にあった牢屋は無事であった。外堀にかかる御門のうち京隈口御門と御使者屋も焼失している。

『石原家記』では、城内からの飛び火で両替町綿屋宗兵衛宅に移り、両替町・呉服町・三本松町は半分焼け、簗島町・紺屋町・原古賀町・庄島小路は全焼という。およそ四二三〇軒余が焼失とある。両替町・呉服町・三本松町について、『米府年表』は「少々」、『石原家記』は「半分」と表現が異なるが、いずれにしろ焼け残ったことがわかる。この火事は城内から飛火で両替町と京隈小路へ移り、それから亀屋町、南の簗島町・今町・田町地区へ移り、庄島小路・原古賀町へ延焼、さらに田町方面から米屋町・鍛冶屋町へと東へ広がっていったと推定できる。

火事発生後、久留米から江戸へ、火事の内容を報告する四日半の飛脚が差し立てられている（『米府年表』）。それに対する指示が、同じように四日半の飛脚で江戸から届いたのは三月二十九日であった。その内容は、類焼した侍・扶持人などに御救米を下す、以前は御米・御銀が半分ずつであったが、今回はすべて米で渡す、そして町方の救済は後で知らせる、というものであった（『藩法集』四六七）。

約一月後の四月七日に江戸藩邸から「大火に付被仰出《おおせいだされ》」（『米府年表』）が出され、同日付けで、今回類焼した侍中に居宅を建てる際は、茅葺で棟を高く作ると風が強い時に火が移り大火になるので、今後は坪数も少なく、屋根も「とり葺」にすれば棟も低くなり火災対策になる、としている。あわせて茅葺にする場合も二間梁か二間半梁に限り、三間梁の家を建てることを禁じている（『藩法集』四六八）。

また、この日に火事被害の報告書（同前四六九）が藩へ提出されている。これは幕府への報告かもしれないが、ここでは江戸藩邸への報告としておく。これも先の報告に関係するものだろう。さらに、四月十八日には城下町の救済として、町別当・目付、御用聞商人らへ米が下されている（同前四七〇）。被災した一般町人の救済について触れる史料は今のところ見つかっていないが、白石火事同様の救援があったと考える。

五月六日には江戸藩邸から小沢市郎右衛門が下され（『米府年表』）、藩主則維の城下町再編の意向が伝えられたようである。この指示を受けて、具体的な町の再編方針が検討され、何度かの江戸藩邸との協議を経て、八月二十六日付で町奉行へ仰せ渡されたのが下記の内容である。読み下して一条ごとに内容を検討したい。

一、町奉行へ仰せ渡さる

一、両替町南片ケ輪に仰せ付けらる、北ケ輪の町屋は内町中作人屋敷にて代地仰せ付けられ候、尚相残り候分は原古賀町六丁目へ引き移られ候事

一、御札馬持共作所を抱えこれ有るものに候得共、御札馬に付、差し支えこれ有り候間、原古賀町七丁目に引き移られ候事

一、右に付、唯今まで駅屋にては相隔たり差し支え候間、原古賀町内に差し置かれ候事

一、紺屋町二丁目御用地に召し揚げられ候に付て、右商売人の分原古賀町七丁目へ引き移られ候事

但、堺屋五郎右衛門儀は撰もの御用相勉め、家作も宜しく仕り罷り在る者に付、只今の居屋敷十四間半これ有り候得共、和泉屋仁左衛門跡屋敷にて七間相渡され候事

一、町中にこれ有る作人店商売仕らず候ても、家業相立て候もの共付て、只今までの家作両替町北ケ輪の者へ相渡され、作所の手寄り宜しく候間、小頭町口に新地仰せ付けられ、引き移られ候事
但、日用持の者右に准じ候事
一、池町連々家業の筋宜しからず候段粗相聞こえ候、依て小頭町口え引き移られ候事
一、今度引き移られ候町屋建屋これ有る者共えは、一統引き料相渡され候事
右の通仰せ出され候間、その意を得られ申し付けらるべく候
午八月廿六日

（『藩法集』四七三）

『米府年表』では、「八月に御城下町入れ替えがあり、両替町北側の町人は原古賀六丁目へ、紺屋町二丁目の町人は原古賀七丁目へ、池町も小頭町へ移された。小頭町に新地仰せ付けられ、そこに移ったのである。そのほか町中店商売の者も小頭町新地へ所替えが仰せ付けられ、移転のため入用銀八貫目余りが下された」と簡単に記録する。上記の法令の内容を「城下町入れ替え」としているが、それは「入れ替え」に留まらない再編ともいうべき内容であった。

第一条は、この城下町の再編は町奉行の指揮のもとに行われることを示している。

第二条は、両替町の北側の町人たちには城下町内の「作人屋敷」に代地を与え、残る者は原古賀町六丁目に移転せよということである。両替町の北側は外堀に面しているが、そこに緩衝地帯（火除け地）を確保し、町から城郭への延焼を防ごうとした。後にこの地は広手もしくは桜の馬場と呼ばれるが、広い空き地が出現したのである。

第三条と第四条は関連するもので、「御札馬持共」の作所（田畑）がなくなると馬を維持できないため原古賀町七丁目に移し、あわせて駅屋が両替町にあっては差し支えがあるので、これも原古賀町に移すように命じ

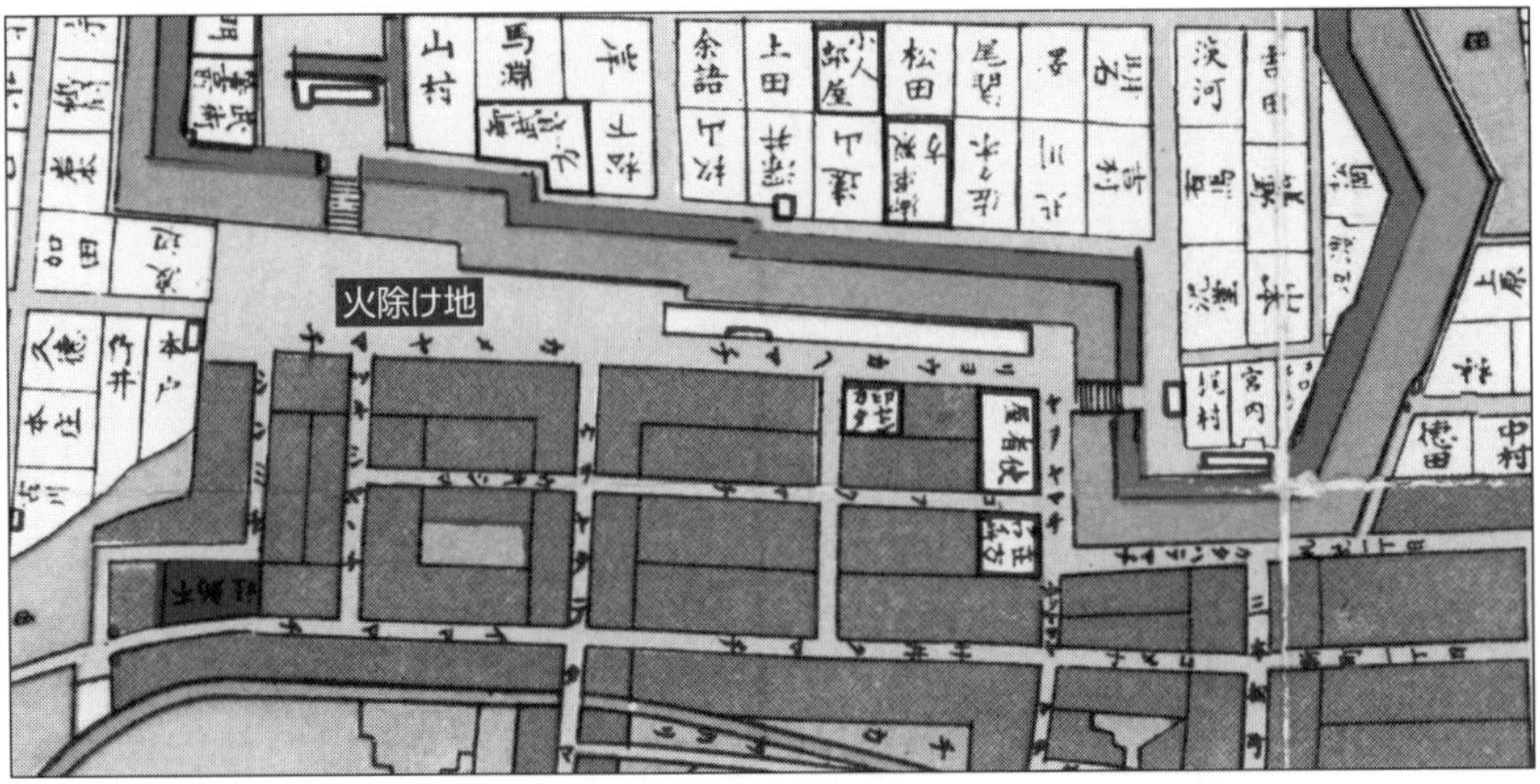

両替町の火除け地（天保年間城下町図。久留米市教育委員会蔵）

ている。「御札馬」とは駅屋に付属し、公用の旅行者や荷駄などを運ぶ馬であり、駅屋はその業務を管轄する施設である。城下の交通・運搬の拠点施設が、両替町から柳川往還沿いの原古賀町に移されたのである。

第五条は、紺屋町二丁目は御用地に召し上げるので、この地の商人は原古賀町七丁目へ移るよう命じるものである。ただし、紺屋町二丁目に居住していた堺屋は、家作（屋敷建物）もよく十四間半の屋敷を持っていたが、和泉屋跡地の七間を特別に与えられた。この御用地は侍屋敷である十間屋敷の拡大のために収用されたものである。

第六条は第二条と関連するもので、町中にいる「作人」で、店商売をせずに家業を立てている者は、その土地を両替町北側の町人に引き渡し、「作所」に手寄り良い小頭町口の新地へ移転するよう命じたものである。「作所」「作人」については後に説明する。

第七条は、池町は家業が宜しくない町であるため、小頭町へ移転するよう命じたものである。確かにこの地は池町川沿いの低湿地で零細な町であったようだが、この町の除去は度々火事を起こした庄島小路と町屋地区との間に緩衝地帯（火除け地）を設けることが目的であろう。この地は馬乗馬場となったという（『石原家記』）。

第八条は、今回移転し、家を建てる町人には「引き料」（移転料）

を渡すとしている。

この城下町再編の目玉として、町屋と城郭（両替町）、町屋と侍小路（池町）に火除け地を設けて火災対策を行ったこと、原古賀町六・七丁目と小頭町への城下町の拡大となったこと、さらに町人地を収公し侍小路を拡大するなど大幅な城下町の入れ替えがなされたことが挙げられる。続いて、「作人」「作所」の検討に移ろう。

城下町の「作人」と「作所」

この節では前節で検討を保留した「作人」「作所」について考えてみる。前節で紹介した仰せ渡しの第六条に次のようにある。

一、町中にこれ有る作人店商売仕らず候ても、家業相立て候もの共付て、只今までの家作両替町北ケ輪の者へ相渡され、作所の手寄り宜しく候間、小頭町口に新地仰せ付けられ、引き移られ候事
但、日用持の者右に准じ候事

この箇条に出てくる「作人」を辞書で調べると、「①荘園や公領の耕地を耕作した農民。②田畑を耕作する人」（『広辞苑』）とある。これはどうやら農民らしい。『石原家記』の享保十一（一七二六）年九月二十一日条に、「作人」とは何か解き明かす記事がある（傍線は筆者挿入）。

四月より両替町北輪、池町・十間屋敷の中の麴屋町より六ツ門明口迄居り申し候町人百性、小頭町・原古賀町五丁目外に六七丁目出来、且又其外にて代地仰せ付けらる、両替町は広手に出来、池町馬乗馬場に成、

（A）此節在帳面にて町え居り申し候者、又は百性一遍にて渡世仕り候もの、方々え町方に居り申し候者を外町え御移、其跡へ焼地の者御移、但家引料仰せ付けらる、井筒屋武左衛門え御使者屋跡仰せ付られ、御使者屋片原町え移、但、此事九月廿一日仰せ出さる

また、翌十二年正月の記事では、

当春町広まる、（B）町中百性にて居り申し候もの跡に類焼の町人移る、閏正月小頭町原古賀町六丁目七丁目え諸人移る、（C）十間屋敷六ツ明際に東久留米庄屋居り、八丁目裏に移る、糀屋町一丁余十間屋敷広まる、使者屋両替町より片原町に移り、百性除き候跡今町新町其外へ移る（後略）

（A）で「作人」とは農村に戸籍（帳面）がある者（在帳面）で城下町に住んでいる者、さらに城下町に住んで百姓（農業）だけで渡世（生活）している者と理解できる。後者が先に六条で紹介した「町中にこれ有る作人店商売仕らず候ても、家業相立て候もの共」と同じものを指している。城下町に住み農業生産を行って生活している者を「作人」といい、彼らの屋敷地を収公し、外町（小頭町）に移転させたということである。（B）の「町中百性にて居り申し候もの跡に類焼の町人移る」とは、作人の屋敷地が取り上げられたことを示している。（C）は十間屋敷の朝夕六つ時に開閉される門際にあった東久留米村庄屋の屋敷が、通町八丁目の町並みの裏手に移転したということである。城下町に村方の役人である庄屋まで住んでいたのである。

享保十一年段階で城下町に農業を生業とする町人がいたということである。藩としては城下町には商人・職人などが主に住むことを前提としていた。城下町の支配は町奉行が行い、農村・農民の支配は郡方奉行となっており、城下町内で農民が事件を起こせば、町奉行を通して郡方奉行に連絡が行き、町方の者が郡（在方）で

事件を起こせば、逆に郡方奉行から町奉行へ処分が任されたのである。

藩としては建前として町に住む彼らを「百姓」ということができず、「作人」という用語で表現したのである。しかし、『石原家記』では彼らを百姓と捉えていた。城下町での町人と農民の混住という事態は身分支配の根幹を揺るがしかねないことであり、その解決を迫られていたのである。

これらの作人は元和七（一六二一）年以降の久留米城・城下町の建設過程で農地を接収され、城下町に生活の基盤を移した農民の後裔である可能性が大きく、城下町に居住して約百年の歴史を持つ家もあったと思われる。

町中にいる作人で店商売をせずに家業を立てている者とは、農業経営を行い、町人として暮らしているということであるから、町人に課されていた町役を負担していたと考えてよい。このような町人（作人）は農地（作所）を城下町内もしくは城下町近辺に保有し、城下町に食料を提供する役割を持つことから、周辺農村へ追い出すことはできなかったのである。「作所の手寄り宜しく候間、小頭町口に新地」が与えられ、そこに農民町ができ上がった。城下町に散在する作人を城下町から排除し、一か所に集めるかたちで、農民と町人の区別という問題の解決が図られたのである。

通町八丁目の目付を務めた山崎屋は、元和七年に両替町一丁目北側に表口八間の家屋敷を拝領して薬屋を営業していた。享保十一年の田代火事に遭い、同年八月に町奉行から小頭町へ移るように命じられたが、お願いして通町九丁目に表口四間二合五勺の土地を拝領した。しかし、手狭なので再度お願いし、八丁目にいた太右衛門が小頭町に引き移ったので、その跡に移転したという（『久留米藩旧家由緒書』）。この太右衛門が作人であったとすれば、作人の城下町での所在を確認できる例である。

『米府年表』などにある「城下町入れ替え」は、火除け地を設けるために町人の移転先を外町（原古賀町・小頭町）に設定し、作人を小頭町に移転させることで町人に与える土地を確保するとともに、長く課題となっていた城下町からの作人の分離を実現するものであった。この「入れ替え」は、城下町の形態・内実を大きく変容させるものであった。

家中防火組と町火消組の充実

享保十一（一七二六）年四月七日に藩が家臣団の屋敷についての規制を行っていることは先に触れたが、翌十二年七月には御家中侍屋敷での外釜（屋外で釜を焚くこと）を禁じており、同十二月には年末の警戒のため、諸郭内や町口にある番所、町々にある番所で火元について入念に改めるように触れている（『藩法集』四九六）。この後も城内の火災対策が整備されていく。寛延二（一七四九）年には家老から御奏者番、大寄合、浪人奉行、御徒士頭、御側物頭、小寄合組、御使番、大小姓、竹之間組などについて火事の際の配置や対応が決められている（『藩法集』七五二）。

宝暦十一（一七六一）年には、幕府巡見使からの問い合わせに回答した「筑後久留米領御尋答書」の中で、「城下出火の節、手当如何申し付け候哉」という問いに「家中之者共防火組幷町火消手立相立て候」（『藩法集』一一七四）と答えている。享保十年に成立した久留米城下の防火組と町火消の体制が維持されていることが確認できる。

寛政六（一七九四）年二月に町奉行所が建設されると、翌年十二月には町奉行所に防火纏が置かれている（『米府年表』）。これは町奉行が防火・消火を職務としたことを示すものである。この町奉行の職分を具体的に明らかにすることができるのが、文政元（一八一八）年の『町奉行中勤方覚』（久留米市教育委員会蔵）である。関係部分を読み下しておく。

一、出火の節、火元え私共両人與頭幷組足軽召し連れ罷り出、町火消の者防火才判仕り候、町方焼失仕り候節は火元幷類焼の軒数御家老中え相達し候、町別当類焼仕り候節は追って御救いとして銀一枚、町目付へは銀廿目拝領仰せ付けられ候、其の外数軒類焼仕り候節は町役人より願い出候へは極難の者共へ御救米仰せつけられ候事

但、在方出火は近在たる共、町火消差出し申さず候、尤も小森野村或は肥前領にても御城間近き場所出火、風筋悪敷く、大火にも相成るべき模様にも御座候へば追手御門前へ町火消相集まり置き、御差図次第御城内え入り込み候事

出火の節、諸方駈付夫

一、御勘定所	十九人	一、御銀方	七人
一、町方御役所	廿人	一、御武具方	廿一人
一、御船作事方	十人	一、検見方	廿一人
一、御永蔵所	廿四人	一、京隈御蔵所	十五人
一、明善堂	六人	一、使者屋	十人
一、印銭方	八人	一、講方	十五人
一、三本松町御制札場	五人	一、瀬下御制札場	五人
一、十丁目御番所	廿人	一、原古賀町七丁目御番所	廿二人
一、小頭町御番所	十二人	一、追手御番所	二人
一、私共組長屋	一人	一、大石宮	八人
一、五穀神社	八人	一、牢屋敷	廿三人

右の所々え近火の節、町夫差出し申し候事

一、出火の節々町別当共八掛の内より一掛の人数は御昇方へ属し防火仕り候事
　但、一掛受持、一ケ年つゝ廻しに相勤め候事

町奉行（二名）は組頭（與頭）と組足軽を火事場に召し連れて、町火消の者を指揮して消火に当たらせることになっている。また、町方の火事の火元及び類焼した軒数を家老中に報告することになっていた。さらに、町火消は在方（農村部）の火事で出動することはなかったが、小森野村と肥前領の久留米城近くの火事で、風向きが悪く城が危ない場合は大手門前に待機し、指図次第で城内に入り消火に当たることになっている。また、郭内の役所、御米蔵、制札場、番所などの近くの火事の時は町から徴発された駆付夫が配備され、警備に当たることになっていた。町別当掛の一掛は御昇方に属し、防火に当たることになっており、久留米町中は町火消と駆付夫を負担し、城下町の防火・消防だけではなく、外郭にあった藩の役所などの防火・警備なども担当させられている。この制度の開始時期の解明は今後の課題である。

ところが、文政八年十月にはこの駆付夫の数が次第に増し、火消に当たる人数が減ることで大火になることも想定されることから、駆付夫は停止され、掛けつけてきた町別当掛から相応の駆付夫を出すようになっている（『藩法集』三七〇九）。

この時期の防火用具としては中水箱四、大水箱二、小張籠三百、箱釣瓶二十六、三間梯四挺、二間梯二挺、大丸提灯十四、昇八本、羽織四、法被二十六、長持（防火道具入）一棹などであったという（『久留米市消防組要覧』）。この防火用具は町別当一掛のものと考えている。一掛の基本構成は、町別当を含む羽織を着る四人の指揮グループと、法被を着て消火に当たる実働部隊二十六人という計三十人であったと考えられる。大・中の水溜箱、その水を汲み火事口にかける張籠と屋根に上る梯子などが基本装備であった。大丸提灯と昇は消火に当たる掛の存在を明確にするためのものであり、まだ纏ではなく、その代わりに昇が使われていたようだ。

■表3　文政11年8月の台風被害と火事被害

	家中潰家・門塀半潰共	城下町表家・裏家吹倒れ半潰共	家中家居焼失	町屋家居焼失
8月9日台風	凡150軒	凡300軒	42軒	62軒
8月24日台風	60軒余	90軒余		
計	凡210軒	凡390軒	42軒	62軒

資料：『米府紀事略』（18）より作成

庄島大火と火の見梯子・自身番所の設置

文政十一（一八二八）年・同十二年は久留米城下町が大きな災難に見舞われた年であった。ちょうど九代藩主頼徳の治世期の中間に当たる年である。

文政十一年八月九日に、後に「子《ね》の年の大風」といわれた台風が筑後を直撃した。この台風については、「御城下幷在町潰家挙げて算へかたし。倒木その外破損これなき家は希にもなし。高良山杉・檜三万余倒る。山中まばらになる。在町怪我人多し、同夜若津辺は高汐にて破船潰家多し。隣国も同様大変、古今未曾有の大風」（『米府年表』）とある。また、同月二十四日にも台風に襲われている。これらの台風は平成三（一九九一）年に私たちが経験した台風十七号・十九号と同規模の激甚な被害を与えたのである。城下町の被害は表三の通りである。

この台風の中で、二件の火事が発生している。一件は庄島坊主丁の桑山門蔵家から出火し、大風により家が潰れ、梁に敷かれて家内四人が焼死したが、類焼はなかった。二件目は同夜に十間屋敷の中央南端にあった岡部五郎長屋より出火し、十間屋敷七軒、新町三丁目、通町三丁目・四丁目に類焼し、同町に接する櫛原小路に燃え移り、同小路一番目八軒、二番目八軒、三番目九軒、四番目六軒、五番目四軒など、櫛原小路の約半分を焼いている（『米府紀事略』十八）。表三にあるように、台風による家中潰家と城下町屋の潰家・半潰が計六百軒を超え、火事でも家中と城下町屋を合わせ百軒を超える大きな被害を受けたのである。

その被害からの復興を行っている中、七か月後の翌年二月六日に庄島小路石橋丁の石井龍太郎宅から出火した。この火事は「庄島大火」と呼ばれる。朝から坤《ひつじさる》（南西）の風が激しく、昼頃、庄島小路石橋丁の御徒歩組石井宅から出火し、夕方四時過ぎに鎮火した。残念ながら、家臣団及び町火消の消防活動を述べた史料は残されていない。火事は石橋丁から西竪丁⇩法雲寺丁⇩正蓮寺に移り、庄島小路では三十五軒が類焼している。町方は庄島小路から池町・細工町・呉服町・三本松町・新町・片原町へと広がり、通町三丁目まで延焼している。また城内では狩塚橋を渡った正面の屋敷十一軒が焼失。さらに通町三丁目と接する櫛原小路は、ほぼ全域の六十二軒が焼失している。この櫛原小路は前年も三十五軒が焼失しており、二年連続の被災であった（同前）。火元の石井龍太郎は「遠慮」が仰せ付けられていたが、翌年正月出奔している（『米府年表』）。

被害は総数四七七軒、うち士屋敷一一〇軒、寺七か寺、町屋三三五軒、蔵六十九軒、裏家三十七軒、無格扶持人凡七十軒とある（『米府年表』）。この記録は町奉行が調査したものであるが、先の『米府紀事略』と数字が合わないのである。また、これらの家屋以外に、御制札場、御使者屋、御厩組長屋、御路地方組屋敷、鉄砲小路穀留番所、櫛原御鷹部屋餌刺《おたかべやえさし》八軒、寺七か寺、無格足軽五十八人などを挙げて、およそ一九五軒、そのほかに御家中隠宅や長屋門・物置・番屋・町借家など都合一三一七軒焼失という記録もある（『米府紀事略』十八）。この数字の違いは、ある家の火災を一軒と数えるか、その家のすべての建物を数えるかの違いと考えている。大火であったが、昼火事であったためか焼死者は出ていない。

表四は町方の被害を示すが、『米府年表』の町方の被害状況はこの記録によっている。ただし、蔵・裏家がそれぞれ十戸・十軒多い。「本家」は「表家」とも表現されており、通りに面した家で、小間掛の対象である。これが三三五軒焼失したという。蔵は表四に従えば七十九戸焼失したというが、この蔵は「瓦蔵」とも表現されており、防火のための瓦葺の蔵の建設が進んでいることがわかる。

通町一・二丁目、米屋町、三本松町などでは、焼失した本家と蔵の比率は三対一程度になっている。それに対して細工町では蔵が一戸と少なく、裏家が十軒焼けている。同様に新町一―三丁目は被災した蔵が少なく、裏家は多いのが特徴である。この裏家は、すべてとはいえないが「町借屋」であり、いわゆる「長屋」の存在を想定できる。先の蔵が多い町と少ない町との違いは、城下町の繁華街と裏町という町の性格が表れているのであろう。

被災者の救援措置は、家臣団へは番頭格御用人銀一貫三百目、頭役銀八五〇目、六組与頭銀六五〇目、平組銀五百目、中小姓銀二五〇目、御徒士銀二百目、御徒士並銀一五〇目、足軽組頭銀四十目、平足軽銀三十目、軽き御扶持人銀十五匁、人足銀七匁五分となっており、格式によって差がつけられているが、総銀高として六十貫三百匁余が与えられている。また町方への御救米は白米二五〇俵（銀換算でおよそ七貫二五〇匁）であった（『米府紀事略』十八）。

この庄島大火を受けて、同年七月二十九日付で家老有馬内蔵助から町奉行に以下の仰せ渡しがあった。

（文政十二）丑年七月廿九日

一、内蔵助殿より左の通り町奉行中え仰せ渡され候

■表4　庄島大火による町屋の被害状況

別当掛	町　名	本家	蔵	裏家	備　考
井筒屋掛	片原町	21	5	1	
	呉服町	7			
	米屋町	33	13		
布屋掛	通1丁目	32	10	2	
	通2丁目	39	16	6	
	通3丁目	16	6	2	二度火災にあう
	細工町	22	1	10	
惣紺屋掛	三本松町	42	15	8	
	鍛冶屋町	17	11	2	浄楽院は本家に含む
田鍋屋掛	池町跡	4			
米屋掛	新町1丁目	31	1	2	観光院は本家に含む
	新町2丁目	46	1	7	
	新町3丁目	25		7	二度火災にあう
計		335	79	47	

資料：『米府紀事略』（18）より作成

出火と取り騒ぎ候節、町方防火の者間々は遠在の節罷り出、その末混雑に及び候義もこれ有り候に付き、一懸り一ケ所ツ、町喚鐘取り建て、自身番所取り建てたき旨町別当願いの趣承き届候条、勝手次第取り建て候様申し渡さるべく候、尤、場所の義は下にて相極め申し出候様申し渡すべく候事

丑八月七日

一、織部殿より左の通り町奉行中え

町方火消人数一懸りの目印、是迄昇相用い候所、已来は纏一本ツ、相用いるべく候、尤、纏の形少ク拵え切り裂き白貫に別当家号一字付け申すべき事

（『町方書抜』新有馬文庫）

この史料は今回の大火で、町火消の者が火元がどこかわからず混乱した反省から、町別当たちが協議して願い出たものである。別当掛ごとに喚鐘《かんしょう》を置き、そこに自身番所を建て火事に備えたいと願い出て、藩から許可された。

『米府年表』に七月二十九日付で、

町方火の見梯子喚鐘出来　梯子高さ三丈喚鐘高さ一丈六寸○布屋掛り通町二丁目、酢屋掛り通町九丁目、惣紺屋掛り三本松伊勢宮前、井筒屋掛り中八百屋釘貫際、田鍋屋掛り原古賀四丁目、米屋掛り小頭町伊勢宮前、戸板屋掛り今町、渡屋掛り瀬下通町正蓮寺際、都合八ケ所出来

とあり、七月二十九日に各別当掛に一か所ずつ火の見梯子と自身番所ができ上がったと記録している。家老の仰せ渡し以降の設置であるはずなので、一連の動きをこの日にまとめて記載しているようだ。

町別当たちは管轄している町地区に火の見梯子と自身番所を建設し、町屋の火事について警戒を強めたこと

がわかる。自身番所には人を配置し、二十四時間の町の防災・警戒を行う体制を作り上げたのである。もちろん、これらの費用は町の負担で賄われた。

火の見梯子は自身番所と一体の施設で、合わせて三丈（約九ｍ）の高さがあり、火事を知らせる喚鐘はその梯子の約三ｍの位置に設置されていたようだ。高さが九ｍもあれば当時の城下町を見渡すことができたろう。また、火事の発生・鎮火などを知らせる喚鐘の敲《たた》き方についても規則が定められていたと推測されるが、詳細は不明である。

さらに、町方火消は掛の目印として「昇」を使用していたが、この年から町別当の家号を白抜きで書いた「纏」を使用することとなっている。

幕末に町別当が町夫を指揮して消火に当たっているが、消防の成績が最も優れていたのは瀬下町（渡屋掛）で、次が通外町（酢屋掛）であったという。また、家臣団の消防としては洗切の消防夫が一番で、御船手頭辻三太夫の配下の者たちであった。彼らはいずれも掛矢（大槌）と「かがす（碇綱）」を携え、燃える家の柱にその綱を結び付け、掛矢で礎石を打ち外し、綱で家を引き倒すことで消火を行ったという（『久留米市消防組要覧』）。久留米城下町では火事場周辺の建物を破壊して延焼を防ぐ「破壊消防」が基本であったことが、この記事からわかるのである。しかし、これでは強風などの悪条件の際に大火になることを防ぎ切れないだろう。

そのため城下町の町人たちは、火事が起きないように町内の見回りを行うとともに、火の見梯子を建設して火事を早く発見し、小規模な段階での消火を行う体制を作り上げていったのである。

火の見梯子（『類聚近世風俗志　原名守貞漫稿』などを参考に作図）

■久留米城下町の火事関連年表

	区別	和暦	西暦	内容	文献
○	対策	寛文二	一六六二	正月、御本丸の火の用心のため梯子十本拵える	古代
1	火事	寛文二	一六六二	この頃、京隈真言宗法恩寺自火	聞見
2	火事	寛文六	一六六六	十一月、雪隠に灰を捨てる場合は水に湿して捨てる。庄屋町北野大庄屋屋敷火事。火事を起こしたものは家におかない	古代
3	火事	寛文七	一六六七	七月、長町二丁目・三丁目・紺屋町・新町町屋敷一一六軒・十間屋敷九軒を焼く	古代
○	対策	寛文八	一六六八	四月、増上寺火之番を命じられる。以後、歴代藩主に命じられる	米
○	対策	寛文八	一六六八	十月、本丸・二の丸・三の丸、柳原御門火用心桶仕替え。桶の代わりに籠を用いる。あわせて亀屋町口・狩塚口・櫛原口・京隈口御門に置く。二四〇、一か所に三十ずつ準備	古代
4	火事	貞享三	一六八六	十二月二十五日夜、本庄加兵衛屋敷・戸田喜左衛門屋敷の間で出火、併せて山崎市学・伊予守殿屋敷類火	聞見
5	火事	貞享四	一六八七	二月二十九日、庄島高原五兵衛宅より出火。庄島過半焼失、屋敷引上げになり、御側足軽御昇の者へ代地が与えられる。新屋敷と呼ばれる	米・聞見
6	火事	元禄二	一六八九	七月朔日、高橋安之丞宅雷火、渡辺仁太夫居宅類焼	米・聞見
○	対策	元禄二	一六八九	七月、郭外火事の際には月番の外家老中が火元へ相越、裁判すること。組頭中の一組は先規のごとく組子を召連れ火元に駆けつけ防火を行う。あと一組は貞昌院殿屋敷、用屋敷、内所屋敷の見廻り、火筋が近い場合は防火を行う。大組鉄砲頭中は城内に胡乱成るものが入りこまないように警備を行う	県史
7	火事	元禄七	一六九四	二月朔日、上原小兵衛宅出火、類焼数十軒（米）。小田村忠左衛門・稲津孫平次・飯田八助そのほか足軽屋敷類火（聞見）	米・聞見
8	火事	元禄九	一六九六	二月八日、庄島白石仁右衛門より出火。城下町大半焼亡、侍家一五〇軒、田町・細工町・米屋町・鍛冶屋町・魚屋町・呉服町・両替町・片原町・長町十丁目まで、中町・麹屋町・三本松町・原古賀町（西福寺門前まで）、櫛原小路・十間屋敷残らず、城内狩塚御門並びに御橋、侍屋敷東の方残らず。御家中寺社在町合わせて、三七〇〇軒余り焼失、類焼の侍には米・銀子が渡される**【白石火事】**	米・石原

9	火事	元禄十一	一六九八	二月九日昼、日輪寺観音堂出火、類焼なし	米・聞見
10	火事	元禄十一	一六九八	四月二十四日、原古賀町火事。苧漕川橋から西福寺まで焼ける（米）、三丁ほど焼ける（聞見）	米・聞見
11	火事	元禄十二	一六九九	四月、三件の火事発生。早崎市郎右衛門出火	米・石原
12	火事	元禄十二	一六九九	四月十二日、鉄砲小路出火	米・石原・聞見
13	火事	元禄十二	一六九九	四月十四日、呉服町出火	米・石原・聞見
14	火事	宝永二	一七〇五	正月三日、櫛原湯山庄右衛門宅出火、通五丁目まで延焼。延焼数百軒	米
○	対策	宝永二	一七〇五	火事掟出る。火事の節、御家中士中は兼ねて仰せ付けられている御城そのほか預かっている役所へ罷り出て、その外の面々は残らず三の丸へ罷り出て、月番家老の差図に従い、火元へ向かうこと	米・藩法集
15	火事	宝永四	一七〇七	十二月、庄島小路小田村宗右衛門宅火事	紀事略
16	火事	宝永六	一七〇九	正月、庄島小路で度々付火。庄島小路安西惣助宅に入札箱置く	藩法集
○	対策	宝永七	一七一〇	三月、片原町札の辻へ庄島小路火事についての入札箱置く	藩法集
○	対策	正徳四	一七一四	留守中火事の節所々固の覚がだされる。本丸・二の丸、三の丸などの消火体制が定められた	米
○	対策	正徳六	一七一六	町中借家弁裏屋、鍛冶屋細工所の煙突の見分を目付立会で行う	町触集
17	火事	享保二	一七一七	三月二十五日、京隈小松原鵜飼甚五郎宅出火、瀬下町凡二丁、延焼数十軒（米）、小松原残らず、瀬下通町西岸寺より上二十五軒火移る。三か寺焼失。焼失家三百軒、侍屋敷九軒。因幡殿御上りに付、火留まる（石原）	米・紀事略・石原
18	火事	享保二	一七一七	十月五日、瀬下木屋安右衛門出火。浜中ノ丁、上ノ丁、横町、新町、京隈口迄、凡一五〇軒焼失。中ノ丁庄右衛門瓦家故火留まり、下ノ丁焼けず	石原・米
19	火事	享保三	一七一八	五月三日、長町九丁目出火、十丁目迄残らず焼失、八丁目の方寺町口迄左右焼ける	石原
○	対策	享保三	一七一八	長町八丁目・九丁目町幅が狭いため道幅を四間に広げる	石原

20	火事	享保九	一七二四	冬、原古賀町出火	藩法集
○	対策	享保十	一七二五	正月、防火御法制仰せだされる。町奉行は火消役人を決めておき、別当一掛ごとに分け、他掛と混雑しないようにして、別当・目付を指揮して消火に当たることになる	米・藩法集
21	火事	享保十	一七二五	九月二十六日、御作事小屋火事、石見殿屋敷後馬場から火事の後、柳原に移る	石原
22	火事	享保十一	一七二六	正月四日、円乗寺庫裏出火、小郡屋一軒焼ける。京隈山形屋敷一軒飛び火で焼ける	石原
23	火事	享保十一	一七二六	三月四日、田代三郎右衛門宅より出火。城下町大半焼失【田代火事】。城内より飛び火して両替町・呉服町・三本松町半分、築島町・紺屋町・原古賀町・庄島中、凡四二三〇軒焼失。焼死十二人（石原）	米・石原
○	対策	享保十一	一七二六	七月五日から六日の台風で類焼小屋掛残らず、吹き倒し、貫家も大破。八月、城下町入れ替え（米）。四月より両替町北側、池町、十間屋敷の糀屋町より六ツ明口迄居申す町人、小頭町原古賀町五丁目外に六・七丁目でき、そのほかに代地仰せ付けられる。両替町は広手、池町は馬乗馬場になる。城下町に居る百姓は外町に移す（石原）	米・石原
○	対策	享保十二	一七二七	一月、当春町広まる。閏一月、類焼の町人、小頭町・原古賀町六・七丁目に移す。使者屋を両替町から片原町に移す。いずれも屋敷代地下さる	石原
○	対策	享保十二	一七二七	御家中侍屋敷での外釜を禁じる	法制
○	対策	享保十二	一七二七	去年より町中にいる百姓は引き除くように仰せ付けられる。引き越す者は御銀拝領する	石原
24	火事	享保十四	一七二九	八月、十間屋敷にいた夫婦者付火	石原
25	火事	享保十七	一七三二	七月、原古賀町雷火にて火事になる。当冬盗人多く火事諸方多し	石原
26	火事	享保十七	一七三二	十月、大石桑原両右衛門殿出火、山崎吉郎左衛門殿其外三、四軒類焼	石原
○	対策	享保十七	一七三二	十一月五日、飢饉という時節柄につき、火の用心のため、風が強い時は御家中は火事支度となり、御用もその服装で行うようにとお触れがあった。また、家中が郭内や町中へ出る場合は火事羽織を着用し、町中も火番を増し火の用心の触れを間断なく行うことになった	久徳
27	火事	享保十八	一七三三	三月十日、瀬下横丁馬方宇兵衛出火、浜中ノ丁、横町浜田屋家敷にて止まる。横町・裏町・上ノ丁は焼けず。此方八間半蔵共本家不残、瓦家故なり	石原
○	対策	享保十八	一七三三	火消役人の外侍中、軽き御扶持人まで、みだりに火事場所に罷り越すこと禁ず	藩法集

28	火事	享保十八	一七三三	三月二十三日夜半、西魚屋町より出火（今町の一部延焼か）	石原
29	火事	享保十九	一七三四	十間屋敷柘植伝八殿え付火、女は野屋敷のもので津福にて火あぶり	石原
30	火事	延享二	一七四五	九月二十八日夜、城内有馬衛士殿火事、一軒焼失	石原
31	火事	延享三	一七四六	八月朔日夜八つ時、原古賀町七丁目出火。二十六軒焼失	石原
32	火事	延享五	一七四八	一月九日、田町儀左衛門小屋火事、儀左衛門閉戸	御用扣帳
33	火事	延享五	一七四八	二月二十六日、原古賀町七丁目外町忠左衛門小屋焼ける	御用扣帳
34	火事	延享五	一七四八	三月十五日、原古賀町七丁目外町鍛治植前左衛門ボヤを出す	御用扣帳
○	対策	寛延二	一七四九	八月二十三日、出火の節家老以下の御手廻の面々の立場が定められる	米・藩法集
35	火事	宝暦三	一七五三	十月十九日夜、原古賀町御番所脇より出火。十四、五軒焼ける	石原
36	火事	宝暦五	一七五五	三月二十六日、小松原小林治兵衛宅より出火。士屋敷五十八軒、市屋敷百軒焼失（米）【小林火事】。三月二十六日、小松原小林次兵衛出火。京隈に火移り、三番目両側、二番目、一番目南の屋敷を焼き、城内の一部を焼く（石原）	米・紀事略・石原
○	対策	宝暦五	一七五五	四月、町別当町医師それ以下は向後、出火の節、踏込着用仕間敷候由仰せ付けらる。立付を用いる	石原
○	対策	宝暦七	一七五七	御郡方下代火事などの変儀の際は、御紋付騎馬提灯を用いる	公用
37	火事	宝暦八	一七五八	三月二日、広手みとり屋火事消す	石原
○	対策	宝暦八	一七五八	七月三日、町方での外竈について目付立会で取り除きを命じ、町奉行組足軽が見分する	町触集
○	対策	宝暦八	一七五八	七月十六日、町方の七夕前後の花火を慎むように申付ける	町触集
38	火事	宝暦九	一七五九	正月十九日、木屋忠右衛門火事。二階の炬燵で布団を焼く。二十日、近火見舞いあり	石原
39	火事	宝暦九	一七五九	正月、通町二丁目出火	藩法集
40	火事	宝暦九	一七五九	四月十一日、十間屋敷吉田伝兵衛宅出火、隣家小林藤次宅類焼	藩法集
41	火事	宝暦九	一七五九	七月晦日、京隈三番目入江平間火事、小倉十左衛門類焼	石原
42	火事	宝暦十	一七六〇	十二月、御郡方下代緒方幸蔵火罪、御役所に付火をする	米
43	火事	宝暦十二	一七六二	七月十九日、十間屋敷垣に付火	石原

44	火事	宝暦十三	一七六三	四月二十三日、十丁目外町宮地方四十四軒焼失（石原）。四月二十三日、通町十丁目出火。類焼数十軒（米）	石原・米
45	火事	宝暦十三	一七六三	七月四日夜四つ時、十間屋敷瓦林丹次火事。類焼なし	石原
46	火事	明和五	一七六八	三月七日、櫛原一番目豊田彦二郎台所火事	石原
47	火事	明和五	一七六八	三月二十一日、櫛原一番目松下八弥宅出火。磯野忠平、田中清兵衛一部焼ける（石）	紀事略・石原
48	火事	明和五	一七六八	五月、三本松町出火、取り消す。小頭町火事家踏み潰し取り消す。十一日、櫛原で火事取り消す	石原
49	火事	明和五	一七六八	五月五日、入江平馬宅出火焼失	藩法集
50	火事	明和五	一七六八	七月二十八日、日の出、櫛原四番目角より三軒目竹井宗右衛門自火焼失。類焼なし。寺町早鐘	石原
○	対策	明和七	一七七〇	閏八月九日、町方での花火の取扱い、商売を禁止する	町触集
51	火事	明和七	一七七〇	十月三十日朝、庄島小路弁才天丁御小人明屋の番にいる家三軒焼失。妙泉寺・法雲寺早鐘	石原
52	火事	安永二	一七七三	三月十日頃、京隈佐々木孫六方火事見付け取消す。	石原
53	火事	安永二	一七七三	三月十二日、通町八丁目床の下焼く、夜明け前火番が発見し、取り消す	石原
54	火事	安永二	一七七三	三月十三日、瀬下横町灰捨てより火事、発見し取消す	石原
55	火事	安永二	一七七三	六月二十日、大石白灰焼所白灰に火が入り火事、取消す	石原
56	火事	安永三	一七七四	十一月十五日夜、瀬下庄屋町火事。正蓮寺庫裏付近焼ける。新町水道際付近焼ける	石原
57	火事	安永三	一七七四	十一月、築島町魚屋町境の者、畳一枚焼くが取り消す	石原
58	火事	安永三	一七七四	十二月朔日、新町小屋でボヤ、付火と取り沙汰される	石原
59	火事	安永五	一七七六	八月十日、新町二丁目出火　十三軒焼失	米・藩法集
60	火事	安永八	一七七九	四月三日、庄島坊主小路長谷川喜七支配大塚勘次、御作事奉行支配屋根葺棟梁七平居宅出火、七軒焼失	藩法集
61	火事	天明四	一七八四	十月十三日、西之御丸水之手定番所焼失	米

62	火事	天明四	一七八四	十二月七日、瀬下浜御借蔵出火、上納大豆の内焼失	藩法集
63	火事	寛政七	一七九五	正月七日夜、講談所焼失。泥堂十右衛門表長屋より出火	米
64	火事	寛政七	一七九五	八月十一日、大塚平十郎宅出火	藩法集
65	火事	寛政七	一七九五	九月二十六日、通町五丁目豊後屋出火	藩法集
○	対策	寛政七	一七九五	十二月二日、町奉行所防火纏初る	米
66	火事	寛政十一	一七九九	十一月二十八日夜、築島町出火、類焼九十軒（米）。十一月二十七日の夜、築島町・今町焼失。風烈数百軒全焼ける（公用）	米・公用
67	火事	享和元	一八〇一	八月十四日、原古賀町五丁目出火、五十三軒延焼（米）。九月十三日夜、原古賀五丁目酢・醤油屋である香具屋から出火。五十三軒焼失。五丁目全焼、裏町一軒半焼、六丁目二軒類焼（公用）	米・公用
68	火事	享和二	一八〇二	八月二十五日、御郡方役所焼失。放火。この夜防火の者酢屋掛、渡屋掛の者争論（米）	米・公用
69	火事	享和二	一八〇二	九月二十日、瀬下町出火、類焼一五四軒裏町・横町・浜町焼ける（米）。九月二十日夜、瀬下新町より焼き出し横町残らず、上浜中ほど迄、下浜木屋浪人にて留まる。類焼一四〇軒、其外、蔵・裏屋・小屋迄多く焼ける。御制札場類焼。横町何某方え加勢に来た呉服町御手塗師源右衛門は蔵の中から品物を取り出す中、焼死（公用）	米・公用
70	火事	享和二	一八〇二	十二月、御郡方役所放火、走り番文作付火と判明、火罪となる	米・公用
71	火事	文化二	一八〇五	八月十三日、庄島足軽出火樋口龍八火元、士家十五軒、無格類一九三軒焼失、御救銀でる（米）。八月十三日昼、庄島小路足軽丁西北之角寄り三軒目盗賊改方下役樋口龍八方より出火。新屋敷・裏町残らず類焼、大工町残る。竹之間高橋八次銀五百目、高橋八次同居二五〇目、中小姓衆二五〇目、御徒士二百目、同並一五〇目、諸役々下代四十目、御目付足軽四十五匁、御側足軽・御先手足軽三十目ヅヽ、同居半減ヅヽ、借家半減ヅヽ、御普請役支配石垣師三十五匁、御側御先手両組頭四十目ヅヽ、右いつれも銀なり。二〇八軒焼ける（番屋小屋含めて）（公用）	米・公用
72	火事	文化六	一八〇九	八月二十三日、瀬下町出火、火元シロリ町庄右衛門、浜町通り町横町裏町大石村分、京隈村分合わせて一七九軒（米）。八月二十三日夜、瀬下シロリ町出火、火元与右衛門、この所三軒。京隈村地子居住の瀬下浜町帳面与右衛門、右同帳面後家、同所居住榎津帳面次作類焼。大石村分類焼二十二軒、在地分二十三軒。この際、在方帳面の者で城下町居住者が	米・公用

72	火事	文化六	一八〇九	出火した場合、町奉行より閉戸が申しわたされる（公用）	米・公用
○	対策	文化七	一八一〇	八月六日、出火の節、火消役人の他猥に罷越間敷旨仰せ出さる	米
73	火事	文化十一	一八一四	十二月二十一日、城内祇園寺出火、類焼一軒	米
74	火事	文化十四	一八一七	六月二十八日、呉服町出火、類焼四十一軒	米
75	火事	文化十四	一八一七	七月十五日、原古賀裏町辺より上げた火矢にて庄島新屋敷で煙立てる。取り消す。再度花火の取り扱いについて用心を命じる	藩法集
76	火事	文化年間		十二月、小頭町浦庄島村地子分と小頭町分の境に有馬十三郎家来帳の者居宅より出火、庄島村分に居た御奉公人居宅も類焼	大概
77	火事	文政元	一八一八	六月二十六日、原古賀町七丁目火事、三十軒焼失	米
78	火事	文政二	一八一九	九月十二日、原古賀町一丁目出火、類焼四十二軒、火元大坂屋	米
79	火事	文政十一	一八二八	八月九日、十間屋敷岡部五郎宅出火、十間屋敷七軒、新町三丁目・通三・四丁目類焼、櫛原小路一番目八軒、二番目八軒、三番目九軒、四番目六軒、五番目四軒焼失（紀事略）。八月九日、大風（子年の大風）で家が潰れ、庄島坊主丁桑山門蔵宅出火、家内四人焼死。十間屋敷岡部五郎長屋より出火、櫛原小路迄焼通り、士家四十二軒、町家六十軒類焼。類焼の面々には拝借金、風損大破の面々には御振替銀下さる（米）	紀事略・米
80	火事	文政十一	一八二八	八月十六日、有馬内蔵助居宅出火、女部屋二階より燃え上がる。全家焼失、門は残る	米
81	火事	文政十二	一八二九	二月六日。庄島石橋丁石井龍太郎宅より出火【庄島大火】。庄島西堅丁、法雲寺丁、正蓮寺小路、細工町、鍛治屋町、米屋町、呉服町、両替町、片原町、三本松町、新町、通町三丁目迄焼失、御城内少々、櫛原小路残らず、鉄砲小路少々、延焼四七七軒（米）、内士家一一〇軒、寺七か寺、町家三三五軒、蔵六十九戸、裏家三十七軒、無格御扶持人凡七十軒。町方類焼之者には御救白米下さる（米）。庄島足軽丁御側足軽樋口蔵八宅出火、古丁、御旗丁、葛堀昇丁、水道丁、中ノ丁、端ノ丁、袋丁、裏丁残らず焼失（藩法集）。御城内十一軒、櫛原小路六十二軒、町屋敷片原町、通一・二・三丁目、細工町、三本松町、鍛冶屋町、呉服町、米屋町、池町跡、新町一・二・三丁目、表家三三五軒、瓦蔵六十九戸、裏屋三十七軒、前年の火事で二度焼けは通三丁目、新町三丁目。都合一三一七軒焼失（紀事略）	米・紀事略・藩法集
○	対策	文政十二	一八二九	二月二十三日、去秋以来毎度火災に付、火の元念を入候様御触	米

○	対策	文政十二	一八二九	七月二十九日、町方火之見梯子喚鐘が町別当掛ごと、八か所できる。布屋掛通三丁目、酢屋掛通九丁目、惣紺屋掛三本松伊勢宮、井筒屋掛中八百屋釘貫、田鍋屋掛原古賀町四丁目、米屋掛小頭町伊勢宮前、戸板屋掛今町、渡屋掛正蓮寺際	米
○	対策	文政十二	一八二九	八月十一日、町方紺屋藍染に入用の品を焚く時、煙が市中から出て、出火のように見え騒動になったと聞いたので、今後は遠方に持って行き、焚くように紺屋中に申渡す	町触集
○	対策	文政十二	一八二九	八月二十七日、町方火消の掛の目印はこれまで昇を用いてきたが、これからは各掛は町別当屋号をつけた纏を使うことが許される	町方書抜
○	対策	天保二	一八三一	六月十日、目黒の火風両天宮御祈禱札、江戸より下され、御城・御殿御間ごとに張る。在所も張るように一三五〇枚、毎年下さる	米
82	火事	天保二	一八三一	六月十五日、雷雨田中権平宅雷火。一軒焼く	米
83	火事	天保三	一八三二	七月十三日、水天宮神殿の棟燃え上がる。早速取り消す。天火の由風聞、妖兆ともいう。	米
84	火事	天保七	一八三六	九月十九日、庄島薮ノ町出火、火元屋根葺甚平。類焼八十三軒、原古賀二丁目、三丁目、小頭町迄焼ける	米
85	火事	天保八	一八三七	十月三日、原古賀町八丁目出火、七・八・九丁目両側五十三軒焼失	米
○	対策	天保十	一八三九	二月十三日、出火の節、火消役人の外猥に場所え罷出間敷旨	米
86	火事	天保十	一八三九	三月二日、十間屋敷出火、江尻與三郎裏物置小屋より燃え出し、通八・九・十丁目外町まで焼ける。惣家数二〇一軒焼ける	米
○	対策	弘化元	一八四五	八月晦日の大倹令で火事羽織夏冬を兼ねて用いることを命ず。夏火事羽織を禁じる	米

【文献の略称】 米：米府年表、石原：石原家記、公用：公用見聞録、紀事略：米府紀事略、藩法集：久留米藩法集、類聚：御法令類聚、町触集：久留米藩町触集、法制：法政大略、大概：御郡方事務大概、聞見：聞見録、御用扣帳：延享五年辰御用扣帳、古代：古代日記書抜、久徳：久徳半山日記、県史：福岡県史資料

第七章　城下町の祭礼

久留米祇園会

久留米城の外郭（四の丸）に鎮座していた祇園寺は、貞観十七（八七五）年に真言宗の僧真応が山城国愛宕郡八坂郷の祇園神社牛頭天王《ごずてんのう》を勧請したものと伝えられている。久留米郷の氏神であり、本地仏として薬師如来を祀ったという（『寛文十年久留米藩寺院開基』）。有馬豊氏により、久留米城建設によって城内となった地域の町屋・農家・寺院・神社は城外に強制移転させられたが、この寺院は唯一城内に残された。平安時代以降から担ってきた久留米城域（久留米）の鎮護の役割を期待され、城内に残されたものであろう。祇園寺は祇園社ともいわれることから、その名称を使うことにする。

祇園会は貞観年中に京で疫病が流行した時、当時の日本の国の数である六十六本の鉾を神泉苑に立てて祇園の神を祀り、さらに祇園社の神輿を神泉苑に送って災厄の除去を祈ったことに由来するものである。平安時代中頃から規模が大きくなり、田楽・猿楽なども加わって賑わうようになった。室町時代になると、町々から特色ある山鉾が出たことがわかっている。これが京の祇園会として現在まで引き継がれ、平成二十八（二〇一六）年には世界無形文化遺産に登録された。

このような祭礼の形が久留米の祇園会に現れるのは、江戸時代の正保四（一六四七）年からである。それ以前の久留米祇園社の祭礼として、天文三（一五三四）年に疫病が流行したので、千灯を掲げて多くの人が参詣したところ疫病が収まったという。この時、菊池氏は神領五十町を与えている。天正元（一五七三）年には法印快空が中興となって「旦夕の勤行、天下泰平・牧君安寧を祈り奉り、祭祀・規式中興」とある。また、毎年六月十四・十五日に法楽・読経・神楽を行ったとあるので、祇園会の祭事があったようだ（同前）。

神社の伽藍《がらん》については、天正五年には内田甚兵衛（経歴などは不明）が宝殿・拝殿を建立したが、毛利秀包代の文禄年中（一五九二－九六）には大破し、宝殿が残るのみであったという。田中吉政・忠政代には祇園社付近に寺院や町屋があったといい、祇園会の際、魚屋町は傘、呉服町は茶接待、紺屋町は獅子を出すことになっている（『筑後国社寺記録』）。

有馬代になると、元和九（一六二三）年には有馬豊氏の家老であった稲次壱岐が宝殿・拝殿を造り替え、寛永十六（一六三九）年にはそれらを有馬豊氏が修補、慶安四（一六五一）年には護摩堂が建立され、境内の建物が整備されている（『寛文十年久留米藩寺院開基』）。藩主有馬家の崇敬が厚かったのである。

この神社の祭礼が本格的になるのは、先に触れたように正保四年からである。少し長いが、その事情を知ることができる史料を引用しよう（同前）。


正保四年丁亥春、久留米町中氏子先例の祭祀を追い、而して神幸を促し奉らん由言上、これ因り、前中務少輔忠頼公、御井郡東久留米において地方三十間寄進、即ち氏人二間三間御輿屋、二間三間拝殿を修造、御旅所と号す。六月七日神輿を促し、町奉行警固、その節長柄鎗二十本、足軽十五人、領主これを属く。町中氏子通物を作り前を導く。又同領主鉄砲将に命じて警衛。七ケ日会中朝暮読経、社僧これを勤む。日中神楽社人奏し祈願す。
天太海内静謐同月十一日は一宗衆僧恒例集会、邦主御武運長久・封域安全・恒受快楽・寿算亀鶴を御祈祷。
同十四日還御、規式同前

久留米町中氏子によって先例の通り神幸を再興したいと藩に願い出て、その再興のために二代藩主忠頼が東久留米村に御旅所としての土地を寄進し、その地に久留米町氏子が御輿屋と拝殿を建立することで、神幸を行う環境が整えられた。ちなみに、御旅所の場所は東久留米山王宮（現日吉町日吉神社）と一向宗順光寺の間の地である。六月七日、城内の祇園社から御旅所への御神幸が行われ、御神輿には町奉行が警護を行い長柄槍二十本、足軽十五人が付けられ、それを先導する、氏子たちが作った通り物にも鉄砲足軽が警衛に付けられた。藩からは町奉行をはじめ足軽などがこの神幸に荘厳さを加え、警備を行ったのである。

この祭礼は、久留米町氏子にとって、久留米町人の社会的・経済的な成長を誇示するものであるとともに、藩にとっても、それを支えることで藩としての威信を表現できるわけである。あわせて、真言宗の僧侶たちにとっても、この祭礼は邦主である有馬家の「御武運長久・封域安全・恒受快楽・寿算亀鶴」を祈る場となり、藩政に宗教的に貢献するものであった。久留米町氏子、有馬家、真言宗僧侶ら三者の求めるものが一致し、祇園会が始められたのである。

『石原家記』では、七日の神幸は長町筋、十四日の還幸は新町筋を通る。笠鉾は町中八掛より出るとしている。祇園会の大枠はこの時に決められ、次に示すように元禄七（一六九四）年、正徳四（一七一四）年、寛保元（一七四一）年の三度の再興を経て幕末まで維持されていくのである。

［祇園会略年表］

正保四（一六四七）年　祇園会始まる。　（『寛文十年久留米藩寺院開基』）
天和二（一六八二）年　藩主祇園会上覧、恒例となる。　（『古代日記書抜』）
元禄七（一六九四）年　祇園会再興　翌八年祇園山始まる。　（『米府年表』）
宝永三（一七〇六）年　祇園会踊山始まる。　（『石原家記』）
正徳四（一七一四）年　祇園祭礼式改まる。祇園会笠鉾始まる。　（『米府年表』）
寛保元（一七四一）年　祇園山始まる。　（同前）
延享二（一七四五）年　祇園山三度目なり、当年切止となる。　（『石原家記』）
明和七（一七七〇）年　祇園会神事能興行始まる。　（『米府年表』）
天保二（一八三一）年　祇園会俄通し物始まる。　（同前）

万治二（一六五九）年四月には町人が、例年のように通り物以下の儀式ができないので、今年は町氏子は袴・肩衣で神輿のあとに供奉《ぐぶ》するだけにしたいという願いを町奉行に出しているが、この祇園会は町氏子から願い出たものであり、その節に決められたことを変更できない（『古代日記書抜』）としており、久留米町氏子の事情での変更は許されなかった。

天和二年六月七日には例年のように町中から通り物が出て、四代藩主頼元が片原町の御使者屋において祇園会を見物し、町奉行二名に帷子二つずつ、八人の町別当には鳥目二貫文と御樽・肴が下されている（『石原家記』）。藩主上覧の古い記録である。この時期の祇園会の様子は西以三著『筑後地鑑』（天和三年）で次のように紹介されている。

城中に祇園社有り【御井郡に属す】真言の僧これを守る。夏六月初七より中四に及び御霊会祭礼を行う。

神輿を振り、山を引く。数本あり。異類異形の通し物、童男耆老の乱曲、終日目を驚かすものなり。州内隣国の観る者堵《かき》の如し。殆ど京師の祇園会に倣う

「神輿を振り、山を引く。数本あり。異類異形の通し物、童男耆老の乱曲、終日目を驚かすものなり」ということに注目したい。山が数台出されていること、人間ではなく禽獣や変化《へんげ》の類である「異類異形」のものが作られており、それを「通し物」と言っていたことがわかる。それらが行列を飾り、神幸の道すがら音曲が演奏され、子供、老人までも曲に合わせて踊り、目を驚かせるとしている。

通り物とは祭礼の際の練り物のことである（野崎教景『はまおき』）。見物や参詣に来た人々は、その通り物がある歴史事実や物語の一場面を表していることを理解できたのであろう。この通り物は、同じ祇園会である現在の博多山笠の飾り山を小規模にしたものと考えればいいのかもしれない。

元禄七年には、今年祇園会再興とあり、一つの画期となっている。ここでも藩主頼元が御使者屋で祇園会を上覧とある（『米府年表』）。具体的な再興の内容は不明であるが、翌八年には「祇園山初る。去年まで能狂言有り、肥後屋・二文字屋・八百屋小右衛門はりまや掛り」（『石原家記』）とあるように、前年まで能狂言が行われたことがわかる。彼らは久留米町人で、能狂言の謡や太鼓・鼓などの技を会得した人々であろう。のちに触れるが、彼らは町役者と呼ばれる者たちで、久留米の祇園会に大きな影響を与えていたようだ。この年の祇園会は八掛のうち五掛の「山」が登場したことにより、「祇園山初る」と記録されている。

『石原家記』に記された通し物をまとめると表一のようになる。井筒屋掛の「牡丹山」とは能の名曲で、祝言の色合いを持つ「石橋《しやつきよう》」を題材にしていると考えられる。中国・インドの仏跡をめぐる寂昭《じやくしよう》法師は中国の清涼山に着く。そこで一人の樵《きこり》の少年が現れ、石橋の向こうは文殊菩薩の浄土であることを教え、ここで待てば奇瑞があるだろうと告げて姿を消した。寂昭法師が待っていると橋の向こうから文殊の使いである獅子が出

■表1　祇園会の通物一覧

別当掛名	管轄町①	管轄町②	元禄八年（一六九五）	元禄十五年（一七〇二）	宝永三年（一七〇六）	寛保元年（一七四一）	寛保三年（一七四三）	宝暦十一年（一七六一）	安永三年（一七七四）	天保七年（一八三六）
布屋	長町一–三丁目、細工町	長町一–三丁目、細工町	石築山	踊子召し寄せられ上覧		大踊、松坂ふし、踊子緋縮緬羽織、晒帷子、其外綱引踊		万歳	大仏供養景臣と女人形	布袋
井筒屋	両替町一丁目、呉服町、米屋町	両替町、片原町、呉服町、米屋町	牡丹山			山の上唐子踊		源太	俊寛・女	富士山
酢屋	長町四–十丁目	長町四–十丁目、外町	糸繰山			糸繰山、小歌はやし	糸繰山、はやし	糸繰人形		猩々
田鍋屋	原古賀町一–五丁目	原古賀町一–五丁目	踊山			橋弁慶、子共狂言、綱引さざれ石踊	西明寺、下はやし	最明寺人形	男樽かかけ女、紅葉狩の作替のうち	蓬莱山
研屋（惣紺屋）	三本松町、鍛冶屋町、紺屋町一・二丁目	三本松町、鍛冶屋町、紺屋町一・二丁目、小頭町一・二丁目	山伏通物	踊子召し寄られ上覧		万歳山、獅子釣踊		石橋		道成寺
渡屋（山崎屋）	瀬下浜町、横町、裏町、通町	瀬下浜町、横町、裏町、通町	船山		舟引トンハラおどり	御座船、船の内、子共狂言		雪姫大膳	奇之助・奴人形・女人形人形三也、笠にて松をうつす所	牡丹
播磨屋（戸板屋）	両替町二丁目、亀屋町、魚屋町、築島町、今町・田町	魚屋町、今町、田町、築島町、原古賀町六・七丁目	大名通物			山の上反魂香、子共狂言、綱引馬方踊、綱引踊、浴衣立水模様		半蔀	男人形羽織野袴・女人形	蝶遊
上野屋（米屋）	新町一–三丁目、池町一・二丁目	新町一–三丁目、池町一・二丁目、小頭町三・四丁目	母衣かけ武者			芦刈山の上、子共狂言、綱引馬方踊	みこ神楽下はやし	信長	いもせ山女庭訓の内、京弓持・若衆	御所車
備考	享保十一年以前	享保十一年以後	祇園山始まる			祇園通物再興				俄通物始まる
文献			石原家記	石原家記	石原家記	石原家記	石原家記	石原家記	石原家記	郷土研究

『久留米祇園祭礼図』（久留米市教育委員会蔵）

①酢屋掛「糸繰山」

②田鍋屋掛「養老」

③研屋掛「万歳山」

④米屋掛「踊山」

⑤渡屋掛「船山」

⑥井筒屋掛「踊山」

⑦戸板屋掛「蓬莱山」

⑧布屋掛の踊り手と鳴り物

て、香高く咲き誇る牡丹の花に戯れ、獅子舞を終えて元の獅子の座、文殊菩薩の乗物に戻る話である。この印象的な場面を表現したものが牡丹山であろう。

酢屋掛の「糸繰山《いとくりやま》」とは能「当麻《たいま》」の中将姫伝説を表現したものであろう。寛保元年から宝暦十（一七六〇）年の間の祭礼を描くとされる『久留米祇園祭礼図』（久留米市指定文化財）には、山の上で中将姫が糸繰をする場面が描かれている（三〇二頁①）。

渡屋掛の「船山」は大型の川船に車輪を付け、船尾に笠鉾を立て、揃いの衣装の水主たちがそれを引く姿が、先の『久留米祇園祭礼図』に描かれている（三〇四頁⑤）。これは瀬下町が久留米城下町の唯一の川港であり、それによって繁栄していることを川船の姿で現わしているのである。

布屋掛の「石築山」も能・狂言に因むものと推測されるが不明である。

田鍋屋掛は「踊山」である。掛は異なるが、米屋掛の「踊山」が先の『久留米祇園祭礼図』に描かれている（三〇三頁④）。踊山は、山の上で踊りが催されることをいうのだろう。元禄十五年の九月頃には、夏の祇園祭礼に出た布屋掛・研屋掛の踊子たちが御用屋敷に召され、藩主が上覧している。これは踊山が増えてきたことを示すものである。

研（砥）屋掛の「山伏通物」、播磨屋掛の「大名通物」、上野屋掛の「母衣かけ武者」は通り物である。

正徳四年二月に六代藩主則維による正徳の改革の一環として、祇園会についても改革がなされている（『御書出之類』一上）。祇園会は古来より久しく続いてきたが、段々練物が美麗を競うようになり、祭礼に事よせ、町中が過分の饗宴やおごり・華美となって出費が多くなり、近年断絶している、しかし祭礼は国家の大事であるので今年六月から再興する、という前文がある。その後に五条にわたり書出がある。

第一・二条は行列のことである。第一条は、先太鼓・潮井・榊・神輿舁合わせて十五人は烏帽子白張を着ること。第二条は、八掛から笠鉾を一本ずつ出すこと、町人たちは笠鉾の後ろに二列に並び行き、町別当はその係りの総押さえを行うこと。第三・四条は祇園会の執行に必要な道具類の管理と費用負担の話である。第三条は、祭礼に必要な諸道具、笠鉾まで町別当が年番で預かっておくこと、ただし年々の繕い、損替（笠鉾などの修理や交換）には八掛別当が寄り合い吟味し、詮議を経て町奉行へ相達して指図を受けること。第四条は、祭礼に必要な諸品の購入費などは八掛一統の小間数にかけて出銀させること、掛を分けて出銀させると小間数の多少によって出銀の甲乙があって争うことになるので、右の小間数割賦も町奉行に提出して指図を受けること。第五条は、祭礼の際の各掛の笠鉾などの順番を報告すべきだという内容である。

あらためて、この祭礼を久留米町の負担で行うことを明確にし、藩による町奉行を通した祇園会全体の管理が目指されているのである。費用負担については寛延二（一七四九）年に「久留米町中彼小間高四千八百八十間二歩五厘、祇園笠ほこ獅子ぬき銭小間二文一分半ツ、」（『石原家記』）とあり、正徳のお触れの通り、費用の徴収が行われていることが知られる。

この改革以降も祇園会は行われるが、寛保元年にもまた、「祇園山初る」（『米府年表』）とある。「祇園会通物御再興古例に準じ一掛一台一町一芸、卯の刻（六時頃）より初て申の刻（四時頃）に通し畢《おわ》れと也」（『盛徳院殿伝聞密語』）ともあり、以前のように一掛一台の通り物が復興されたことが「山初る」という記事の内容であろう。

表一のように、能を題材とした山（糸繰山、橋弁慶《はしべんけい》、万歳、反魂香《はんごんこう》、芦刈《あしかり》）が出されているが、従来見られなかった特色もある。それは、四掛（唐子踊を含めれば五掛）に見られる子供狂言である。これは各掛の山の上で行われた子供芝居のことであろうから、子供の参加があったことになる。さらに、山を引く者が踊る綱引踊が四掛（布屋、田鍋屋、播磨屋、上野屋）ある。布屋掛は山の上を舞台とする大踊と推測するが、この松坂節の踊子は緋縮緬《ひぢりめん》羽織晒の揃いの帷子《かたびら》であり、踊りによる祭礼への参加といってよい。この松坂節は伊勢国古市で享保頃から歌われ出した俗謡で、伊勢参宮の盛行とともに広まり、集団舞踊を伴うものであったらしい。

また、この延長にあるのが、各掛の綱引踊、綱引馬方踊、綱引さざれ石踊であろう。この年の祭礼ではもちろん山も引かれているが、踊りの側面が強いのである。

神幸の途中で各掛が見合わせて通り物の芸を披露することは許されており、見物人は「所望《しょもう》、所望」と各掛に呼びかけ、芸の披露を求めたようだが、この年は禁止されていたようだ（寛保元年六月『記録』新有馬文庫）。また、これだけの舞踊を行うためには謡、三味線・太鼓・鼓など音曲を担当する町人たちも多く参加していただろう。先に能狂言の町役者の存在を指摘したが、専門的に音曲の技能を伝授する町人の存在（師匠）が想定されるのである。この祇園会の再興は延享二年に「祇園会三度目也、二度目の通、当年切止」（『石原家記』）とあることから、その後は再興以前の形に戻ったようだが、どのようなものであったのか不明である。

宝暦十一年の祇園会の内容（表一参照）は、先の踊りを主体とする形から、以前のように能を取り上げるようになっているが、新たな側面が浮かび上る。布屋掛の「万歳」、酢屋の「糸繰人形」、研屋の「石橋」、戸板屋の「半蔀《はじとみ》」などは能の場面の再現であるが、田鍋屋の「最明寺人形《さいみょうじ》」は、元禄十六年初演の義太夫節「最明寺殿百人上臈」にちなみ北条時頼の「鉢の木」の場面を作り上げたものと思う。この掛では寛保三年にも「西明寺、下はやし」（『石原家記』）とあり、同じ通り物が利用されたようだ。

渡屋掛の「雪姫大膳」、米屋掛の「信長」は、宝暦七年に大坂豊竹座で初演された、織田信長の事績『信長記《しんちょうき》』に取材した浄瑠璃義太夫節である「祇園祭礼信仰記」からとられたものであろう。作中の登場人物の小田春永は信長、此下東吉は木下藤吉郎であるが、春永が祇園牛頭天王の祭礼を再興することから名題の由来となっている。有名なのは四段目「金閣寺」である。金閣寺を舞台に謀反人松永大膳、絵師狩野雪村の娘雪姫、此下東吉の三人がそれぞれに見せ場を持つ演目である。評判を呼び翌年には歌舞伎として上演されている（『日本大百科全書』）。そして四年後には久留米祇園会の通り物に導入されているのである。久留米町人たちの浄瑠璃・歌舞伎への情報獲得の早さが示されている。

井筒屋掛の「源太」は人形浄瑠璃「ひらかな盛衰記」に登場する梶原源太景季《かげすえ》のことであろう。「ひらかな」は仮名書きの意味で、『源平盛衰記』を平俗にしたということである。元文四（一七三九）年に文耕堂・三好松洛《しょうらく》らの合作で、大坂竹本座で初演され、すぐに歌舞伎となっている。梶原源太と腰元千鳥（後の遊女梅ケ枝）との恋愛と、木曽義仲の忠臣樋口次郎兼光の忠節を描くものである。「源太勘当」「逆艪《さかろ》」「神崎揚屋」などの源太の名場面が通り物として作られたのであろう。

宝暦十一年の祇園会は従来の能狂言の採用だけでなく、大坂方面で起きていた、三味線と操り人形とが結びついた民衆劇の浄瑠璃、それを取り入れた歌舞伎の演目を導入するという新たな特色を祇園会の歴史に付け加えている。二十年前の寛保元年の祇園会では「踊り」という新たな側面を指摘したが、町人たちが身に付けていく芸能及びその情報によって、祇園会の通り物の演目は変遷していることがうかがえるのである。このようにして祭礼の性質が本来の祇園会の神事から、芸能もしくは通り物の競い合いへと変質していったのであろう。

安永三（一七七四）年の祭礼の通り物については六掛の内容（表一参照）が知られる。布屋掛の「大仏供養景臣と女人形」は能「大仏供養」から悪七兵衛景清《かげきよ》の活躍を描くもの、井筒屋掛の「俊寛」は、鹿ケ谷での平家討伐の謀議に参加し、捕らえられ鬼界が島に流された俊寛の悲劇的な島流しが後に能や歌舞伎に取り入れられたものである。田鍋屋掛、渡屋掛、戸板屋掛はいずれも人形によって能や歌舞伎などの場面を再現したものと推測するが、その詳細な演目は不明である。上野屋掛の「いもせ山女庭訓《おんなていきん》の内、京弓持・若衆」とは、明和八年に大坂竹本座で初演された近松半二・三好松洛の共作である浄瑠璃で、藤原鎌足が蘇我入鹿を討った事件に大和地方の伝説を取り入れて脚本化したものである。初演から三年あまりで、その名場面が祇園会で再現されたのである。通り物から見れば、宝暦十一年の通り物で指摘した傾向が引き継がれているのであろう。

安永三年以降、しばらく祇園会の通り物の内容がわかる史料はないが、大水や雨天、御凶事などで延期されたりはするものの、ほぼ毎年祇園会が行われたことは確認できる（『記録』新有馬文庫他）。享和二（一八〇二）年には、度々の洪水で町方も準備ができず、笠鉾も揃えられないため延期され、六月十三日に神幸が行われている例がある。また、文化五（一八〇八）年には、御凶事のため鳴物停止中で祇園祝祭止められるとあるので、中止の可能性もある。藩主や若殿の上覧は、安永四・六年、寛政四（一七九二）・七年、享和元年、文化九・十・十一・十二・十四年、文政二（一八一九）・十・十一・十二年を確認できている（『米府年表』・『記録』など）。藩主上覧の祭礼として定着していたのである。

天保二（一八三一）年に藩主が使者屋で上覧しているが、「祇園会俄か通し物初る」とあり、藩主頼徳の少将昇進を祝って、町方から一掛につき一台の通し物を差し出すことになっている（『米府年表』）。これも画期の一つといえる。翌三年には祇園神幸について御達が出されている。神幸は今後、藩主在国の場合は御笠鉾をやめて俄通し物を出すこと。ただし、笠鉾は一本だけを、八掛の催合《もやい》にて順番で出すこと。藩主御留守の場合はこれまでの通り笠鉾だけを出すこと。俄通し物・笠鉾は手軽にし、費用を増やさないこと。今年は御留守年であるが、五穀神社祭礼の飾り物も町方から差し出しているので、御在国年と同じように計らうこと、という四条が出されている。この史料から、毎年笠鉾が出されていたことがわかるが、あわせて、久留米町の三大祭礼の一つである五穀神社の祭礼「御繁昌《ごはんじょう》」に町方が飾り物を出すことも考慮され、全体として祇園会の縮小が図られているようだ。

天保七年は藩主頼徳が参勤のため留守であった。先のお触れでは笠鉾のみを出すことになっているが、出し物である「布袋」「猩々《しょうじょう》」「富士山」「蓬莱山」などお祝義の側面が強いものが出されており（『郷土研究筑後』第三巻第七号所収「久留米祇園会」）、俄通し物ではないかと思わせる。新鮮なものはなく、前代のものを引き継いだ印象である。

天保七年以降も祇園会は挙行されるが、毎年六月の『記録』には「祇園会は例年の通り」と記されるだけで特別な記事はなく、明治維新を迎えている。

毎年の祇園会の各町別当掛による準備の様子はあまりわからない。渡屋掛では寛保元年には「四月より祇園山ならし大津屋蔵にて綱引踊あり」（『石原家記』）とあり、保管してあった山（御座船）のならし（動かすこと）などを行い、同時期に町内の大津屋の蔵で綱引踊りの練習を始めたようだ。この年の渡屋掛の出し物は「御座船の内子供、綱引踊浴衣立水模様」とある。この衣装の費用は久留米町中での祇園会貫銭で賄われたか、渡屋掛の負担であったか不明である。

宝暦十一年には六月五日、「かさほこかさり始め」とあり、祭礼の二日前に「かさほこ雪姫大膳」の山を飾り始めている。また、この年から子供狂言は出さないことになった（同前）。安永二（一七七三）年には「笠鉾忠右衛門方にかさる。去年の人形その儘、花ばかり当年新たに致し候由」とあり、前年の山をそのまま使い、飾り付けの花だけを変えたとあることを見れば、毎年造り替えることはなかったようだ。八掛の協議で、大幅に造り替えられる時が「山初る」という記事になるのであろう。

七日当日は、各掛の山が大手門前に集まり、大手門から順次城内にある祇園社神門前に並び立ち、そこで神事が行われた後、大手門から城外に出て、両替町、片原町、通町筋を通って十間屋敷の御旅所まで神幸する。この時の各掛の山の順番は毎年変わったようだ。宝永三年には両替町御門（大手門）前が各掛の山で混み合い、瀬下船鉾の山に田鍋屋掛の山が競り掛かり、押し合いとなって怪我人が出ている。これ以降、祭礼では木の脇差を使うことになった（同前）。十四日は新町筋を還幸した。

御旅所では七日から十三日まで夜渡《よど》が行われ、うちわ・香具の類などの夜店が出て参詣者で賑わった。久留米城下では、うちわは祇園会で買い求めるものであったようだ。同地では神賑のために貞享元（一六八五）年には能が興行され、正徳三年にも興行が行われていることが知られる。また、江戸中期以降、見世物、歌舞伎（芝居）が行われ、安永十年には浄瑠璃、文政十三年には平家座頭による三味線興行など御旅所では様々な芸能が行われ、人々を喜ばせたのである。十四日には城内祇園社で夜渡が行われ、日頃は城内に入ることは容易でないが、この日は許されていた。明和七年には城内祇園社の神楽堂での能舞台が開始されているが、芝居・浄瑠璃などを作り出す基盤であった能狂言は久留米町人に深く定着していたようだ。これが祇園会の通り物に能の名曲が多く採用された背景であろう。

久留米町に「町役者」と呼ばれる能狂言の技能を持つ人々がいた。元禄三年には「美麗仁右衛門共一家の者並びに町役者に銀子下さる（後略）」（『石原家記』）とあり、町役者という存在が確認できる。美麗家（後の梅津家）は年頭の御松囃子御能の太夫役を担う家である（『久留米藩旧家由緒書』）。

延享五年正月三日に御松囃子を務めた際には、梅津家と町役者は町奉行に引き連れられて登城し、本丸御殿で梅津家のもとで「弓八幡」「東北」「祝言 猩々」の三曲を上演している（表二参照）。町役者二十五名がそれぞれの技能によって松囃子に奉仕しているのである。その構成は梅津家の幸之進・佐市の二人、笛は桶屋平左衛門ほか二名、小鼓は榎津屋伊左衛門ほか二名、大鼓は橋本屋佐次平ほか二名、脇師は紺屋新兵衛・瀬下町伊七、それに狂言師野村忠次、地謡は畳師頭九右衛門ほか十名である。後見として町別当である砥屋文左衛門が随行している（『延享五年辰御用扣帳』）。彼らは久留米城下の町人もしくは住民である。

「弓八幡」では梅津幸之進がシテ、紺屋新兵衛・瀬下伊七がワキを務め、太鼓は橋本屋佐次平、小鼓は榎津屋伊左衛門、太鼓は惣紺屋吉右衛門、笛は桶屋平左衛門という構成であった。久留米町内の能の名手・上手とされた人々が動員されたのであろう。

文政元年、狂言師である畳屋文平は三人扶持で町奉行支配となっている。当時、藩からは酒見風浪宮《ふうろうぐう》の神事能に町役者を差し出すことになっており、町奉行が御使者屋でその技量を見て派遣し、役料として銀三両を拝領することになっていた（『町奉行中勤方覚』）。この町役者の選出などに畳屋文平が関わったのだろう。町奉行は城下町の町役者の支配を畳屋文平を通じて行い、彼らは藩の様々な御祝儀に興行される能に奉仕したのである。

町役者は町人・住民にその技能を伝授することで、能狂言への理解を生み出すことになった。祇園会での能狂言を取り入れた通り物（山）の存在は、町役者の存在を抜きには語れないのである。さらに、町役者ほど存在が浮かび上がってこないが、三味線などの音曲の師匠や舞踊の師匠たちの存在もそれを支えていたのであろう。『久留米祇園祭礼図』に、布屋掛の踊り手のために笛・三味線・太鼓などで囃子を演奏している演者とと

■表2　延享5年正月の御松囃子を務めた町役者一覧

	シテ	脇師	囃方	
弓八幡	幸之進	新兵衛（脇師）	佐次平（大鞁）	吉右衛門（太鼓）
		伊七（脇師）	伊左衛門（小鞁）	平左衛門（笛）
東北	佐市	武平次（大鞁）	孫次（笛）	
		伴平（小鞁）		
祝言猩々	幸之進	文治（大鞁）	政太郎（太鼓）	
		久兵衛（小鞁）	孫兵衛（笛）	
笛		桶屋 平左衛門		
		八百屋 孫次		
		油屋 孫兵衛		
小鼓		榎津屋 伊左衛門		
		布屋 伴平		
		鍛冶屋 久兵衛		
大鼓		橋本屋 佐次平		
		油屋 武平次		
		笹屋 文治		
太鼓		惣紺屋 吉右衛門		
		油屋 政太郎		
後見		砥屋 文左衛門		
脇師		紺屋 新兵衛		
		瀬下町 伊七		
狂言師		野村 忠次		
地謡		畳師頭 九右衛門		
		御手畳師 武兵衛		
		秤屋 平左衛門		
		指物屋 次右衛門		
		勝目 市郎兵衛		
		升屋 喜平次		
		油屋 武右衛門		
		紙屋 久次郎		
		笠屋 甚八		
		御手塗師 平兵衛		
		笠屋 治助		

資料：『延享五年辰御用扣帳』の正月3日と同月15日の記事より作成

もに地謡の人々が描かれている（三〇五頁⑧）。彼らのすべてが町役者であるとはいえないが、祇園会に町役者の果たした役割を示しているのであろう。

御繁昌

寛延二（一七四九）年、七代藩主頼徸《よりゆき》は城下通外町に「御領中五穀豊穣、国家安全、上下の祈願所」（『藩法集』一〇九五）としてインドの農耕神である婆珊婆演底主夜神《ばさんばえんていしゅやしん》を祀る五穀神社を創建した。江戸の神田山幡随《ばんずい》意《い》院新知恩寺の礼誉上人の勧めによるもので、神宮寺として府中（御井町）の廃寺円通寺を境内に復興している。山号は神田山成就院円通寺という。頼徸の命を受けて寺社の創建に当たったのは、旧円通寺住職快弁の四世の法嗣快厳である。快厳は城内にある真言宗寺院祇園寺の住職であった。

五穀神社の神殿は大庄屋中、拝殿は惣御郡中からの寄進である（『米府年表』）。五穀豊穣を祈る神社であることから、藩が領内農民に建設を命じたのである。この創建の経過から、惣御郡中はこの神社の運営に深く関わることになる。また、藩も円通寺に御供料二十石を寄進するなど、開基としての役割を果たしている。

五穀神社及び御繁昌についてのまとまった文献は、『久留米市誌』中編（一九三二年）の「五穀神社御繁昌」の記載と、浅野陽吉「五穀神社記」上・下（『郷土研究筑後』第二巻第一・二号、一九三四年。以下「神社記」と略称）である。両者には重複したところもあるが、多くの史料が引用されており、現在も基本文献としての位置を保っている。それを参考にしながら五穀神社の創建時期の検討から始めたい。

『閑暇帚木《かんかそうぼく》』（「神社記」所収）には、「寛延二年六月十七日、円通寺主夜神堂今日棟上、建設の入用銀は在方組より差し上げ、大庄屋中より祝儀銀三枚、米一俵、酒四斗を寺に納めた」とある。しかし、『石原家記』には寛延三年六月十七日棟上げ、同二十一日夜御遷宮とあり、一年の差がある。浅野はまず本社建築以前に主夜神を納める仮神堂ができ、その後に本殿建築に取り掛かり、寛延三年の本殿竣工の上、遷座したとしている。両史料が六月十七日と同じ日付を持つことなど疑問があるが、現状では浅野の見解に従う。

創建から五年後の宝暦四（一七五四）年二月二十一日から二十四日まで円通寺の本尊である阿弥陀如来の開帳が行われ、同時に境内の芝居・見世物の見物が御家中並びに妻子にも許されている（『米府年表』・『石原家記』）。通常、開帳は伽藍の整備などの資金確保のために行われるが、翌五年に五穀神社本地堂が建立（『石原家記』）されており、このための開帳だったのだろう。

ところが、宝暦九年十一月には、先年円通寺は領内の五穀豊穣・国家安全などの祈願所として建てられたが、祇園寺の兼帯では運営が疎かになっている様子で、このままでは破却になる可能性もあるので、祇園寺隠居快厳を円通寺の住職とする、という決定がなされている（『藩法集』一〇九五）。藩としてのテコ入れがなければ、五穀神社の運営が頓挫する可能性があったことを示している。藩主の期待通りに参詣が増えなかったようである。さらに、時期は確定できないが、円通寺の近くにあった地蔵への参詣で賑わっていたため、藩主はその地蔵を寺町遍照院に移し、さらに町中から五穀神社への種々の寄進を命じ、ここから作り物の奉納が始まったと伝える（「神社記」）。

これに関して、明和元（一七六四）年二月の記事として「五穀神社祭礼歌舞雑沓、藩士をして縦覧せしむ、俗これを称して御繁昌と称す。是より以後頻々挙行す」（『久留米小史』四）とある。この史料から祭礼が御繁昌と呼ばれていたことがわかり、久留米町中から五穀神社への様々な作り物の奉納をはじめとする積極的な関わりは明和元年から始まったといえそうである。

祭礼の開催月がわかる例を見ると、明和二年から安永四（一七七五）年までは二月、九月と交互に開催されているが、安永四年から文政二（一八一九）年までは九月開催、文政三年以降は二月開催を基本としているようだ。期間は安永二年が九月十四日から十一月十六日までの約二か月となっているが、十五日間程が通常の期間であったようだ（『米府年表』など）。

明和二年、同六年には「九月五穀神社祭礼、芝居飾物等御家中見物御免」もしくは「見物勝手次第」（『米府年表』）とある。安永元年の二月の祭礼にも同様な記事があり、祭礼に芝居興行や飾り物があったことが確認できる。飾り物とは作り物のことと理解している。史料には「造り物」「作り物」として出るが、史料の引用以外では作り物で進めることにする。

安永二年九月の祭礼については各町の作り物（飾り物）の内容がわかる（『石原家記』、表三参照）。通外町からつながる道の両側に飾り物が展示された。南側に三本松町、通一丁目、二丁目、三丁目、細工町、築島町、新町一丁目、二丁目、三丁目、今町・魚屋町・田町共同の一台、計十台の作り物が、北側には通四丁目、五丁目、六丁目、八丁目・九丁目、通外町二丁、両替町、片原町・米屋町、呉服町、原古賀町、紺屋町などから計十台、それから神前に行く道の入口に瀬下町、通七丁目の二台、神前の北側に鍛冶屋町一台、坂上がり口に小頭町の一台、鳥居の北側には、作り物ではないが通十丁目による接待、御繁昌節読みが設けられた。神前南側には別当五人の寄進である氷蒟蒻で張った神馬、反対側には瀬下・原古賀・戸板屋の三人の別当による立花寄進とあることから、久留米城下町全体での参加となっている。これらの作り物は大きく二つに分けられそうだ。一つはからくりを持つもの、もう一つは様々な生活道具などを使い情景を作り上げたものである（表三参照）。

からくりを持つものとしては、三本松町の作り物がある。この作り物の紹介文は意味を摑めないところもあるが、次のように記される。なお、表三は読みやすいようにひらがなを漢字にし、また読み下している。

汐干苞蛤大さ一間程三つ苞入、外に二つ口を開、万才才蔵一ツに一ツ入、からくりつゝみ打大夫は舞所也、門松飾いせ海老此ゑび殊外能き細工也、朱椀うろみ朱也、ひけ唐ガらし、橙大形ノ鈴神前ニ用致也串柿皮ノ小巾着也

■表3　安永二（一七七三）年の奉納作り物一覧

位置		町名	作り物の内容	作り物題詰歌
南	一番	三本松町	汐干苞蛤　大きさ一間程、三つ苞入り、外に二つ口を開万歳才蔵一つに一つ入り、からくり鼓打ち、大夫は舞う所なり。松飾は伊勢海老、この海老殊の外能き細工なり。髭は唐辛子、橙大形の鈴神前に用致すなり。串柿川の小巾着	三本松の青陽の御慶の年玉芭楼台に万歳吐愛敬なはまくり
南	二番	通一丁目	虎　眠る眼半眼又は瞼動かす所、手足にて皃顔身かきし所からくり、唐子三人どら・ちゃんめら・太鼓にて囃子有り。其の音にて眼を開く図なり	諷ツ舞ツ見る通一丁様に唐子三人鉦太鼓ちゃめら超す寝入虎
南	三番	通二丁目	蟻通鳥井　毛氈にて包、石燈籠かな杓子にて作る。又下に碁盤その上くわし盆重ね盃台を火袋にして、す〻鉢、す〻徳利笠なり。燈籠持候老人衣装は能衣装なり、唐笠さし、その笠より雨雫落ちる。尤何方より水出候共みせず。常にさらさら雫落ちるところなり。松杉岩有り。	七曲の玉に蟻通明神もあれ人形より雨を通町二丁名人
南	四番	通三丁目	遊女　大蝦　但し長良と龍のもちりにて遊女は橋に上がりし図　下駄片足落し候を大蝦首の上にのせ居候處なり、橋八半間伊予すだれを巻きて十四五並ぶ	張良と龍をよく工夫してそ、通三丁め遊女に大蝦蟆か下駄差し上るとは
南	五番	細工町	盆山一対　水たらい二つ左右に置き、殊の外さつとしたる事にて鵜鯉争いの所のよしなり。脇には取り合わず麁相なり	細工町造物宜しからず、脇々の様子もこれ有り所にとて御叱り有り。布屋掛なり。喜兵衛御叱り
南	六番	築島町	神輿　神輿を守袋にて張り、屋根は書物にて葺く、四方に出候木は三絃のかいらしの所にて致し、上は同洞にして鳳凰は小なさしみかきの類、四方には四文銭をくみて下げ、其の外金杓子、猿神水を振るなり。石燈籠かな夕子など岩松鳥井、鮑にて燈籠、別してよし、路地にも用い然るべく候	三絃本みこしや御守つつしまて四み銭で瓔珞鳳凰は笄で

南	七番	今町・魚屋町・田町	富士鷹なすび　ふしを人形三つにて引き候所、おんと取り人形衣のりなすび小さき提灯にて致す	三つの夢三つながらよし、詰歌は今町田町魚屋まちがい
	八番	新町一丁目	螺貝　貝三四間都て貝つくしにて　童子一人山伏一人上に居、外に台に鶴亀帆緋とんすに宝の字有り、右貝を宝船に仕たる体なり、鶴も貝つくし	ホホホ螺山伏か船出新町のえいそれ御繁昌ホ丶ホ宝来丸
		新町二丁目	麒麟　のり細工　背へ使う櫛簪文の所紅ちょく口の脇まで貝、惣身ふのり其外のり類火紅真綿、角鰹節	龍門鯉は寛永通宝麒麟は海苔を以てきしん二三丁目あたふたに奉納
		新町三丁目	鯉瀧登　鯉銭を鱗にして水車にて登り下り致、尤二つ、水はしぼり染幾筋も掛とうしんも掛	同上
北		通四丁目	和布苅　龍うろこほたて貝　岩山石檀、此外大物なり、神主人形一和布を左に持、鎌を右に持つ	大卅日は龍宮鎌る歟海中に入て和布苅四丁目を神主龍か追う
		同五丁目	三上山　橋八丁同程竹まげ柄杓のがわ、橋の欄干、枕小柄杓のがわ　百足面はに口身金盥　俵藤太人形顔は人形、其外はら金具足等煙管わたし金の類、台を絵馬に仕立て額縁にする掛奉るの二字燈籠に致す	絵馬に勢田橋は枕て欄干宝珠五丁めつらしや金盥を蜈松
		同六丁目	三番叟　眼かわり候様水車にてからくり、台の下に水車仕掛、一台には貝柄杓の貝にて牡丹、此花開閉する様に○立居候様に何も水からくりにて仕立	三番叟の六丁目玉もくりり車ちりやたう水てやほはしやしやこく
		同八丁目・九丁目	雪中丘二大松かこに松の皮きせこけにて合めを張るなり　黄金の茶釜掘出したる所からはにて作　雪は綿とさらしらうにて作　金つきよ鳥と申と也	慈鳥孝鳥と言にや金茶釜郭巨鳥雪中に掘出すか八丁目九丁目
		通外町二丁	飛龍二　内一つは水引いろもとい　一つは扇顔は生蠟にて仕立眼はいずれも玉眼なり	扇元結生蠟にて飛龍の恰好相応は案の外町の手際言語道断
		両替町	琴高鯉に乗る図　鯉柄杓団扇廻り候様にして	琴高か乗杓子の鯉鱗は能懸り合天秤に入たる様な両替町

北		片原町・米屋町	牡丹に獅子くす糸面さらしろう　牡丹花うちは　葉は常の通	見物群集花も獣も王の風情か正身そ　かたはら早く米めや町
		呉服町	海老　眼大徳利八寸つかいには盃を釣掛足きせるらうひげはし大ひげ之元の方ささ栗たいらきの殻　奴人形あり	大鬚箸眼徳利尾扇呉服団扇に春慶らう全身二間半海老
		原古賀町	養老　老人一子供一　瀧泉水水流瀧の水おつる、子供柄杓にて水汲、老人盃に受、呑時貌にかぶり候時人形面若き人にかわり、又、夫より若き人にかはり二度かはり候後、台を廻し後にて老人に成候て又前の方へ廻すからくりせ	養老の瀧ながれ苧扱川のめは甘露童子の顔色に老人も若やく
		紺屋町	くま鷹猿を取所、くま鷹身銭、羽ふし其薄羽其外大包丁　猿の毛刻み煙草	別して此文銭と包丁とて思付か能こさる取たる鷲は紺屋町
神前へ行く道入口		瀬下町	接待　海士玉取の図　人形二舟に乗り海士人形龍廻り候様	瀬下へ龍追て来る海士の玉の段の趣向より奇麗な二階家と言評判
		通七丁目	鶴五　籾の穂にて致候二碁石にて致候、一箔紙にて致候、一其外尾羽つとかかえ扇、尤大頭は三五ものきの結入、首の服は黒はぜ上は白はぜ、夫より下白黒碁石黒豆	扇珊瑚碁石整杓稲穂を羽千秋万歳七丁目目出度かり鶴
神前北脇		鍛冶屋町	仁田四郎猪に乗図　廻り猪すすきの穂　下がり藤掛る	鳥井内は十丁目の接待、仁田の四郎神馬氷蒟蒻立花一対
坂上がり口小留場		小頭町か	高麗狗　去々年の通	去々年も今年も爰に高麗狗は俄とやいはむ張直しなやうにん
鳥井入り北輪		通十丁目	接待　御繁昌ふしよみ	
神前		瀬下・原古賀・戸板屋三人別当	立花一対　松一色	
神前南輪		別当五人	神馬　氷蒟蒻にて張	

資料：『石原家記』より作成

また、各作り物の「奉納造物題詰歌」として「三本《さほ》松の青陽《せよ》の御慶の年《ね》玉芭楼台《ろた》に万歳吐愛敬《あいきよ》なはまぐり」がある。この作り物の説明の中で注目すべきは「からくり鼓打ち、大夫は舞う所なり」である。万歳才蔵が鼓を打ち、舞うというからくりであり、動きを伴う作り物であった。

からくりは三本松町以外にも五つの作り物に見られる。それらは、三本松町の例のように何らかの器械を使っていると推測されるグループと、水車もしくは水を動力とする水からくりのグループに分けられる。

前者の例として通一丁目の虎の作り物がある。半眼で瞼を動かし、手足で顔や身を掻くというもので、かなり精巧なからくりのようだ。唐子三人の銅鑼《どら》、ちゃんめら、太鼓での囃子があり、眠る虎がその音で眼を開けるというものである。

水を使うものとしては、新町三丁目の作り物がある。水車にて鯉が滝を登り下りするもので、鯉の鱗は銭で作られていた。通六丁目は三番叟であったが、からくりは水車仕掛けとある。また、通二丁目の場合は蟻通《ありどおし》明神の場面で老人が持つ傘から雨がしたたるが、これも水からくりであろう。最も精巧なからくりは原古賀町のものである。養老の滝の場面で、滝から水が落ち、泉水の流れが作られており、子供が老人に柄杓で水を汲み、老人がそれを飲む時に盃が顔に重なると、老人の顔が若人に変わり、若人に二度変わった後に台が回り、また顔が老人になり元の位置に戻るという仕掛けである。水を動力としているが、水を汲む、盃で水を飲むため腕を動かす、顔が二度変わるなど、人形の動作に高度のからくりが使われているのである。

からくりを使わない作り物は十六台ある。新町一丁目の場合は螺貝で、大きな貝を作り、童子、山伏がその上に乗り、螺貝を宝船に仕立てたものであった。新町二丁目は糊細工で麒麟を作っているが、背中には櫛や簪《かんざし》を使い、口まわりには貝、火を吐くところには紅の真綿、角には鰹節を使ったものであった。

通五丁目の三上山《みかみやま》は近江富士ともいわれ、俵藤太の百足《むかで》退治の伝説でよく知られた名所である。琵琶湖と瀬田橋、三上山、俵藤太などが作られている。橋は竹まげ柄杓の側、欄干は枕小柄杓の側、百足の顔は鰐口、身は金盥《かなだらい》、藤太の顔は人形であるが、腹金・具足などは煙管《きせる》・渡し金類などで作ったとある。呉服町では二間半の大きさの海老が作られている。眼は大徳利、大髭は箸で根元の方は笹栗、貝のたいらぎの殻であった。このように様々な道具や品物を使って造形する手法が確立していたようだ。この手法で町人も様々な作り物を製作することができたが、先に触れたからくりは専門的な技術と知識がないと製作できないものである。残念ながら、この技術を持った者の名前などは不明であるが、十八世紀後半の久留米に高度なからくり技術と知識が定着していたのである。祇園会は当初から神幸を行う祭礼であったが、御繁昌はからくりや見世物興行を伴う祭礼として立ち現れている。

安永六年には円通寺大悲堂（観音堂）が建立（『米府年表』）され、領内の者に対して、六月の入仏供養の節の参詣と、毎月十八日の御縁日の参詣が許されることが郡奉行から大庄屋に触れられ（『公用見聞録』）、領内全体の神社としての性格が一層強まるのである。

安永六年の具体的な祭礼の様子は「頭陀日記久留米土産」（『久留米市誌』中編）に記録されている。祭礼は九月十一日より二十三日まで行われ、城下片原町から通十丁目まで町屋店先に色々の掛行灯、覆いの上に種々の作り花、そのほか細工物に手が尽くされている。十丁目構口より五穀神社までの三丁余（三〇〇m余）の道の両側には対の掛行灯、覆い青傘、その上に緋縮で作った大輪の牡丹を飾り、紺地に白字で五穀神社広前と染めた五間ばかりの幟を一つ越しに立て、その数は一九五本とする。

先の安永二年の作り物はこの十丁目構口から社頭まで飾られていたが、この日記ではそれに触れることがなく、片原町から通十丁目までに「細工もの手を尽くす」とあるのみである。また、境内には芝居が六か所で行われ、大坂歌舞伎、五人の軽業などの色々の芸、子供狂言、覗きからくり、大道芸である居合、琵琶弾き、辻謡、辻浄瑠璃などが参道で芸を売り、大賑わいであったという。参道には店が並び、朝五つ半時（九時頃）から夜四つ時（十時頃）まで参拝客で賑わい、御繁昌餅、御繁昌素良《そら》茶のように売り物に「ごはんじょう」と言葉を添えることになっていた。この祭礼の賑わいは大坂道頓堀の賑わいに負けないとされる。幣殿には立花が飾られ、四方に紅まがいの網を掛け、軒より板敷まで作り花で囲うものであったという。また、常灯明と常念仏の香などの薫りに満たされ、本地堂や末社も立派であると記す。

この賑わいを生み出す祭礼の費用について浅野は、安永八年六月付の興味深い史料を紹介している。柳坂組大庄屋であった上野家文書中の『安永八年亥年分諸御用覚帳』である。六月三日、上野才治（山本郡柳坂組大庄屋）、松延屋右衛門（上妻郡矢原組大庄屋）、上瀧源作（御原郡高橋組大庄屋）、塚本幸作（三潴郡蛭池組大庄屋）の四大別郡を代表する大庄屋は藩庁で御郡上奉行である稲富勇助、高橋八蔵に面会し、「五穀神社祭礼之節鋳物助力六十二文銭二十貫目」を納めている。この二十貫目は戸板屋掛が二貫九百目、井筒屋掛は二貫六五〇目、田鍋屋掛は九百目など、八町別当掛に配分されている。鋳物（飾り物）の費用を在方が負担しているのである。農村が費用を負担して町方が祭礼の飾り物を作る体制ができ上がっている。この神社の創建は藩によって行われたが、神社の最大の催事である祭礼の費用は惣郡割賦による農民の負担であった。ただし、「助力」とあることから、祭礼費用の全額なのか一部なのかは結論を保留しておく。町方の費用負担もあったと考えているが、祇園会での町方からの貫銭などの負担がわかる史料を御繁昌では確認できていないのである。

寛政四（一七九二）年の直納銀代米の改革によって規格割（千四割）が始まるが、組々から「五穀神社初穂米」「五穀神社両作無難御祈禱料」を支出しており、寛政七年からは五穀神社楼門建立の奉加のため、百姓中の日貫（毎日の積立）が始まったようだ（楼門の建立はなされていない）。また、「同社御繁昌之節、町方飾物加勢として、在方拾貫目之割賦」とあり、郡からの飾り物への負担は、この時期も継続していたことがわかる。ただし、安永八年の二十貫目から十貫目に減額されている（『御旧制調書』九）。これが常態のことなのかわからないが、町方が作る飾り物への負担は継続している。

藩としても安永八年には上三郡の大庄屋五人に常夜灯の寄進を命じ、油代として一貫目の差し出しを命じている。同年に藩は五穀神社灯明の油代として三貫目を御郡上奉行に預け、これを家臣団に貸し付け、年々の利分の六百目を毎年五穀神社に渡すことにしており（「文政元年御郡方勤方書上」、『御旧制調書』三）、藩としての援助もあるが、惣郡の財政的な負担が大きい。

天明元（一七八一）年、五穀神社春秋の祭礼には町別当中は原則、終日詰めており、（『久留米藩町触集』）、また、大庄屋中も「五穀神社両作無難御祈禱」のため同様に詰めていた（『公用見聞録』）。祭礼の運営は領民の共同運営であったが、財政的には在方が主で、町方が従の関係であったろう。天明五年九月には相撲や芝居興行が行われ、御家中の社内飾り物などの見物は許されているが、夜中の見物もしくは放埒《ほうらつ》な行いがないように家中に触れており、この藩の姿勢は一貫している。

境内の整備は継続されており、安永十年二月には町別当中が手水鉢を寄進（現存）、天明七年九月には境内に能舞台が建ち、稽古能が祭礼中に公開されることになっている。文化三（一八〇六）年には五穀神社の放生池の橋が、惣郡によって石橋（久留米市指定文化財）に架け替えられている（『公用見聞録』）。

境内周辺では、文化七年には、通町十丁目外町続きの五穀神社境内の七軒、南側市ノ上村分三軒、野中村分二軒、計十二軒が城下町に引き続きの場所であり、商売は城下町と同様に行うことになった（『公用見聞録』）。五穀神社周辺は次第に賑やかな場所になっていく。寛政元（一七八九）年八月、大相撲興行、文化十年八月には花火、文政三年七月には富くじ興行が始まるなど、二月・九月の祭礼以外でも境内で催しがあり、五穀神社は庶民の遊興の場となっている。

文政二年九月の祭礼には判屋弥平によって「五穀神社御祭礼つくり物細見之図」「五穀神社祭礼作り物歌」が頒布されている。刊記に「蒙御免弘之（御免を蒙りこれを弘む）」とあることから、藩の許可を得て印刷されたものである。御繁昌の作り物を描いた絵図としては確認されている最古のものであるが、久留米城下町での木版印刷の歴史の上でも注目すべきものである。

■表4　五穀神社祭礼の作り物一覧

	文政二（一八一九）年		文政五（一八二二）年		文政十三（一八三〇）年		天保三（一八三二）年		天保三（一八三二）年（下欄）	
戸板屋掛	道成寺景	からくり人形	相生獅子	からくり人形	相生獅子	からくり人形	俵藤太秀里、龍人龍女舞、近江八景の図	此所龍宮に変わる	厳島の景	からくり人形、鳥居せりあげ
渡屋掛	八ツ橋の景	水からくり	貝拾い喜見る城の図	からくり人形	貝拾い喜見城	からくり人形	玉燕千歳室	此所出囃子	仙家寿	人形使い共にからくり人形
田鍋屋掛	住吉の景色	からくり人形	千代の桜、波花のかけ橋	からくり人形、せりだし廻り舞台	千代の桜、難波の懸橋	からくり人形	太平花見の図	からくり人形	風流栄花の舞	からくり人形
酢屋掛	武陵桃源景	よせもの仕立	栄亭曲水の図		曲水の宴図		廿四孝の内薫永・織姫・舞姫		月宮殿舞楽の図	からくり人形
惣細屋掛	新吉原の景	からくり人形、廻り舞台	八ツ橋の図	からくり人形	八ツ橋の景	からくり人形	※下欄は所属掛不明		讃州志渡の浦図	からくり人形
米屋掛	和歌の浦景	汐の満干のからくり	二刀英勇異人記	からくり人形、異人天狗に変ず、童子熊に変わる	二刀英勇記	からくり人形			龍王宮の図	かざり付
布屋掛	伊勢物語、高安の里	からくり人形、廻り舞台	島詣で	からくり人形	島詣	からくり人形			瀬戸物細工	細工人山田源次郎
井筒屋掛	仁徳天王高き屋の図	からくり人形	若高砂の図	からくり人形	若高砂の図	からくり人形			糸細工	細工人中島壮助

資料：各年の作り物絵図をもとに作成

前者は八別当掛から境内に奉納された作り物を描くものである（表四参照）。戸板屋掛（道成寺《どうじょうじ》景、からくり人形）、渡屋掛（八ツ橋の景、水からくり）、田鍋屋掛（住吉の景色、からくり人形）、酢屋掛（武陵桃源景、よせもの仕立）、惣紺屋掛（新吉原の景、からくり人形、廻り舞台）、米屋掛（和歌の浦景、汐の満干のからくり）、布屋掛（伊勢物語、高安の里、からくり人形、廻り舞台）、井筒屋掛（仁徳天王高き屋の図、からくり人形）が描かれている。

酢屋掛の「よせもの仕立」以外は、からくりを持つ作り物である。安永二年の各町の作り物にからくりがあったことは先に触れた。この文政二年に田中久重（からくり儀右衛門）がからくりを披露したこともあり（『田中近江大掾』）、これらのからくりをすべて久重の成果のように捉える向きがあるが、安永二年段階ではすでにからくり技術は久留米にあり、これらの技術を前提にして久重によるからくりの改良とそれに基づく飛躍があったと捉えるべきである。

さらに、安永二年段階では各町での奉納であったが、文政二年には各別当掛での奉納に変化している。この奉納主体の変化がいつから行われたか、時期の確定は今後の課題である。また、各掛の作り物には「作り物はやし歌」があることから、音曲である囃子が歌われる中でからくりが動かされたのである。

文政五年二月の祭礼の時には原古賀五丁目の綿屋伊吉によって「五穀神社御祭礼つくり物絵図」が印刷されている。酢屋掛の作り物はからくりではないようだが、他の掛は文政二年の作り物と違う新たな題材をからくりとして作り上げている。例えば米屋掛では「二刀英勇異人記」が題材で、笠原新三郎、宮本武蔵、童子、異人のからくり人形が登場し、童子は踊るとともに熊となり、異人は天狗となるように作られていたようである。

文政十三年にも原古賀三丁目の判屋八平が祭礼の作り物絵図を作っている。この冊子の口上には「今般当社御祭礼に付、町々よりの作り物、筆に尽しがたく候へば、御覧の御方御土産に十ケ一を図に移し、御咄のことくさにもと披露仕るもの也」とあり、祭礼の作り物の紹介パンフレットといってよい。作り物は文政五年に公開されたものが再度展示されているが、判屋八平は作り物の挿絵を新たに彫り直し版行している。

天保三（一八三二）年二月には五穀神社境内の整備が行われ、能舞台並びに楽屋、見物所が建設された。池の石坂の所に赤銅の鳥居（銘は浦井平吾書）、廻廊石坂の所には唐金の鳥居（銘は高村剛之進書）が藩主と奥詰一統により寄進された。『天保三年作り物絵図』の五穀神社境内に見える二つの鳥居は、これらを描いたものである。また門前に新たに茶屋三軒が許されている（『米府年表』）。この整備を経て三月十五日より二十九日まで祭礼が行われたが、この時も判屋八平は藩の許可を得て作り物絵図を版行した。この絵図には各掛の作り物の絵図とともに円通寺、観音堂などの諸堂、完成を見た能舞台や境内諸堂を描く境内図が収められており、最盛期の五穀神社の様子を知ることができる。また、放生池の周りには作り物舞台や芝居小屋も描かれている。

この年の作り物は、文政十三年の時とは全く違うものが出されている。八別当掛のうち、戸板屋掛、渡屋掛、田鍋屋掛、酢屋掛の四掛は二台の作り物を出している。さらに、どの掛か特定できないが、二掛はそれぞれ一台の作り物、残る二掛はからくりでない瀬戸物細工、糸細工を出していると考えられる。この年の祭礼は各掛一台の作り物の展示という通例とは違う形をとっているが、同年の境内整備に伴う臨時の興行と推測している。

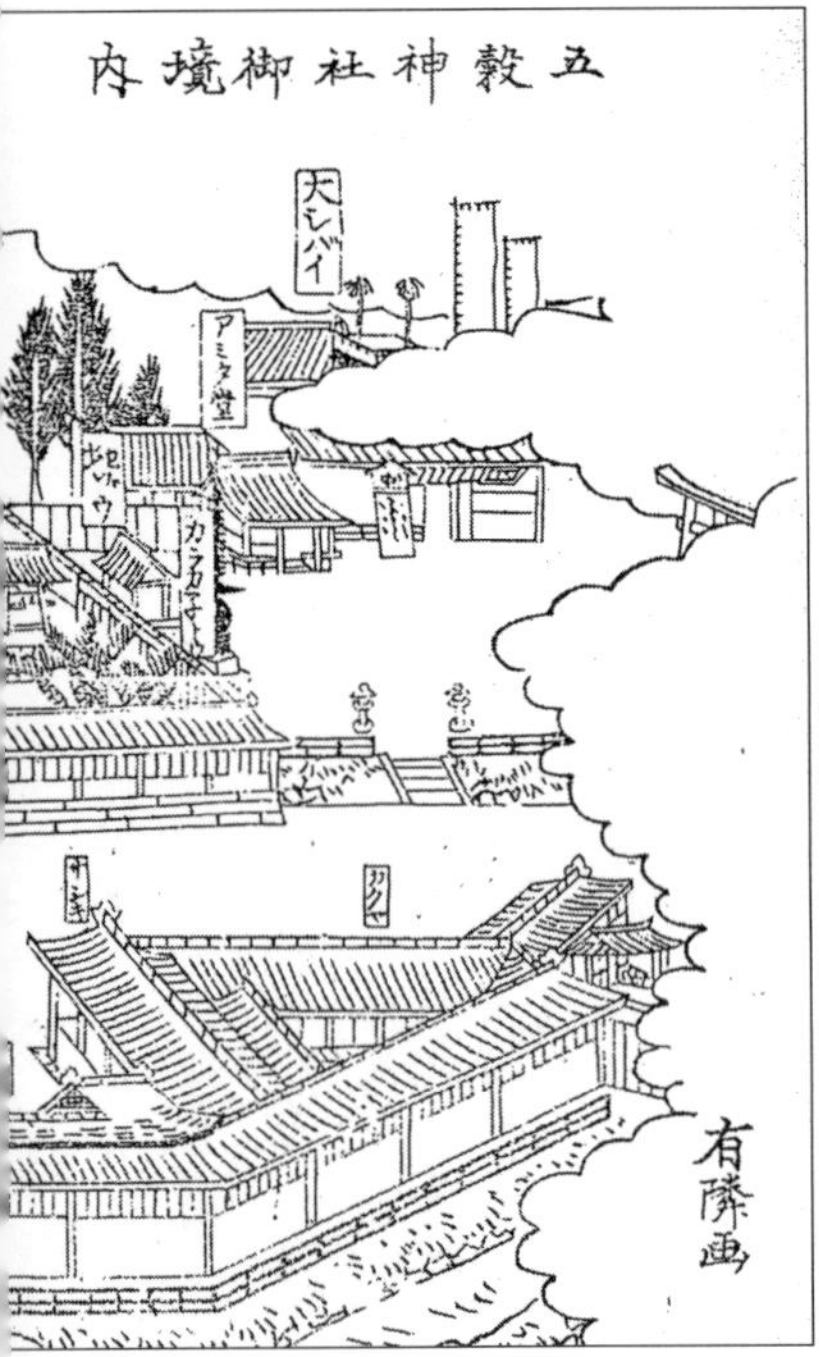

瀬戸物細工とは「色々のせとものをもつてよせものさいく、夫々の品物多く御座候得は、筆に尽しかたく候、鯉の長さ凡五丈余　細工人山田源次郎」と説明があり、鶴と亀、獅子、蝸牛《かたつむり》、海老、蛇を狙う鷹、龍宮城、梅と鶏、滝を登る鯉、鉢植えの花などを寄せものとして作ったものである。糸細工は「獅

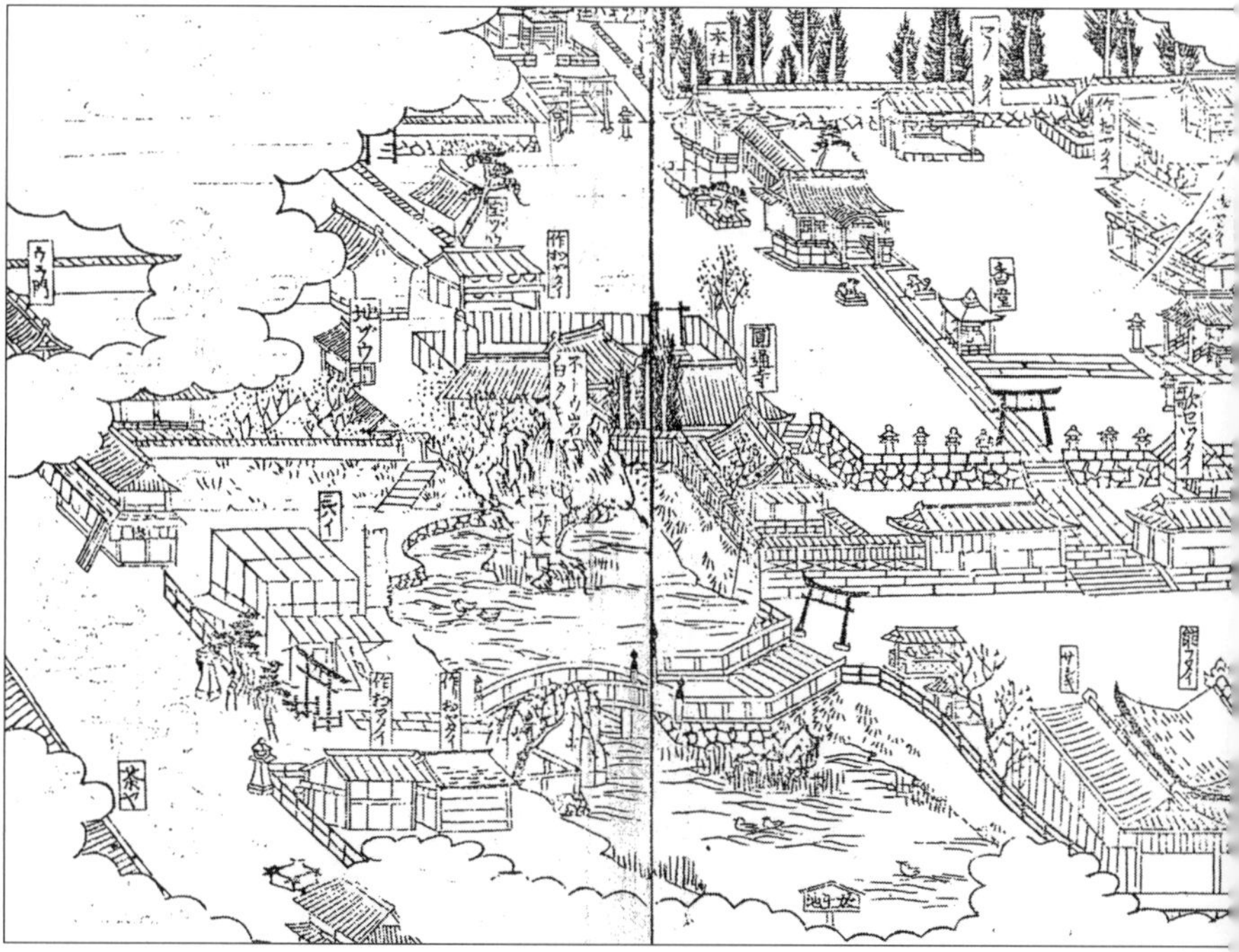

五穀神社境内（『天保三年作り物絵図』。久留米市教育委員会蔵）

子の子落し、瀧幅一間高サ三丈余、下より水をせりあげ大瀧を落とす。其外品々細工もの筆に尽くしかたく候、細工人中島壮助」とあるように、獅子の子落としが中心で、鳥、子犬、子猫、鹿などの作り物が展示されていたようだ。細工人として山田、中島の名前が出るが、専門的職人として考えてよいのだろう。彼らの作り物は興行であった可能性がある。

天保四年には五穀神社門前茶屋の利用について、他領の者は許されるが、領内の者が立ち入ることを禁止しており（『米府年表』）、五穀神社の門前茶屋が祭礼の日以外でも賑わうことが問題となっている。同六年には門前茶屋で遊興した西川久右衛門ほかの士分十名、このほか無格の者二十一名が御咎を受け、門前の茶屋十二軒の引き払いが命じられている（同前）。この事件は、五穀神社が遊楽・遊興の場として盛行することに対して危機感を持った藩の対応といえる。

天保九年まで二月の祭礼に合わせて能楽堂での法楽能が興行されるなど、藩として祭礼の維持に努めていたが、翌十年、藩財政の危機に際して、藩主頼

田鍋屋掛と戸板屋掛の作り物図（『天保三年作り物絵図』。久留米市教育委員会蔵）。
戸板屋掛の「厳嶋之景」では「からくり人形」「鳥居せりあけ」などの説明がある

徳は五穀神社境内の能舞台、楽屋、見物所などを解体する（『米府年表』）。藩の後援を失うことで、祭礼は衰退に向かうのである。さらに明治二（一八六八）年の神仏分離令によって五穀神社は仏堂が排除され、盛時の姿を失う。祭神であった婆珊婆演底主夜神は寺町医王寺へ、建物の一部は大善寺町の明正寺に移築再建されている。

御繁昌は藩の後押しを受け、主に惣郡の財政的な負担で、町人によって祭礼が行われたが、もう一つの久留米城下の祭礼であった祇園会は町人の経費負担で行われており、性格の違いが明確である。さらに、祇園会は六月七日から十四日までの年一度の祭礼であったが、御繁昌は二月・九月に祭礼が行われただけではなく、日頃から門前の茶屋は賑わっていた。また、祭礼月以外でも相撲などの諸芸能が興行されるなど、五穀神社は御繁昌の興行を契機に久留米城下町での遊興・娯楽の場となっていった。しかし、藩としては過度に遊興の場として成長することは許せなかった。それが藩による天保十年の能楽堂などの解体へとつながっていくのである。

第八章

真木和泉守が見た幕末の城下町

『むかしは物語』を読む①　城下町の新しい食べ物

水天宮の神官であった真木和泉守は幕末の尊王攘夷運動の志士で、討幕運動に大きな影響を与えた人物である。彼は多くの著作を残し、その主なものは『真木和泉守遺文』に収録されている。彼の業績や思想を考える際の基本的な文献である同書の中に、弘化二（一八四五）年頃に書かれた『むかしは物語』がある。幕末の久留米藩の様相を士・農・工・商・神社付祀官・仏寺付僧侶に分けて述べたものである。タイトルに「むかしは」とあるように、昔のありようをまず述べ、現在の姿を批判的に述べるもので、久留米城下町の生活や世情をうかがうことができる興味深い史料である。そのうち城下町の「くだもの店」「煮売屋」「うなぎのかばやき」について紹介していく。

くだもの店など、十四五年前までは糖おこし《粔籹》やこもち《小餅》ばかりなりしが、年々によくなりて、三四年以前より生姜とう、窓の雪などいへる上品なるものになりぬ。それも一町に一家ばかりなりしが、今は十家の内二三家にも及べり。

くだもの店はフルーツ屋ではない。もともとは「糖おこし（粔籹）」や「こもち（小餅）」などを売っていて、三、四年前からは生姜糖《しょうが》、窓の雪などの上品なお菓子を売るようになったという。また、昔は一町につき一軒くらいであったが、現在は十軒のうち二、三軒もあると述べている。生姜糖とは、氷砂糖を煮てそれに生姜の汁を入れ、板状に固めた菓子とされる。窓の雪はよくわからない。御菓子屋が増え、値が張る上品なものを食べるようになったという批判である。

弘化二年には十代藩主頼永によって大倹令（倹約令）が発令されており、贅沢禁止、質素倹約に反するものとされたのであろう。一般的には高価なものを購入できる社会層の出現と消費様式の変化と評価すべきであるが、真木は城下町の変化を素直に受け入れることができなかったようである。

煮売屋は次のように記録されている。

昔は煮売屋といふもの断えてなかりしが、六十年ばかり以前に中町に蕎麦店をはじめ、酒の肴にとて川魚のにしめなどうりはじめしを、俄に客ある時にかひ得て物するにいと調法なりと嬉しがりし位なりとか。今は蕎麦のみうる店とては断えてなく、蒲鉾などはなみのことにて、鯉の吸物、鳥のいりつけなどまで、いつもある様になりぬ。瀬下の疲れ町にても七家あり。御城下中には五十余家に及べり。

煮売屋は、六十年前（天明年間頃）に中町（新町）に蕎麦屋ができ、酒の肴として川魚の煮しめなどを売り始めたのが最初という。急な来客の際には重宝されたが、現在は蕎麦のみ売る店はなく、蒲鉾、鯉の吸い物、鳥の煎りつけなどがいつも売られるようになった。川港であった瀬下町は幕末、「疲れ町」といわれるぐらい活気をなくしていたが、それでも煮売屋は七軒あり、城下町では五十軒を超えているという。煮売屋の営業は藩の許可が必要であった（『御旧制調書』三）。

文化七（一八一〇）年四月段階では、煮売屋の軒数は二十二軒と決められており、増やさないように町奉行に命じられている（『町方書抜』）が、弘化年間には五十軒と倍以上の数になっている。また、文化七年十二月には瀬下町から、「皿煮売」九軒を八月から翌年の二月まで営業したい旨の願いが出され許可されている（同前）。八月から翌年二月までの営業申請であるので八月以前に申請し許可を受けるべきものであり、十二月許可という内容には疑問もあるが、史料通りの表現にしておく。

瀬下は久留米藩の物資の移出入を担う川港の町であり、八月からは藩の蔵に納められる小物成、秋口からは年貢米の納入などで賑わうため、運搬してくる馬子、川港の仲仕や水主などの連中を相手にした煮売屋が出されたようである。屋台もしくは葭簀《よしず》張りなどの簡易的な店が設けられ、「皿煮売」とあるので、安価な食べ物が売られたことが想像される。この皿煮売が常時営業となったものが、『むかしは物語』にある瀬下町の七軒の煮売店に含まれるかもしれない。

天保四（一八三三）年八月十三日付で、呉服町の佐七経営の煮売店が摘発されている。煮売店の別の側面が浮かび上がってくる（同前）。

一、左の通町奉行より申し渡し候

呉服町　佐七
組合の者

右は呉服町佐七義煮売商売せしめ候所、隠し売女差し置き候付、申し出るべきの所、其の義これ無く不埒の事に候、依て叱り

右同断取り〆り方不埒の事に候、依て戸〆

同町目付
上津荒木村百姓伊平娘
たき
大郎原村百姓伝蔵娘
はつ

右の者共、呉服町佐七方隠し売女に相抱えられ、不埒の至りに候、依て三潴郡若津町長崎屋・三浦屋・恵比須屋え相渡され候、同所の外堅く徘徊せしめ間敷き旨申し付らるべく候事

巳八月廿二日

呉服町　佐七

右の者煮売り商売せしめ候所、隠し売女差し置き不埒の至りに候、依て入牢

呉服町の煮売屋で隠し売女が摘発されたのである。煮売店でお客に酒を注いだり、酒の肴を運んだりしているだけではなく、売春が行われていたのが摘発され、知っていながら黙認していた佐七の組合（五人組）であった者が「お叱り」、また呉服町の目付は戸〆の処分であった。そして売女であった二人の女は若津町の遊郭に送られた。彼女らは二度とそこから出られなかったであろう。佐七は入牢となり、これから処分を受けることになる。

嘉永五（一八五二）年には、許可を受けずに料理株を借り受けて煮売りを行い、また買い入れた酒を売り渡して酒屋同然の営業を行っていた瀬下町の者が不埒の咎で戸〆の処分を受けている。許可を受けることなく営業し、居酒屋のようなことを行う者まで出ていることが知られる（同前）。

本来は蕎麦・魚・野菜・豆などを煮て売る店であったのが、煮売りを兼業とする居酒屋へと成長していき、一部の店では売春まで行われたことになる。同じ煮売店でも、屋台などの臨時の営業から、店を構えて煮売りだけを行う店、酒屋を兼ねる居酒屋にまで大きくなった店、非公然に売春を行う店など、その営業形態は様々であった。真木和泉守は五十軒にもなったと報告しているが、その具体的な内容については知らなかったのではないか。知っていれば、現状へのもっと激しい批判があったと思うのである。

鰻のかば焼きについて話を進めよう。

二十年以前のうなぎのかばやきといふものは、瀬下にて家業なき者、もみ餌などいふことして釣り得て是を焼ぐしにぬきて、巻わらにさし、十一二歳なる子どもにうらしめし位なるが、其後漸く上方風のやき様を伝へ、町中所々に店はりてうることになりにたり。今は凡六七家あり。焼醤油には白さたうをいれ、器物まで美を尽くし、茶漬の茶は宇治・鹿子尾など極上を用ふる様になりぬ。

二十年前（文政年間）、焼醤油に白砂糖を入れて蒲焼にするという料理方が上方（京・大坂）から伝わって、今は城下に六、七軒あり、器も美を尽くすようになったという。また、茶漬けの茶も京の宇治茶や鹿子尾《かごお》（八女市黒木町）の高価なものを使うようになったと述べ、贅沢への批判がある。鰻の食べ方がこんなに贅沢になる前には、瀬下の家業がない貧しい者が筑後川で鰻を釣り、焼き串にして巻き藁に刺し、十一、二歳の子供が城下を売りに回っていたと記している。久留米を代表する郷土料理である鰻の蒲焼は、今から一七〇年ほど前に久留米に定着したようだ。

久留米市内の老舗の鰻屋の伝承によると、文化元（一八〇四）年創業で、初代が藩主直々の命を受け、江戸で修業したという。この伝承によれば、殿様は二十年ほど早く召し上がったことになる。いずれにしても、十九世紀初めに久留米では鰻の蒲焼を食べ始めたようである。高級な食べ物であったので庶民の口に届くようになるまでにはさらに時間がかかったであろう。

蒲焼は大体の歴史がわかるが、鰻屋でも人気があるせいろ蒸しで食べるようになったのはいつからであろうか。あまり変わらない時期と推測するが、史料がないのである。

『むかしは物語』を読む② 米相場を操る仲買

印銭とは、米穀諸品の輸出や通過の際に検査料として一定の金額を取るもので、その業務を担った者が印銭方である。この印銭方は文政元（一八一八）年段階では御家老―惣奉行―印銭方の組織があり、正徳元（一七一一）年に吟味御目付加役、寛政四（一七九二）年には惣奉行付御目付加役となり、双方から一人ずつ月番を立て、務めることになっている。以前は、印銭方は吟味御目付宅で業務が行われており、各業種の元締が印銀・運上銀を徴収して、毎年七月・十二月に納めていたが、安永八（一七七九）年に茶方元締・竹木元締・油船元締・牛馬元締・榎津町穀物元締・鋳物師司の六元締以外はすべて引き揚げられ、印銭方が直接徴収するようになった。

片原町に印銭方御用所が立てられ、諸運上銀は六月・十二月に取り立て、印銀は日々取り立てとなった（『御旧制調書』三）。印銭方からの直接の取り立ては在町に手形所を置いて事前に印手形を渡しておき、十俵以下は印銀を受け取り、印手形を渡す。十俵以上は問屋・仲買から差出書を引き受けて、印銭方から手形を渡すことになっていた。また、諸荷物印手形は穀留番所にて改めて引き揚げ、一月を限り印銭方へ差し返し、手形所から差し出した帳面と引き合わせて勘定を調べた。手形所の者は役料として筆・紙・墨料の名目で印銀の中から二割を受け取ることになっていたようだ（同前）。

この印銭方の支配を受けていた米の仲買たちの動向を記した『むかしは物語』の記事は興味深い内容を持つ。少し長いが、引用しよう。

中買といふものあり。印銭方支配の者にて、株の売買八九両位なり。此者等日々在口の町はづれに打寄りゐて、郷村より馬などにつけて米をうりに出づるをまちうけ、いくらにかはん、うれ、とて時の価よりいとやすくして無理にとることあり。百姓等廉価をきらひて、いなみがちなるが、様々悪口に及ぶこと多し。いなみてかひとり得ぬ時にても、初めに見かけたる時、さしといふ竹にて作りたる者にて、案内もせず手々に俵をさして米をとり、よしあしを見ることなれば、其時に三四合づゝはとらるゝことあり。又此者ども朝夕あそこゝにはせまはりて、米の相場をすることあり。たとへば、みづから数百俵の米もてるが、うりなんとおもふ時には、上方はかやうにて高直になりたり。隣国はさやうにて高くなりぬ。在郷にはいと少なし。など様々の浮言を以て高くなるやうにし、おもふ様になりたる上にて、うり出すなり。又富有の商人などより頼まれてすることもあり。

仲買は株仲間を組織しており、その株は八、九両で売買されていた。米の仲買を主な業務とし、運上として銀十四匁を納めていた（『久留米小史』）。彼らの商売のやり方は少し悪どい。農村と接する町外れに毎日打ち寄り、郷村から馬に載せて米を売りに来る農民を待ち受けている。久留米城下町の入口は柳川往還沿いの原古賀町七丁目口、上妻方面の小頭町五丁目口、坊津街道・豊後街道につながる通町十丁目口があり、それらは穀留番所として機能し、下番所も設けられていた。彼らはその番所付近に待ち受けていたようだ。『むかしは物語』の「町はづれ」とは、これらの番所の外側ということであろう。

仲買は米を売りに来た百姓に対し、この値段で買うから売れなどと言い、時価より安い価格で無理やり買い取った。これは押し売りではなく押し買いであった。百姓が拒むと、散々に悪口を言うことがあったと記録されている。仲買は買い取ることができなくても、百姓の同意もなく竹製の米刺しを俵に刺し、米を抜き取り米の良し悪しを見る。抜き取られる米の量は三、四合になったようだが、藩の印銭方支配という地位が、この横暴を許したのであろう。ちなみに久留米藩の一俵は三斗三升入りであった。

また、彼らは城下町のあちこちを駆け回り、米相場を立てている。真木和泉守が例として挙げているやり方は現在でも犯罪である。仲買自身が米を数百俵を持っており、「上方の相場（大坂堂島の米市場）ではこんなに高値になっている。隣国（筑前・肥前などの諸藩）もこんなに高くなっている。久留米藩の村には売りに出せる米は少ない」などと様々な根も葉もない噂を流し、米の値段が上がれば売りに出すなど、米相場の操作も行ったという。また、彼らは富裕な商人にも頼まれて同様の行為を行ったようだ。城下の豪商たちの中には、郡部に田地を所有し、多くの余米（小作米）を持つ城下町商人がいたことを示すものであろう。

真木は米値段を操作する仲買人たちに対し、批判的である。しかし、藩としては彼ら仲買に頼って米穀などの流通の統制・把握を行っていたため排除できず、また、その枠を越えるような不当な商行為を禁止することもできなかったのである。

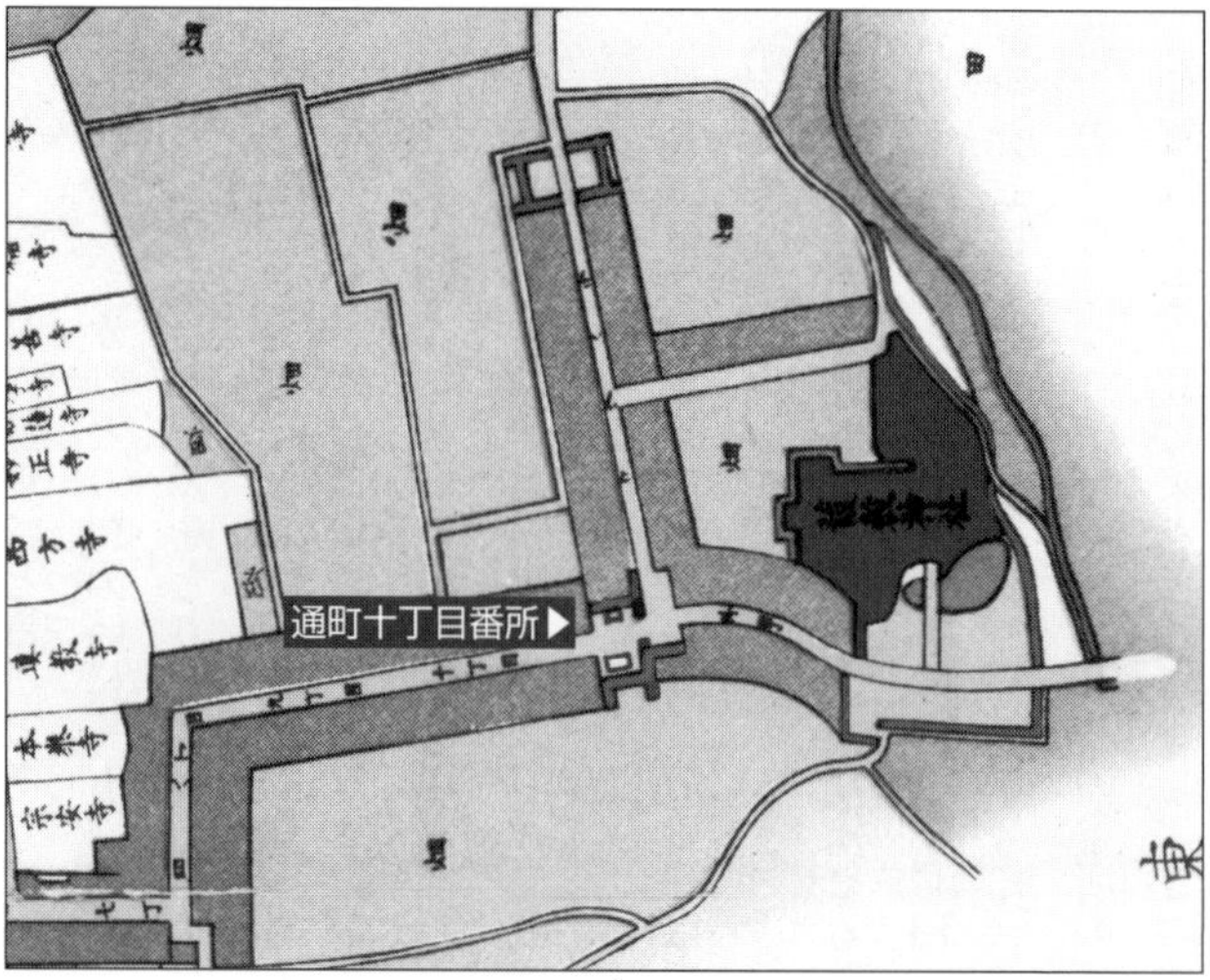

通町十丁目番所（天保年間城下町図。久留米市教育委員会蔵）

この仲買たちの米相場をめぐる動きは、別な事態を発生させている。嘉永二（一八四九）年五月二十九日のことであるが、十七名の者が町奉行から屹度《きつと》慎みを命じられている（『町方書抜』）。彼らの居住地は、通町一丁目四名、同二丁目一名、同六丁目一名、同十丁目外町一名、原古賀二丁目一名、同三丁目四名、同五丁目三名、同六丁目一名、それに瀬下横町一名であった。通町は府中・宮の陣方面、原古賀町は柳川往還沿い、瀬下は川港の町であり、いずれも物資の移出入に深い関係を持つ町であった。

処分の理由は「右の者ども去々未年米相場を以て勝負せしめ候趣相聞き候、賭け勝負の義は御法もこれ有り候所、右躰の次第不埒のことに候」というものであった。米相場をめぐる賭け勝負が行われたのである。「去々未年」のことであるので、未年であった弘化四（一八四七）年に行われた賭け勝負と考えているが、藩の摘発までに二年がかかっている。何らかのきっかけで賭けが露見し、摘発されたものであろう。

さらに、この賭け勝負の際に、町方の者一同の世話をして口銭を取ったという理由で、中八百屋町の嘉右衛門と新町二丁目の嘉兵衛が戸〆の処分を受けている。彼らはいわゆる胴元であったといえる。

このように摘発者が十九名にも及んでいることから、規模が大きな、久留米城下町全域での米相場をめぐる賭け事であったといえる。米仲買たちによる米の投機的な取引が行われていた以上、米相場を賭け事にするというのは、おのずと惹起される事態であろう。賭け勝負の具体的な内容はわからないが、一定の相場を前提にした高下を争うものではなかったかと推測される。

この米相場をめぐる賭け勝負の摘発とほぼ同時期の嘉永二年四月、上三郡の郡奉行であった木村三郎（重任）は管轄の村を廻村し記録を残している（『廻村書留』新有馬文庫）。当時の村の実情などを記録しており、貴重な史料である。

この『廻村書留』の中に竹野郡菅村（久留米市田主丸町）庄屋政吉談として、「民間の大害は博奕と後生願に御座候。博奕の義は御趣意にて屹度取り締まり申さずしては相済まず候へ共、目明《めあかし》体の者より引き崩し候故、才判行届兼ね申し候」とある。博奕（賭け勝負）は厳しく取り締まっているが、村落に目明体の者が入り込み、それを引き崩してしまうと話しており、村落に博奕が深く入り込んでいることがわかる。また、弘化の大倹中にも博奕が絶えなかったようで、弘化二年から嘉永三年までを記録する『郡中刑罰抄』（新有馬文庫）にも多くの摘発例がある。久留米藩領に博奕がはやり、村落ばかりでなく、城下町内でも賭け事が行われていたことが、『町方書抜』の記事からもうかがい知れる。このような博奕の盛行は、社会秩序の弛緩もしくは崩壊の兆しであろう。

先の『廻村書留』に「民間の大害は博奕と後生願に御座候」とあったが、後生願いとは度を越した寺参り、仏教への依存である。寺参りは六十歳以上は許されるが、それ以下の者も寺参りを行い、また寺院側も色々申し含める故に、心得違いの者が出てきており、説諭も聞かないという農民の姿が庄屋から報告されている（『廻村書留』）。後生願いは、現世ではなく後生で安穏を願うという信仰形態であるが、博奕も後生願いも普段の生活に暮らし、様々な生産活動に従事しつつも、地道な生産活動ではなく賭け事で、また、自分たちの将来を寺参りによって現世ではなく来世に託すという風潮から生み出されているのであろう。

真木和泉守の仲買に対する批判の記事を紹介することから小文を書き始めたが、真木が、この背景にある社会の変質、人々の生活に対する意識の変化について認識していたかどうかはわからない。記事ではただ単純に事実を述べるだけで、それに触れることがなかった。しかし、これらの事態を生み出す社会に蓄積された鬱積や不安から醸し出されるエネルギーが、真木の全国的な視野を持った政治活動を生み出す一つの力になったと考えたいのである。

第九章　城下町の空間

札の辻　領内の道路起点

久留米から何里という表現は、具体的などこかを起点にしないと成立しないが、久留米領の場合は城下町の一角にその起点が置かれた。その地は通町（元は長町）一丁目と柳川往還のT字路で、札の辻と呼ばれた。

現在、国道三号の道路脇などには門司からの距離を記した標識が設置されているが、江戸時代の起点はこのようなものではなく、石垣の土台の上に幕府からのお触れなどを書いた十三枚の木製の高札が掛けられた高札場（『公用見聞録』）が造られ、それが起点の役割を果たしていた。なお、高札場は制札場と表現されることもあるが、ここでは高札場として説明していく。

この地点から一里（約四km、四十町）の場所に一里塚が設置された。通町筋は高良山の麓の府中を走る坊津街道に連絡しており、府中町西に一里塚が設置されていた。元禄十五（一七〇二）年の「御郡中一里塚之間道法町数」（『在方諸覚書』）という記録では、この位置は「久留米札ノ辻ヨリ御井郡府中町西一里塚迄　三十九丁二十間」と記されている。

目安町の一里塚（『郷土の文化財』第７版〔久留米市〕より）

また、三本松町を起点とする柳川往還の最初の一里塚は、久留米市安武町の目安町の一里塚である。「久留米札ノ辻より三潴郡安武本村一里塚迄　三十四丁五十五間」と記録されている（同前）。正確には一里といっても四十町ではないのが特徴といえる。

この安武本村の一里塚は道の両側にあったもので、東側の塚には松が、現存する西側の塚には榎が植えられた。東の塚は道路拡張の際に撤去され、西側の塚も一部道路拡幅で削られている。規模が縮小されているとはいえ、久留米市内で現存するのはこの一里塚のみで、市の史跡天然記念物に指定されている（『郷土の文化財』）。

これらの一里塚の成立時期はいつ頃だろうか。寛永九（一六三二）年六月、熊本藩主加藤忠広の改易の実施のため上使が通過する際、提供する人馬の賃銭は隣国並みにするとともに、領内には一里塚を築いていないので所要里数を示すために木を植えるか、標木を立てるかせよと、藩主豊氏が家老に書き送っている（『古代御直書写』）ことから、この時期にはまだ一里塚は建設されていなかったようである。正保三（一六四六）年に幕府に提出した「正保国絵図」には一里塚が記載されており（『啓忘録抜萃』所収「元禄国変地其外相改目録」）、この時期までに領内の道路網の整備がほぼ完了している。この道路の状態を伝えるものが、『久留米領大道小道之帳』（『久留米市史』第八巻資料編近世Ⅰ）である。一例を挙げれば、この高札場から横道として紹介される久留米ー府中については、

久留米より府中迄壱里

此内、川弐つ、筒川橋、長さ三間、はゞ一間三尺、深さ壱尺、

高良川渡リ、広さ六間、深さ壱尺五寸

とあり、この段階で藩域の大道、小道、川幅・深さ、橋、渡りなどが調査されており、各地区間の距離なども確定したのである。

では、この高札場の高札は誰が管理するのかというと、それは町奉行の管轄であった。郡部はおそらく郡奉行の管轄だったと考えられる。

一、三本松町・瀬下町両御制札の儀は私共受持に付、古く相成り御仕替の節、御用番御家老御宅へ御制札持せ罷出、見分の上御作事方にて新規出来、認方の儀は御記録方へ仰せ渡され、出来の上御家老中え差し出し、見分相済み、御制札場へ組頭差し出し掛けさせ候事

(『町奉行中勤方覚』)

三本松町・瀬下町両御制札は私共の受け持ちであると述べているが、私共とは二名の町奉行のことである。町奉行は古くなった制札を御用番家老宅に持っていき、見分の上、作り直しを認めてもらう。それから藩の御作事方（建築方）で製作し、それに御記録方の達筆の者にお触れの条々などを書いてもらう。それを再び家老中に確認してもらい、町奉行に属する足軽組頭が現地の高札場に掛けることになっていた。幕府のお触れが書かれており、間違いなどがあってはならなかったので、このような慎重な取り扱いになったのだろう。

札の辻とは高札が立っている辻（道路交差）ということ。城下町では瀬下町にもあり、郡中では三潴郡榎津

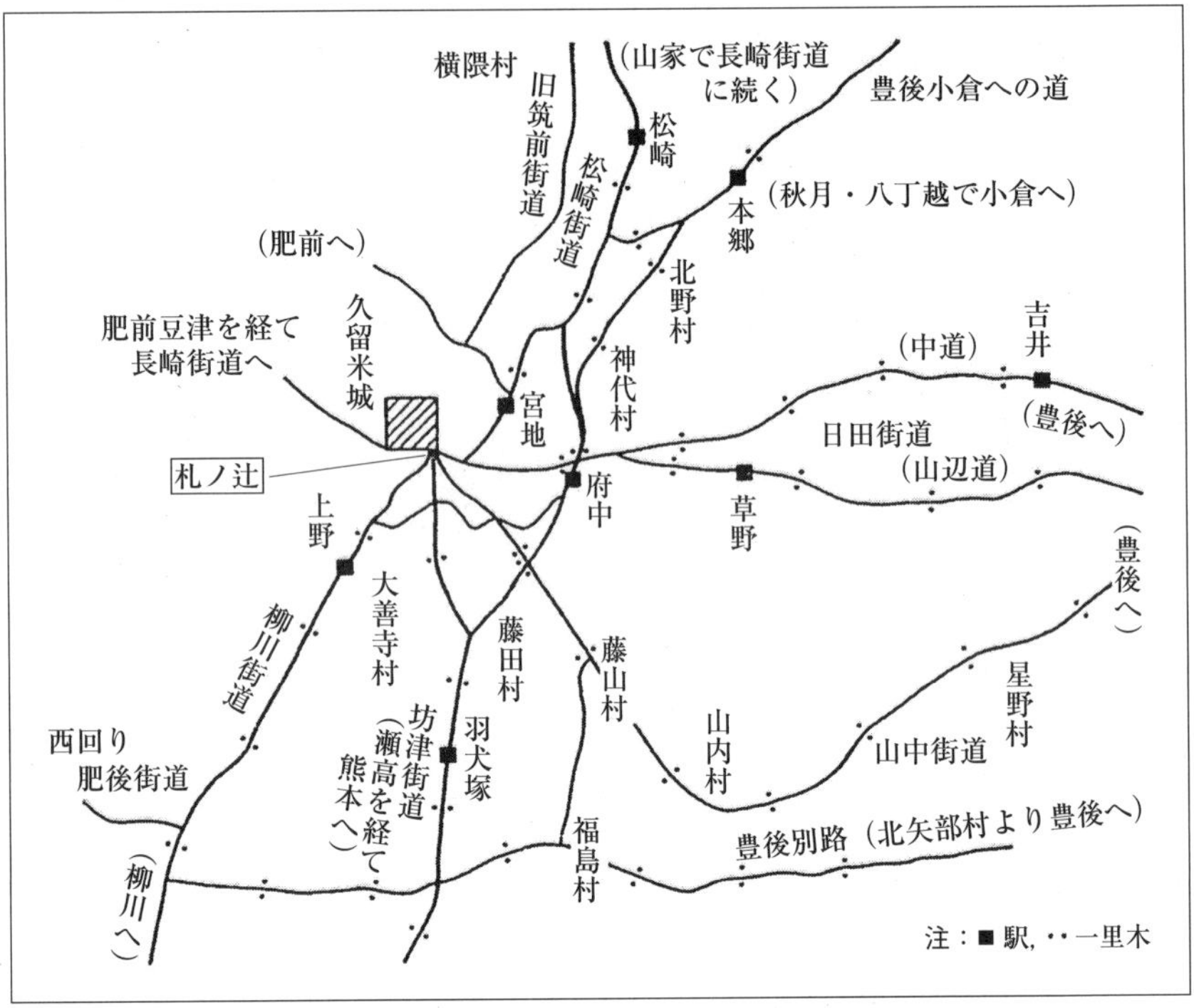

久留米藩内の主要街道と駅（『久留米市史』第2巻掲載図を一部改変）

町、住吉、城島、上野町、下妻郡尾島、上妻郡羽犬塚、福島、黒木、御井郡府中、御原郡小郡、松崎、本郷、竹野郡田主丸、生葉郡吉井、山本郡草野などの主要な道路の在郷町や宿場町、十五か所に立てられており（『在方諸覚書』）、地名として残っているところもある。各地域の城下町や宿場町などの観光地でよく「札の辻」という地名を見ることがあるが、すべて高札が立てられ、その地は人の往来で賑わい、当該地域の中心地であった。

元禄七年に薩摩藩第四代藩主の島津吉貴が城下町を通行した際には、家老の有馬内記が三本松町の高札場でお目にかかり御口上を申し上げている（『古代日記書抜』）。また、安永五（一七七六）年以降は、大名行列や幕府役人、日田御郡代御代官などが城下町を通行する時には家老や町奉行が相手方の格式によっては高札場に立ち、挨拶を行うことになっていた。この場所は重要な儀礼場としての役割を持っていたことも指摘しておかねばならない。

久留米城下の場合は、冒頭で述べたように通町と柳川往還が交差する場所で、推定地は久留米商工会議所ビルの東方、道を挟んで回転寿司屋のある付近である。道路脇に札の辻跡の碑が建てられており、大よその位置を確認できる。なぜ大よそかというと、通町は戦後大幅な道路拡幅が行われており、本来の高札場が道路敷になっている可能性があるためである。さらに、柳川往還の出発点であった三本松町通りも、戦災復興に伴う区画整理事業により、通町とのT字路がなくなってしまった。かつての柳川往還の痕跡として旧久留米市立図書館西分館前に戦前の道路縁石が残っており、そこに立ち通町方向を見ると、高札場の位置を想像することができる。

天保三（一八三二）年に通町一丁目・二丁目が札の辻一丁目・二丁目と改められるが、この町名は継続せず、天保年間城下町図にその名称を残すだけになった。また、明治五（一八七二）年には「三本松御禁札の脇にも家の建」（『諸国見聞』）つとあり、高札場の機能が失われつつあることがわかる。

時鐘　城下町の時間

城下町に住む人々にとっての時、時間はいかなる手段で伝えられ、生活を規定していたのかを考えるのが、この節の課題である。

久留米城下町の「時」に関する古い記録に、明暦二（一六五六）年正月十二日の記事がある（『古代日記書抜』、『福岡県史』近世史料編久留米藩初期〔下〕。著者読み下し）。

二の丸時鐘　前々は御在城の節、右明（有か）油遣わされ、御留守は油遣わされず候、今度御目付衆御越しに付、

遣わし申すべき哉の由

明暦二年以前より二の丸に時鐘が置かれており、殿様が在城の時は有明油（夜もすがら灯しておく灯火）が支給された。留守の際は支給しないことになっていたが、この度幕府の御目付衆がお越しになるので夜間の灯油を支給するという内容である。同年三月に幕府の御国御目付である徳山五兵衛と鈴木友之助が久留米に到着し、松千代（頼利）が幼年で藩主を継いだため久留米領内の視察を行ったのである（『米府年表』）。この時期の鐘撞きは「所々番之者・御定番」に括られる、三石一斗二人扶持の二人の下級藩士によって管理・運営されていた（『寛文六年分限帳』）。

延宝八年（一六八〇）城下町図を見ると、二の丸は藩主御殿と家老有馬内記屋敷などがあり、城郭の中枢である。そこに設置された時鐘は殿様に時を知らせ、また藩主不在の時も撞かれていることから、城内や城下町へ時を知らせるものであったと推測される。

ところで、これらの時間を何で計っていたのかがわかる史料がある。

二の丸時の鐘、是迄定香にて時を知り候処、抹香費え候につき、長崎より時計取り寄せ、先日相渡し候間、来月より時計にて時を知り、定香相止め候段堀江五左衛門申し達し候、右取り量いは飯沼主米の由

（『古代日記書抜』）

この史料は延宝五年四月の記事である。これまで定香（常香盤）で時を計っていたが、抹香が多く必要なので、それをやめて六月より長崎から購入した時計で時を計り、鐘を撞くようにした、という内容である。寛文元（一六六一）年の史料では度々、鐘を撞き損じることがおき、鐘撞きを入念に行うように命じている。時報

が正確でない時があったようだ（同前）。このような事件があったため、時計の導入が図られたのであろう。おそらく、久留米で確実に時計が使われたことを示す最古の例だろう。

『寛文十年久留米藩寺院開基』によると、当時、久留米城下町周辺で鐘楼を持つ寺社は高良山、北野天満宮（旧御井郡）、善導寺、千光寺（旧山本郡）、大善寺（旧三瀦郡）などの有力な寺社に限られている。それ以外では旧上妻郡の坂東寺、水田天満宮、旧竹野郡の石垣観音寺、旧生葉郡の大生寺などの中世以来の由緒を持つ寺院に鐘楼があったようだ。

話題がそれるが、千光寺の鐘は南北朝時代の永和三（一三七七）年に造られたもので、県指定文化財である。大善寺の鐘は慶長九（一六〇四）年に筑後国主田中吉政が寄進したものであったが、明治二（一八六九）年の神仏分離の混乱の中で行方不明になってしまった。大善寺玉垂宮境内には神仏習合の名残を示す鐘楼が現存し、再鋳された鐘が掛けられている。毎年一月七日に行われる国指定重要無形民俗文化財「大善寺玉垂宮の鬼夜」はこの鐘の合図で進行し、重要な役割を果たしている（『郷土の文化財』）。江戸前期には領内の鐘は数少なく、これらの寺社の鐘は郡単位で時を知らせる役割を担っていた可能性が高いようである。

城下町の寺院では、十間屋敷の浄土真宗順光寺、寺町の浄土宗西方寺に鐘楼があったが（『寛文十年久留米藩寺院開基』）、これらの鐘と二の丸の鐘との関係は明らかではない。時鐘が藩主の御殿近くに置かれていたということから、藩主が久留米城下町の時を管理していたのは間違いないだろう。

『米府年表』の寛延三（一七五〇）年十一月に次の記事がある。

十一月太鼓櫓二の御丸へ引き直さる、是迄三の御丸御勘定所内にこれ有り、〇時鐘太鼓に改り候は享保十二未年也

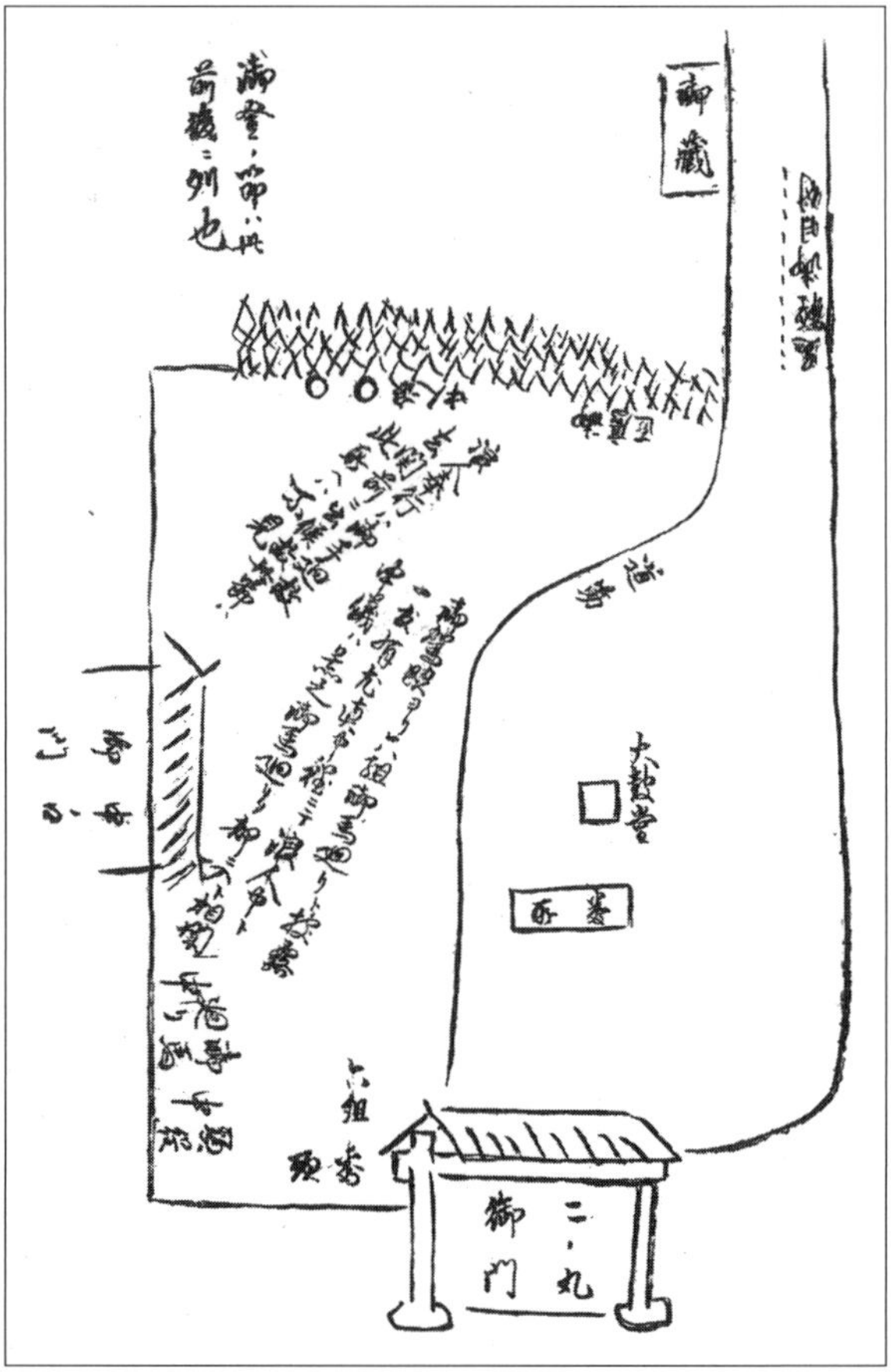

『石原家記』に見える太鼓堂（明和6年6月13日条）

享保十二（一七二七）年には時を報せる道具が鐘から太鼓に替わり、場所も同年八月に三の丸に建設された御勘定所内に移った（『米府年表』・『石原家記』）が、寛延三年には再び二の丸に戻っているのである。その移転の理由は今後の課題だが、やはり、時を知らせる施設は藩主の近くに置いておくものという考えがあったのかもしれない。

『石原家記』の明和六（一七六九）年六月十三日条の絵図には「太鼓堂」が描かれており、おおよその位置がわかる。また、『米府年表』では「太鼓櫓」と記されているが、「櫓」とは四方が展望できるように設置された高楼であり、「堂」も棟の高い家屋という意味がある（『広辞苑』）。寛政年間の久留米城図には二の丸に櫓が描かれているが、その位置は先の『石原家記』の絵図と一致するので、これが太鼓櫓であろう。ここに太鼓が据えられて、幕末まで御側足軽三人の時太鼓番によって時が知らされたようだ（『弘化三年手鑑』）。

久留米城本丸には七つの櫓があり、本丸の正面の櫓は「太鼓櫓」と呼ばれている。太鼓がその櫓に置かれていたことから付いたものだろう。

久留米城には二つの時太鼓があったことが記録されている（『米府紀事略』十八）。この時太鼓と太鼓櫓は何らかの関係がありそうである。

一つは南北朝の貞和五（一三四九）年に作られた丹後国伽佐《かさ》郡田辺郷の円隆寺の太鼓である。この太鼓は永正十六（一五一九）年に再興され、天正十（一五八二）年に秀吉が陣太鼓として取り上げ、後に有馬家が手に入れたものである。当初の用途は陣太鼓として櫓に納められていたのではなかろうか。口渡し（直径）が三尺二寸五歩（九八・五㎝）、胴長が三尺八寸（一一五・一㎝）のかなり長胴の太鼓である。これが「第一ノ時太鼓」といわれ、寛延三年には摂津国大坂の渡辺村河内屋吉兵衛に皮の張り替えを依頼している。また、宝暦四（一七五四）年には地元でも太鼓の張り替えができるようになったという。

「二番目之御太鼓」は宝永六（一七〇九）年に上方に注文して作られたものである。口渡し三尺（九〇㎝）の大きさで代金十二両であったという。残念ながら、この二つの太鼓は現存していない。

藩政初期に城内・城下町に時を知らせたのは、本丸の太鼓櫓にあった「第一ノ時太鼓」で、明暦二年以前にその役割は鐘に取って代わられた。享保十二年に再び鐘から太鼓に変更され、宝永六年に作られた「二番目之御太鼓」がその役割を果たしたのであろう。また、寛延三年に太鼓堂が三の丸の御勘定所から二の丸へと再移転するのに伴い、古い歴史を持つ「第一ノ時太鼓」を活用するために張り替えが行われたのであろう。こう想定できるなら、二の丸の太鼓堂（櫓）には二つの太鼓があり、久留米城下町の時を管理する施設としての役割を果たしていた可能性が高い。

正徳五（一七一五）年に城下町で夜中に大八車を曳くことを禁止する法令が出された。

夜中大八車曳き候儀御停止の事

近年城下町夜陰に及び、大八車曳き、狼藉の仕形によって不慮の怪我人等これ有り、或は町人店前途中等ニも捨置候由、惣じて車曳き候義明六ツ時より暮六ツ時を限べき事候、然る處、夜中ニ右の通の難儀殊ニ出火等の節、大成妨に罷り成り候事ニ候、向後夜中車曳き候義公用私用共に一切堅く停止せしめ候間、其意を得るべく候、若し違犯の輩これ有り候は車曳き候人夫尤本人町人百姓は申に及ばず、家中士中たりといふ共屹度沙汰に及ぶべく候間、此旨申し渡すべき事

正徳五未十一月廿五日

（『法制大略』新有馬文庫）

大八車は多くの物資を運ぶための運搬手段であったが、それを曳くことを明六ツ時（午前六時頃）より暮六ツ時（午後六時頃）に限るものである。公用であっても、また藩士であっても、夜中に大八車を曳くことを禁じている。これは、城下町では明六ツ時に働き始め、暮六ツ時に止めるという生活規制を受けたものである。この規制こそ時刻の決定がないとできないことである。時鐘を藩主居住地に置いたのは、藩が時の管理を目指していたためである。

これより二十一年前の元禄七（一六九四）年には「御城下酒屋は四ツ時仕舞候様」とのお触れが出されている（『石原家記』）。午後十時頃には閉店せよということである。明六ツから暮六ツまでが労働時間、暮六ツから四ツまでが休息時間というのが、久留米城下町の人々の生活であった。

久留米城下の侍小路などには六ツ門があったが、十間屋敷の六ツ門だけがその名を残している。その久留米市六ツ門町は、明六ツに開いて暮六ツに閉められた門の所在地であったが、今は久留米一の繁華街となり、真夜中まで明かりが消えない。私たちは時間を二十四時間以上使わなければ足りないと勘違いしているようである。

延宝八年城下町図に描かれた亀屋口橋（大手門）と狩塚橋（久留米市教育委員会蔵）

町人、城内に入る

城下町の町人たちが久留米城内にある役所や家臣に用事がある時、出入りはどうしていたのかが疑問であった。城郭は軍事施設であるので、大手門、三の丸御門、二の丸御門などは厳重に管理されていたからである。このあたりの事情について、町奉行所の記録である『延享五年辰御用扣帳』から、その一端を知ることができる。

延享五（一七四八）年正月十三日、久留米城下町の八別当掛の年行司である砥屋文左衛門、戸板屋次左衛門は、各掛に必要な「惣郭御門出入札」と「惣郭御門商提札」の下付を町奉行杉山清兵衛と久徳伍兵衛宛てに願い出ている。

覚

一、惣郭御門出入札　拾六枚　酢屋掛

一、同　拾枚　砥屋掛

一、同商提札　拾八枚　同掛

一、惣郭御門札　八枚　米屋掛

一、同商提札　二枚　同掛

（中略）

合百七拾壱枚之内　百弐拾三枚　御門札
四拾八枚　商提札
右之通、諸惣郭御門出入札幷諸商提札願い奉り候、御印仰せ付けられ下さるべく候、已上
辰正月
砥屋文左衛門
戸板屋次左衛門
杉山清兵衛様
久徳伍兵衛様
右の通、相違御座なく候　已上
同日
杉山清兵衛
久徳伍兵衛
鵜飼甚作殿

願書に「御印仰せ付けられ下さるべく候」とあることから、おそらく町奉行所で木札に焼印が押され、このことを町奉行両名から諸御門を管理している御昇奉行である鵜飼甚作へ申達するのであろう。こう推測できるのは、文政元（一八一八）年の『町奉行中勤方覚』に手続きの詳細について触れられているからだ。

町方ぇ惣郭御門幷商人提札受取候儀は町役人その外商売物ニ寄り、受取候間、年々枚数増減も御座候付、正月御改めの節、年行司別当にて吟味仕り、札数相究め、私共焼印の儀書付を以て申し出候間、焼印致し候上、御昇方ぇ年行司町別当共よりの差出手形奥書印形相加へ相渡し申し候、尤も、商人提札の儀は私共名前御座なく候ニ付、焼印仕らず候事

この文書の「正月御改めの節、年行司別当にて吟味仕り、札数相究め、私共焼印の儀書付を以て申し出候」というのが、先の「覚」の砥屋・戸板屋両名が杉山・久徳両名に提出した願書に当たる。そして、私共（町奉行二名）が提出された木札に焼印するとともに、町別当からの願書（差出手形）に奥書、印鑑を押し提出する、とある。「覚」に印形（印鑑）がないのは、町奉行から御昇奉行への文書を控えとして記録した時、印形を記録しなかったからであろう。

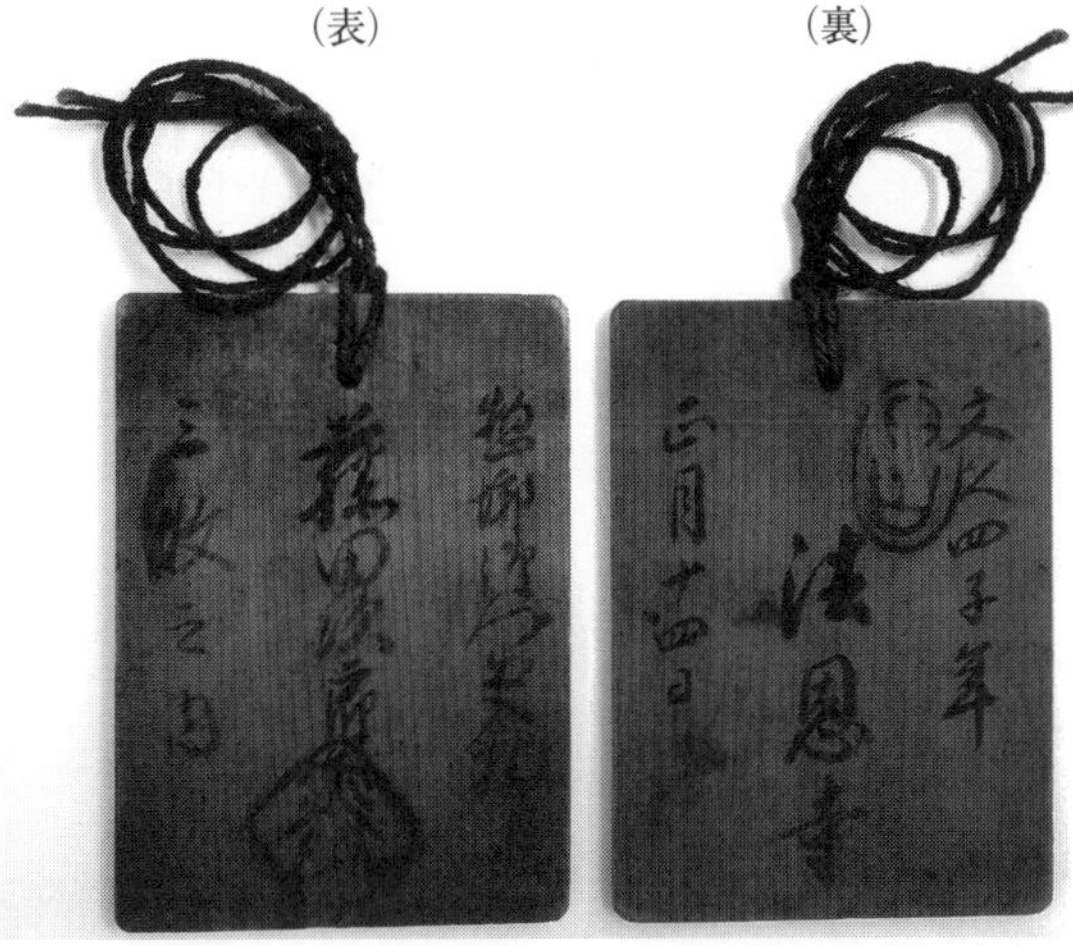

惣郭御門出入札（黒岩文庫、久留米市教育委員会蔵）。京隈の法恩寺に与えられた３枚のうちの１枚である。藤田次郎大夫は230石の知行を持ち、御殿番であった。寺社方の出入札を発行する業務を担当していた

　また、新札改めの際には古札を提出し、古札に消印を受けることになっており、延享五年の際も去卯年（延享四年）の札とともに砥屋・戸板屋両名からの願書が提出され、新札申請と同様の手続きを経ている（『延享五年辰御用扣帳』）。

　延享五年の惣郭御門出入札数は表一にあるように一二三枚、商提札は四十八枚である。惣郭御門出入札は戸板屋掛三十四枚、井筒屋掛二十七枚、布屋掛十一枚、酢屋掛十六枚、砥屋掛十枚、あわせて九十八枚となる。逆に瀬下町の渡屋掛四枚、新町と小頭町三・四丁目の米屋掛八枚と少なく、外郭正面にある町及び通町筋、柳川往還沿いの町に集中する傾向を示す。この偏りの意味については、有力な町人が多くいた町であったという程度の説明しかできず、今後の課題である。

■表1　延享5年の惣郭御門出入札・商提札申請一覧

別当掛	別当掛町	惣郭御門出入札	惣郭御門商提札
田鍋屋掛	原古賀1－5丁目	13	0
酢屋掛	通町4－10丁目、通外町	16	0
惣紺屋掛（砥屋掛）	三本松町、紺屋町、鍛冶屋町、小頭町1・2丁目	10	18(20)
米屋掛	新町1－3丁目、小頭町3・4丁目	8	2
布屋掛	通町1－3丁目、細工町	11	8
井筒屋掛	両替町、片原町、呉服町、米屋町	27	9
戸板屋掛	今町、築島町、田町、魚屋町、原古賀町6・7丁目	34	10
渡屋掛	瀬下浜町、同裏町、同横町、同通町	4	1
合　計		123	48(50)

注：(　)内の数字は延享4年の申請数

この御門札は、町別当や町目付などが城内の役所や役宅に行く場合や、町役人ではないが、藩の御勝手方御用聞頭取、御勝手方御用才覚御用達などの町人、各種業種の元締などの有力な商人たちが城内に行く際に使用したものと考えている。

商提札は「提」とあるから、商売の際、その札を提げていくのだろう。惣郭内の屋敷地をお得意様として商売する商人たちが受け取るものである。惣郭御門札は前年と増減はないが、商提札は二枚減となっている。なぜ減となったかは不明である。なお、この商提札は城下町町人だけに下付される札である。惣郭内の武士たちの生活は、これらの商人が食料品や小間物などの生活必需品を持ち込むことによって支えられていたのである。

御門札がない臨時の出入りについては、町奉行から各御門番所宛ての通行許可申請書を発行している。延享五年正月二日の御松囃子に必要な衣装である熨斗目、長上下の借用のため町夫が城内に入っているが、御本丸、二の丸、三の丸、大手口御番所宛てに町奉行が文書を持参させている例がある（同前）。

城下町の町人たち以外にも様々な人々が城内に出入りする。享保八（一七二三）年五月のお触れは、その内容を知るのに格好の史料である（『藩法集』四二一八）。まず、家臣たちから見ていこう。

家老である左近様衆の御徒士以下は、御供の節は断りを入れるだけでよい。織部・壱岐・因幡・内蔵助などの家老衆の馬乗りは事前に名付を番所に提出しておき、誰々の家臣と断り通る。浪人は浪人奉行からその度ごとの断りで通る。御徒士以下はすべて札（御門札）を提示して通る。御家中の家臣（又者）も同様である。足軽目付及びその組頭は役目柄、制外である。町医の診察の場合は、病人がいる家からの断りで通ることになる。座頭が家老の内記方へ行く場合は断りだけでよい。いずれも、御門札を提示して通過するのが基本であるが、例外の場合を挙げている。

次に在町の者が城内に入る場合は、町別当・大庄屋の焼印がある提札（惣郭御門出入札）を提示して通る。ただし、町人・百姓の藩主への御目見えの際は、提札はいらず、事前に名付を番所に差し出しているので断って通る。さらに、在町の者で御用の内容によっては、役筋より札を渡されるので、それで出入りする場合もある。また、御目見えの寺社あるいは御目見えに罷り出た出家・社人は寺社奉行から名付を番所に差し出しているので、断って通ることになる。これ以外で僧侶などが出入りする場合は、寺社奉行からの断り証文で通る決まりである。

さらに同時に次のお触れが出ている。本丸・二の丸に出仕する家臣が連れてきた供の者を差し返す場合、主人の名前を聞き届けて差し通す。迎えに来た時は御門札を提示させて通す。また、足軽、御昇などが城内の普請・作事に向かう場合は組頭が御門で足軽何名と断り、通る。また、日用が入る場合も雇頭が同様のことを行う。作業が終わり帰る際も同様の手続きである（『藩法集』四二九）。

他国者の出入りの場合は、次のような例がある。安永三（一七七四）年十二月に伊勢内宮の御師《おし》である浦田太夫の手代の橋本吉右衛門と二人の配下が久留米城下にやって来ている（これは恒例であったと思われる）。宿主は通町五丁目の清四郎であり、清四郎は伊勢御師たちの城下町での出張所の役割を果たしていた者であったかもしれない。彼は十二月二十四日から翌正月十三日までの逗留の許可と、城内に御祈禱札や大麻を頒布するための惣郭御門出入札の下付を、同町目付二名、町別当酢屋の連名で御昇奉行である下村権蔵に願い出ている。その願書には町奉行二名から下村宛ての「惣郭御門出入り仰せ付けらるべく候」との内容を持つ奥書も付けられている。この願いは認められたようだ。年末年始、郭内の屋敷地を回って御祓札・大麻・暦を配り、その見返りとして初穂銭などを得る伊勢御師の姿が見られたのである（『安永三年午十二月御用扣帳』久留米市教育委員会蔵）。

御門札の紛失や改竄なども起きている。宝暦六（一七五六）年正月、志賀桂馬は渡されていた惣郭御門出入札の一枚を白く削ったことが問われて差扣《さしひかえ》となり、余語仁左衛門は家来五助が札を落とし、本人は差扣、五助は入牢となっている（『藩法集』九七五）。この例以外でも紛失事件は起きており、処分を受けている（『藩法集』三九二四など）。さらに注目すべきこととして、明和九（一七七二）年十月には「惣郭御門札贋札多くこれ有り候に付、加印せしめ候様、下村権蔵え内蔵助申し渡す」（『藩法集』一五八二）とある。贋札が多いので改めて確認（加印）することになっている。これはつまり贋御門札で城内に入る者がいたということである。

天明三（一七八三）年には、本丸御門の出入りはそれまで惣郭御門札を持って出入りしてきたが、今後は御本丸御門札で出入りすることとなっている（『藩法集』二〇〇八）。

翌四年には次のような理由で御門札の新札が渡されることになった（『藩法集』二一二一）。御門札は大切の品で、日夜差し当たって用いるものであるが、日頃は奴僕（家来など）に渡し、出入りなどが自ずから粗略になっている。また、御門札についてはかねてから色々紛らしき浮説（風評）も聞こえてきている。しばらく御詮議が及ばなかったが、今度家臣団一統に渡す札数を減じ、新札を渡すこととなった。

この決定によって、家老中については今までの通りとあるだけで枚数はわからないが、家老脇であろう有馬蔵人十五枚、番頭中十枚、諸頭中四枚、御手廻・外様平組二枚など、格式によって渡される札数が決定された。同時に御井寺（高良社）、梅林寺などの寺院にも、その寺格によって五枚から一枚の御門札が渡されている。

また、このお触れでは、毎年春の新札の改めのほか、一か年のうち、前触れなしに役方で改めを行うとしており、藩士の不適切な使用を防ぐための警告に近い内容も含まれている。本来ならば、新札とともに古札を提出することになっていたが、この際は古札の提出は求められず、全面的な新札への転換であった。この天明四年の方針は、幕末まで基本的に維持されている（『御旧制調書』三）。

御門札の贋札については先に触れたが、文政二（一八一九）年には八人の家臣が関与した贋御門札事件が露見する（『米府年表』）。どのようにして事件が発覚したかはわからないが、芋づる式に明らかになっていったのであろう。具体的な事件の内容がわかる判決文を紹介する（『藩法集』三九二六）。

御武具方支配　安元作太夫

倶御武具方支配安元源蔵儀、細工町帳面兵吉申し談じ、御門札贋拵え、筑前志三島勇右衛門と申す者方え追々質入れ取り計らい候趣相聞こえ、その末出奔せしめ候次第重々不届きの至り候、右の始末存ぜざる趣には候得とも、同居もいたし罷り在り、右躰不届きの儀これ有り候に付き、御宛行召し放たれ候

七月廿七日

（後略）

安元源蔵が細工町の兵吉と共謀して贋御門札を作り、筑前国志三島（現朝倉郡筑前町）の勇右衛門に贋札を質入れし銀子を借用した事件が発覚。源蔵は出奔し、同居していた父作太夫が宛行を召し放たれている。

この判決の後に、安元との関係は不明だが、安西伴助と飯田千之助の名前が出る判決がある。安西伴助（御徒士組）は贋札を拵え質に入れて銀子を得たが、飯田千之助はそれを不正の筋で得た金と知りながら借用したようだ。返済を迫られた飯田は筑前国志三島勇右衛門のところに行き、あまつさえ自分の御門札をも質入れし

ている。判決は、重々不届きであるが、安西が主犯で出奔しているので、飯田は御恩裁で御国追放となっている。

三例目は酒井田平七、その倅《せがれ》酒井田孫兵衛、緒方幾次の三名が関わる事件である（『藩法集』三四八三）。これも酒井田孫兵衛が御門札贋札を拵え、先の例と同様に勇右衛門から銀子を借用している。その銀子を不正の筋で得たものと知りながら緒方幾次が借用した。緒方は勇右衛門方に赴き、借用した銀について協議したことが重ね重ね不届きであった。罪科は逃れられないが、孫兵衛が主に行ったものであり、出奔していることから、緒方も御国追放となっている。ちなみに緒方家は知行一五〇石御馬廻りの家である（「御当家廃家譜」、『閑暇帚木』五）。また、孫右衛門の父である酒井田平七は、日頃から息子への教示が行き届かなかった廉《かど》で逼塞の処分を受けている。

彼ら以外でも仙波弥左衛門（御徒士組）、山脇忠五郎（知行一二〇石）が出奔、高木平右衛門は老体ゆえ揚り屋に入れられている（『米府年表』）。

これらの例は、窮乏化が進む藩士たちの中で、御門札を質入れして金子を借用することが密かに行われていた可能性を示している。御門札は武士としての身分・格式を示すものであるため、それを抵当にして金を貸すことがあったのである。本物の御門札を質入れすると、不時に提出を求められた際に困るため、贋御門札を抵当としたのであろう。

天保四（一八三三）年にも同様の事件が露見している。知行一二〇石の都甲忠助は他領に御門札を質入れしており、改めの際に窮してしまい質札を差し出したことで事件が発覚し、御国追放の処分となった（『廃家目録』新有馬文庫）。先の事件同様、領内では事が露見しやすいために、他領で質入れしたのであろう。

文献解題

本書で引用・参考にした主な文献を挙げている。『久留米市史』第六巻所収の「文献解題」などを参考に作成した。

『古代日記書抜』

本書は明暦二（一六五六）―貞享五（一六八八）年の記事を持つ『古代日記書抜』と、元禄二（一六八九）―同九年の記事を収める『続古代日記書抜』（仮題）からなるもので、有馬泰生家文書から発見された。収録時期は三代藩主頼利から四代頼元の時代に当たる。筆頭家老である有馬内蔵助の執務関係日誌の抜粋である。小横帳の形式で、一人の手による細字の記録であり、後世に同家の播磨泰賢（寛政三〔一七九一〕―嘉永三〔一八五〇〕年）が同家の家老日記や寄合所日記などから書き抜いて編纂したものと推測されている。久留米藩初期の史料として貴重なものである。平成九（一九九七）年に『福岡県史』近世史料編久留米藩初期（下）として刊行されている。

『啓忘録抜萃』

宝永六（一七〇九）年、諸記録に郡方総裁判としてその名が出る本庄市正の覚書『啓忘録』の全七十五項目から三十一項目を除いたものであるので、『啓忘録抜萃』と呼ぶ。内容は、その職務に関係して農政の貢租関係の記事が多いが、元禄十四（一七〇一）年に幕府に提出した「筑後国変地其外相改目録」や「久留米抖郡中町軒数」などは注目される史料である。また、宝永三年の「御領内僧俗男女人高」は、この時期の藩庁や村方文書が少ないため、よく引用される。この抜萃本の成立時期は不明である。平成五（一九九三）年に『久留米市史』第八巻資料編近世Ⅰで翻刻刊行されている。本庄市正は享保一揆の原因を作ったといわれる本庄主計の父に当たる。

『家勤記得集』（稲員家記）

本書は江戸時代、上妻郡古賀村（現八女郡広川町）居住の大庄屋稲員《いなかず》孫右衛門安則（宝永四〔一七〇七〕年没、七十五歳）が筆記した家記である。稲員氏は高良明神の神胤《しんいん》五氏の一つ、「日下部氏《くさかべ》」の後裔とされる家であり、高良山衆として御井郡稲員村（現久留米市北野町）に居住し、後に上妻郡に土着した。戦国時代の動向や、曾祖父安守から安則まで三代の大庄屋としての活動が細やかに記録されている。このように藩政初期から中期までの藩政・農政に触れる記録は他に見当たらず、貴重な記録である。

原本は失われているらしく、同書の流布本である小川志純《ゆきとう》筆写本（文化元〔一八〇四〕年写し）は稲員家本を写したものであり、高良大社所蔵である。本書はかなり日本流に変形された漢文形式をとるが、これを読み下したものが昭和五十（一九七五）年に久留米郷土研究会から刊行されている。なお、大友義鑑《よしあき》・義統《よしむね》、筑紫広門、毛利秀包、田中吉政からの文書を含む「稲員文書」（三四〇通）は福岡県指定文化財（平成十二〔二〇〇〇〕年十一月一日付）となっている。

『石原家記』

久留米藩の研究に欠かせない文書である。瀬下町の石原為平（豪商木屋）が、元和七（一六二一）年の有馬氏入国から安永二（一七七三）年まで年次を追って内外の見聞・逸事・社寺縁起・天変地異その他を記録している。年を追うごとに経済関係の記事が増える傾向がある。元来は二十巻であるが、いくらか散逸している。昭和十六（一九四一）・十九年に筑後史談会によって上下二冊が刊行された。原本は個人蔵。写本は久留米市立中央図書館、久留米市教育委員会、篠山神社にある。昭和四十八年、名著出版社から復刻版が刊行されている。

『藩法集』（『御書出之類』）

『御書出之類』（新有馬文庫、久留米市立中央図書館所蔵）は、寛永二（一六二五）年―安政六（一八五九）年までの藩からの御書出（指令）、御触れなどを収録したものである。編者は不明である。歴代藩主ごとの編年体の形式をとっているが、法令と関係しない出来事も含まれている。全三十五冊で、五、二十一―二十三の部分が欠落している。これらの部分は補遺などで補完されており、一応通史的な体裁をとっている。久留米藩の重要な文献である『米府年表』の記事もこの文献によっているところが多く見られる。昭和四十八（一九七三）年に藩法研究会の編集によって『藩法集十一　久留米藩』として創文社から刊行されている。

『町奉行中勤方覚』

久留米町奉行であった端山作之進、長谷川外守が文政元（一八一八）年十二月、藩庁に町奉行の職務内容を報告したものである。町奉行の広範な処務を挙げており、江戸後期に限られるが、久留米城下町の全般にわたる職務が明らかになる史料である。その内容の一部が『御旧制調書』(三)に収録されている。また、黒岩万次郎旧蔵史料（現在は久留米市教育委員会所蔵）であったことから、昭和七（一九三二）年に刊行された『久留米市誌』上編にも「町奉行勤方」として抄録が掲載されている。平成三十（二〇一八）年に『久留米大学文学部紀要　国際文化学科編』三十四・三十五号で翻刻された。

『米府紀事略』

本書は全十九巻からなる。そのうち一巻は目録である。有馬家と藩政史料、民情、故事、逸話、各種文書の引用など、『米府年表』のような正史と異なり、多岐にわたる内容を収録している。歴代藩主の中で瓊林院

（二代忠頼）、梅巌院（六代則維）の逸話などがあり、公的な藩政史料では知り得ない内容も多い。さらに有馬家系図などを多く収録し、有馬家の人々を探索するのに便利である。

安永六（一七七七）年の成立で、編著者は杉山清兵衛正仲（享保十〔一七二五〕―寛政五〔一七九三〕年）とされてきたが、各巻末の款記《かんき》や本文中の年紀などにより、安永六年から天明六（一七八六）年までに正仲によって一巻から十二巻が完成。十三巻から十八巻までは正仲の子、正篤が寛政九―文政十二（一八二九）年頃までに成立させたものであり、正仲・正篤父子による編纂とすべきとされる。原本については所在が不明であるが、現在、篠山神社本と、有馬家修史所が筆写した久留米市立中央図書館本がある。平成五（一九九三）年に『久留米市史』第九巻資料編近世Ⅱとして全文が刊行されている。

『米府年表』

戸田熊次郎（信一、文化二〔一八〇五〕―明治十五〔一八八二〕年）の著述。戸田は天保四（一八三三）年御徒士組となり、同十三年明善堂出役、同十五年御目付勤習見習に進み、文久三（一八六三）年十二月には御祐筆格、のち公事方調役に転じた。明治三年十二月には刑法局少属に任じられ、翌年退隠という経歴を持つ。初代有馬豊氏から十代頼永までの藩主の事績や領内の動向を編年体、漢文調で記録している。原書と考えられる旧霰久二郎所蔵本（全四巻）は現在、久留米市教育委員会所蔵。昭和七（一九三二）年刊行の『久留米市誌』下編に全文が収録されている。『福岡県史資料』には抄録文が第五―十輯に掲載されている。編纂時期は確定できていないが、十一代頼咸代とされている。子である戸田乾吉著『久留米小史』とともに久留米藩研究の基本文献である。

『御旧制調書』

十代藩主有馬頼永の側近であった村上守太郎を主任として「御旧制調方」が江戸藩邸に設けられ、弘化元（一八四四）年八月から準備を始めて同三年二月に全十七巻が完成。その目的は、新藩主頼永の藩政改革のための基礎資料作成にあった。内容は、代々の御条目や「御法令類聚」などは既に編纂されていることから、これらを除き、藩政初期からの官制（御代々諸役・諸組人数調〔官制沿革〕一―三巻）、税制・人口（御代々石高・人高並年貢・諸運上等之調〔賦税民数〕四―九巻）、軍制（御代々御軍制之調〔軍制〕十―十七巻）、財政（御代々御勝手方御積等之調〔国計盈□〕十一巻）、軍制（御代々御軍制之調〔軍制〕十二―十七巻）などがまとめられている。藩の秘庫をすべて閲覧したとあり、久留米藩政史を研究する上で欠かせない基本史料である。本書は現在久留米市立中央図書館の「新有馬文庫」に収蔵される。第一巻から第三巻、第十二巻から第十七巻の九巻は有馬家修史所による写本、他の八巻は藩政期のものとされているが、原本か写本かは不明。平成五（一九九三）年に『久留米市史』第八巻資料編近世Ⅰで刊行されているが、「軍制」の部では十三、十四、十七巻がすべて省略、十二巻は一部省略されている。

『筑後将士軍談』

久留米藩士矢野一貞（寛政六〔一七九四〕―明治十二〔一八七九〕年）の著作。矢野家は知行二百石、御馬廻組。矢野には多くの著作があるが、それらを整理・編集したものが、嘉永六（一八五三）年に完成した本書である。明治二十年、内閣修史官久米邦武博士がこの書を見て、その内容に驚き、全書を写し東京帝国大学蔵書とした。あわせて、今後刊行する場合には書名を『筑後国史』とすることを勧めている。全六十冊の予定であったが、磐井の乱（巻一）、島原の乱（巻二十四―二十八）を欠いている。巻二十三までは戦記、二十九―四十四巻は筑後の諸氏系譜小伝、四十五―四十六巻は城館、四十七―五十二巻は墳墓碑塔、五十三巻は官人などの列伝目録、五十四―六十は年表である。墳墓碑塔には筑後地方の岩戸山古墳や石人山古墳の石人・石棺などの実測図が多く収められており、現在もその業績に対して考古学的な評価が極めて高い。あわせて、系譜小伝には古文書・記録を多く収録しており、筑後地方の古代・中世・近世の研究における基本史料となっている。昭和二（一九二七）年に篠山神社所蔵稿本をもとに筑後遺籍刊行会から全三巻で刊行されている。原書とされる十八冊（鬼塚和之旧所蔵本）は久留米市教育委員会所蔵となっている。稿本は篠山神社、写本は久留米市立中央図書館にある。昭和四十七年に名著出版社から復刻版が出されている。

『久留米小史』

戸田乾吉（天保元〔一八三〇〕―明治三十七〔一九〇四〕年）の著作。全二十二巻を十冊に編集して、明治二十七・二十八年に刊行された。巻一・二が筑後国地形、巻三―五までが有馬氏伝、巻六は宗教・風俗・物産、巻七は政治・教育・財政、巻八は田制及び地租、巻九・十は法令、巻十一は官制、巻十二は禄制、巻十三・十四は兵制、巻十五―十九は君臣言行、巻二十は循吏《じゅんり》・文学、巻二十一は武技・技術、巻二十二は農商・賢媛・名僧知識など、久留米藩についての総合的な内容を持っている。『石原家記』や『筑後将士軍談』、父戸田熊次郎が編纂した『米府年表』とともに久留米藩研究の必読文献である。昭和五十（一九七五）年に﨟久二郎氏が『久留米藩分限帳』と合冊して復刻刊行されている。また、戸田が生前公開していない『久留米小史・党派軋轢之部』草稿は『明治二年久留米藩殉難十志士余録』（昭和四十五年刊行）に収録・公開されており、これで『久留米小史』の刊行は完結した。

引用・参考文献一覧

史料

石原為平『石原家記』上・下巻 筑後史談会 一九四一・四四年（名著出版社 一九七三年復刻）

稲員安則『家勤記得集（稲員家記）』久留米郷土研究会 一九七五年

戸田熊次郎『米府年表』（『久留米市誌』下編〔一九三二年〕所収）

杉山正仲・正篤『米府紀事略』（『久留米市史』第九巻資料編近世Ⅱ 一九九三年）

戸田乾吉『久留米小史』一八九四・九五年（鶴久二郎 一九七五年復刊）

村上守太郎・野崎平八『御旧制調書』一八四六年（『久留米市史』第八巻資料編近世Ⅰ 一九九三年）

本庄市正『啓忘録抜萃』（『久留米市史』第八巻資料編近世Ⅰ 一九九三年）

『古代御直書写』（『福岡県史』近世史料編久留米藩初期〔上〕一九九〇年）

『古代日記書抜』（『福岡県史』近世史料編久留米藩初期〔下〕一九九七年）

『福岡県史資料』第一—十輯、続二冊 一九三二—四三年

矢野一貞『筑後将士軍談』一八五三年（筑後遺籍刊行会 一九二七年刊行、名著出版社 一九七二年復刻）

杉山正仲『校訂筑後志』一七七七年（久留米郷土研究会 一九七四年復刻）

黒板勝美編『新訂増補国史大系 徳川実記』吉川弘文館

高柳光寿・岡山泰四・斎木一馬編『寛政重修諸家譜』続群書類従完成会、一九六四—二〇一〇年

真辺仲菴『北筑雑藁』一六七五年（筑後遺籍刊行会『校訂筑後地誌叢書』〔一九二九年〕所収、歴史図書社 一九七七年復刻 以下同）

西以三『筑後地鑑』（筑後遺籍刊行会『校訂筑後地誌叢書』〔一九二九年〕所収）

高原正近『筑後封植録』（筑後遺籍刊行会『校訂筑後地誌叢書』〔一九二九年〕所収）

熊本中世史研究会編『筑後鷹尾文書』青潮社 一九七四年

「御船文書」（『久留米市史』第七巻資料編古代・中世 一九九二年）

「隈文書」（『久留米市史』第七巻資料編古代・中世 一九九二年）

『神代弥左衛門遺誡書』（『久留米市史』第七巻資料編古代・中世 一九九二年）

『イエズス会年報』（『久留米市史』資料編古代・中世 一九九二

年）
荒木尚『高良玉垂宮神秘書同紙背』高良大社　一九七二年
伊藤常足『太宰管内志』一八四一年（『筑後志』一九七七年復刊）
加藤田平八郎『加藤田日記』久留米史料叢書五　久留米郷土研究会　一九七九年
豊田丈助『公用見聞録』一九七四年
石本猪平『諸国見聞』一八三九－八四年（『久留米市誌』下編（一九三二年）抄録）
『久留米藩町触集（役方限申渡集）』（『久留米市史』第八巻資料編近世Ⅰ　一九九三年）
『町奉行中勤方覚』黒岩文庫　久留米市教育委員会蔵　未刊
久留米古文書を読む会『延享五年辰御用扣帳』（上）二〇〇五年
九州史料刊行会編『筑前筑後肥前肥後探索書』九州史料叢書十六　一九五八年
藩法研究会編『藩法集十一　久留米藩』創文社　一九七三年
『寛政三年～文政五年久留米藩大庄屋会議録』九州文化史研究所史料集五　二〇〇一年
『文政六年～文政十三年久留米藩大庄屋会議録』九州文化史研究所史料集六　二〇〇二年
今方重一『久留米有馬藩財政史』久留米郷土研究会　一九九二年
「三潴県布達」（『久留米市史』第十巻資料編近代　一九九六年）
『久留米藩旧家由緒書』久留米史料叢書一　久留米郷土研究会　一九七五年
真木保臣先生顕彰会編『真木和泉守遺文』一九一三年
戸田宗雲『久留米聞見録』未刊
『御家中略系譜』新有馬文庫　久留米市立中央図書館蔵　未刊
『中扈従御徒士略系図』新有馬文庫　久留米市立中央図書館蔵　未刊
『寛文十年久留米藩社方開基』久留米史料叢書六　久留米郷土研究会　一九八一年
『寛文十年久留米藩寺院開基』久留米史料叢書七　久留米郷土研究会　一九八二年
城戸清種著／川添昭二・福岡古文書を読む会校訂『博多・筑前史料豊前覚書』文献出版　一九八〇年
西念寺『西念寺記録』未刊
千葉乗隆編『本願寺史料集成　木仏之留　御影様之留』同朋舎　一九八〇年
『町方書抜』新有馬文庫　久留米市立中央図書館蔵　未刊
武田令太郎『久留米案内』菊竹金文堂　一九一一年
筑後日之出新聞社編『久留米市勢一班』一九一五年
「延宝八年製図久留米市街図」（『久留米市誌』別冊　一九三三年）
「天保時代久留米市街図」（『久留米市誌』別冊　一九三三年）
篠山神社文庫「筑後国久留米御城之図」
篠山神社文庫「御本丸絵図」
『第四大区小十一区通町図（明治五年通町絵図）』久留米市教育委員会蔵
田中俊博解読編集『廻村書留』一九九七年

文献

■本書全体にわたるもの

小野晃嗣『近世城下町の研究　増補版』法政大学出版局　一九九三年
松本四郎『日本近世都市論』東京大学出版会　一九八三年
松本四郎『城下町』吉川弘文館　二〇一三年
高橋康夫・吉田伸之編『日本都市史入門』Ⅰ・Ⅱ・Ⅲ　一九八九－九〇年
吉田伸之『巨大城下町江戸の分節構造』山川出版社　二〇〇〇年
吉田伸之『近世巨大都市の社会構造』東京大学出版会　一九九一年
吉田伸之『成熟する江戸』日本の歴史17　講談社学術文庫　二〇〇九年
吉田伸之『21世紀の「江戸」』日本史リブレット53　山川出版社　二〇〇四年
吉田伸之『都市　江戸に生きる』シリーズ日本近世史4　岩波新書　二〇一五年
脇田修『読みなおす日本史　近世大坂の町と人』吉川弘文館　二〇一五年
『久留米市誌』上・中・下編・別冊　一九三二・三三年
『久留米市史』第二巻　一九八二年
『久留米市史』第六巻　一九九〇年
『久留米市史』第十巻資料編近代　一九九六年
『久留米市史』第十二巻資料編考古　一九九四年
『八女市史』上巻　一九九二年
『八女市史』資料編　一九九三年
『筑後市史』第一巻　一九九七年
『小郡市史』第二巻通史編中世・近世・近代　二〇〇三年
『佐賀市史』第二巻　一九七七年
倉富了一『久留米城物語』一九三七年
古賀幸雄『ふるさと歴史漫録』久留米郷土研究会　二〇〇二年
古賀幸雄『久留米藩史覚書』久留米郷土研究会　二〇〇二年
篠原正一『久留米人物誌』菊竹金文堂　一九八一年
『福岡県の地名』日本歴史地名大系41　平凡社　二〇〇四年
松岡利郎「久留米城」(『復元大系日本の城8　九州・沖縄』ぎょうせい　一九九二年)
久留米郷土研究会『郷土久留米』復刻版一－三　一九九六・二〇〇二・〇七年

■第一編

久留米市教育委員会編『三本松町遺跡』久留米市文化財調査報告書第七十四集　一九九二年
久留米市教育委員会編『両替町遺跡』久留米市文化財調査報告書第一一六集　一九九六年
「三潴郡諸村御物成石高帳」(『久留米郷土研究会誌』第二十三号　一九九五年)
久留米市『広報くるめ　縮刷版』
中野等『豊臣政権の対外侵略と太閤検地』校倉書房　一九九六年
中野等『筑後国主田中吉政・忠政』柳川の歴史3　柳川市　二〇〇七年

古賀幸雄「八ツ墓さん医王寺へ移る」（久留米郷土研究会『郷土久留米』第二十五号　一九八〇年）
古賀幸雄「久留米城二の丸の藩主居館の推移『花畠御殿』にふれて」（久留米郷土研究会『郷土久留米』第六十号　一九九〇年）
塚田孝『近世身分社会の捉え方　山川出版社高校日本史教科書を通して』部落問題研究所　二〇一〇年
久留米市教育委員会『久留米藩主有馬家墓所』Ⅰ　久留米市文化財調査報告書第三五八集　二〇一五年
久留米市教育委員会『久留米藩主有馬家墓所』Ⅱ　久留米市文化財調査報告書第三八四集　二〇一七年
亀山清次郎『洗町小誌』久留米史料叢書四　久留米郷土研究会　一九七七年
坂口寛司「石橋マツ伝」（『郷土研究筑後』第六巻第五号　一九三八年）
『勤録　谷川氏』（豊後岡藩中川家文書『勤録三六八』）

■第二編

片桐一男『江戸のオランダ人』中央公論新社　二〇〇〇年
ケンペル著・斎藤信訳『江戸参府旅行日記』平凡社　一九七七年
権藤猛『久留米商工史』久留米商工会議所　一九七四年
古賀正美「明治初年の通町六丁目の復元」（『久留米郷土研究会誌』第二十号　一九九一年）
玉井哲雄「東アジアにおける江戸の都市空間」（荒野泰典編『江戸幕府と東アジア』日本の時代史14　吉川弘文館　二〇〇三年）
岩淵令治「江戸の都市空間と住民」（高埜利彦編『元禄の社会と文化』日本の時代史15　吉川弘文館　二〇〇三年）
森下徹『武家奉公人と労働社会』日本史リブレット45　山川出版社　二〇〇七年
古賀幸雄「久留米地方と染藍」（久留米郷土研究会会『郷土久留米』第二十八号　一九八一年）
森下徹「城下町萩の武家奉公人」（『思想』一〇八四　岩波書店　二〇一四年）
久留米市消防組編『久留米市消防組要覧』一九三二年
久留米市教育委員会『第六回企画展　川港瀬ノ下町と町人』一九九六年
黒木喬『江戸の火事』同成社江戸時代史叢書4　一九九九年
深谷克己『百姓成立』塙書房　一九九三年
稲次成令・浅野陽吉「久留米祇園会」（『郷土研究筑後』第二巻第三号　一九三五年）
久留米市教育委員会『第十回企画展　久留米城下町と祇園会』二〇〇〇年
浅野陽吉「五穀神社記」上・下（『郷土研究筑後』第二巻第一・二号　一九三四年）
田中近江翁顕彰会編『田中近江大掾』一九三一年（一九九三年復刻）
川添裕『江戸の見世物』岩波新書、二〇〇〇年
兼平賢治『馬と人の江戸時代』吉川弘文館　二〇一五年

おわりに

久留米市役所に在職中は『日本史研究』などを購読していたが、退職してからは雑誌の購読もやめ、昨今の近世史研究の動向などとは無関係に暮らしてきた。そのような者が久留米城下町の本を出すことに少し忸怩たる気持ちとなっている。

だいぶ昔のことであるが、久留米城に関心を持ち始めた頃、倉富了一著『久留米城物語』を読み、久留米城の概要を理解することができた。小冊子であったが、いつかこの本を越えるものを書いてみたいと思ったことがあった。今回、倉富氏が触れていないことを少しは書くことができたと思うが、出版後八十年の学問の進展を踏まえたものになり得たかと考えると、心もとないのである。

本書は先に挙げた刊行史料をもとに執筆したが、それらは藩庁文書に偏っている。町方の記録である『石原家記』を様々な形で活用したが、それ以外の町方文書から城下町の姿を検討することがほとんどできなかった。

戦後の研究が全国的に農政・農民史を捉えようとして、農政・農民関係の史料が様々な形で収集され刊行された。昭和四十四（一九六九）年刊行の䳽久二郎・古賀幸雄編『久留米藩農政・農民史料集』は久留米藩の農政史を研究する基本史料となり、その後の研究の発展を支えてきた。

それに比して、城下町についての史料収集・刊行は遅れている。昭和二十年八月の米軍による久留米空襲で旧市街が戦災に遭い、多くの城下町の史料が失われたこともその原因の一つであろう。さらに同二十八年の大水害もある。奇跡的に残されたものとして「三枝家文書（松屋文書）」など数家の町方文書が存在する。今回はそれらを十分に活用することができなかった。また、これらの史料を分析・活用する能力にも欠けていたようである。

今後、町別当家の文書をはじめとする町方文書の発見に努力するとともに、かって鶴久・古賀両先生が行ったことに学び、藩政史料に散見される城下町支配を示す文書の集成などを行い、城下町・町人の基本的な史料集を刊行することが求められているのであろう。

また、現在、今後の課題として考えていることがある。

その一つは、他城下町との比較・検討をほとんど行わなかったことである。他城下町について不勉強ゆえであるが、今回はまず、久留米城下町の実態を明らかにすることを目的としており、他城下町との違いや共通点を探ることに重点を置かなかったためでもある。福岡城下町、柳川城下町、熊本城下町などとの比較は、久留米城下町の研究が一定の進展を経てからの課題と考えている。

二つ目は、個別の事項については深めることができたと思うが、城下町研究を藩政史全体の中でどう位置づけるかという視点が弱いことである。例を挙げれば、町別当が初期から藩の支配機構の中にあったことは指摘したが、それが藩政の変遷とともにどう変化していったかなど、各時代の町別当の性格づけができておらず、概観を述べただけになっていることである。この欠陥は本書全体に通底するものである。

＊

ようやく、原稿の修正、写真・図面などの準備も終わり、あとは印刷を待つという段階に辿りついた。ここに来るまで、海鳥社の田島卓さんには、原稿の校正など、本作りについて素人の私に多くの提案をいただいた。御礼を申し上げたい。また、御礼を申し上げなければならない人は多いが、久留米市市民文化部文化財保護課の江島伸彦さん、穴井綾香さんには史料の閲覧、掲載写真の提供などで大変お世話になった。また、校正に携わっていただいた同文化財保護課の水原道範さんにも御礼を申し上げなければならない。久留米市立中央図書館の皆さんにも史料の検索でお世話になった。

六十五歳を超える小生は、本書をまとめ上げることに疲れた。こんな仕事は若い時にしなければならないと、自分の怠惰をあらためて思い知らされたことであった。

最後に、ほぼ二年、家事をほとんど手伝うことなく、パソコンに向かっていた我儘な私を、妻妙子が許し支えてくれた。感謝をこめてこの本を捧げたいと思う。

二〇一八年五月

古賀正美

古賀正美（こが・まさみ）
1953年２月、福岡県八女市福島生まれ。福岡県立福島高等学校卒業。熊本大学法文学部文科国史学専攻卒業。1982年、久留米市役所入所（埋蔵文化財発掘調査員）。2013年、久留米市役所退職（文化財保護課長）。現在、久留米大学非常勤講師、筑後市文化財専門委員会委員、久留米古文書を読む会代表。

久留米城《くるめじょう》とその城下町《じょうかまち》

■

2018年５月21日　第１刷発行
2019年９月17日　第２刷発行

■

著　者　古賀正美
発行者　杉本雅子
発行所　有限会社海鳥社
〒812-0023　福岡市博多区奈良屋町13番４号
電話092(272)0120　FAX092(272)0121
印刷・製本　シナノ書籍印刷株式会社
ISBN978-4-86656-027-4
http://www.kaichosha-f.co.jp
［定価は表紙カバーに表示］